将来が見える

給料BANK×
スタディサプリ
進路

日本の
給料&職業
図鑑
Special

JN017932

官僚
月給：52万円

カーデザイナー
月給：37.7万円

学芸員
月給：19.9万円

ナニー
月給：25万円

行政書士
月給：33.2万円

外科医
月給：81万円

宝島社

はじめに

「一億総かっこいい職業」
そんなコンセプトのもと誕生したポータルサイト、「給料BANK」。職業をRPG風のキャラクターで紹介したサイトは「面白くてかっこいい!」とSNSで大きな反響があり、2016年、『日本の給料&職業図鑑』として書籍が刊行されました。

その後、『日本の給料&職業図鑑 Plus』『女子の給料&職業図鑑』『日本の給料&職業図鑑 業界別ビジネスマンSpecial』『日本の給料&職業図鑑 パーフェクトバイブル』とシリーズは続き、たくさんの方々に読んでいただくことができました。

そして2020年、ネットワークゲーム『JobTribes』としてゲーム化されたことをきっかけに、多くの有名漫画家によるイラストを追加した前作『決定版 日本の給料&職業図鑑』を刊行。シリーズの累計発行部数は40万部を超えています。

一方、「スタディサプリ進路」は、リクルートが運営する人気の進学情報サイトです。高校生が自分に向いていることや将来社会に出た時になりたい姿を思い描きながら、進学先を選べるのが特徴です。

リクルートにおいて、進学領域事業は長い歴史があります。1970年に『リクルート進学ブック』が創刊されて以降、媒体をネットやアプリへと広げながら、半世紀もの長きにわたって情報を発信し、高校生の進路選択をサポートしてきました。そんな「スタディサプリ進路」は、高校生や保護者、教員に活用されています。

そして今回、「給料BANK」と「スタディサプリ進路」がタッグを組み、『将来が見えてくる! 日本の給料&職業図鑑 Special』が誕生しました。さまざまな職業のかっこよさを楽しみながら学べる『日本の給料&職業図鑑』に、歴史ある「スタディサプリ進路」の職業選択のノウハウが合わさったことで、よりパワーアップした職業図鑑となりました。

本書は、フィクションを交えた面白い解説を読み進めるうちに、自分が興味の湧いた職業の内容を正確に知ることもできる構成になっています。憧れの職業に就くには何をしたらいいのか、または、どんな仕事があるのか知りたい、と考えている学生さんにとっては、特に役に立つ情報がたくさん詰まっています。

「働く大人はかっこいい、そして子どもたちがかっこよく働ける未来のために……」
学生さんだけでなく、すべての人が将来について考える一助となるよう、『日本の給料&職業図鑑』は今後も引き続き、職業への悩みや疑問、選択に対して役に立つ情報を発信していきます。

なお、職業に関する情報は「給料BANK」と「スタディサプリ進路」の内容から再編集をしており、給料に関するデータは「給料BANK」からのみ転載しています。
本書に掲載されている各職業の給料などの数値については、厚生労働省や人事院の実態調査や口コミ、求人情報の統計のほか、年収を公開している上場企業のIR情報や、国税庁が算出している民間給与実態調査などを参考に、給料BANK独自の視点で算出しています。これまでと同様に、職業によって、個人差、地域差があり、統計から算出するのが難しいものもありました。掲載の数値は一つの目安としてお考えください。

Contents

本書の見方

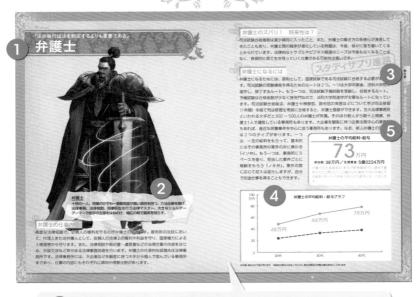

1 職業名

2 職業の紹介（※フィクションです）

3 この印があるものは「スタディサプリ進路」監修の職業情報であることを示します

4 この職業の平均給料と日本の平均給料
（20代：23万円　30代：30万円　40代：36万円）との比較
　●────── 各職業の平均給料　　●───── 日本の平均給料

5 この職業の平均給料・給与、初任給、生涯賃金

給料の金額は、厚生労働省の労働白書、口コミからの統計、IR情報、求人情報などをもとに給料BANKが算出しています。個人で調べているため、もし間違いなどがあれば、ぜひinfo@ kyuryobank.com宛に、このぐらいだとご指摘いただければ幸いです。情報は常に更新されており、『日本の給料＆職業図鑑』シリーズの既刊に掲載された内容から更新されている職業もあります。

※本書は、給料・給与・月収まとめポータルサイト「給料BANK」に加筆し、再編集したものです。
※「スタディサプリ進路」スタンプのある職業の内容は、進学情報サイト「スタディサプリ進路」をもとに再編集しています。ただし、平均給料・給与、初任給、生涯賃金のデータはすべて給料BANK独自の情報に基づいています。
※平均給料・給与は基本的に男女共通です。会社員については、年収を公表している上場企業のIR情報や、厚労省が算出している年齢補正値などを参考に、給料BANK独自の視点で算出しました。また、平均値の小数点以下は四捨五入してあります。
※イラストはイメージです。各職業の資格情報やデータなどは2021年4月現在のものです。
※本書の掲載内容は変更される場合がございます。掲載情報による損失などの責任を給料BANK、リクルートおよび宝島社は一切負いかねますので、あらかじめご了承ください。

第1章

士業・
コンサルティング系職業

「法の執行は法を制定するよりも重要である」

弁護士

弁護士
十侍の一人。侍業の中でも一番難易度が高い資格を持つ。六法全書を掲げ、法律事務、法律相談、刑事訴訟を行う法律マスター。大きなショルダーアーマーで相手の主張をはねのけ、幅広の剣で真実を照らす。

弁護士の仕事内容

高度な法律知識で、依頼人の権利を守るのが弁護士の仕事です。裁判所の法廷において、代理人または弁護人として、依頼人の法律上の権利や利益を守り、国家権力による人権侵害から守ります。また、法律相談や契約書・遺言書などの法律文書の作成をはじめ、示談交渉などあらゆる法律事務処理を行います。弁護士の代表的な就職先は法律事務所です。法律事務所には、大企業などを顧客に持つ大手から個人で営んでいる事務所まであり、仕事の内容にもそれぞれに傾向や得意分野があります。

弁護士のズバリ！　将来性は？

司法試験合格者数は減少傾向に入ったこと、また、弁護士の働き方の多様化が浸透してきたこともあり、弁護士間の競争が激化している問題は、今後、徐々に落ち着いてくるとみられています。法律的なトラブルやビジネス関連のニーズは今後もなくなることはなく、長期的に見て生き残っていく仕事である可能性は高いです。

スタディサプリ進路

弁護士になるには

弁護士になるためには、原則として、国家試験である司法試験に合格する必要があります。司法試験の受験資格を得るためのルートは2つ。一つは大学卒業後、法科大学院に進学し、修了するルート。もう一つは、司法試験予備試験を受験し、合格するルート。予備試験は合格者数が少なく狭き門なので、法科大学院進学が主要なルートになっています。司法試験合格後は、弁護士や検察官、裁判官の実務などについて学ぶ司法修習（1年間）を経て司法修習生考試に合格すると、弁護士登録ができます。五大法律事務所といわれる大手だと300〜500人の弁護士が所属。そのほか数人から数十人規模、弁護士1人で運営している事務所もあります。大企業を顧客に持つ企業法務中心の事務所もあれば、身近な民事事件を中心に扱う事務所もあります。なお、新人弁護士の雇用には2つのタイプがあります。一つは、一定の給料をもらって、基本的にはその事務所の案件のみに携わる「イソ弁」。もう一つは、事務所にスペースを借り、担当した案件ごとに報酬をもらう「ノキ弁」。案件の数に応じて収入は変化しますが、自分で別途仕事を得ることもできます。

弁護士の平均給料・給与

73万円

初任給：38万円／生涯賃金：5億0224万円

弁護士の生涯賃金は、新卒が終身雇用で65歳まで雇用されたと想定して、22歳から65歳までの43年間と平均給料・ボーナスを掛け合わせた数字となっております。

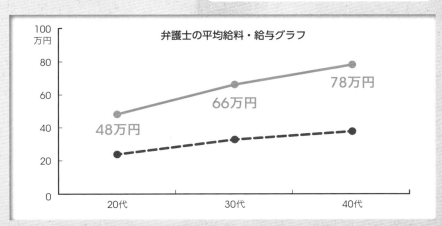

弁護士の平均給料・給与グラフ

48万円　66万円　78万円

※所属、独立などで差があります　※給料の算出には求人や口コミ、厚生労働省の労働白書を参考にしております

「金を馬鹿にするものは、金に馬鹿にされる」

税理士

税理士
税金の知識に特化した侍。「税法」を武器に、経営者側への最適なアドバイスを行う。そろばんや電卓の達人であり、兜の紋様は日本の国花「桜」である。十侍の一人。

税理士の仕事内容

個人や企業の依頼に応じて、税務署への税金の申告や納税手続きの代行業務を行います。税金には所得税・法人税・相続税・贈与税・消費税・事業税・固定資産税などさまざまな種類があります。また、会計帳簿の記帳や決算書の作成、会計関係の指導や相談にも携わります。企業の経営・財務の相談に乗るのも業務の一つで、経営計画や節税対策のアドバイスを行ったりします。税理士は、課題解決のためのコミュニケーションをする「接客業」「サービス業」「コンサルティング業」でもあるのです。

税理士になるには

税理士になるには、「税理士試験に合格し、2年以上の実務経験を積む」「税務署で23年以上勤務し、指定条件を満たす」「公認会計士または弁護士の資格を取得する」の3つの方法があります。中でも一般的なのが、「税理士試験に合格し、2年以上の実務経験を積む」です。税理士試験は学識や資格、職歴のいずれかの条件を満たすことで受験資格が得られますが、大学卒での受験がスタンダードな道になるでしょう。ただ、ほかにも「日商簿記検定1級合格者」および「全経簿記能力検定上級合格者」であること、一般企業や金融機関、税理士事務所などに就職をして、一定の職歴を積むことでも、受験資格が与えられますので、そちらからアプローチすることも可能です。

税理士のズバリ！　将来性は？

合格するのが難しい国家資格であり、税務という多くの人にかかわる分野を取り扱うことから、以前は「合格さえすれば高収入が実現できる仕事」というイメージがありました。しかし、現在はそれほどあまい状況ではありません。税理士が厳しい状況にある理由としては大きく2つあります。税理士人口の増加と中小企業の減少です。しかし、このような状況に対応するため、税理士事務所の合併で大規模化を図ったり、業務特化を進めたりする動きが活発化しています。また、自分なりの税理士像を構築し、それに向けて創意工夫をしている人は、これまで以上の成果を出しているのも事実です。自分なりのビジョンを持ち、その実現を目指して努力を惜しまない人であれば、むしろ税理士業界は、これからが面白い時代だといえるでしょう。

税理士の平均給料・給与

55万円

初任給：20〜25万円／生涯賃金：3億7840万円

税理士の生涯賃金は、新卒が終身雇用で65歳まで雇用されたと想定して、22歳から65歳までの43年間と平均給料・ボーナスを掛け合わせた数字となっております。

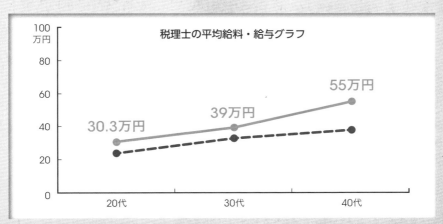

税理士の平均給料・給与グラフ

100万円
80
60　55万円
40　39万円
30.3万円
20
0
20代　30代　40代

※給料の算出には求人や口コミ、厚生労働省の労働白書を参考にしております

「限りなく透明に近い監査を行わない限り経営に未来はない」

公認会計士

公認会計士

弁護士とともに、最高難易度クラスの侍資格。財務・会計に特化した侍。会計監査、財務、経理など多岐にわたる業務内容が可能。最近では、経営戦略のコンサルティング業務も行っている。十侍の一人。

公認会計士の仕事内容

上場企業や大企業は、法律にのっとった経営をしているかをチェックするため、公認会計士による「監査」を受けることが義務づけられています。公認会計士は、企業や各種法人が経営・財務状況を報告するために作成する財務諸表、計算書類などの財務書類を第三者的な立場から公正に監査し、証明します。そのほか、会計指導業務なども公認会計士の仕事です。経営全般にわたる相談に応じて助言をするなど、コンサルティング業務を行うこともあります。税理士会に登録すれば税理士の仕事をすることもできます。

公認会計士になるには？

公認会計士として活躍するには国家試験である公認会計士試験に合格しないといけません。年齢・学歴・経歴など受験資格に制限はなく、どなたでも受けることができますが、非常に難易度が高いです。司法試験に次ぐ難易度だといわれており、何度も受けてようやく合格する人のほうが多いです。筆記試験の合格率は例年10％以下と大変低いため、合格するには3000 ～ 5000時間程度の勉強時間が必要だともいわれています。筆記試験に合格した場合は監査法人や企業に就職して、現場で2年以上経験を積みます。現場経験をした後、日本公認会計士協会が実施する修了考査に合格できれば、公認会計士として登録されます。

公認会計士は最高でどのくらい年収をもらえるの？

公認会計士の平均年収は800万円以上といわれているので、この時点で一般社員よりも明らかに年収は上ですし、働き始めて1年目で年収500万円や600万円を稼いでいる人もいます。年収で見るとさまざまな職業の中でもトップクラスだといっていいでしょう。独立開業して自分の事務所を持つと年収1000万円や2000万円も夢ではありません。中にはそれ以上の年収を稼いでいる人もいるので、自分の努力次第で大金を手にすることができます。いきなり独立しても上手くはいかないので、まずはどこかに就職して、経験を積んでから事務所を開いたほうがいいでしょう。

公認会計士の平均給料・給与

55万円

初任給：**30万円〜**／生涯賃金：**3億7840万円**

公認会計士の生涯賃金は、新卒が終身雇用で65歳まで雇用されたと想定して、22歳から65歳までの43年間と平均給料・ボーナスを掛け合わせた数字となっております。

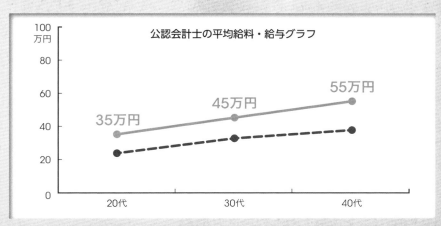

公認会計士の平均給料・給与グラフ

100万円
80
60
40
20
0

35万円　45万円　55万円

20代　30代　40代

※地域により差があります　※給料の算出には求人や口コミ、厚生労働省の労働白書を参考にしております

「司法書士の仕事は弁護士が行き届かない部分を補完することだ」

司法書士

司法書士
登記を代理し、裁判所や法務局などに提出する書類などを作成する「書類作成マスター」。五三桐花のバッジが胸に輝く。合格率は約3%という超難関の侍資格。上位職は「認定司法書士」。十侍の一人。

司法書士の仕事内容

不動産登記、商業登記、裁判所・検察府・法務局への提出書類の作成、法律相談、企業法務など、司法書士の仕事は多岐にわたります。2003年4月からは簡易裁判所における訴訟代理権が与えられ、弁護士と同様に裁判業務に携われるようになりました。また、高齢化の進展に伴い「成年後見制度」が導入されたことから、高齢者の財産保護の分野でも司法書士が積極的に活躍しています。市民の身近な法律家として業務範囲は拡大しており、司法書士の重要性は増すばかりです。

司法書士のズバリ！　将来性は？

不動産登記や商業登記の書類作成や申請代理業務だけでなく、ほかの分野の専門性を高める司法書士が増えてきました。その一つが簡易裁判所における訴訟代理業務で、市民に代わって弁論したり、調停や和解の手続きを行えます。認知症や知的障がいなどにより判断力が不十分な成年者の生活を守るため、後見人が権利や財産を保護する成年後見制度も拡大の見込みがある分野です。高齢化社会の進展に伴い、司法書士が活躍する機会はさらに増えていくと予想されます。

司法書士になるには

スタディサプリ進路

司法書士になるには、法務省が実施する国家試験に合格する必要があります。合格率が2〜3％台で推移している難しい試験のため、時間的な余裕のある大学時代から勉強を開始し、早ければ在学中、あるいは卒業後すぐに合格すれば、その後のプランを立てやすくなります。資格取得後は、複数回にわたる新人研修を経て、各司法書士会のホームページに掲載される求人情報などを参考にしながら就職先を探します。司法書士事務所に就職し、数年間経験を積んでから独立開業するのが一般的です。司法書士試験に合格した後は、新人研修を受ける義務がありますが、司法書士会研修では、どのような経験を積みたいかという希望を具体的に伝えると、そのイメージに近い事務所に配属されます。そのため、研修を終えた後、研修を受けた司法事務所にそのまま就職するケースもたくさんあります。そうでない場合は、各司法書士会のホームページなどに掲載される求人情報を参考にしながら就職先を探します。

司法書士の平均給料・給与

54万円

初任給：16万円／生涯賃金：3億7152万円

司法書士の生涯賃金は、新卒が終身雇用で65歳まで雇用されたと想定して、22歳から65歳までの43年間と平均給料・ボーナスを掛け合わせた数字となっております。

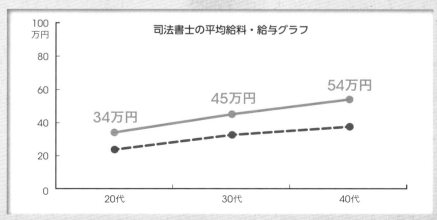

司法書士の平均給料・給与グラフ

100万円 / 80 / 60 / 40 / 20 / 0

34万円　45万円　54万円

20代　30代　40代

※給料の算出には求人や口コミ、厚生労働省の労働白書を参考にしております

「隣人の土地には自分の土地よりもよい穀物ができる」

不動産鑑定士

不動産鑑定士

十侍の一人。不動産評価をつける専門家で土属性の侍。資格難易度も
最高クラス。不動産鑑定評価基準によって経済をも動かす。

不動産鑑定士の仕事内容

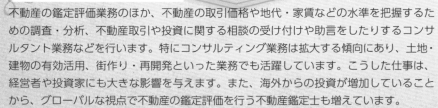

不動産の鑑定評価業務のほか、不動産の取引価格や地代・家賃などの水準を把握するた
めの調査・分析、不動産取引や投資に関する相談の受け付けや助言をしたりするコンサ
ルタント業務などを行います。特にコンサルティング業務は拡大する傾向にあり、土地・
建物の有効活用、街作り・再開発といった業務でも活躍しています。こうした仕事は、
経営者や投資家にも大きな影響を与えます。また、海外からの投資が増加していること
から、グローバルな視点で不動産の鑑定評価を行う不動産鑑定士も増えています。

不動産鑑定士のズバリ！　将来性は？

弁護士や公認会計士といった国家資格が合格者数を増やしているのに対して、不動産鑑定士は仕事量と有資格者数のバランスが比較的安定しています。また、企業は常に資産の最新の価値を把握しておく必要があるため、不動産の鑑定評価業務は、増えることはあっても減ることはないと見込まれています。不動産鑑定士の仕事はまだまだ開拓の余地があると見られており、将来的な安定性の高い仕事といえます。

不動産鑑定士の就職先は？

不動産鑑定士になるには、国土交通省が実施する国家試験に合格する必要があります。この試験は2006年度から受験資格が撤廃されており、年齢や学歴に関係なく誰でも受験できます。試験範囲は不動産に関する行政法規や不動産鑑定、民法、経済学、会計学など幅広く、試験対策を開始してから不動産鑑定士として登録するまでに数年を要する難関資格です。そのため、論文式試験合格後は不動産鑑定事務所や不動産会社、銀行などに就職し、数年の実務修習を経て、不動産鑑定士としての登録を目指すのが一般的です。就職先は不動産系企業と金融系企業に大別できます。不動産系企業には、不動産会社の鑑定部門や不動産鑑定士事務所などが含まれます。金融系企業を代表するのは銀行や資産運用会社などですが、このほか近年は、会計事務所や資産運用系のコンサルティング会社で活躍するケースも増えています。これらの企業に就職した場合の仕事内容は不動産の鑑定評価が中心ですが、勤務先によってはコンサルティングや信託業務なども行います。

不動産鑑定士の平均給料・給与

47万円

初任給：29万円〜／生涯賃金：3億2336万円

不動産鑑定士の生涯賃金は、新卒が終身雇用で65歳まで雇用されたと想定して、22歳から65歳までの43年間と平均給料・ボーナスを掛け合わせた数字となっております。

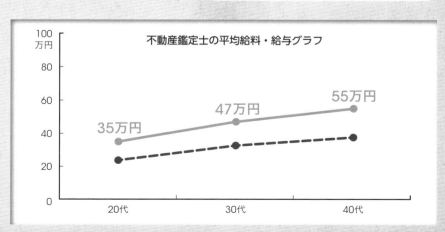

不動産鑑定士の平均給料・給与グラフ

- 35万円（20代）
- 47万円（30代）
- 55万円（40代）

※給料の算出には求人や口コミ、厚生労働省の労働白書を参考にしております

「ご近所付き合い独特の感情が境界紛争の背景に隠れている」
土地家屋調査士

不動産を登記する時に必要な土地や家屋の測量・調査・図面作成・申請手続きなどを行う仕事です。不動産登記業務の「表示に関する登記」は土地家屋調査士の独占業務です。資格取得者は事務所や大手ゼネコンをはじめ、測量系の会社や土木建設会社、地図の作成企業などに就職するケースが多いです。資格を取得し、都道府県の土地家屋調査会へ所属することで開業も可能です。工夫次第でいくらでも開業資金やコストを抑えられるので、元手が少なくても独立はできます。ただし、成功するためにもっとも大事なものは営業力です。

土地家屋調査士の平均給料・給与

35.9万円

初任給：20万円／生涯賃金：2億4699万円

土地家屋調査士の生涯賃金は、新卒が終身雇用で65歳まで雇用されたと想定して、22歳から65歳までの43年間と平均給料・ボーナスを掛け合わせた数字となっております。

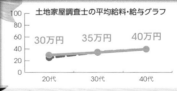

土地家屋調査士の平均給料・給与グラフ

	30万円	35万円	40万円
	20代	30代	40代

※給料の算出には求人や口コミ、厚生労働省の労働白書を参考にしております

土地家屋調査士

土属性の侍。十侍の一人。難関資格の一つ。土地の調査測量をして国民の財産を明確にする。境界線を決めるテリトリー能力を持っている。

土地家屋調査士になるには国家試験の土地家屋調査士試験に合格する必要があります。受験資格に制限はなく、年齢・国籍問わず、どなたでも受けられます。10月に実施される筆記試験と1月に実施される口述試験の2つに合格しないといけません。口述試験は筆記試験の合格者のみ受験できます。口述試験は面接形式で行われ、不動産登記法や土地家屋調査士法の知識を問われます。試験の合格率は非常に低く、例年10％程度です。

「恐ろしく早口だな！　私でなきゃ捕獲できんよ！」

速記士

速記士の仕事は、議事や会合の記録などを目的に、人が発した言葉を速く確実に書き記し、これを普通文字に書き直して原稿を作成することです。速く書き記すには、漢字を簡略化したり、記号として表した「速記文字」というものを使用します。最近は録音テープからのリライト業務も増えています。速記士になるには、速記士の養成所のような場所で勉強をする、通信教育を利用する、独学で学ぶなどの方法があります。プロの速記士として活動したいのであれば、少なくとも速記技能検定の2級が必要になります。さらに高収入を望んでいる場合は速記技能検定の1級を取得しましょう。

速記士の平均給料・給与

32万円

初任給：20万円／生涯賃金：2億2016万円

速記士の生涯賃金は、22歳から65歳までの43年間活動したと想定して、それと平均給料を掛け合わせた数字となっております。

速記士の平均給料・給与グラフ

21万円　32万円　37万円

20代　30代　40代

※給料の算出には求人や口コミ、厚生労働省の労働白書を参考にしております

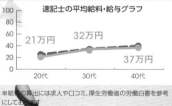

速記士

属性は「速」。秘技「速記文字」「速記符号」を駆使し、会話や言葉をその場で文字に起こす超スピード型の侍系ジョブ。「田鎖式」「中根式」「熊崎式」などさまざまな速記技が存在する。

情報がないためネットやテレビでの報道から算出してみると、経験4年で年収が500万円くらいになるそうです。ベテランクラスになると1000万円を超える人もいるようです。また求人を見てみると、民間企業では時給換算で2000円前後が多いです。しかし近年デジタル化が進み、レコーダーなども高性能になってきているため、速記士の需要は今後減っていくと予想されています。国会や地方議会でも、手書き速記は廃止の方向に向かっています。

第1章　士業・コンサルティング系職業

「技術者はただ創造あるのみ。私たちはその技術を守っていくのが仕事です」

弁理士

弁理士
十侍の一人。特許事務所が屯所となる。発明、意匠、商標、知的財産権のマスター。特許事務所の局長は「所長弁理士」と呼ばれる。

弁理士の仕事内容

弁理士は、特許の出願・申請など手続きの代理人です。個々の発明者や企業などの依頼に基づいて新たに生まれた発明、考案などについての特許や実用新案、意匠、商標に関わる業務について特許庁に登録出願の代理をし、権利を守ります。弁理士の代表的な勤務先は特許事務所です。特許事務所とは、企業などから依頼を受け、所属する弁理士が、新しい技術を発明した人や企業にその技術に関する独占的な権利を与える「特許」をはじめとする知的財産に関して、特許庁への出願の代行などを行う事務所です。

弁理士になるには

弁理士になるためには国家試験に合格することが必要です。大学の理工系学部に進学し、予備校を利用して受験対策をスタートするのが王道のステップといえるでしょう。ただし、難関資格なので、合格までには3～5年程度の勉強期間を要するのが一般的。大学院に進む人も多く、特許事務所や企業に就職して試験勉強と受験を継続する道もあるので、すぐに合格できなかった場合も想定して進路を考えておくことがポイントです。特許事務所に就職後、経験を重ねて専門能力を磨けば、独立して自分の特許事務所を構えることもできます。また、最近では、メーカーなどの法務部・知的財産部などで会社員として活躍する弁理士も増えています。

弁理士のズバリ！　将来性は？

スタディサプリ進路

企業が研究開発費を抑えていることなどもあり、国内での特許出願件数は減少傾向にあります。その一方で、今、日本企業は海外での特許の活用に力を入れており、特許の国際出願は年々増加傾向。弁理士は外国の企業などからの日本国内での特許出願も扱うため、グローバル化が進展する中、今後は語学力のある弁理士がますます活躍していくと見られています。また、この先10年程度で高齢の弁理士が多数リタイアすることが見込まれており、これから弁理士になる人たちの活躍のチャンスが広がることも予想されています。弁理士は専門性を活かして男女関係なく長く活躍でき、自宅でも仕事ができるため、出産などによるキャリアの中断が最小限に抑えられる点も魅力。女性が活躍できる仕事としても注目度が上がっていきそうです。

弁理士の平均給料・給与

40万円

初任給：35万円～／生涯賃金：2億7520万円

弁理士の生涯賃金は、新卒が終身雇用で65歳まで雇用されたと想定して、22歳から65歳までの43年間と平均給料・ボーナスを掛け合わせた数字となっております。

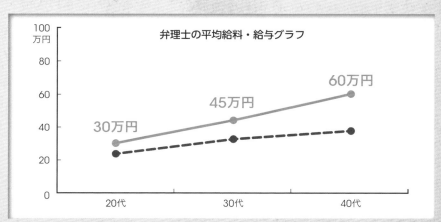

弁理士の平均給料・給与グラフ

30万円　45万円　60万円

※給料の算出には求人や口コミ、厚生労働省の労働白書を参考にしております

「真の侍とは責任感が強く律儀な人間である」

行政書士

行政書士

十侍の一人。法律書類のスペシャリスト。行政書士法という「槌（つち）」を持ち、官庁に提出する書類の作成代行が生業。1万種類を超える法律書類を独占業務としている。別名「街の法律家」。

行政書士の仕事内容

行政書士法に基づく国家資格で、役所などへ提出する書類、申請書代行、提出手続き代理、遺言書などの権利義務管理・作成、契約書の作成などをするのが、行政書士の仕事です。非紛争契約書や協議書類など、数千種類もの書類を扱います。年収が高い行政書士は、企業の"お抱え"行政書士ですが、全体からするとその数は微々たるものです。建設や産廃分野の許可申請に関する需要が高く、そのほかにも宅建に関するものや風俗店営業許可などの飲食店に関するもの、遺言書の作成依頼なども多いようです。

行政書士になるには？

行政書士になるには、国家試験に合格しなければなりません。司法試験に比べれば難易度は低いですが、やはり国家試験ということで独学では難しい場合もあります。専門学校や専門の講座を受講し、半年以上の勉強から始めるのが近道となるでしょう。試験科目は、法令の課題、憲法、行政法からの出題と、一般教養です。試験に合格後、日本行政書士会連合会に登録します。入会費用は20万〜25万円程度で各都道府県によって異なり、諸費用合計30万円前後になります。会費も毎年6万円前後必要です。まずは行政書士一本で開業はせず、兼業・副業のほうを確保することが安定収入につながりそうです。

行政書士の補助者の給料はどのくらいなの？

「行政書士補助者」は、行政書士事務所に勤め、行政書士のサポートをするのが仕事です。行政書士が作成する書類の下書きをしたり、市役所など官公庁へ書類を提出しに行ったり、来客対応などをします。行政書士は補助者を雇う場合、所属する各都道府県の行政書士会に「行政書士補助者」の登録をしなければなりません。登録されて初めて、事務員では法的に認められていない書類作成や提出の業務などを行うことができます。発行された「補助者証」は、勤務中は常に身につけ、役所などで書類提出の際に提示します。補助者は事務員からなる人もいれば、行政書士を目指している見習いの人もいます。正社員としての求人は非常に少なく、月給は16万〜20万円となります。求人のほとんどはアルバイトです。その場合、時給は800〜1100円が相場となります。

行政書士の平均給料・給与

33.2万円

初任給：18万円〜／生涯賃金：2億2841万円

行政書士の生涯賃金は、新卒が終身雇用で65歳まで雇用されたと想定して、22歳から65歳までの43年間と平均給料・ボーナスを掛け合わせた数字となっております。

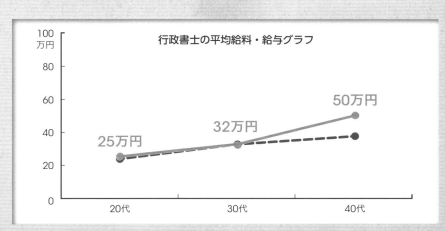

行政書士の平均給料・給与グラフ

- 25万円（20代）
- 32万円（30代）
- 50万円（40代）

※給料の算出には求人や口コミ、厚生労働省の労働白書を参考にしております

「労務に熟達せよ。多芸を欲する者は巧みならず」

社会保険労務士

社会保険労務士
労務・保険の知識に特化した侍。十侍の一人。労務問題などに特化し、経営者側へ最適なアドバイスを行う。一匹狼の開業社労士や集団戦法が得意な社労士法人という種類がある。

社会保険労務士の仕事内容

人事・労務のコンサルタント。中小企業の事業主や受給者の依頼を受けて、雇用保険、健康保険、厚生年金など社会保険全般にまつわる事務・手続きを行います。具体的には、諸官署に提出する申請書や事務所に備える帳簿書類の作成、提出手続きの代行、社会保険に関する相談指導などがおもな業務です。社会保険労務士事務所や一般企業の人事部門などに就職するほか、個人で独立して働く道もあります。企業で働く場合は、人事スタッフの一員として社会保険や労働関連の法律に関する専門知識を活かします。

社会保険労務士のズバリ！　将来性は？

企業の社会保険手続きや給与計算などを請け負うのが、今までの社会保険労務士のおもな業務でしたが、パソコンの普及などでこれらの業務の外部委託は減少傾向にあります。その一方で、年金に関する不安感が広がっていることから、年金の専門家でもある社会保険労務士への相談は増えています。また、ブラック企業問題がクローズアップされる中、労務関連の専門性を活かして活躍する社会保険労務士もいます。このように世の中の動きに応じて臨機応変に専門性を発揮できれば、この先も活躍の場は広がっていくと予想されます。

社会保険労務士になるには

社会保険労務士国家試験は、大学で62単位以上を修得するか、短大・専門学校を卒業すれば受験できます。大学・短大・専門学校には、社会保険労務士試験に対応したコースを設けているところもあります。ただし、どの学科からでもチャレンジは可能。参考書などで独学して合格する人もいます。社会保険労務士事務所に就職する場合は、勉強中であることも評価されます。在学中に合格できなかった場合は就職後に取得してもOK。合格すれば社会保険労務士として仕事ができるようになります。社会保険労務士事務所や一般企業の人事部門などに就職するほか、個人で独立して働く道もあります。企業で働く場合は、人事スタッフの一員として社会保険や労働関連の法律に関する専門知識を活かします。社会保険労務士事務所で勤務するか、自分で事務所を立ち上げた場合は、おもに中小企業を顧客として働くことが多いです。

社会保険労務士の平均給料・給与

40万円

初任給：15万円／生涯賃金：2億7520万円

社会保険労務士の生涯賃金は、新卒が終身雇用で65歳まで雇用されたと想定して、22歳から65歳までの43年間と平均給料・ボーナスを掛け合わせた数字となっております。

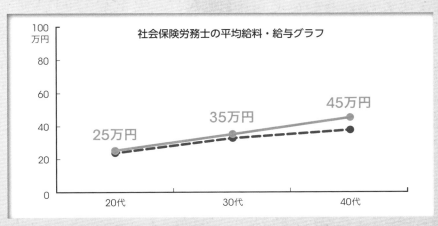

社会保険労務士の平均給料・給与グラフ

25万円　35万円　45万円

20代　30代　40代

※給料の算出には求人や口コミ、厚生労働省の労働白書を参考にしております

「人生は勝ちすぎてはならない。負けないようにすることが肝要である」

ファイナンシャルプランナー

ファイナンシャルプランナー

十侍の一人。属性は「人生」。住居、教育、老後など、将来の人生設計に合わせた資金計画を行うジョブ。スキル「親身に相談に乗る」を使い、顧客の将来の不安を解消することも仕事の一つ。

ファイナンシャルプランナーの仕事内容

ファイナンシャルプランナー（FP）の仕事は、相談者の話を丁寧に聞いた上で、その解決策を提案することです。資産の運用方法や保険内容の見直し、住宅資金や教育資金の準備方法、老後の生活設計、税制や相続などについての相談に応じます。FPはお金に関する多角的な知識を身につけていますが、必要があれば弁護士や税理士、社会保険労務士、保険・不動産の専門家などとのネットワークを活用してプランニングを行います。

ファイナンシャルプランナーのズバリ！ 将来性は？

FPの将来を明るくするのは、"お金の専門家"という評価を獲得することです。そのために必要なのは、FPとしての豊富な実務経験と情報のアップデートです。金融の仕組みや手続きは複雑で、変化が激しく、新しい金融商品も次々に登場します。そのため、FPは常に情報を更新しないと、相談者に最適なアドバイスを送ることができません。実務経験を積むと同時に最新情報を入手する努力を継続することを通じて、弁護士などと同様に「費用をかけて専門家にアドバイスを求める」メリットが認知されると、FPのニーズはいよいよ高まると予想されます。

スタディサプリ進路

ファイナンシャルプランナーになるには

FPになるには、2つのルートがあります。一つは「日本ファイナンシャル・プランナーズ協会」（日本FP協会）と「金融財政事情研究会」（金財）という2つの団体が実施する国家検定「ファイナンシャル・プランニング技能検定」を受検する方法で、各級に合格すると「○級ファイナンシャル・プランニング技能士」と名乗ることができます。もう一つは、日本FP協会が認定する民間資格「AFP（AFFILIATED FINANCIAL PLANNER）」を取得するルートです。同協会認定の教育機関が実施する「AFP認定研修」を修了すると、2級ファイナンシャル・プランニング技能検定の受験資格が得られるため、2級ファイナンシャル・プランニング技能士とAFP資格のダブルライセンス取得が可能になります。資格取得後は、金融機関や複数のFPが集まる事務所などに勤務して経験を積むケースが多いようです。

ファイナンシャルプランナーの平均給料・給与

32万円

初任給：15万円〜／生涯賃金：2億2016万円

ファイナンシャルプランナーの生涯賃金は、新卒が終身雇用で65歳まで雇用されたと想定して、22歳から65歳までの43年間と平均給料・ボーナスを掛け合わせた数字となっております。

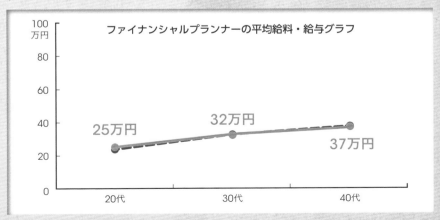

ファイナンシャルプランナーの平均給料・給与グラフ

- 25万円（20代）
- 32万円（30代）
- 37万円（40代）

※給料の算出には求人や口コミ、厚生労働省の労働白書を参考にしております

「船舶免許が失効してしまっても諦めるな。そのための俺たちだ」

海事代理士

海事代理士の仕事内容は海事代理士法に基づいて、船舶の登記・登録・検査申請をはじめ、海自法務に関する手続きをクライアントの代わりに行うことです。仕事内容から「海の司法書士」「海の行政書士」「海の代書屋」と呼ばれています。一般的に法律の勉強をしたことがある人、既に行政書士や司法書士の資格を持っている人なら1〜3か月程度の勉強で合格できるといわれています。合格率が高いため、簡単だと思われている人も多いですが、それは行政書士や司法書士の資格を持っている受験者が多いからです。とはいえ、きちんと勉強すれば、初心者でも一発合格できる可能性があります。

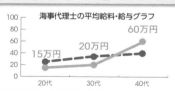

海事代理士の平均給料・給与

22万円

初任給：**10万円**／生涯賃金：**1億5136万円**

海事代理士の生涯賃金は、新卒が終身雇用で65歳まで雇用されたと想定して、22歳から65歳までの43年間と平均給料・ボーナスを掛け合わせた数字となっております。

海事代理士の平均給料・給与グラフ

15万円 / 20万円 / 60万円

（20代・30代・40代）

※給料の算出には求人や口コミ、厚生労働省の労働白書を参考にしております

海事代理士

十侍の一人。別名「海の司法書士」。海事法務に関する事務、船員労務事務などの受任業務を受け持つ。水属性の侍職。

海事代理士の求人はそう簡単に見つけることはできません。どうして求人が少ないのかというと、行政書士や司法書士に任せるクライアントが多いからです。船舶の登記に関しては、ほとんどが行政書士や司法書士が行っているといわれています。そのため、資格を取得したのに活かすことができない人も少なくありません。海事代理士の資格一本でも独立することは可能ですが、非常にリスクが高いと考えてください。

「私のこの手が光って探る！　市場調査がこの世を動かす」

証券アナリスト

証券アナリストというのは、証券投資において、専門的知識と分析技術を駆使して情報解析と投資価値の評価を行う仕事です。その評価や情報分析などをもとにして、顧客に投資についてのアドバイスや投資管理サービスなどを提供します。例えば投資する証券に関して、「今はこれが下がり目なので、上がり目なそれを買いましょう」などというアドバイスを行います。投資管理サービスで、証券アナリストは、顧客が破綻せずに、投資を有利に進めることができるよう管理をします。金融機関や資産運用の専門会社、一般企業のIR部門や財務部門などに勤務しています。

第1章　士業・コンサルティング系職業

証券アナリストの平均給料・給与

58万円

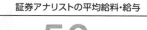

初任給：25万円〜／生涯賃金：3億9904万円

証券アナリストの生涯賃金は、22歳から65歳までの43年間雇われたと想定して、それと平均給料・ボーナスを掛け合わせた数字となっております。

証券アナリストの平均給料・給与グラフ

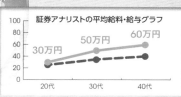

	20代	30代	40代
	30万円	50万円	60万円

※給料の算出には求人や口コミ、厚生労働省の労働白書を参考にしております

証券アナリスト

市場分析のスペシャリスト。スキル「神の見えざるハンド!!」を駆使し、投資家へ助言指導する姿は、商売の神「ヘルメス」の再来といわれている。

必要な資格は特にありませんが、日本証券アナリスト協会認定の証券アナリストや日本証券業協会認定の証券外務員の資格を取得すると就職が有利になります。外資系証券アナリストは、通常の証券アナリストに比べて給料や年収が高くなります。外資系の証券会社の年収は、平均800万〜1500万円程度といわれています。証券アナリストとして年収アップを狙うのであれば、経験を積んだ後に外資系の証券会社に転じてみてもいいかもしれません。

建築士

「美しい城でも、愛されなければ意味がない」

建築士

建築の基礎となる設計図を作る能力を持つ士業の一つ。「一級」の称号を持つ建築士は高層ビルや複雑な建物を設計可能だ。均等ディバイダーの槍を持ち、正確無比にすべてを計測する。別名「築城侍」。

建築士の仕事内容

建築基準法に基づいて、住宅や公共建築物など、建物を設計し、設計図を起こします。設計には、建物の耐震性や安全性を確保するための構造設計、空調や電気、給排水などの設備を考える設備設計、間取りやデザインを考える意匠設計があり、建物を総合的に設計していきます。また、設計図の通りに作業が進むよう、建築現場で大工や左官などの人々を指揮・監督することや、役所への手続きも大切な仕事です。建築士の免許には、「一級建築士」「二級建築士」「木造建築士」といった種類があります。

二級建築士や木造建築士になるには

大学・短大・専門学校などの建築学科を卒業した後、年1回行われる国家試験に合格し、国家資格を取得します。高校の建築・土木科や大学・短大・専門学校の土木科を卒業した場合は、建築士試験の受験資格を得るために、数年間の実務経験を積むことが必要です。土木科や建築学科を卒業していない場合でも、実務経験を積めば受験資格を得ることができます。ただし、7年以上という長い期間の実務経験が必要となるので、少しでも早く建築士として働きたいのであれば、大学・短大・専門学校に進学するのがおすすめです。

一級建築士になるには

スタディサプリ進路

大学・短大・専門学校などの建築学科・土木科を卒業した後、または、二級建築士の資格取得後に、一級建築士試験の受験資格を得ることができます。試験合格前後で所定の実務経験を積むことで、免許登録ができます。

建築士のズバリ！　将来性は？

人口の減少などによって、今後は一戸建てをはじめとした住宅の需要自体が減っていくことが予想されています。しかし、高齢化社会や環境問題への取り組み、街・都市の再建、地震などの災害時に発生する被害を最小化する減災への対応など、社会のニーズの多様化によって建築士が活躍する場は広がっているといえます。今後は、建築物に限らず、街や都市全体を造る役割として建築士の社会貢献がいっそう期待されています。

一級建築士の平均給料・給与

42万円

初任給：24万円／生涯賃金：2億8896万円

一級建築士の生涯賃金は、新卒が終身雇用で65歳まで雇用されたと想定して、22歳から65歳までの43年間と平均給料・ボーナスを掛け合わせた数字となっております。

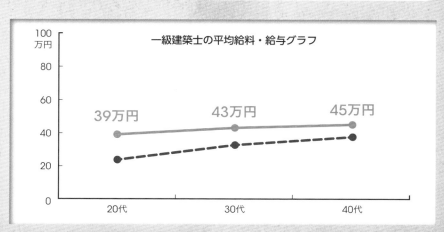

一級建築士の平均給料・給与グラフ

- 39万円（20代）
- 43万円（30代）
- 45万円（40代）

※給料の算出には求人や口コミ、厚生労働省の労働白書を参考にしております

「内部の守りを固めずに、外部を攻めるのは愚策である」

経営コンサルタント

経営コンサルタント

困った社長を助ける「軍師」。軍師の采配で会社の未来が決まることも。現代の軍師は三顧の礼ではあまり動かず報酬で動くことが多い。会計士や税理士、中小企業診断士からクラスチェンジすることが多い。

経営コンサルタントの仕事内容

企業の経営に関するトータルコンサルティングを行います。賃借対照表・損益計算書などの財務諸表を材料として、会社の収益や資産内容などの経営状態を判断し、アドバイスします。コンサルティングファーム（以下、ファーム）と呼ばれるコンサルタント専門の企業に勤める場合と、独立して個人や小規模企業でコンサルティングを行う場合があります。ファームには戦略系、会計系、人事系、IT系などの専門分野があります。独立して働く場合は得意とする専門分野でコンサルティングをします。

経営コンサルタントになるには

経営コンサルタントになるために、特に必要な資格はありません。しかし、実力が問われる厳しい世界であり人気の職業です。経営コンサルタントが働くファームに入るためには、倍率の高い採用試験に合格しなければなりません。そのためには大学などで、企業経営などの専門知識を学ぶことが必要です。外資系ファームの場合は語学力も求められます。

取得しておくと有利になるかもしれない資格

企業の改善点の分析やリサーチを行うため、経営コンサルタントの仕事に役立つ国家資格が、「中小企業診断士」です。ただ、診断後にどういったアドバイスをするかは企業診断士を越えた仕事となります。経営コンサルタント業を補助する資格として考えるとよいでしょう。また、戦略系といわれるファームで有利になるかもしれない学位にMBA（経営学修士号）の取得があります。

経営コンサルタントのズバリ！　将来性は？

経営コンサルタントの仕事は業種や職種を越えて広がっているようです。客観的な視点で企業の問題解決を図るというコンサルティング業務に大きな信頼を置いている企業は少なくありません。SNSが社会を動かすほどの力を持つようになり、各企業もその動向に注目し、経営に関連付けるところも増えています。今後、コンサルティングを行うにあたっては、IT系のスキルが大きく影響する可能性があります。この先も、基本となるITスキルは常に磨いておく必要があるでしょう。

経営コンサルタントの平均給料・給与

54万円

初任給：29万円／生涯賃金：3億7152万円

経営コンサルタントの生涯賃金は、新卒が終身雇用で65歳まで雇用されたと想定して、22歳から65歳までの43年間と平均給料・ボーナスを掛け合わせた数字となっております。

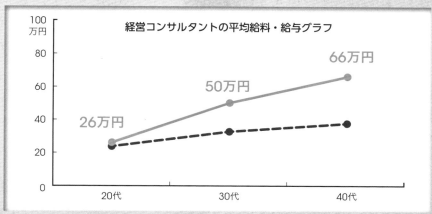

経営コンサルタントの平均給料・給与グラフ

26万円　50万円　66万円

20代　30代　40代

※給料の算出には求人や口コミ、厚生労働省の労働白書を参考にしております

「人生を微分積分したら、今を生きる大事さが判明しました」

アクチュアリー

アクチュアリー

確率や統計学を駆使し保険金を決める数式のプロ。別名「保険数理人」。スキル「魔法数式」でがん発生率のデータ分析などもお手のものである。現代の「時魔導士」とも呼ばれている。

アクチュアリーの仕事内容

アクチュアリーのおもな業務は大きく分けて、保険商品の開発と年金制度の設計の2つがあります。保険商品の開発では、将来的に会社が支払うであろう保険金を算出した上で適正な保険料を設定し、保険会社と契約者双方にメリットのある保険商品を作ります。年金制度の設計では、経済の動向や社員数の増減などを数学的に分析し、企業と従業員の双方が満足できるような設計を行います。このほか、「保険計理人」に指名されたアクチュアリーは、保険会社が健全な経営を行っているかどうかの診断を行います。

アクチュアリーのズバリ！　将来性は？

年金や保険商品は、将来的になくなることが想像しにくいため、資格を取得すれば就職先に困ることはないでしょう。さまざまなリスクを戦略的に評価し、企業の業績向上にも貢献するアクチュアリーの職域は、これからいっそう拡大していくと期待されています。これまで、日本で独立開業した例は多くはありませんでしたが、最近はコンサルティングアクチュアリー会社などを起業するケースが増えてきました。成功例が続けば、独立開業するアクチュアリーが急増することも予想されます。

アクチュアリーになるには

アクチュアリーになるには、公益社団法人日本アクチュアリー会が実施している資格試験に合格する必要があります。日本アクチュアリー会の個人会員には、「正会員」「準会員」「研究会員」という3段階があります。1次試験5科目のうち1～4科目に合格すると研究会員、1次試験すべてに合格すると準会員、そして2次試験にも合格すると正会員と認定され、アクチュアリーを名乗ることができます。4年制大学に通う場合、62単位以上の単位を修得していると3年生から第1次試験を受験できます。アクチュアリーは難関試験のため、数年かけて正会員になるケースがほとんどです。そのため、準会員や研究会員として就職試験に臨み、「将来のアクチュアリー候補生」をアピールすると採用に近づくでしょう。また、大学在学中に科目合格しておくと、就職活動の際に有利に働くと思われます。就職先には、生命保険会社や損害保険会社、信託銀行、コンサルティング会社、監査法人などがあります。

アクチュアリーの平均給料・給与

71万円

初任給：25万円～／生涯賃金：4億8848万円

アクチュアリーの生涯賃金は、新卒が終身雇用で65歳まで雇用されたと想定して、22歳から65歳までの43年間と平均給料・ボーナスを掛け合わせた数字となっております。

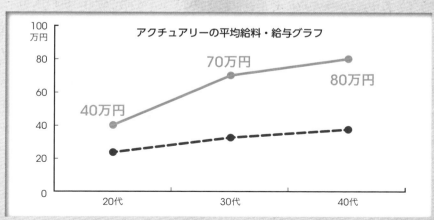

アクチュアリーの平均給料・給与グラフ

- 40万円
- 70万円
- 80万円

（縦軸：万円　0, 20, 40, 60, 80, 100）
（横軸：20代　30代　40代）

※給料の算出には求人や口コミ、厚生労働省の労働白書を参考にしております

「人生の再投資は、私にご相談ください」

キャリアカウンセラー

キャリアカウンセラー

カウンセリング三賢者の一人。属性は「職」。職業選択や職業技能のサポートをする後方支援型ジョブの一つ。スキル「ジョブカード」は就職に悩む者のキャリア形成をサポートする補助系スキルだ。

キャリアカウンセラーの仕事内容

キャリアカウンセラーの仕事は、職業の選択やスキルアップの場面において相談者自身が目標を定め、職業選択やキャリアアップを行えるように支援することです。キャリアカウンセラーは人と社会の間に立ち、すべての働きたい人が自分らしく働けるよう、仕事選びや将来の方向性について相談に乗り、アドバイスをします。また、キャリア形成に関するガイダンス・セミナー等の講師、企業で職業能力・キャリア形成に関する制度の設計・運用などを行うキャリアカウンセラーもいます。

キャリアカウンセラーのズバリ！　将来性は？

2016年4月に新たな国家資格「キャリアコンサルタント」が誕生しました。これまでは
さまざまな団体による資格が乱立していましたが、国家資格化に伴い、キャリアカウン
セラーの社会的ニーズ・地位は高まると予想できます。また、個人が自己負担でキャリ
アコンサルティングを受けた費用が特定支出控除（所得控除）の対象になったり、企業
がキャリアコンサルティングを導入した場合に助成金が支払われたりと、国もキャリア
カウンセラーの活用に積極的に動いています。労働市場の変化が大きい今、キャリアカ
ウンセラーのニーズが高まることは必須ですから、将来性のある仕事といえるでしょう。

キャリアカウンセラーになるには

キャリアカウンセラーは、資格が必須の職種ではありません。人材派遣会社や人材紹介
会社、企業の人事部では、資格を持たない新卒時からキャリアカウンセラーとして従事
することもあります。しかし、教育機関や公的職業支援機関でキャリアの専門家として
働く場合には、キャリアカウンセリングに関する資格が求められることがほとんどで
す。今後は国家資格であるキャリアコンサルタントを取得することが望ましいでしょ
う。決まったルートはありませんが、大学や短期大学、専門学校を卒業後に、人材系の
企業もしくは一般企業の人事部門の
採用試験を受ける、もしくは業種・
職種は問わず企業で実務経験を積み
ながらキャリアコンサルタント講習
を受け、キャリアコンサルタント国
家試験に合格した後、キャリアカウ
ンセラーとしての活動をスタートす
るケースが考えられます。

キャリアカウンセラーの平均給料・給与

35万円

初任給：22万円～／生涯賃金：2億4080万円

キャリアカウンセラーの生涯賃金は、新卒が終身雇用
で65歳まで雇用されたと想定して、22歳から65歳まで
の43年間と平均給料・ボーナスを掛け合わせた数字と
なっております。

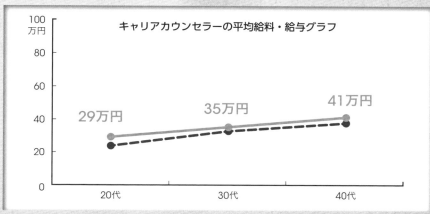

キャリアカウンセラーの平均給料・給与グラフ

29万円　　35万円　　41万円

※給料の算出には求人や口コミ、厚生労働省の労働白書を参考にしております

中小企業診断士

中小企業の経営者の依頼により、会社経営全般の調査・診断をし、生産管理、経営指導などを通して、経営改善を図る、いわゆるマネジメント・コンサルティングをするのが、中小企業診断士です。また、個々の企業をあたるだけでなく、数人でチームを作り、商店街全体の再開発診断にあたるケースもあります。中小企業診断士が活躍する職場は経営コンサルティング会社や金融機関などです。また、フリーランスで活動したり、自分で会社を立ち上げたりすることも可能です。

中小企業診断士のズバリ！ 将来性は？

今は、どんな業界も会社同士の競争が激しくなっています。ただ商品やサービスを売るだけでなく、経営に関してさまざまな工夫をしたり、効率化を図ったりしていかないと生き残っていくのが難しい時代です。しかし、中小企業の場合、経営陣が必ずしも経営理論などに詳しいわけではありません。そのため、外部の経営コンサルタントや中小企業診断士の役割が重要になってきています。この傾向は今後も続いていきそうです。

中小企業診断士になるには

中小企業診断士になるには資格が必要です。その場合、いつ受験するかがポイントになります。大学在学中に合格すれば就職活動の際のアピール材料になりますが、2次試験の内容が実務的なので、学生は苦労することもあります。そのため、大学では経営学を体系的に学び、就職して経営コンサルティング職や営業職、金融機関の融資担当などの実務経験を積んでから目指すというステップも選択肢の一つです。また、大学院などの中小企業診断士登録養成課程で学べば、2次試験は免除になるので、大学院進学とセットで受験プランを検討するのもありでしょう。受験資格は特にないので、基本的にはどの校種・学科でも問題はありません。ただし、中小企業診断士の仕事内容や試験範囲と関連性が深いのは経営系の学科やコースです。

中小企業診断士の平均給料・給与

35万円

初任給：24万円／生涯賃金：2億4080万円

中小企業診断士の生涯賃金は、想定雇用期間43年間と平均給料・ボーナスを掛け合わせた数字となっております。

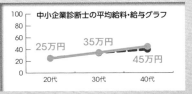

中小企業診断士の平均給料・給与グラフ

25万円　　35万円　　45万円

20代　　30代　　40代

※地域や営業によってかなり差があります

通関士

物品を輸出入したい顧客から依頼を受け、その代理として通関業務を行うのが通関士の仕事です。具体的には、①通関書類の作成、②通関手続き、③不服申し立て、④税関に対する主張・陳述という4つの仕事があります。このうち中心となるのが書類作成業務で、例えば輸入申告書の場合、輸入する商品の課税価格や徴収される関税額・消費税額などを計算して書類に記入し、コンピューターシステムを使って税関に送信します。記入内容のミスがトラブルになることもあるので、書類作成には緻密さが求められます。

通関士になるには

通関士になるには、財務省が管轄する国家試験に合格する必要があります。通関士試験は、通関士として必要な知識・能力を有しているかどうかを判断するもので、毎年1回実施されます。試験日は10月上旬で、合格発表は11月下旬〜12月上旬に行われます。通関士の就職先は、通関業者をはじめ運送会社、倉庫会社、貿易会社、メーカーなど多岐にわたります。将来は国際舞台で活躍したいといった希望がある場合は、英語でコミュニケーションできる能力も必要になるでしょう。

通関士のズバリ！　将来性は？

物品取引のグローバル化は今後も発展すると予想されており、通関士に求められる仕事量や責任の大きさはさらに拡大するでしょう。そのため、幅広い分野にわたる知識と技術を備えた通関士は、貿易実務の専門家としてのニーズが高まります。会社の中で存在感を高めるには、こうした「通関のスペシャリスト」というポジションを明確にすることが大事です。また、勤務先に海外支店などがある場合は、海外駐在員になる可能性もあります。英語を使ってビジネスができるまで英語力を向上させると、グローバルに活躍できるチャンスが広がるでしょう。

通関士の平均給料・給与

32万円

初任給：22万円／生涯賃金：2億2016万円

通関士の生涯賃金は、想定雇用期間43年間と平均給料・ボーナスを掛け合わせた数字となっております。

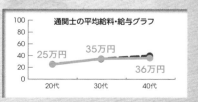

通関士の平均給料・給与グラフ

25万円　35万円　36万円

20代　　30代　　40代

※地域や営業によってかなり差があります

測量士

住宅をはじめとする身近な建物から道路や橋といった巨大な建造物まで、あらゆる建設工事において最初に行う作業が測量です。測量士は、工事予定地の正確な位置や高さ、長さ、面積などを専門的な機器と技術を駆使して測定し、そこで得た数値をもとに図面などを作成します。測量の結果によって開発計画を決定したり、建造物の建設条件を変更したりします。測量にミスがあると、工事の進行が遅れるだけでなく、完成した建物の安全性に問題が生じることがあります。

スタディサプリ進路

測量士のズバリ！　将来性は？

近年は都市部の再開発やインフラの再整備などの公共事業が継続的に実施されており、測量士はこうした事業に欠くことのできない役割を担っています。しかし、自分の力量を伸ばす努力をしないと、大きな仕事を任されることはありません。最新の光学機器や専用ソフトを使いこなして、業務の正確性と効率の向上を図るのがスキルアップの近道です。また、不動産登記もできる測量士を目指して、土地家屋調査士や行政書士の勉強を始める努力家もいます。2つ目の資格を取得して活用できれば、独立開業の道が見えてくるので、勉強にも熱が入るようです。

測量士になるには

測量士になるルートは複数あります。もっとも一般的なのは国土交通省国土地理院が実施する国家試験を受験するルートで、年齢や学歴不問で誰でも受験できます。測量士補から測量士にランクアップする方法もあります。そのためには、測量士補の資格取得後、測量に関する専門学校・養成施設において高度の専門知識と技能を習得する必要があります。このほか、文部科学大臣が認定した学校施設で学んだ後で規定の実務経験を積む、あるいは国土交通大臣の登録を受けた学校施設で学んだ後で規定の実務経験を積むといった方法でも測量士になることができます。

測量士の平均給料・給与

29.5 万円

初任給：19万円〜／生涯賃金：2億296万円

測量士の生涯賃金は、新卒で終身雇用で65歳まで雇用されたと想定して、22歳から65歳までの43年間と平均給料・ボーナスを掛け合わせた数字となっております。

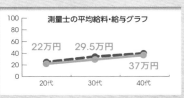

測量士の平均給料・給与グラフ

22万円　29.5万円　37万円

20代　30代　40代

※給料の算出には求人や口コミ、厚生労働省の労働白書を参考にしております

「人間も天気も同じなんです。いい時も悪い時もあるでしょ?」

気象予報士

気象予報士の仕事内容はさまざまな観測データを見て分析をし、気象を予報することです。観測データには数値予報結果、アメダス、気象衛星、気象レーダーなどがあり、これらをしっかりと読み取らなければいけません。観測データをもとに、気象予報士は天気予報を作成したり交通機関の最適航路の予想をしたりします。天候が大切な場所へ情報を提供するのも、仕事の一つになります。「天候が大切な場所」とは、例えばリゾート地などです。リゾート地だと、天候によって訪れる観光客が増減し商品の売れ行きも変わるため、気象予報に合わせて商品数を調整するなどの対策をしています。

気象予報士の平均給料・給与

33万円

初任給:16万円／生涯賃金:2億2740万円

気象予報士の生涯賃金は、新卒が終身雇用で65歳まで雇用されたと想定して、22歳から65歳までの43年間と平均給料・ボーナスを掛け合わせた数字となっております。

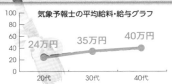

気象予報士の平均給料・給与グラフ

24万円　35万円　40万円

20代　30代　40代

※給料の算出には求人や口コミ、厚生労働省の労働白書を参考にしております

気象予報士

気象庁直属の侍系ジョブ。属性は「天候」。兵器「ひまわり」を駆使し、宇宙からの情報をもとに天気を予知。固有クラス「お天気お姉さん」は、気象予報士の国家資格がなくてもクラスチェンジ可能。

気象予報士の就職先は大きく分けて3つあります。一つ目は気象庁です。就職できれば公務員になれます。2つ目は気象会社に就職する方法で、3つ目は放送業界に就職する方法です。NHKの気象予報士の月収は40万円前後だといわれています。民間の気象予報士が30万〜 40万円なのでそんなに変わりはありません。場合によっては、民間企業のほうが高額ということもあるようです。一概に有名な勤務先だから給料がよいとはいえないそうです。

環境コンサルタント

環境コンサルタントには建築系やアセスメント系、法規制系、さらにはCSR系などさまざまな種類があります。現在需要が多いとされているCSR系の環境コンサルタントは、一般的に企業をクライアントとして、さまざまな企画を組み立てていく仕事をします。

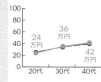

環境コンサルタントの
平均給料・給与グラフ

24万円（20代）　36万円（30代）　42万円（40代）

※業種により差があります

平均給料・給与

45万円

初任給：22〜24万円／生涯賃金：2億5456万円

生涯賃金は、想定雇用期間43年間と平均給料・ボーナスを掛け合わせた数字となっております。

環境コンサルタントになるにはさまざまな資格を取得する方法があります。おもなものは、環境計量士資格や環境アセスメント士資格、社会調査士資格などになります。

環境計量士

現在は濃度関係の環境計量士（環境測量士）に多くの需要があるようです。水質や大気の汚染濃度測定などですが、首都圏や都心部などでは、騒音、振動関係の仕事も多いです。人材の需要があるものの、資格取得が難しいため、絶対数が少ない職種です。

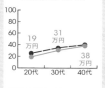

環境計量士の
平均給料・給与グラフ

19万円（20代）　31万円（30代）　38万円（40代）

※地域により差があります

平均給料・給与

29.3万円

初任給：20万円／生涯賃金：2億0158万円

生涯賃金は、想定雇用期間43年間と平均給料・ボーナスを掛け合わせた数字となっております。

全国の一般財団法人の環境分析センターは求人がほとんどなく、水質検査員、株式会社など民間の環境測定員に雇用を求めることになるでしょう。

建設コンサルタント

建設コンサルタントは、インフラや農地・河川を整備するための計画や防災計画などの専門知識を有し、自治体や民間企業などの事業者に対して、技術的な提案やアドバイスをするのが仕事です。事業者の代わりに必要な調査をしたり、企画の立案なども行います。

建設コンサルタントの
平均給料・給与グラフ

20万円（20代）　30万円（30代）　40万円（40代）

※給料の算出には求人や口コミ、厚生労働省の労働白書を参考にしております

平均給料・給与

31.2万円

初任給：20万円〜／生涯賃金：2億1465万円

生涯賃金は、想定雇用期間43年間と平均給料・ボーナスを掛け合わせた数字となっております。

建設コンサルタントの求人は、インターネットの求人サイトなどで探すことができます。ちなみに2018年現在、建設コンサルタント業界1位の日本工営の平均年収は780万円。

臭気判定士

環境省所轄の公益社団法人が認定した資格所有者で、悪臭の発生源である事業者に対する改善勧告や、改善命令の根拠となる測定や調査に関わる職業です。民間での活躍よりも、自治体などに関係した認定事業所での就業が主体となるようです。

臭気判定士の
平均給料・給与グラフ

19万円（20代）　24万円（30代）　29万円（40代）

※役人として働く場合が多いです

平均給料・給与

24万円

初任給：18万円〜／生涯賃金：1億6512万円

生涯賃金は、想定雇用期間43年間と平均給料・ボーナスを掛け合わせた数字となっております。

全国の認定事業所以外は、現在民間でも雇用がほとんどないのが現状です。定年による退職者が出た場合でも、外部からあまり積極的な求人を行わないのが通例です。

職業訓練指導員

公共職業訓練、認定職業訓練の施設などで、職業訓練を指導する教育担当者です。普通職業訓練指導員と高度職業訓練指導員があり、都道府県や自治体などにより、資格や就業条件が異なります。教員免許同等の職業訓練指導員免許が必要となります。

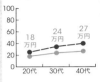

職業訓練指導員の
平均給料・給与グラフ

18万円　24万円　27万円

20代　30代　40代

※地域により差があります

平均給料・給与

30万円

初任給：18万円／生涯賃金：2億0640万円

生涯賃金は、想定雇用期間43年間と平均給料・ボーナスを掛け合わせた数字となっております。

試験の難易度は低いです。農業、工業や漁業などの特定技能を持った人は、普通職業訓練の短期課程においては、免許を必ずしも必要としない場合があります。

相続診断士

相続診断士というのは、相続に関して起こり得るさまざまな問題に対しての理解を深め、より多くの人が円満に相続をすることができるように啓蒙活動などを行うのが仕事です。弁護士や司法書士・行政書士などと連携をして相続問題の解決に取り組むこともあります。

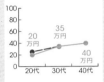

相続診断士の
平均給料・給与グラフ

20万円　35万円　40万円

20代　30代　40代

※給料の算出には求人や口コミ、厚生労働省の労働白書を参考にしております

平均給料・給与

35万円

初任給：18万円～／生涯賃金：2億4080万円

生涯賃金は、想定雇用期間43年間と平均給料・ボーナスを掛け合わせた数字となっております。

弁護士などが自分の仕事に箔を付けるためといった意味合いで取得することの多かった資格ですが、最近では相続診断士として開業する人も少なくはありません。

宅地建物取引士

宅地建物取引士というのは、不動産売買・賃貸の仲介などをする職業です。法律の知識や不動産に関する知識を使って、お客様にアドバイスをしたり、本当に価値のある不動産を、本当に必要な人に売ることができるように、取引を円滑に進める仕事です。

宅地建物取引士の
平均給料・給与グラフ

20万円　30万円　40万円

20代　30代　40代

※給料の算出には求人や口コミ、厚生労働省の労働白書を参考にしております

平均給料・給与

30万円

初任給：18万円～／生涯賃金：2億0640万円

生涯賃金は、想定雇用期間43年間と平均給料・ボーナスを掛け合わせた数字となっております。

不動産会社は高給取りといわれることもありますが、最初はそれほどでもありません。しかし、成績次第では年収1000万円も目指せます。平均は500万～600万円です。

マンション管理士

マンション管理士の仕事は、マンションの管理組合・住民の相談を受け、問題への対処を行うことです。管理人とは違い、マンションの運営がしっかりと適正に行われるようにするコンサルタントのようなものです。法律、会計、運営などさまざまな知識が必要とされる仕事です。

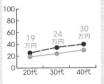

マンション管理士の
平均給料・給与グラフ

19万円　24万円　30万円

20代　30代　40代

※給料の算出には求人や口コミ、厚生労働省の労働白書を参考にしております

平均給料・給与

24万円

初任給：19万円／生涯賃金：1億6512万円

生涯賃金は、想定雇用期間43年間と平均給料・ボーナスを掛け合わせた数字となっております。

マンション管理士には国家資格がありますが、これは仕事に就くのに必ずしも必要ではありません。しかし、この資格試験はかなり難易度が高いので、あれば有利でしょう。

企業戦士 I

企業活動がスムーズに進むよう、縁の下の力持ちとして支えているのが一般事務職です。事務職とはいえ正確さとスピードが要求され、来客対応もすることからコミュニケーション能力も欠かせない、奥の深い職種です。人気が高く、正社員採用は狭き門です。

一般事務職

一般事務は、ファイリング業務や来客対応、電話対応、物品発注、会議資料の作成や福利厚生関連の業務を担当するのが仕事です。それぞれの企業によって担当している内容が違うため一概に定義することは難しいですが、デスクワークが中心となります。規模の小さい会社であれば、一般事務が経理や人事関係の仕事を兼ねているということもあります。部署によっては海外とのやり取りのために英語が必要だったり、専門分野を扱ったりすることもあります。基本的なPCスキルとビジネスマナーが必須です。

19,800

「陰日向になりあなたのお役に立つのが使命」

平均給料・給与

18万円

初任給：10万円〜
生涯賃金：1億2384万円

生涯賃金は、想定雇用期間43年間と平均給料・ボーナスを掛け合わせた数字となっております。

平均給料・給与グラフ

15万円　18万円　20万円

20代　30代　40代

※給料の算出には求人や口コミ、厚生労働省の労働白書を参考にしております

一般事務職

防衛系ジョブ。金銭を管理し、企業を裏から守るカンパニーガーディアン。スキル「簿記1級」はSクラスの難易度を誇るスキルで、取得した事務職は会計士に匹敵する力を持つといわれる。

第2章

芸能・マスコミ・クリエイティブ系職業

「カワイイは剣よりも強し！　私のライブ楽しんでいってね♪」
アイドル

特別寄稿：美樹本晴彦

アイドル
歌舞謡曲で冒険者たちの心身を癒やす踊り子ジョブ。近年は大手ギルドに所属せず独自に活動を行う"地下"アイドルも増えているという。

アイドルの仕事内容

アイドルの仕事は非常に多岐にわたります。コンサートやライブで歌や踊りを披露するのはもちろん、最近ではイベント会場でファンと写真を撮ったり、一人ひとりと握手をしたりするサービスも一般的になってきました。ツアーとなると全国を行脚することもあるタフな仕事です。ある程度売れてくるとメディアへの露出が増え、モデルとして雑誌のグラビアを飾ったり、バラエティ番組に出演したりするようになります。さらに芸能界で一定の地位を築くと、女優としてドラマや映画への出演オファーが来ることも。

地下アイドルって何？

大手芸能事務所に所属せずマスメディアへの露出もない、ライブを主体とした芸能活動を行う10代〜20代前後の若いアイドルが「地下アイドル」と呼ばれます。通常のアイドルよりもファンとの距離が近く、実験的、挑戦的なパフォーマンスを行うのが特徴です。収益は物販の比重が大きく、チェキなどの売上がギャラになっていることも多いとか。今では国民的アイドルグループとなったAKB48も、最初は地下アイドルとしてデビューしました。秋葉原にある専用劇場でのみ活動、ライブ後の握手会を通して交流できる方式でファンを増やし、徐々に大きくなっていきました。

アイドルになるには？

アイドルになるのに特別な資格や学歴は必要ありませんが、唯一にして最大の壁となるのが年齢です。多くのアイドルは10代後半〜20代前半でデビューしており、30代になるとかなり厳しいとされます。なりたいと思ったらすぐに行動を開始しましょう。デビューの方法としてはアイドル養成学校に通うこと、大手芸能事務所のオーディションを受けること、街でスカウトされることなど多様なルートがあります。最近ではネットでの動画配信などからデビューするケースもあるようです。いずれにせよ生来優れたルックスを持っていることはもちろん、歌唱力やダンスの技術、人前で堂々と振る舞える胆力、会話スキルなど多くの能力が求められます。これらのスキルを平時から鍛えておける人、またデビューしてからも努力を怠らない人だけがトップアイドルたり得るのです。

アイドルの平均給料・給与

65万円

初任給：1万円／生涯賃金：1億3260万円

アイドルの生涯賃金は、活躍するであろう18歳から35歳までの17年間と平均給料を掛け合わせた数字となっております。

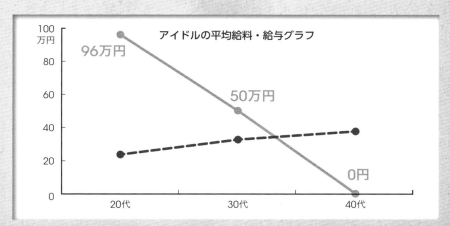

アイドルの平均給料・給与グラフ

96万円

50万円

0円

100万円　80　60　40　20　0

20代　　30代　　40代

※平均給料は、売れているアイドルから算出しています。

「歌は心！　咲かせて魅せます女の花道！」

歌手・演歌歌手・ボーカリスト

特別寄稿：えびはら武司

演歌歌手
歌手の中でも、ジパングの古謡を今に伝える歌唱のマイスター。専用バフ"コブシ"を付与した歌声は、聴く者の潜在意識に働きかけ、眠った力を目覚めさせる。

歌手・ボーカリストの仕事内容

歌で人を感動させるのが歌手・ボーカリストの仕事です。仕事場は、コンサート会場やイベント会場、レコーディングスタジオなど。個人やバンドで曲を発表して活動する場合もあれば、CMソングやバックコーラスを中心に活動する場合もあります。歌の基礎を学び、オーディションに応募して合格し、本格的なボーカルトレーニングを受けて、デビューとなります。素質や実力に加えて、運も必要です。また、クラッシック、ジャズ、ロックなどジャンルによってもそのプロセスは異なってきます。

歌手・ボーカリストになるには

歌手・ボーカリストになるための決まったルートはありません。歌唱力や表現力を磨くには、大学・短大・専門学校の音楽系、歌手養成系の学科・コースで学ぶほか、ボーカル教室でレッスンを受けたり、独学でトレーニングしたりする道もあります。プロになれるかどうかはあくまで実力次第です。アマチュアとして人前で歌う経験を重ねながら、レコード会社や芸能プロダクションなどが実施するオーディションを受け、合格すればプロへの道が開かれます。アマチュア活動で人気が出ればスカウトされるケースもあります。

歌手・ボーカリストの就職先は？

芸能プロダクションやレコード会社、音楽レーベルに所属します。一般的な就職とは異なり、仕事を得たり、CDを出したりするために契約するというイメージです。給料制の場合もありますが、仕事単位で報酬が支払われることも多いです。CDデビューしている場合は、売り上げに応じて歌唱印税も得られます。

歌手・ボーカリストのズバリ！　将来性は？

CDが売れなくなるなど、音楽業界は長く低迷が続いています。その一方、インターネットを活用して、自分が歌っている動画や曲を配信したりするチャンスは拡大。また、インディーズレーベルなども増え、音楽活動の裾野は広がっています。メジャーデビューにつなげていくためには大きなハードルがあるのは事実ですが、歌手・ボーカリストになるための第一歩は多様化しているといえます。

演歌歌手の平均給料・給与

45万円

初任給：10万円／生涯賃金：不明

演歌歌手の生涯賃金は、20歳から45歳まで25年間活動したと想定して、それと平均給料を掛け合わせた数字となっております。

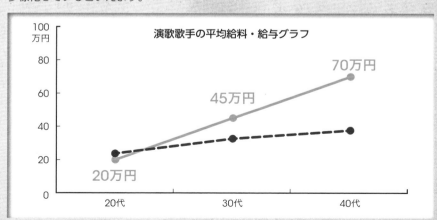

演歌歌手の平均給料・給与グラフ

70万円
45万円
20万円

20代　30代　40代

※実力社会のため算出が難しく、ネットの口コミを参考にしています。

「聴かせてやろう。真に調和したアンサンブルを」

指揮者

特別寄稿：皆川亮二

指揮者

クラシック楽曲を独自に分析して解釈。演奏者が完全に再現できるように指導し、楽団の演奏をコントロールするジョブ。同時に演奏される数十もの楽器を、一つひとつ聞き分ける聴力を持つ。

指揮者の仕事内容

クラシックコンサートでの指揮、音の強弱やテンポなど、各パートの演奏をまとめ上げる人というイメージが強いかもしれません。実際にはそれだけではなく、ステージに上がる前からオーケストラやアンサンブルを指導し、自分の解釈による演奏を完成させる役割もあります。演奏者の誰よりも楽曲や楽器のことを深く理解している必要があります。そのため、楽器演奏者よりも音楽的知識を持っており、尊敬の念を込めて「マエストロ（専門家）」と呼ばれることもあります。

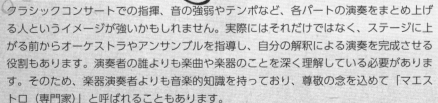

指揮者になるには？

指揮者になるには、音楽大学や音楽専門学校で音楽的な知識を身につけ、卒業後に有名指揮者に弟子入りしたり、あるいはオーケストラにアシスタント指揮者として入団して経験を積み、オーケストラからオファーをもらうようになるのが一般的です。一言で言えば単純そうですが、実際には非常に狭き門です。まず、膨大かつ多岐にわたる音楽知識が必要です。そして、ピアノやヴァイオリンなど、複数の楽器の演奏技術を習得しなければなりません。さらに、卓越した音楽センスや、数十人の演奏を聞き分けられる耳のよさなど、生まれ持った才能も必要になるためです。

指揮者の収入はどのくらい？

指揮者は1公演あたり何円という契約で活動するのが普通です。若手クラスで20万〜40万円、中堅大手クラスで50万〜120万円が、1回の公演で支払われる額。1回あたりのギャランティは一般的なサラリーマンの月収よりも高額ですが、小規模なオーケストラは年間の公演回数も少なく、移動費などの経費もかさんでしまうため、契約するオーケストラによって、年収にはかなり幅が出ます。マネージメント会社に所属している指揮者で、それなりに人気がある人は月に4回ほど仕事をもらえ、事務所にマージンを取られたとしても、40万円×4回＝160万円ほどの月収が見込めるそうです。ちなみに小澤征爾クラスの超一流指揮者ともなると、1回の公演で500万円以上のギャラになるといわれています。

指揮者の平均給料・給与

35万円

初任給：20万円〜／生涯賃金：1億8060万円

指揮者の生涯賃金は、想定活動期間43年間と平均給料を掛け合わせた数字となっております。

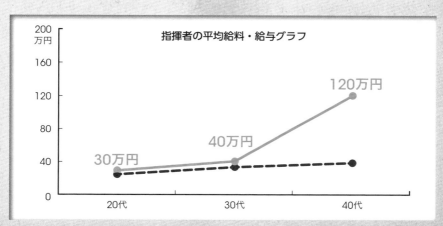

指揮者の平均給料・給与グラフ

- 20代：30万円
- 30代：40万円
- 40代：120万円

※平均給料は、月1回の公演報酬として算出しております。

「花を "華" にするのがわたくしの仕事。あなたも生けてさしあげようかしら?」

華道家

特別寄稿：佐伯かよの

華道家
花や草木を用いて芸術作品「アート」を作り出す専門職能集団。歴史は古く、かつては神への供物として植物を美しく飾り立てる役目を担った。数々の流派があり、それぞれ技法や様式が異なる。

華道家の仕事内容

花や草木を生けて観賞用の芸術作品を生み出すプロフェッショナルです。花鋏で植物を剪定するだけでなく、花器、花台などの調度品を選んだり、電動ドリルやチェーンソーなどの工具で大がかりな加工をしたりと、さまざまな見識や技術を必要とする仕事でもあります。華道家の作品は、結婚式やパーティーなどの華やかな場を引き立てる役割を果たしたり、雑誌やテレビ番組、CDジャケットなどに使用されたりします。また、庭園や舞台美術、宗教的な儀式など、格式の高い場面のために花を生けることもあります。

華道家で高年収を目指す方法

いけばなの教室を開いたとして、月謝は月2回で5000円前後が相場です。月謝5000円で生徒を10人持ったとしたら毎月5万円の収入です。趣味でやる分にはいいかもしれませんが、高収入を目指すにはいけばな教室の先生やフラワーアーティストのアシスタントにとどまらず、自己を芸術家としてプロデュースし、より多くの仕事をこなすことが必要です。華道家兼タレントとして活躍している假屋崎省吾氏のように、CMに出演したり、花に関わるビジネスを幅広く展開するなどして、新しい華道の可能性を追及することが高収入への鍵となります。

華道家になるには？

華道家に特別な資格は必要ありませんが、現在活躍している華道家はその技術的基礎となる「いけばな」を修業した人が多いです。一流の華道家となるには、いけばなの基礎を身につけることが重要となります。いけばなには最大流派の池坊のほか、1500以上の流派があるともいわれています。まずはどこかの流派に所属し、知識と技術を身につけるのが華道家になるための第一歩でしょう。または、有名なフラワーアーティストのもとでアシスタントとして仕事を覚えていく人もいます。とはいえアシスタントはアルバイトや契約社員での募集がほとんどで、アシスタントである限りプロの華道家とは呼べません。コンテストや個展など、なんらかの形で自分独自の作品が世に出ることなれば「華道家」としての道が開けるでしょう。

華道家の平均給料・給与

21.5万円

初任給：21.5万円～／生涯賃金：1億1094万円

華道家の生涯賃金は、22歳から65歳までの43年間活動したと想定して、平均給料を掛け合わせた数字となっています。

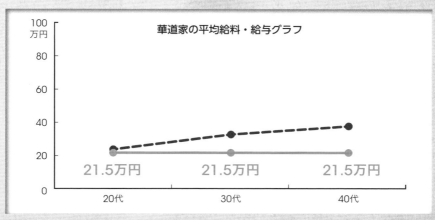

華道家の平均給料・給与グラフ

100万円 / 80 / 60 / 40 / 20 / 0

21.5万円　　21.5万円　　21.5万円

20代　　　　30代　　　　40代

※給料BANKより

YouTuber

「大人よりも子どもたちが稼ぐ『新時代』がはじまりました」

YouTuber
YouTubeという動画サイトで活躍するタレント。人気ジョブランキングでも上位に君臨し始めた新世代ジョブの一つ。トップになれば、富と名声を得ることができる一攫千金型の職業だ。

YouTuberの仕事内容

動画を作ってYouTubeにアップし、それで広告収入を得るのが仕事となります。多彩な動画があり、どんな動画を作るのも自由ですが、実際には人気があるジャンルで成功しなければ厳しい世界でもあります。そのような動画をアップする人たちがYouTuber（ユーチューバー）と呼ばれています。国内外でかなりの数の人が専業になってきたのが最近の特徴です。およそ8割の人が月1000円未満の収入となります。100万円以上を稼ぐ人は数％以下。広告収入なしで、単に動画投稿だけのユーザーもいます。

YouTuberになるには？

保護者の承諾があれば18歳未満でも収入を得ることができます。最近では「キッズ YouTuber」といわれる子どもたちの動画も大躍進しています。必要な機材は、パソコン、デジタル一眼などのカメラ、テロップで使う編集ソフトや加工用ソフトなどです。クオリティの高い動画を作るには、それなりの動画制作の技術が必要となります。また、SNSアカウントやブログなど、ほかのサービスとの連携をすることが再生数の上昇につながります。動画の投稿は質よりも数であり、できれば毎日投稿することが必要です。人気 YouTuberの中には、撮影のために防音設備のある家や事務所を借りている人もいます。

YouTuberのキャリアモデル

YouTuberとして稼ぐには再生回数と広告の表示数が重要になります。月によって変動はありますが、動画1再生につき平均0.02 〜 0.2円の間の収入となるようです。月に10万円以上の収入を得ようとすると、500万回再生が必要になります。人気のYouTuberでも1動画当たり30万〜 40万回、多くても100万回の再生数なので、専業でやるにはかなり厳しい職業です。女性YouTuberが活躍しているジャンルは、コスメやメーク、ファッション、料理、英会話、ゲーム実況などです。女性ならではの視点を活かした動画が人気を集めています。また、アイドル的な活動をしている人もいます。YouTuberを専門にマネージメントを行うプロダクション事務所もあります。広告の選択から撮影のサポートまで行う広告代理店や芸能事務所のような事業形態であり、今後ますます発展していくと予想されます。

YouTuberの平均給料・給与

747万円

初任給：**1万円**／生涯賃金：**8億9640万円**

YouTuberの生涯賃金は、活躍できる期間を10年間と想定して、それと平均給料を掛け合わせた数字となっております

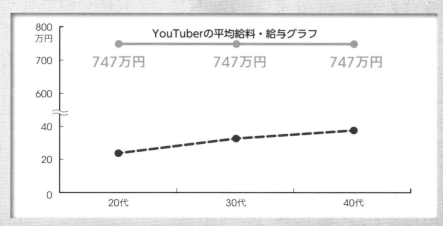

YouTuberの平均給料・給与グラフ

747万円　　747万円　　747万円

※給料の算出には有名YouTuberの動画再生数を参考にしております

「希望だけが存在する世界であなたは本当に生きていると感じますか?」

インスタグラマー

インスタグラマーとは、画像共有サービスのインスタグラムの利用者のうち、多数のフォロワーを抱え、発信力のある個人を指します。世間に大きな影響力を持つインフルエンサーとして認知されています。トップインスタグラマーは全体の1%といわれ、20～30代の女性が中心です。食事や子ども、ファッションなど、ジャンルを絞った写真を投稿する場合が多いです。企業からの依頼でPR投稿をし、宣伝費を稼ぎます。フォロワーをブログに誘導してアフィリエイトなどによって収益を得る人もいます。人気のインスタグラマーはイベントに呼ばれたり、書籍を出すこともあります。

特別寄稿：本宮ひろ志

インスタグラマーの平均給料・給与

27万円

初任給：3万円～／生涯賃金：3240万円

インスタグラマーの生涯賃金は、10年間活動したと想定して、それと平均給料を掛け合わせた数字となっております。

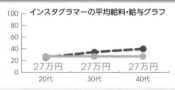

インスタグラマーの平均給料・給与グラフ

	27万円	27万円	27万円
	20代	30代	40代

※給料の算出には求人や口コミ、厚生労働省の労働白書を参考にしております

インスタグラマー

写真を投稿し、#（ハッシュタグ）を駆使して情報を広めるインフルエンサー。世界で月間8億人が利用しており、その影響力は絶大。視覚魔法「インスタ映え」によってフォロワーの心を摑む。

地道にフォロワーを増やすのが、トップインスタグラマーへの第一歩です。投稿は1日最低3回以上が望ましく、フォロワーとマメにコミュニケーションを取ることが重要です。個性を出すために写真の構図や加工技術を身につける必要もあります。企業によって異なりますが、ギャランティは1フォロワー＝1円または1投稿あたりいくらという計算となります。トップインスタグラマーからモデルやタレントになると、イベント参加だけで30万円の収入を得る人もいるそうです。

ライトノベル作家

「ラノベ作家になりたい者は魔法のフレーズ『異世界』を唱えよ！」

ライトノベル（通称：ラノベ）とは、10代の読者向けに執筆された、アニメやゲームのような世界観とストーリーが特徴の、新しいスタイルの小説です。比較的読みやすい文体と、アニメ風の表紙や挿絵があしらわれたポップな装丁の作品が多いです。電子書籍だけを扱う非常に小さな会社から大手出版社に至るまで、さまざまな出版社がライトノベルを専門に出版するレーベルを持っています。レーベルごとに得意なジャンルは異なります。RPG風のファンタジーや学園ラブコメ、SFアクションからミステリーまで幅広いジャンルの作品があり、作家の裾野も大変広い分野です。

ライトノベル作家の平均給料・給与

85万円

初任給：5万円／生涯賃金：3060万円

ライトノベル作家の生涯賃金は、ライトノベル作家の平均活動期間が3年といわれるので、トップランカーの年間印税と平均活動期間から算出しました。

ライトノベル作家の平均給料・給与グラフ

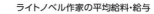

85万円　85万円　85万円（20代・30代・40代）

※給料の算出には求人や口コミ、厚生労働省の労働白書を参考にしております

ライトノベル作家

サモン系ジョブの一つ。「ライトノベル」と呼ばれる、文革系召喚獣を駆使し、小説「軽文学」を作る。おもなターゲットは中高生。学校帰りの若者たちを幻想の世界へと誘う。

出版社が主催する新人賞に作品を投稿し、入賞を目指すのがデビューへの本道でしょう。現在は、入稿のほとんどが電子媒体なので、まずはパソコンを用意して創作環境を整えるのが第一歩です。最近では「小説家になろう」や「カクヨム」などの小説投稿サイトで作品を公開するという方法もあります。ネット上で公開した作品が注目されれば、出版社から声がかかって書籍化という道も見えてきます。いずれにせよ、多くの読者を楽しませる作品を作り出せる執筆力が必要になります。

第2章　芸能・マスコミ・クリエイティブ系職業

「全員がリーダーで全員がアイドルでいいじゃない」

テレビプロデューサー

テレビプロデューサーは、テレビ番組の制作を統括する責任者です。企画の決定、予算の管理、スタッフやキャストの決定、スケジュール管理などを一手に担う番組の最高権力者です。番組制作の進捗状況に目を光らせて、予算内で収めて、納期に間に合わせるよう知恵を働かせます。主要スタッフと打ち合わせをし、タレントの所属事務所に出演交渉を行い、番組の放送が終わった後のクレーム対応まで、あらゆる責任を引き受け、番組制作を支えます。常に「思い通りになる楽しさ」と「思い通りにならない難しさ」との間で揺れ動き、変わりゆく状況に臨機応変に対応できる能力が必要な仕事です。

テレビプロデューサーの平均給料・給与

83万円

初任給：23万円／生涯賃金：5億7104万円

テレビプロデューサーの生涯賃金は、新卒が終身雇用で65歳まで雇用されたと想定して、22歳から65歳までの43年間と平均給料・ボーナスを掛け合わせた数字となっております。

テレビプロデューサーの平均給料・給与グラフ

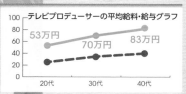

	20代	30代	40代
	53万円	70万円	83万円

※給料の算出には求人や口コミ、厚生労働省の労働白書を参考にしております

テレビプロデューサー

メディア三天帝の一人。番組企画からスポンサー探しまで、テレビ番組の核を担うジョブ。番組すべての責任を負う。テレビを駆使した圧倒的な拡散力から「拡散皇帝」と称される。

テレビプロデューサーになるには、テレビ局に入社し、社内で昇進する必要があります。制作部署に配属されて、まずはアシスタントディレクターとして働き、次にディレクターに昇進し、経験を積んでプロデューサーになります。テレビ局に入社するには有名大学を卒業し、高倍率な入社試験をパスする必要があります。番組制作会社に入る道もありますが、局のプロデューサーに比べて、権限も影響力も小さく、番組の予算と日程管理がおもな仕事となります。

映画監督

「赤ちゃん・動物・モノに勝る役者はこの世にいない」

映画監督は、映画の撮影現場における責任者です。原作や主演が決まってから、監督が指名されることもありますが、基本的に映画の内容については全権を持っています。キャストやスタッフの決定にも大きな権限を持ち、カメラマンや脚本から助監督に至るまで、常に同じスタッフが担当する場合も多くあります。撮影現場では演出の指揮や出演者への演技指導を行います。映画では主役、脇役、エキストラ、小道具、大道具、背景まで、画面に映るすべてのことに注意しなければいけません。完成ビジョンをしっかりと思い描けて、なおかつ、その実現には広く細かい配慮のできる人が向いています。

映画監督の平均給料・給与

29万円

初任給：29万円／生涯賃金：1億2189万円

映画監督の生涯賃金は、30歳から65歳までの35年間活動したと想定して、それと平均給料を掛け合わせた数字となっております。

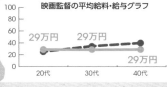

映画監督の平均給料・給与グラフ

	20代	30代	40代
	29万円	29万円	29万円

※給料の算出には求人や口コミ、厚生労働省の労働白書を参考にしております

映画監督

別名「映画を統べる者」。演出がそのまま画面に映し出されるため、映画＝監督ともいえる存在。秘技「ドスのきいた声」は、周囲を意図的に緊張させ、俳優やスタッフの潜在能力を最大限まで引き出す。

映画監督になるのに決まった道はありません。大学の映画学科などを卒業した人もいれば、映像とは無関係な学校を出て一流の監督になった人もいます。役者やミュージシャン出身者も、テレビCM制作出身者もいます。共通しているのは映画が好きなことくらいです。日本でも海外でも、自主映画祭やコンテストで名を上げて、商業作品に登用される監督も大勢います。まずは自分なりに映画を撮ってみることから始めてみましょう。

第2章 芸能・マスコミ・クリエイティブ系職業

「あなたを三次元から二次元の世界へ引き込みます」

声優

声優

己の声を触媒にし、キャラクターや映像に命を吹き込むサモン系ジョブの一つ。別名「ボイスサマナー」。歌手やアイドルタレントとして活躍することも。天性と努力で得た独特の声は最強の武器だ。

声優の仕事内容

アニメーションやゲームのキャラクター、外国映画やドラマの登場人物などのセリフを読み上げて、感情豊かに表現するのが声優です。登場人物のキャラクターを大切にしながら、話し方や動きに合わせてセリフを声に出すのは想像以上に難しく、技術と経験が必要な仕事です。近年の声優は、CMやテレビ・ラジオ・ネット番組のナレーション、ラジオ番組のパーソナリティーなど、幅広く活躍しています。出演したアニメ番組や映画がヒットすると、CDを発売したりコンサートを開いたりすることもあります。

声優のズバリ！　将来性は？

声優の世界は、新人にすぐ仕事を多く任されるほど甘くはありません。特に新人声優はアルバイト収入を足さないと、生活するのも厳しくなります。しかもこの状態がおよそ3年間続くのですから、よほど好きでないとできない仕事といえます。一方でアニメ番組の人気は高く、地上波テレビや衛星放送、インターネットなどの各メディアで連日放送されるほか、DVDも大量に発売されています。ゲーム市場も拡大を続けており、大手制作会社が力を入れた大作ゲームには、数多くの人気声優が起用されています。声優がさまざまなメディアで活躍できる機会は、以前よりも拡大しているといえるでしょう。

声優プロダクションに所属するには

声優プロダクションは、声優のマネジメントや育成をおもな目的とする芸能事務所です。ほとんどの声優は、この声優プロダクションに所属しています。入所前にオーディションを受験し、合格して採用されるケースが多いようです。入所当初は、「ジュニア」または「仮所属」と呼ばれることが多く、仕事を獲得するには個性と技術を磨いてオーディションを勝ち抜く必要があります。仮所属時代に実績を作ると、「正所属」にステップアップできます。声優プロダクションに所属すると、2つのメリットがあります。一つは、そのプロダクションが指名を受けた仕事がまわってくること。つまり仕事を受注するチャンスが広がることです。もう一つは、仕事を継続して受けることができるようになることで、その分経験を積むことができ、また生活も安定し、ほかのジャンルの仕事にチャンレンジする余裕も生まれることです。

声優の平均給料・給与

16万円

初任給：6万円〜／生涯賃金：8256万円

声優の生涯賃金は、22歳から65歳までの43年間活動したと想定して、それと平均給料を掛け合わせた数字となっております。

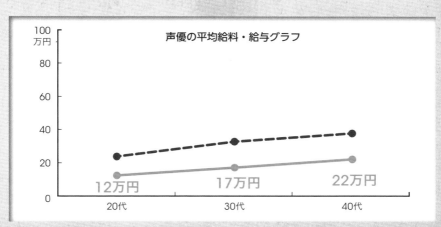

声優の平均給料・給与グラフ

12万円　17万円　22万円

20代　30代　40代

※給料の算出には求人や口コミ、厚生労働省の労働白書を参考にしております

編集者

「最高のモノができるまで修正を入れます。客観的な鬼になります」

編集者
古代より受け継がれし「編集」をするスキルを持つジョブ。「編む者」
と呼ばれ、舎人親王から始まる古代軽職業の一つ。編術「修」「註」
「改」「削」は、編集者だけが持つ特権スキル。

編集者の仕事内容

書籍や雑誌に掲載する原稿の発案・企画から出版までを、企画の責任者として統括する
のが本作りにおける編集者の役割です。世間のニーズやトレンドも参考にしながら、ど
んな内容が読者に受けるのかを考えてアイデアを出し、編集会議で企画が通ったら、取
材・執筆を作家やライターに、撮影をカメラマンに、ページデザインや装丁をデザイ
ナーに……と制作スタッフに仕事を発注し、印刷の締め切りに間に合うよう全体をコン
トロールします。クリエイターというよりは、ディレクター的な立場を担います。

編集者のズバリ！　将来性は？

出版業界全体で、書籍や雑誌の販売部数の伸び悩みが続いています。これらはインターネットの普及によって、生活者の情報取得のツールがパソコンやスマホに移行していることが大きな要因であるといえるでしょう。とはいえ、WEBの世界においても編集者の活躍の場はたくさんあります。WEBメディアと呼ばれる情報発信サイトやメールマガジンの企画・運営のほか、電子書籍や電子コミック、雑誌の電子版に各社力を入れるようになっているからです。可能性の幅を広げるためには、メディアにこだわらず、柔軟な発想で「編集」という仕事を考える時代になっています。

編集者の活躍できる場所は？

編集者が働く場所は、出版社、新聞社の出版局、編集プロダクションなどが一般的です。出版社は大手出版社と中小規模の出版社があり、大手出版社は抱える媒体の数も多く、仕事内容は多岐にわたります。出版社では「書籍編集」と「雑誌編集」のいずれかの部門に属して仕事をします。また、新聞社の出版局は政治・経済系の出版物に力を入れているなど、会社によって得意とするジャンルもあります。編集プロダクションは自社で書籍や雑誌を発行するわけではありませんが、出版社から依頼を受け、下請けという形で本を丸ごと1冊担当することもあります。そのため、編集プロダクションにも編集者と同じような働き方をする人がいる場合があります。またこれらの会社で経験を積んで独立し、フリーの編集者としてさまざまな出版社と組んで仕事をする人もいます。

編集者の平均給料・給与

39万円

初任給：15万円／生涯賃金：2億6832万円

編集者の生涯賃金は、新卒が終身雇用で65歳まで雇用されたと想定して、22歳から65歳までの43年間と平均給料・ボーナスを掛け合わせた数字となっております。

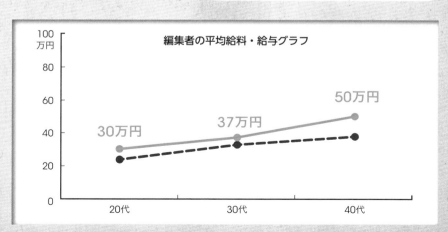

編集者の平均給料・給与グラフ

	20代	30代	40代
	30万円	37万円	50万円

※給料の算出には求人や口コミ、厚生労働省の労働白書を参考にしております

「美貌と頭脳を兼ね備えたアイドルサラリーマンよ」

アナウンサー

特別寄稿：東毅

アナウンサー

トップクラスの事象伝達系ジョブ。自分の声や言葉を魔法に変換する武器「マイク」を装備。このマイクを通して出た音声には言霊が宿り、どんな遠隔地にも情報を余すことなく伝える能力がある。

アナウンサーの仕事内容

世の中の動き、目の前で起こっている出来事を正しく的確に伝えることが、アナウンサーの仕事です。ニュース報道、天気予報、スポーツ実況、バラエティー番組の進行など、その内容はさまざまです。テレビやラジオで正しい情報を伝えるためには、自身の足で現場を取材して、与えられた時間枠内で話す内容を構成する能力も必要になります。また、局に入社したアナウンサーであれば、立場は一般の新入社員と同じです。電話を取り次いだり、コピーを取ったりといった、一般的な業務もあります。

アナウンサーのズバリ！ 将来性は？

テレビ、ラジオなどのメディアがある限り、確実にニーズがある仕事です。最近ではインターネット放送局、CS放送局、コミュニティーFMなども増加傾向にあるので、活躍の場は広がっています。ただし、現状でもアナウンサーは職業として非常に人気が高く、もともと大量採用される職種でもないため、狭き門であることは確か。今後もこの傾向は続いていくでしょう。最近では、タレントやモデルがアナウンサーやキャスターとして活躍しているケースが多く見られます。そんな中、局に入社をして専門の訓練を受けたアナウンサーだからこそ担える仕事（スポーツの実況中継、報道番組できちんとニュースを伝える）の意義も高まっているといえます。

アナウンサーになるには

高校卒業後、4年制大学や短大、専門学校を卒業して、テレビ局・ラジオ局の採用試験を受けるのが一般的です。大学・短大・専門学校の出身学科はあまり問われない職種ですが、民放の放送ネットワークの中心となるキー局は、4年制大学卒が必須という条件のところがほとんどです。アナウンサーを目指す学生は、在学中に、アナウンス技術を学び、基礎から実力を付けていくことも必要になります。また、自分の興味のある学科で視野を広げるという人もいます。

ただ、テレビ局やラジオ局のアナウンサー採用では「原稿読み」などの試験もあるので、何らかの形で専門的なトレーニングを積んでおくのが望ましいでしょう。ちなみに、キー局は毎年2～4名の採用枠に4000～5000名が応募する、という狭き門です。

アナウンサーの平均給料・給与

56万円

初任給：23万円～／生涯賃金：3億8523万円

アナウンサーの生涯賃金は、新卒が終身雇用で65歳まで雇用されたと想定して、22歳から65歳までの43年間と平均給料・ボーナスを掛け合わせた数字となっております。

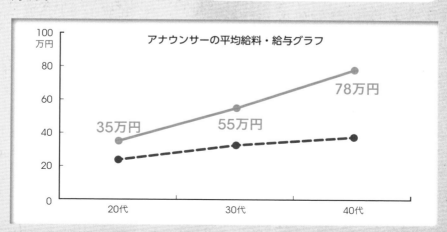

アナウンサーの平均給料・給与グラフ

- 35万円（20代）
- 55万円（30代）
- 78万円（40代）

※給料の算出には求人や口コミ、厚生労働省の労働白書を参考にしております

「称賛を浴びた後は嫉妬が待っているわ。それが芸能界」

芸能マネージャー

芸能マネージャー

タレントの活動をサポートする後方支援型ジョブ。スケジュール管理・営業活動などを得意とする。裏方「KUROKO」から始まるが、アイドルや俳優を操る上級職「傀儡士」となる者もいる。

芸能マネージャーの仕事内容

担当するタレントの魅力を見い出し、その魅力が最大限に発揮できるよう環境を整えることが芸能マネージャーの仕事です。仕事は大きく分けると2つあります。一つは、タレントのスケジュール管理や現場同行などを行うマネジメント。もう一つは、タレントの仕事を取ってきたり、ギャラの交渉をしたりという営業的な仕事です。より多くの人に知ってもらうための戦略を考え、可能性のある分野を見極めていきます。タレントはストレスを抱えやすいため、精神的な支えになることも重要な役割です。

採用試験で見られるのは「人間力」

芸能マネージャーの仕事は学歴や経験が問われない分、適性や意欲が重視されます。いくつかの芸能プロダクションの募集要項を見てみたところ、求められる力には、ハードワークに耐え得る体力・気力、細やかな気配り、業務への前向きな取り組み、スケジュール管理能力、まじめさ、協調性、判断力、一般常識、思いやり、コミュケーション能力、エンターテインメントビジネスへの興味・関心、自発的行動力……などがありました。もちろん、これらすべてを最初から兼ね備えている人はそうはいないと思いますが、芸能マネージャーにはどれも必要なことです。タレントの人生を背負うわけですから、最終的には優れた人間性を持っている人が採用されるといえるでしょう。

芸能マネージャーのズバリ！　将来性は？

若者のテレビ離れ、映画離れがいわれてはいるものの、インターネットの映像コンテンツなども含め番組数は増えており、タレントの活躍の場は広がっています。タレントは、芸能マネージャーの支えがあってこそ思い切り仕事ができます。新たな仕事を獲得したり、スケジュールを管理したりするマネージャーがあってのタレントです。芸能界という世界がある限り、マネージャーは必要とされるため、将来性はある仕事といえそうです。最近ではWEBサイトでの宣伝のためにパソコンスキルが求められたり、海外で活躍するタレントをサポートするために、語学力が求められたりするケースも増えてきています。常に新しいことが求められる芸能界ですから、企画力があり、斬新なアイデアを生み出せるような人も重宝されるでしょう。

芸能マネージャーの平均給料・給与

27 万円

初任給：19万円〜 ／ **生涯賃金：1億8567万円**

芸能マネージャーの生涯賃金は、新卒が終身雇用で65歳まで雇用されたと想定して、22歳から65歳までの43年間と平均給料・ボーナスを掛け合わせた数字となっております。

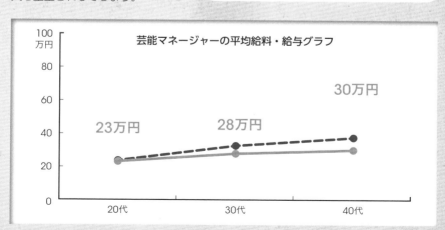

芸能マネージャーの平均給料・給与グラフ

100万円 / 80 / 60 / 40 / 20 / 0

23万円　28万円　30万円

20代　30代　40代

※給料の算出には求人や口コミ、厚生労働省の労働白書を参考にしております

「ここにあるのはただのトランプさ。マジシャンが触れるまでは、ね」

マジシャン

特別寄稿：山地ひでのり

マジシャン
パフォーマー系ジョブ。卓越したテクニックや思いもつかない仕掛け
を駆使したマジックで観客を魅了する。超一流のマジシャンは超能力
者や魔法使いと区別がつかない。

マジシャンの仕事内容

「マジックを披露すること」がマジシャンの仕事内容。テレビなどでマジシャンといえ
ば、大掛かりな舞台と装置を使い、串刺し・人体切断・水中や密室からの脱出などを披
露する「ステージマジック」を想像する人が多いかもしれません。しかし、バーなどで
コインやトランプなどを使ったマジックを披露する、少人数向けの「クロースアップ・
マジック」や、その中間に当たる「サロンマジック」を専門に行う人もいます。いずれ
にせよ、いろいろなマジックをその場に応じて披露するのがマジシャンの仕事です。

マジシャンになるには？

マジシャンになるために必要な資格や学歴はとくにありません。とにかくマジックの腕前、実力が大切です。腕を磨くには独学や通信教育、あるいは有名マジシャンに弟子入りするなどの方法があります。さらに観客を魅了するには、個性的なステージ衣装やトークスキルといった演出力も必要です。マジシャンとして活動できるようになってからも、正社員として採用されるケースは、マジックバーなどでごくわずか。基本的にはフリーランスとなり、パーティーなどでマジックショーの需要があるホテルやレストラン、イベント企業などに営業し、仕事をもらうことになるでしょう。

マジシャンの年収は？

マジックバーに勤務する、もしくは経営している人なら、お店の規模にもよりますが一般的な飲食店の店員や経営者と同程度の年収となるでしょう。その場合は、マジック以外に接客などの飲食店業務も行っていることがほとんどです。純粋にマジックのみで生計を立てている人はほんのわずかでしょう。マジシャンの給料形態は、1ステージあたり何円というものが基本。ほとんどのマジシャンが、1ステージにつき5000円から2万円ほどで出演しています。しかし、定期的にテレビに出演できるくらいの知名度になると、1ステージにつき数十万円から、場合によっては100万円を超えることも少なくありません。超有名マジシャンになると、年収1億円を超える人もいるらしく、夢のある職業といえるでしょう。

マジシャンの平均給料・給与

20万円

初任給：5万円〜／生涯賃金：1億0320万円

マジシャンの生涯賃金は、想定活動期間43年間と平均給料を掛け合わせた数字となっております。

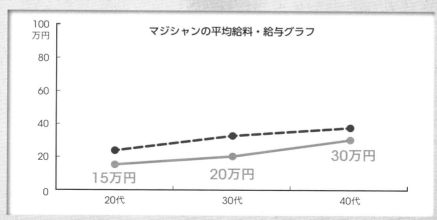

マジシャンの平均給料・給与グラフ

- 15万円
- 20万円
- 30万円

（縦軸）100万円／80／60／40／20／0
（横軸）20代／30代／40代

※有名マジシャンを除きます

「一日 10 時間以上ゲームをする必要がある」

プロゲーマー

プロゲーマー

操作系ジョブ。世界戦が多い。FPSや格闘ゲームで賞金を稼ぐ。別名「バーチャルバウンティハンター」とも呼ばれる。ゲームはeSportsと呼ばれ、練習時間は一日10時間以上である。

プロゲーマーの仕事内容

「ゲームをして収入を得る」のが仕事です。おもな収入源は、ゲームの大会で上位に入賞した際の賞金報酬。それに、ゲーム機器メーカーなどの一般企業とスポンサー契約を結び、イベント出演などでギャラを受け取ることです。平均年齢は20代〜30代前半が中心で、世界的には中国とアメリカ、韓国などにトッププレイヤーが多く、頭脳を使ったスポーツ「eSports」として認知され始めています。日本ではまだまだマイナーですが、世界で活躍するスター選手も数多く存在し、盛り上がりを見せつつあります。

プロゲーマーって最高どのくらい稼げるの

日本人プロゲーマーで、正確な年収を公表している人はほとんどいません。推定年収は、国内トップクラスのプロゲーマーで2000万円ほどといわれています。プロゲーマーの草分け的存在であるウメハラダイゴ氏が、あるメディアの取材で「（世界的プロゲーマーの）ジョナサン・ワンデル氏の1億円よりは安い」と明かしたことと、彼の獲得賞金額がその根拠のようです。近年、eSportsは世界的ブームとなっており、賞金総額が10億円を超えるような大規模な大会も開催されています。世界のトッププレイヤーには年収2億〜3億円の人もおり、日本のプロゲーマーとの差が大きくなっています。

プロゲーマーになるには？

どこからがプロゲーマーか、という基準は曖昧です。日本では、ゲーム大会で活躍して知名度を高め、一般企業と契約、あるいは企業が主催するゲーミングチームに所属し、活動資金や給料を受け取れるようになればプロとみなされるのが一般的なようです。2018年には、日本国内のeSports普及を目的とした一般社団法人・日本eスポーツ連合（JeSU）が発足し、プロライセンスの発行といった活動を始めました。2020年現在、209名のゲーマーがプロライセンスを取得しています。しかし、導入されて間もない制度であり、ライセンスの認定基準や賞金の支払い・受け取り方法などについて、ゲーマーの間でもたびたび議論が起こっています。いずれにせよ、ライセンス制度の今後の展開次第で、プロゲーマーの定義も大きく変化していくことになるでしょう。

プロゲーマーの平均給料・給与

30万円

初任給：**10万円**／生涯賃金：**4320万円**

プロゲーマーの生涯賃金は、活躍するであろう18歳から30歳までの12年間と平均給料を掛け合わせた数字となっております。

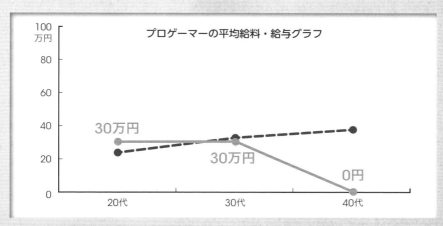

プロゲーマーの平均給料・給与グラフ

- 100万円
- 80
- 60
- 40 — 30万円
- 30万円
- 20
- 0円
- 0

20代　　30代　　40代

※40代は体力的に難しいので0として算出しております　※給料の算出には求人や口コミ、厚生労働省の労働白書を参考にしております

「さあ、踊るのです！　踊り狂って世を直すのです！」
振付師

振付師は、ダンサーや歌手にダンスの振りを付ける仕事です。テレビ、映画、舞台、CMなど、活動の場は多岐にわたります。アイドル歌手などはデビューから一貫して同じ振付師が担当する場合も多く、個々の癖や得意な部分を活かした踊りを付けてくれるなど、裏方として重要な存在となっています。ダンスの実力はもちろんですが、指導力やコミュニケーション能力も必要とされます。スポーツの世界、新体操やフィギュアスケート、シンクロナイズドスイミングなどにも振付師はいますが、競技選手出身者が多く、いわゆる芸能界で活躍する振付師とは異なるキャリアを積んでいます。

振付師の平均給料・給与

40万円

初任給：20万円〜／生涯賃金：1億6800万円

振付師の生涯賃金は、20歳から55歳までの35年間活動したと想定して、それと平均給料を掛け合わせた数字となっております。

振付師の平均給料・給与グラフ

	40万円	40万円	40万円
100			
80			
60			
40			
20			
0	20代	30代	40代

※給料の算出には求人や口コミ、厚生労働省の労働白書を参考にしております

振付師

曲・CMに踊り・舞を付け、歌手やダンサーに振付を教えるジョブ。作った舞を覚えた人は「パペッター」と化し、人を魅了するダンスや歌を披露する。インパクトのある振付で、流行させることも。

現役のダンサーや引退したダンサーが振付師になるケースが一般的です。まずはダンサーとして、実力を磨き、実績を積むことが大切になります。振付とは、創作ダンスの一種でもあります。日本舞踊、ヒップホップ、ジャズダンス、ソシアルダンスなど、さまざまな踊りに精通し、面白い動きのアイデアを考えられる人が向いているでしょう。オファーを受ける有名どころ以外はオーディションを受けて仕事を獲得するのが一般的です。

書道家

「バクザン先生の言葉には書道以上の重みを感じます」

書道家になるには、まず自分が教えを請いたいと思う先生と出会うことです。その人に書道について技術的指導を受け、先生に認められるほどのものが書けるようになれば、個展や展覧会出品などへの道も開けます。書道家は生活を安定させることがかなり難しく、金銭的に苦労する人が後を絶たない職業です。生活を安定させるには流派に所属するという手もあります。流派に所属すると、その流派の先生方からの紹介で仕事が受けやすくなったり、副業の紹介なども受けやすくなったりします。こまめに営業活動をして小さな仕事をコツコツしていく人もいるようですね。

書道家の平均給料・給与

16万円

初任給：5万円〜／生涯賃金：1億1712万円

書道家の生涯賃金は、平均寿命の83歳まで自営業をしたとして、22歳から83歳までの61年間と平均給料を掛け合わせた数字となっております。

書道家の平均給料・給与グラフ

	20代	30代	40代
	16万円	16万円	16万円

※非常勤講師が多心ので時給で算出しております

書道家

三筆士の一人。伝統芸術ジョブ。東洋の造形芸術。文房四宝を駆使し、文字を美しく表現する。スキル「永字八法」には書に必要なすべてのスキルが含まれている。

書道家の仕事内容は、書道教室を行っているかどうかによって変わります。だいたいの書道家は作品を売って生活費を稼いでいるようです。文字を書くというのは、きれいな文字を書けばいいということではなくて、力強い文字や、やわらかくやさしい文字など個性的な文字を筆やそのほかの道具で表現し、作品を作るということです。書道教室を開いている人は、作品も作りながら書道の基本について生徒たちに教えるという仕事をしています。

「回すぜろくろ！　焼き上げるぜ陶器！　一陶入魂の作品を見よ！」

陶芸家

特別寄稿：西位輝実

陶芸家
縄文時代から連綿と連なる歴史を持つ、伝統工業系ジョブ。邪念を打ち払う「ろくろ」のスキルと、紅蓮の炎を炊き続ける「窯焼き」で邪気を浄化する。

陶芸家の仕事内容

陶芸家とは、粘土をこねて、ろくろなどで成形した後、陶磁器を焼き上げる専門家です。作品のデザインから最終的な仕上げまで、すべての工程を一人の職人がこなすのが普通です。できあがった作品は、展示販売会や自分の工房、インターネットで販売します。しかし、自分の作品を売るだけでは生計を立てるのは難しいため、依頼品を作ったり、陶芸教室を開く人もたくさんいます。その他、工芸大学などを卒業後、大規模な窯元や製作所に就職し、社員として働いて収入を得ているケースもあります。

陶芸家になるには？

陶芸家になるために必要な資格はありません。その気になれば、誰もが陶芸家を名乗ることができます。実際、サラリーマンから転職するケースなどもあります。そのような場合は、陶芸家に弟子入りして修業を積むことが一般的です。長期間の下積み時代を覚悟しましょう。一方、陶芸を学べる美術系の大学や、陶芸の専門学校へ進学し、知識をしっかりと学ぶことも有効です。伝統的な手作業の技法は一朝一夕で身につくものではありません。日常的に陶芸に触れ、体の隅々まで叩き込むことが重要です。そういう意味では、伝統的な技法を学ぶのに早いに越したことはありません。

陶芸家に向いている性格

陶芸家の年収は幅が広く、50万〜300万円といわれています。もちろん、作家として成功すれば収入も増えます。人間国宝クラスになると年収1500万円以上になることもありますが、光熱費、薪代、ガス代、電気代など、出費も多く、支出が収入を上回ることが多いそうです。決して安定した職業とはいえない陶芸家のモチベーションは、何より「焼き物が好きなこと」です。たくさんある作業工程の一つひとつに愛情を注いで、細やかな作業を行うには「好き」という気持ちがもっとも大切といえるでしょう。陶芸家の適性としては、手先の器用さも重要です。土から空気を抜き、水分量を調節するには繊細な仕事が要求されます。また、一つの工程のちょっとした失敗が、作品の成否を分けるため、高い集中力と没頭する力も必要とされます。

陶芸家の平均給料・給与

24万円

初任給：0万円〜／生涯賃金：1億2384万円

陶芸家の生涯賃金は、想定活動期間61年間と平均給料を掛け合わせた数字となっております。

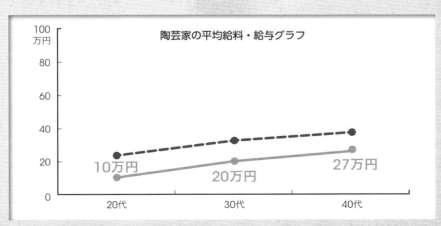

陶芸家の平均給料・給与グラフ

100万円 / 80 / 60 / 40 / 20 / 0

10万円　20万円　27万円

20代　30代　40代

※給料の算出には求人や口コミ、厚生労働省の労働白書を参考にしております

「作曲することとは、すなわち世界を組み立てることなのです」
作曲家

クラシック作曲家
作曲家の中でも、西洋クラシック音楽に関するあらゆる知識と理論を継承し、新たに創造する能力を持つ伝統芸術ジョブ。ヴァイオリンやピアノなど、楽器の扱いに長けるものも多い。

作曲家の仕事内容

クライアントから依頼を受けて、歌い手のイメージや、方向性に合わせて曲作りを行うのが作曲家の仕事です。仕事の内容は、有名シンガーやアイドル、ロックバンド、俳優、声優などに楽曲を提供、ドラマやCM、映画、演劇、ミュージカルなどに使用される楽曲を制作、ゲーム内で使われる楽曲を制作、現代音楽やオーケストラの演奏用楽曲を制作するなど広範囲に及びます。クライアントから直接指名を受けて曲作りを行う作曲家がいる一方、コンペティションに応募してほかの作曲家と競い合う作曲家もいます。

作曲家になるには

作曲家には、音楽に関する高度な知識が必要です。音楽系の大学や短大、専門学校などで音楽に関する知識や技術を深く学んだ上で作曲家を目指すとよいでしょう。作曲家として活動するには、音楽系の事務所や芸能プロダクションに社員として就職する、フリーランスとして活動する、という2つの方法があります。フリーランスの作曲家は、作曲コンクールやオーディション、コンペティションなどに応募して優秀な成績を収める、完成したデモンストレーション音源を音楽事務所などに持ち込む、インターネットの動画投稿サイトなどを利用して音源を披露する、インディーズで歌手・バンド活動を行いファンの獲得を目指すといった方法があります。

作曲家のズバリ！　将来性は？

日本音楽著作権協会（JASRAC）によると、同協会と信託契約を結んでいる作曲家（著作権の継承者を含む）は3711人、作詞と作曲を両方手がけている作詞・作曲家は6758人（2020年4月1日現在）で、どちらも年々微増しています。一方、日本レコード協会に加盟するレコード会社から2020年に発売された邦盤CD（シングル・アルバム）は6323タイトルにものぼり（日本レコード協会HP　生産実績年次数値）、多くの作曲家が

さまざまなジャンルで活躍していると推測されます。衛星放送に参入したテレビ業界は多チャンネル化が進み、さらに最近はインターネットを利用した動画配信サービスも増えており、放送されるコンテンツの数も増加しています。作曲家のニーズは高く、これからもこの傾向は続くと考えられます。

クラシック作曲家の平均給料・給与

35万円

初任給：5万円〜／生涯賃金：1億8060万円

クラシック作曲家の生涯賃金は、22歳から65歳までの43年間と平均給料を掛け合わせた数字となっています。

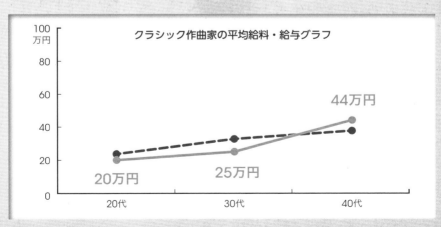

クラシック作曲家の平均給料・給与グラフ

20万円　25万円　44万円

※給料BANKより

「子ども心に戻っても私は芸術家でいられますか?」

イラストレーター

イラストレーター

サモン系ジョブの一つ。オリジナルキャラクターをソシャゲや小説に召喚し人々を魅了する。スキル「厚塗り」はイラストに重厚感を出す。

イラストレーターの仕事内容

イラストレーターは、ポスターや広告、雑誌、新聞などの印刷媒体をはじめ、WEBサイトやアニメーション、ソーシャルゲームなどのデジタル画像、商品カタログや取扱説明書などのイラストなどを描くことで、見る人を楽しませたり、商品イメージを高めたり、送り手のメッセージを伝えたりすることが仕事になります。イラストレーターの仕事は、クライアントからのオーダーがあって初めて成立します。独自の作風は必要なものの、クライアントの要求に合ったものを締め切りに間に合うように完成させます。

イラストレーターに求められるデジタルスキルは？

イラストレーターとして働くのに、特別求められる資格はありません。絵を描く能力やセンスがあれば、イラストレーターになることができます。ただし、かつては手描きのイラストが主流でしたが、現在はデジタルで描くことがあたり前になっています。タブレットにペンで描く技術の習得が前提になり、イラストレーターとしてはできるだけたくさんのツールを駆使できることが望ましいともいえます。さらに、動画やグラフィック、アニメーションなどに幅広く対応できることも求められています。最近では、指定のソフトを扱えることが条件の求人が増えています。

イラストレーターのズバリ！　将来性は？

「ビジュアルの時代」といわれる現在、ソーシャルゲームのブームもあり、WEBデザインやアニメーション、ライトノベルなどイラストレーターの需要は高いといえます。これまでイラストレーターの主要舞台だった、印刷媒体の書籍や雑誌などは発行部数が減少し、苦境にあるといえますが、新刊雑誌の数は増えており、人気が定着してきているフリーペーパーなどでも、イラストを重要視する傾向にあります。ただし、イラストレーターは、若い人に人気の職業でありながら、企業への就職の間口は狭く、フリーランスで活動する人が多い仕事です。

業界で脚光を浴びるフリーイラストレーターになれば、高給と名声を手にできるため、憧れの仕事と言えるでしょう。

イラストレーターの平均給料・給与

15万円

初任給：5万円〜／生涯賃金：1億4640万円

イラストレーターの生涯賃金は、平均寿命の83歳まで自営業をしたとして、61年間と平均給料を掛け合わせた数字となっております。

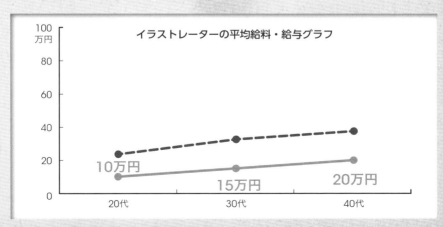

イラストレーターの平均給料・給与グラフ

10万円　　15万円　　20万円

※給料の算出には求人や口コミ、厚生労働省の労働白書を参考にしております

「スクープを狙うなら足で稼げ！」

新聞記者

特別寄稿：ベレン・オルテガ

新聞記者

ペン１本を武器に巨悪と戦う戦士。スキル「取材」を使って、隠れた敵の真実の姿を暴きだす。最近では紙の世界を飛び出し、デジタルの世界にも勢力を広げている。

新聞記者の仕事内容

新聞記者は、ジャーナリストとも呼ばれます。仕事は、世の中の情報を正しく取材した上で、分かりやすく人々に伝えること。扱う情報は、政治や経済、国際問題、事件事故、スポーツなど多岐にわたります。一般常識をはじめ、時には取材対象者と対等に話ができるくらいの専門知識を持つことも求められる職業です。政治を専門に扱う政治部記者、経済問題や企業の不祥事、合併などの情報を扱う経済部記者、事件や事故、社会問題を扱う社会部記者などがいます。また、海外のニュースを扱う海外特派員もいます。

専門知識よりも一般知識を身につける

大手新聞社には、大卒しか採用しない会社もあれば、社会人を採用する会社もあります。いずれにしても、大学へ進学することは、新聞記者になるための近道だといえます。ただし、その後は決まったレールがあるわけではありません。インターンを利用して新聞記者の仕事を理解してみる手もあるでしょう。新聞記者は、政治から経済、社会問題、スポーツなど、扱うジャンルが多岐にわたります。一般常識が欠けていると取材対象者から信頼を失ったり相手にされなかったりしますので、一般常識を身につけておくことのほうが、専門知識を持つことよりも大切だといえます。

新聞記者のズバリ！　将来性は？

人工知能などのAI技術が発達すると、新聞記者の仕事もAIに置き換わるのではないかと考える人もいるかもしれません。しかし、人から取材して真実を聞き出す記者の仕事は、人にしか務まりません。つまり将来的には、誰が書いても差異がない記事はAIに、深掘り取材が必要な記事は記者が担うことになるでしょう。新聞記者には、ますます取材力が求められます。新聞の購読者数が減少している一方で、デジタルコンテンツの需要は高まっています。ある新聞社では、30代の女性にフォーカスしたWEBメディアなどを運営しています。紙でもデジタルでも記者の役割は大きく変わりませんが、タイトルが面白くなければ記事を読んでもらえないなど、明らかに新聞とは違った性質を持っています。これからは、デジタルコンテンツにふさわしい文章や写真、構成を考えられる人材が、ますます必要とされるでしょう。

新聞記者の平均給料・給与

50万円

初任給：20万円〜／生涯賃金：3億4400万円

新聞記者の生涯賃金は、想定雇用期間43年間と平均給料・ボーナスを掛け合わせた数字となっております。

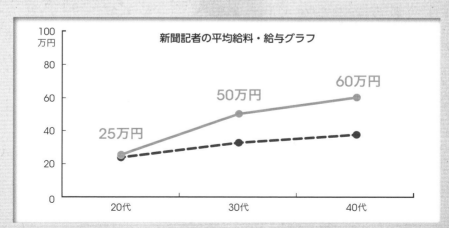

新聞記者の平均給料・給与グラフ

25万円　50万円　60万円

※給料の算出には求人や口コミ、厚生労働省の労働白書を参考にしております

81

「お花のない空間なんて耐えられないじゃない！」

フラワーコーディネーター

結婚式で使われるブーケやコサージュを作ったり、ホテルやレストランを生け花で飾りつけるなど、花を使ったデザインや演出に関わる仕事です。飲食店や結婚式場といった華やかさが求められる空間や、あるいはテレビ番組や雑誌といったメディアなど、ありとあらゆる場面で需要があります。フラワーコーディネーターにもっとも必要な能力は、さまざまな花を美しく組み合わせられる芸術的なセンスです。それ以外にも、植物学的な知識や顧客の要望を的確にくみ取れるコミュニケーション能力、花の運搬や飾りつけに必要な体力など、さまざまなスキルが求められる職業です。

フラワーコーディネーターの平均給料・給与

25万円

初任給：**10万円〜** ／ 生涯賃金：**1億7200万円**

フラワーコーディネーターの生涯賃金は、想定雇用期間43年間と平均給料・ボーナスを掛け合わせた数字となっております。

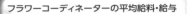

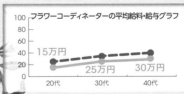

フラワーコーディネーターの平均給料・給与グラフ

	20代	30代	40代
15万円			
		25万円	30万円

※給料の算出には求人や口コミ、厚生労働省の労働白書を参考にしております

フラワーコーディネーター

花を媒介に空間を操作する後方支援系ジョブ。自分のいる空間にある商品や料理、あるいは音楽や映像などの情報にいたるまで、あらゆるものの魅力を倍加させるスキルを持つ。

多くのフラワーコーディネーターが、フラワーショップやディスプレイ会社のスタッフとして働いています。そういったお店や会社に就職するのが、フラワーコーディネーターになる一番の近道でしょう。フラワーデザインを専門に学べる大学や専門学校は全国に数多くあり、そこで基礎を学んでから就職するケースが一般的でしょう。仕事を重ねてスキルや実績が上がっていけば、独立してフリーランスとして活動することもできるようになります。

「人生を悲劇にするか喜劇にするか、演じるのは私」
俳優

俳優

映画や舞台、テレビでさまざまな役をこなす芸術職。スキル「魂の召喚」は、あらゆる職業、性別、世代の登場人物になりきることができる。

映画やドラマ・舞台に役者として出演することが仕事です。オーディションを受けて役をもらい、台本をもとに役作りを行います。有名俳優ともなれば年収1億円以上稼ぐ人もいますが、俳優だけでは食べていけず、アルバイトをしている人もたくさんいます。芸能事務所や劇団に所属している人、フリーランスで活動している人などさまざまです。養成所出身者もいれば、モデルや歌手から俳優となる人も。美人でなくても圧倒的な個性や演技力があれば活躍できる、夢のある職業です。

平均給料・給与

10万円

初任給：5000円
生涯賃金：6360万円

生涯賃金は、22歳から75歳までの53年間活動したと想定して、それと平均給料を掛け合わせた数字となっております。

平均給料・給与グラフ

10万円　10万円　10万円

	20代	30代	40代

※給料の算出には求人や口コミ、厚生労働省の労働白書を参考にしております

「勝利の女神の代理人は芸能人の卵」
レースクイーン

レースクイーン

「速戦の女神」と呼ばれ、「スピードの戦」に幸運をもたらすシンボル。女王のほほ笑みを受けたものはその年の戦いを制するともいわれる。

カーレースやバイクレースなどで、スポンサーの宣伝活動やイベントトーク、メディア取材、ドライバーのサイン会補助などのレース会場周辺の雑用から、モデルとしての活動がおもな仕事です。容姿のほか、体力があり、上昇志向が強く、メンタル面で強い性格の人が向いています。サーキット専属のレースクイーンの倍率は25倍といわれ、非常に厳しい世界です。イベントコンパニオン中心の芸能事務所からオーディションに応募し、レースクイーンとなるのが一般的です。

平均給料・給与

21.5万円

初任給：5万円
生涯賃金：3870万円

生涯賃金は、20歳から35歳までの15年間活動したと想定して、それと平均給料を掛け合わせた数字となっております。

平均給料・給与グラフ

24万円　19万円

0円

	20代	30代	40代

※給料の算出には求人や口コミ、厚生労働省の労働白書を参考にしております

「『24』と『12』という数字の間に 私は新しい何かを垣間見た」

アニメーター

アニメーター

動く絵を召喚するサモン系ジョブの一つ。召喚魔法「ノイタミナ」によって召喚されたアニメ獣は、オタ族たちを寝不足にさせるとか。

プロダクション、制作会社などで、作画や鉛筆・電子媒体での動画制作などを行う仕事です。以前は映画やテレビのアニメ番組制作が主流でしたが、現在はネット動画も多く制作しています。専門学校や美術大学などでデザインやデッサンなどの基礎技術、専門用語や理論を身につけるとよいでしょう。年収300万円を超えるには大手制作会社や、アニメやCGを同時に扱うエンタメ系の制作会社などに就職する必要があります。フリーでは原画1枚80円で月数万円にしかならないことも。

平均給料・給与

22万円

初任給：1万円
生涯賃金：1億5136万円

生涯賃金は、想定雇用期間43年間と平均給料・ボーナスを掛け合わせた数字となっております。

平均給料・給与グラフ

14万円 / 25万円 / 27万円
（20代 / 30代 / 40代）

※給料の算出には求人や口コミ、厚生労働省の労働白書を参考にしております

「膝を震わせ口から巨大な音色を放つのがオペラ歌手です」

オペラ歌手

オペラ歌手

別名「歌うT-REX」。地球を共鳴させ美しい咆哮を響かせるジョブ。スキル「ソプラニスタ」を使える歌手は希少種と呼ばれ、日本では岡本知高が有名である。

オペラとは、演劇と音楽の2つの要素によって構成されている舞台芸術です。オペラ歌手はセリフを歌い、役を演じるのが仕事です。オペラ歌手になるためには、まずは有名な音大の声楽科を出る必要があります。テノールやソプラノといったオペラ歌手の歌い方、声楽家の歌い方というのは、特徴的なものです。入学する前にも習っておきたいというのであれば、声楽家として講師をしている人につきましょう。ほとんどのオペラ歌手がヨーロッパを中心に仕事をしています。

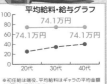

平均給料・給与

74.1万円

初任給：12万円〜
生涯賃金：3億8235万円

生涯賃金は、22歳から65歳までの43年間活動したと想定して、それと平均給料を掛け合わせた数字となっております。

平均給料・給与グラフ

74.1万円 / 74.1万円 / 74.1万円
（20代 / 30代 / 40代）

※初任給は端役、平均給料はギャラの平均金額より算出しております

「最大の武器　それは"親近感"」
読者モデル

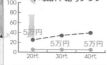

特別寄稿：小梅けいと

読者モデル

女子大生やOL、主婦などの肩書で一般読者として誌面に登場するモデル。腹黒いモデルも多く、たまに「毒モ」と揶揄されることも。

ファッション雑誌などに登場する、一般人という立場のモデル。身長などの制限はあまりなく、親しみのある読者の一人として参加する形になります。雑誌の募集に応募するか、スカウトや友達の紹介で読者モデルになる人もいます。ギャラは1回の仕事で3000～5000円程度が多く、交通費だけという場合も。人気が出てプロのモデルになる人もいれば、タレントとして活躍する人もいます。主婦でも読者モデルとなることができ、雑誌によって幅広い年代の女性が活躍できる職業です。

平均給料・給与
5万円
初任給：1万円
生涯賃金：420万円

生涯賃金は、18歳から25歳までの7年間活動したと想定して、それを平均給料を掛け合わせた数字となっております。

平均給料・給与グラフ

20代	30代	40代
5万円	5万円	5万円

※給料の算出には求人や口コミ、厚生労働省の労働白書を参考にしております

「車は私たちの日常生活の彫刻である」
カーデザイナー

カーデザイナー

さまざまな部品やデザインを駆使し、オリジナルカーをクラフトするジョブ。美的センスだけでなく工学的な知識も求められる。

特別寄稿：麻宮騎亜

自動車のデザインをするのが仕事です。花形の職業で、狭き門です。車体の外観（ボディ）をデザインするのがエクステリアデザインで、計器類やシートなど自動車の室内をデザインするのがインテリアデザインです。また、自動車のボディカラーを決定する、色を専門にデザインするカーデザイナーもいます。自動車会社ではエンジニアと同じ技術職として扱われており、給与体系もそれに準じています。大手自動車会社では役職がつくと年収1400万円になることもあります。

平均給料・給与
37.7万円
初任給：22万円
生涯賃金：2億5938万円

生涯賃金は、想定雇用期間43年間と平均給料・ボーナスを掛け合わせた数字となっております。

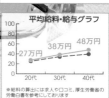

平均給料・給与グラフ

20代	30代	40代
27万円	38万円	48万円

※給料の算出には求人や口コミ、厚生労働省の労働白書を参考にしております

第2章　芸能・マスコミ・クリエイティブ系職業

「茶会は静かなる戦場だ」
茶道家

特別寄稿：藤真拓哉

茶道家
侘び寂びを解し究極のおもてなしを体現する、文化継承系ジョブ。アイテム「秘宝の茶器」を使ってお茶を点て、心身の疲れを回復させる。

表千家、裏千家、武者小路千家が、日本では有名な家元になります。ほかにも門弟100名以下の無数の家元が存在しています。多くは、弟子に流儀の伝搬を行うのが主体で、茶道という流派ごとのルールを教えるのがその目的ともいえます。茶道家になるには、流派の門下に弟子として入門するのが唯一の道です。茶会の報酬と、お弟子さんからの許状申請料、挨拶料などから収入を得ています。定期的な茶会以外に、臨時収入が多いので、毎月の収入は大幅に変わることが多いです。

平均給料・給与

60万円

初任給：0円
生涯賃金：3億8160万円

生涯賃金は、活動するであろう30歳から平均寿命の83歳までの53年間と平均給料を掛け合わせた数字となっております。

平均給料・給与グラフ

60万円 / 100万円
20万円

20代　30代　40代

※給料の算出には求人や口コミ、厚生労働省の労働白書を参考にしております

「工程を重ねるごとに硬く強く、そして美しくなる」
塗師

塗師
漆の木から採れる樹液を塗り、美しい漆器を作り出す、木属性の職人。日本固有のジョブで、海外では漆器は「ジャパン」と呼ばれる。

特別寄稿：萩谷薫

「塗師」とは、漆器職人のことです。漆を扱うため、伝統工芸に関する仕事で、場合によっては、歴史的重要文化財の修復にもかかわることがあります。伝統文化を守る役割もあり、商工費補助金として、協同組合などに国から補助金を受けていることが多いです。平均労働時間は月180時間で、平均的なサラリーマンと同程度、仕事によっては残業もあります。ボーナスも工房次第で設定され、最近では給与制がかなり定着しています。師弟関係で技術を継承するところもあります。

平均給料・給与

26万円

初任給：16〜22万円
生涯賃金：1億7888万円

生涯賃金は、想定活動期間43年間と平均給料・ボーナスを掛け合わせた数字となっております。

平均給料・給与グラフ

18万円　27万円　32万円

20代　30代　40代

※人件費や原材料費などで平均以下になる場合もあります

グラフィックデザイナー

グラフィックデザイナーは雑誌や広告、ポスター、カタログ、書籍の装丁、商品のパッケージなど、おもに紙媒体を中心にデザインをする仕事です。制作物によって仕事の流れは多少異なりますが、一般的には依頼主から依頼を受けてデザイン制作をします。依頼主としっかり打ち合わせをして、制作物を通して何を伝えたいかという依頼主の意向を理解した上でデザインしていきます。カタログやポスターなどの広告制作や、雑誌や書籍などのデザインを手がけるエディトリアルデザインの仕事が主流です。

グラフィックデザイナーのズバリ！　将来性は？

時代の流れとともに、グラフィックデザイナーに求められる役割も変化してきています。これまでは雑誌やカタログなどの紙媒体が主流でしたが、スマホやタブレットの普及に伴い、WEB媒体に注目が集まっていることから、WEBデザイナーのような仕事を依頼されることも増えてきているようです。さまざまな仕事に対応できるようなスキルを磨いておくことは、グラフィックデザイナーとして働き続けるためにも必要だといえるでしょう。

グラフィックデザイナーにおすすめの資格

グラフィックデザイナーになるための資格や免許は特にありませんが、基本的なグラフィックソフトが使えることは、就職する時の必要最低条件です。取得していれば就職に有利になるというわけではありませんが、民間ではさまざまなデザイン系の資格試験を実施しています。資格取得のために勉強することは、もちろんスキルの向上にもつながりますし、自分のスキルはどの程度なのかを知ることもできるでしょう。そのような目的で受験するのがおすすめなのは、ツールの能力認定試験や、色彩に関する資格です。

グラフィックデザイナーの平均給料・給与

29 万円

初任給：13万円〜／生涯賃金：1億9952万円

グラフィックデザイナーの生涯賃金は、想定雇用期間43年間と平均給料・ボーナスを掛け合わせた数字となっております。

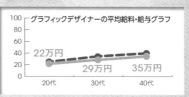

グラフィックデザイナーの平均給料・給与グラフ

22万円　29万円　35万円

20代　30代　40代

※給料の算出には求人や口コミ、厚生労働省の労働白書を参考にしております

ゲームプログラマー

プログラミング言語を用いてゲームを作り上げていくのがゲームプログラマーです。ゲームクリエイターやデザイナーが用意したシナリオやイラストといった素材をコンピューターに取り込み、キャラクターの動きや音声の設定、システムの構築などを行います。確認作業を繰り返し、不具合が出たら修正します。ゲームクリエイターが企画を提案した段階で、内容をチェックすることもあります。クリエイターの理想が高すぎる場合は、実現可能なレベルにまで下げるように提案することもあるようです。

ゲームプログラマーになるには

資格がなくてもゲームプログラマーになることは可能ですが、現在活躍しているゲームプログラマーの多くは、大学や短大、専門学校などでプログラミング言語について学んでから就職しているようです。将来的に自分はどの分野で仕事をしたいのか、その分野で注目されている言語は何かといったことを考慮して、習得する言語を決めるとよいでしょう。また、ゲーム制作会社の採用試験では、自作ゲームの提出を求められることがあるため、在学中にオリジナルゲームの作成に取り組むとよいでしょう。

ゲームプログラマーのズバリ！ 将来性は？

家庭用ゲーム機向けソフトの不振が伝えられますが、その一方でスマホのゲームアプリや、パソコンや携帯電話のSNSを利用するソーシャルゲーム業界は急成長を遂げており、ゲームプログラマーが活躍できる環境は今後も拡大すると予想されます。そうした中で、ゲームプログラマーの将来展望にも変化が生じています。かつては、ゲーム開発のプロデューサーやディレクターを目指すのがゲームプログラマーのキャリアプランでした。ところが近年はプログラミング技術の高度化に伴い、開発現場に残って、磨いてきた技術を活かしたいと希望するプログラマーが増えてきました。

ゲームプログラマーの平均給料・給与

35万円

初任給：15万円〜／生涯賃金：2億4080万円

ゲームプログラマーの生涯賃金は、想定雇用期間43年間と平均給料・ボーナスを掛け合わせた数字となっております。

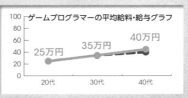

ゲームプログラマーの平均給料・給与グラフ

25万円 （20代）　35万円 （30代）　40万円 （40代）

※給料の算出には求人や口コミ、厚生労働省の労働白書を参考にしております

スタディサプリ進路

ピアニスト

ピアノのリサイタル（独奏会）を開催して、ソリスト（独奏者）として舞台に立つ。これはピアニストが一度は夢見る憧れの仕事です。楽器のソリストからオーダーを受けて伴奏したり、オペラやミュージカル、バレエなどの舞台・舞踊にピアノ伴奏をつけたりすることもあります。こうした仕事は伴奏ピアニストと呼ばれます。ピアノ演奏をレコーディングして販売することもあるほか、アーティストなどの求めに応じて演奏するセッションミュージシャンとして活動する人もいます。

ピアニストのズバリ！　将来性は？

ピアニストは、いつの時代もクラシック曲に込められた芸術性を追求してきました。その芸術性にあふれた演奏に魅せられたクラシック愛好家も多く、リサイタルやコンサートに足を運び続けています。そのため、ピアニストのニーズが急激に減ることはないでしょう。一方で、中堅クラスのピアニストは仕事のかけもちもいとわない積極性が必要です。昼はピアノ教室で生徒を指導し、夜はバーで演奏を披露するといった生活ですが、このようにかけもち仕事をすることで長くピアニストを続けることができます。

ピアニストになるには

リサイタルなどで活躍するピアニストになるための王道は、音楽大学に進学してピアノ科を専攻することです。在学中にピアノ演奏の技術、楽曲を理解する力、表現力などを磨き、国内外で開催されるコンクールに参加して優秀な成績を収めると、プロのピアニストになるチャンスが高まります。ジャズピアニストやセッションミュージシャンを目指す場合は、レストランやバーで演奏活動を行いながら修練に励む、尊敬するプロミュージシャンに師事する、技術の高いほかの楽器のプレイヤーとセッションを重ねるなど、さまざまな方法でテクニックを向上させることが必要です。演奏力の評価が高まれば、音楽事務所などから声がかかり、人間関係も広がっていくでしょう。

ピアニストの平均給料・給与

28万円

初任給：**10万円〜**／生涯賃金：**2億0496万円**

ピアニストの生涯賃金は、平均寿命の83歳まで活動したと想定して、61年間と平均給料を掛け合わせた数字となっております。

ピアニストの平均給料・給与グラフ

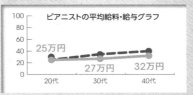

25万円　27万円　32万円

（20代　30代　40代）

※給料の算出には求人や口コミ、厚生労働省の労働白書を参考にしております

第2章　芸能・マスコミ・クリエイティブ系職業

ピアノ調律師

ピアノ調律師は、家庭や学校に出向いて、ピアノの調律・保守を専門に行う技術者です。音楽的原理に基づいた基本的な音程を作る調律、もっともよい状態で音が出る楽器に仕上げるための整調、イメージ通りの微妙な音色を創り出す整音の作業を行います。部品交換などの修理も仕事の一つです。就職先はピアノのメーカーや販売会社のメンテナンス部門、ピアノ修理工場、ピアノ調律専門会社などです。腕を磨けばフリーランスで活躍することも可能な仕事です。

スタディサプリ進路

ピアノ調律師のズバリ！　将来性は？

ピアノ販売台数は長期的に減少が続いています。小売店の減少や少子化の影響などが大きく、今後もこの傾向は続いていきそうです。ただし、ピアノという楽器のニーズがなくなることは考えにくいので、減少はしつつもピアノ調律師の活躍の場はあり続けます。このような見通しを踏まえると、学校や現場での修業時代、さらに実務を通して、しっかりとした技術を身につけることがより大切になっていきそうです。

ピアノ調律師になるには

ピアノ調律師には、ピアノ調律技能士という国家資格がありますが、経験者の技術を認定するもので、持っていなくても就職はできます。未経験からピアノメーカーや販売会社、調律専門会社などに就職して、現場で基礎から仕事を教わることも可能です。ピアノ調律師養成を目的とした学科などを設けている大学、専門学校はそれほど多くはありませんが、学校で基礎を習得したい場合は、そうした学校でピアノの種類や構造、調律に関する専門的な知識を学び、就職活動をします。演奏家ではなくピアノ調律師になることが目標なら、専門学校のピアノ調律科やピアノメーカーが運営する調律師養成学校に進むのが一般的です。音楽理論や演奏技術についても幅広く学びたい場合は専門学校がベターでしょう。

ピアノ調律師の平均給料・給与

25万円

初任給：17万円〜／生涯賃金：1億7200万円

ピアノ調律師の生涯賃金は、想定雇用期間43年間と平均給料・ボーナスを掛け合わせた数字となっております。

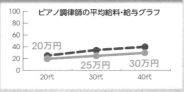

ピアノ調律師の平均給料・給与グラフ

20万円

25万円　30万円

20代　30代　40代

※給料の算出には求人や口コミ、厚生労働省の労働白書を参考にしております

作詞家

音楽出版社やレコード会社、アーティスト本人、アーティストが所属する事務所などから依頼を受けて、曲に合う歌詞を作るのが作詞家の仕事です。CMや映画などに使われるタイアップ曲の歌詞を依頼されることもありますが、こうした曲は大ヒットにつながる可能性もあるため、ほかの作詞家とのコンペティション（応募された複数の作品の中から一番よいものを選択する）になることもあります。このほか、校歌や社歌の作詞をしたり、大規模なイベントのテーマソングを作詞したりすることもあります。

作詞家のズバリ！　将来性は？

現在、多くの作詞家がさまざまなジャンルで活躍しています。世の中に歌がある限り作詞家にはニーズがあります。一方、定額でさまざまな音楽を配信するサービスが普及した現在、大ヒットを連発するような作詞家になるのは難しくなっています。こうした事情から、国内だけでなく海外マーケットに目を向けるアーティストも増えています。日本人アーティストのファン層も拡大しており、今後は世界をマーケットに楽曲を売り出す可能性が広がると予想されています。

作詞家になるには

作詞家になるには、レコード会社や音楽出版社、作家事務所などが開催するオーディションに応募して合格する。アーティストなどの新曲を決める際に楽曲を公募するコンペティションに勝ち抜く、デモ音源をレコード会社や音楽出版社などに送ったり持ち込んだりする、といった方法があります。最近は、オンラインの動画サイトやSNSに作品を投稿して話題を集めるといった手法も使われているようです。作詞家が所属する事務所には、レコード会社、音楽出版社、芸能プロダクション、作家事務所などがあります。報酬は給料制のほか、仕事の規模やCDの売り上げなどに応じて支払われる出来高制で契約するケースもあります。

作詞家の平均給料・給与

110万円

初任給：3万円／生涯賃金：8億0520万円

作詞家の生涯賃金は、平均寿命の83歳まで自営業をしたとして、想定活動期間61年間と平均給料を掛け合わせた数字となっております。

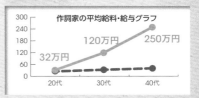

作詞家の平均給料・給与グラフ

- 32万円（20代）
- 120万円（30代）
- 250万円（40代）

※作詞家は印税報酬がほとんどで、個人差があります

漫画家

現在発行されている漫画誌(週刊誌・隔週刊誌・月刊誌)に漫画を描くのが仕事です。最初から単行本に書き下ろすこともありますが、4コマ漫画やストーリーものなどで、連載を持つことで収入を得ます。自分の作風やタッチを確立して、作品を出版社の編集者等に認めてもらうことが必要です。ヒット作品が出れば、時代のブームを巻き起こすこともあります。漫画家はフリーランスで働くのが一般的。コミック誌に連載する漫画家もいれば、学習漫画を中心に活動する漫画家、広告分野で活動する漫画家もいます。

スタディサプリ進路

漫画家になるには

漫画家として作品を発表する手段はいろいろとありますが、一般的にプロデビューの足掛かりになるのは、雑誌編集部への持ち込みか出版社などが主催する新人コンテストです。そのためには作品を描かなければなりません。独学で漫画の描き方を習得する人も実際には少なくありませんが、プロとして通用する作品を描くには発想法や表現技法を大学・短大・専門学校で学び、作品を作っていくのも一つの手です。在学中から地道に作品の持ち込みを続ける人もいます。また、人気漫画家のアシスタントとして経験を重ね、腕を磨くというステップもあります。

漫画家のズバリ！　将来性は？

少子化や娯楽の多様化などの影響もあって、漫画誌の発行部数は長期的に減少傾向にあります。ただし、魅力的な作品は大ヒットしているので漫画へのニーズがなくなりつつあるわけではなさそうです。いずれにしても漫画業界は新しい才能を求めており、これから漫画家を目指す人たちにとって極端に悲観的な状況というわけではありません。また、書籍や広告など漫画が活用される分野は広がっています。最近では、日本の漫画のクオリティーに注目して、海外から仕事の依頼が来ることもあります。海外展開がどこまで広がっていくかにも注目しておきたいところです。

漫画家の平均給料・給与

53万円

初任給：17万円／生涯賃金：3億6464万円

漫画家の生涯賃金は、想定活動期間43年間と平均給料・ボーナスを掛け合わせた数字となっております。

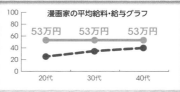

漫画家の平均給料・給与グラフ

	20代	30代	40代
	53万円	53万円	53万円

※給料の算出には求人や口コミ、厚生労働省の労働白書を参考にしております

カメラマン

広告、雑誌、インターネットなど撮影した写真が使われる場所や目的はさまざまです。また、人物、動物、ファッション、ブライダル、料理、風景など、被写体となるものも多種多様にあります。さらに、人物や商品をスタジオで撮影する場合のほかに、建築物やスポーツ、水の中、事件現場など屋外での撮影もあり、仕事場所も撮影内容によって変わってきます。そのため、「撮影する」という行為は同じでも、カメラマンによって仕事内容は異なるともいえるでしょう。

カメラマンのズバリ！　将来性は？

デジタルカメラの技術の進歩によって、写真を撮ることが人々にとって身近になり、素人であってもクオリティーの高い写真が撮れるようになっています。そのため、写真への関心は高まるとともに、クオリティーの高さもよりいっそう求められるようになっています。プロとしての専門性の高さをしっかりと身につけた上で、どんな撮影が得意なのかというセールスポイントも持っていることが強みとなるでしょう。また、SNSなどを上手に使えば世界に自分の写真をアピールできて、活躍のチャンスを国外にも広げることが可能になります。

カメラマンの活躍できる場所は？

カメラマンになるために必要となる資格や学歴はありません。一つの方法として、芸術・美術系の大学や短期大学、専門学校などの写真専門の学科やコースに通って、写真の基礎や必要な技術・知識を身につけることもできます。就職先は、広告代理店や出版社、新聞社、フォトスタジオなど。会社に属さずにフリーランスとして働く場合もあります。広告代理店や出版社、新聞社の専属カメラマンとして働く場合は、その会社が取り扱う媒体に掲載する写真を撮ることになります。一方、フリーランスは自分で営業活動をして仕事を得る必要があります。

カメラマンの平均給料・給与

23.7 万円

初任給：15万円〜／生涯賃金：1億2229万円

カメラマンの生涯賃金は、想定活動期間43年間と平均給料を掛け合わせた数字となっております。

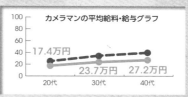

カメラマンの平均給料・給与グラフ

17.4万円
23.7万円　　27.2万円

20代　　30代　　40代

※給料の算出には求人や口コミ、厚生労働省の労働白書を参考にしております

ナレーター

ナレーターは映像に言葉を乗せていく仕事です。映画やドキュメンタリー、テレビドラマのナレーションなど、いろいろなナレーションがあります。どれもきれいな日本語で、映像に合わせながら言葉を乗せていくことが大事になります。テーマによって、語調も多少異なるため、センスや感性も要求されます。声優やアナウンサー同様、ナレーターには独自のスキルと技術が必要です。その映像が何を伝えたいのかを瞬時に察する能力、そして映像の内容に合った声色を出せる表現力が求められます。

ナレーターのズバリ！　将来性は？

テレビ、ラジオなどに加え、近年ではオンラインの動画サービスが好まれるようになり、企業も広告の手段として動画制作を行うことが増えました。そのため、企業の広告手法も画像や文章などよりも映像コンテンツが増えつつあります。そのため、ナレーターのニーズも高まるでしょう。しかし、人気ナレーターに仕事が集中するなど狭き門であることに変わりはなく、どれだけ多彩な表現ができるかが求められます。

ナレーターになるには

高校卒業後、4年制大学や短大、専門学校を卒業しナレーターとなるのが一般的です。場合によっては、一度会社員になってから独学や通信教育などで学び、ナレーターを目指す方もいます。ナレーターになるために資格は必要ありませんが、実力社会のため、どれだけ幅広い表現ができるか、また自分にしかできない表現ができるかが収入を左右します。そして、特にフリーランスとして仕事を獲得するためには人脈も大切な要素となるため、専門学校に通っておくことで紹介をしてもらえたり、現役ナレーターとして活躍する講師とのパイプができたりするなど有利なこともあります。卒業後は事務所に所属しながらオーディションを受け続け、まずは単発の仕事で実績を積みながら、徐々に定期的な仕事やレギュラーの仕事を勝ち取ることを目指します。

ナレーターの平均給料・給与

56万円

初任給：4万円〜／生涯賃金：2億8896万円

ナレーターの生涯賃金は、想定活動期間43年間と平均給料を掛け合わせた数字となっております。

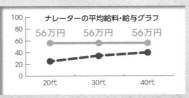

ナレーターの平均給料・給与グラフ

	20代	30代	40代
56万円	56万円		56万円

※給料の算出には求人や口コミ、厚生労働省の労働白書を参考にしております

アシスタントディレクター

テレビ局のキー局局員と、制作会社、アルバイトや派遣などのフリーの3つの雇用があり、取材先のロケハン、撮影シミュレーション、ロケ準備、ディレクターのフォローなどを行います。映像制作に関しての雑用のほとんどを請け負うといってよいでしょう。

アシスタントディレクターの平均給料・給与グラフ

17万円（20代） 24万円（30代） 34万円（40代）

※給料の算出には求人や口コミ、厚生労働省の労働白書を参考にしております

平均給料・給与

24万円

初任給：17万円／生涯賃金：1億6512万円

生涯賃金は、想定雇用期間43年間と平均給料・ボーナスを掛け合わせた数字となっております。

一番給与と待遇がいいのは、キー局などの直接雇用です。難関ですが、この場合、アシスタントからスタートして、チーフ、ディレクターと昇格・昇給が望めます。

演出家

演劇やオペラ、ミュージカル、バレエなど舞台芸術の演出を行うのが仕事です。戯曲を解釈してコンセプトを決め、役者やスタッフとともに作品を作り上げます。アニメの演出家の場合、アニメーションの動きや声優の演技、音楽などに指示を出して、イメージを具体化していきます。

演出家の平均給料・給与グラフ

22万円（20代） 25万円（30代） 31万円（40代）

※給料の算出には求人や口コミ、厚生労働省の労働白書を参考にしております

平均給料・給与

26万円

初任給：20万円／生涯賃金：1億7888万円

生涯賃金は、想定活動期間43年間と平均給料・ボーナスを掛け合わせた数字となっております。

舞台の演出家はフリーランスがほとんどで、演出の仕事だけで食べていける人は一握りしかいません。アニメの演出家になるにはアニメ制作会社での経験が必須です。

音楽プロデューサー

CD・DVDの制作や販売、コンサートの企画立案・演出のほか、新人ミュージシャンやタレントの発掘や育成などを行います。アーティストのコンセプトを決め、それに合わせた楽曲を選びプロモーションを仕掛けるため、音楽の才能やマーケティングの知識、幅広い人脈が求められます。

音楽プロデューサーの平均給料・給与グラフ

※個人差がかなりあります

19万円（20代） 25万円（30代） 31万円（40代）

※給料の算出には求人や口コミ、厚生労働省の労働白書を参考にしております

平均給料・給与

25万円

初任給：19万円／生涯賃金：1億2900万円

生涯賃金は、想定雇用期間43年間と平均給料・ボーナスを掛け合わせた数字となっております。

音楽系の専門学校や大学を卒業してレコード会社や音楽プロダクションなどに入社し、下積み後にプロデューサーになるのが一般的。ミュージシャンから転身する人もいます。

音響技術者

コンサートや舞台、レコーディングスタジオでCDなどの録音を行う際に音響の調整を行うのが仕事です。建物の防音対策や空調の消音などを行う音響技術者もいます。厚生労働省管轄の国家資格である「舞台機構調整技能士」などを持っていると、就職する際に有利になります。

音響技術者の平均給料・給与グラフ

22万円（20代） 31万円（30代） 40万円（40代）

※給料の算出には求人や口コミ、厚生労働省の労働白書を参考にしております

平均給料・給与

35万円

初任給：18万円／生涯賃金：2億4080万円

生涯賃金は、想定雇用期間43年間と平均給料・ボーナスを掛け合わせた数字となっております。

勤務する会社の規模によって年収に差があります。スキルや技術を磨きフリーランスとして独立し、有名ミュージシャンを担当して年収1000万円を超える人もいます。

画家

画家の仕事内容は、キャンバスに絵を描くことですが、キャンバスに限らず、布や木などでも絵が描かれていれば作品になります。近年、デジタル（パソコンソフトなど）で絵を描く画家も出てきていて、これからさまざまな方法が生まれてくると予想されます。

画家の
平均給料・給与グラフ

20代 20万円 / 30代 28万円 / 40代 34万円

※収入に個人差があります

平均給料・給与

30万円

初任給：12万円／生涯賃金：2億1960万円

生涯賃金は、平均寿命の83歳まで活動したと想定して、22歳から83歳までの61年間と平均給料を掛け合わせた数字です。

個展などを開いているような有名な画家は年間900万円くらい稼いでいることが多いようです。有名でも安く絵を売っていると300万〜400万円前後の収入という人もいます。

歌舞伎役者

歌舞伎役者の仕事は舞台だけではありません。無名の役者だと自分の師匠の身の周りの世話も仕事になっています。さらに自分が舞台に出ない時は、もし事故があった時にもすぐ対処できるように黒い服を着て舞台の袖で待機していなければいけません。

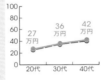

歌舞伎役者の
平均給料・給与グラフ

20代 27万円 / 30代 36万円 / 40代 42万円

※経歴や家柄により差があります

平均給料・給与

39万円

初任給：不明／生涯賃金：2億8548万円

生涯賃金は、平均寿命の83歳まで活動したと想定して、22歳から83歳までの61年間と平均給料を掛け合わせた数字です。

一般人が歌舞伎役者になるには歌舞伎役者として働いている人の弟子になるか、養成所に入学するかの2つの方法があります。しかしどちらから入っても厳しい世界です。

脚本家

映画やテレビドラマ、舞台、アニメなどの脚本を書くのが仕事です。最近では漫画原作やゲームシナリオを書く脚本家もいます。経験と技術、そしてセンスが必要とされます。ギャラは尺と呼ばれる放送時間によって変わります。1時間ドラマ1本で30万〜60万円が相場です。

脚本家の
平均給料・給与グラフ

20代 42万円 / 30代 42万円 / 40代 42万円

※給料の算出には求人や口コミ、厚生労働省の労働白書を参考にしております

平均給料・給与

42万円

初任給：10万円／生涯賃金：2億8896万円

生涯賃金は、想定活動期間43年間と平均給料・ボーナスを掛け合わせた数字となっております。

ハリウッドと違い日本の脚本家は事前に契約を結ぶことなく口約束で仕事をすることがほとんどです。新人ではタダ同然のギャラのこともあります。才能のほか人脈も重要です。

キャラクターデザイナー

アニメ制作会社やゲームメーカーなどの開発部門やデザイン事務所で、自社のオリジナルキャラクターやクライアントの依頼に沿ったキャラクターの制作をするのが仕事です。デザイン専門学校や美術大学などで、デザインの基礎知識と技術を身につけると就職に有利になります。

キャラクターデザイナーの
平均給料・給与グラフ

20代 18万円 / 30代 27万円 / 40代 32万円

※給料の算出には求人や口コミ、厚生労働省の労働白書を参考にしております

平均給料・給与

29万円

初任給：12万円／生涯賃金：1億9952万円

生涯賃金は、想定雇用期間43年間と平均給料・ボーナスを掛け合わせた数字となっております。

給料は勤務する会社の規模によって大きく異なりますが、高収入を稼げるのはごく一部の人だけです。自分が制作したキャラクターが大ヒットしても、収益は会社に入ります。

クリエイティブディレクター

広告クリエイティブの総責任者を指します。CD（シーディー）と略して呼ばれることもあります。通常、一人のクリエイティブディレクターのもとに、コピーライター、アートディレクター、CMプランナーなどのスタッフが集まり、チームが組まれて広告制作が行われます。

クリエイティブディレクターの
平均給料・給与グラフ

28万円　40万円　50万円

※給料の算出には求人・口コミ、厚生労働省の労働白書を参考にしております

平均給料・給与

39.3万円

初任給：24万円／生涯賃金：2億7038万円

生涯賃金は、想定雇用期間43年間と平均給料・ボーナスを掛け合わせた数字となっております。

広告代理店や制作会社、編集プロダクションなどで求人募集があります。まずはコピーライターやデザイナーとしてキャリアをスタートさせ、経験を積むことが必須です。

ゲーム音楽作曲家

ゲームのBGMや効果音を作るのが仕事です。最近では「サウンドクリエイター」と呼ばれることもあります。ゲームが持つ世界観やゲーム内のあらゆる要素をサウンドで表現し、ゲームをより楽しめるように演出をします。おもにパソコンや電子音楽機器を使って作曲をします。

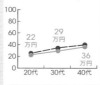

ゲーム音楽作曲家の
平均給料・給与グラフ

22万円　29万円　36万円

※給料の算出には求人・口コミ、厚生労働省の労働白書を参考にしております

平均給料・給与

29万円

初任給：5万円／生涯賃金：1億9952万円

生涯賃金は、想定活動期間43年間と平均給料・ボーナスを掛け合わせた数字となっております。

大手ゲーム会社の場合、社員がゲーム音楽を作っていることが多く、月給の中に作曲のギャラも含まれています。フリーの場合、1曲あたり1万〜10万円のギャラとなります。

ゲームプロデューサー

ゲームプロデューサーというのは、ゲームの企画の総責任者です。ゲームディレクターと混同されることが多いですが、ディレクターは現場の制作を管理する仕事であり、プロデューサーは予算・スタッフ配置・スケジュールなどといった企画全体を管理する仕事となっています。

ゲームプロデューサーの
平均給料・給与グラフ

25万円　35万円　45万円

※給料の算出には求人や口コミ、厚生労働省の労働白書を参考にしております

平均給料・給与

35万円

初任給：20万円〜／生涯賃金：2億4080万円

生涯賃金は、想定雇用期間43年間と平均給料・ボーナスを掛け合わせた数字となっております。

運営開発を全体的に指揮するという、とても重要な役割であるため、学歴よりも経験が重視されます。しかし、まずゲーム業界に入らないと経験が積めません。

工業デザイナー

プロダクトデザインの分野で、工業製品などを手がけるのが、インダストリアル系工業デザイナーです。ジャンルとしては、プロダクトデザインなので、自動車設計、カメラ、電化製品など非常に幅が広いのが特徴です。大卒者がもっとも待遇がいいようです。

工業デザイナーの
平均給料・給与グラフ

25万円　36万円　40万円

※給料の算出には求人や口コミ、厚生労働省の労働白書を参考にしております

平均給料・給与

32万円

初任給：20万円〜／生涯賃金：2億2016万円

生涯賃金は、想定雇用期間43年間と平均給料・ボーナスを掛け合わせた数字となっております。

平均年収はだいたい550万〜1100万円ですが、雇用される職場で、主任デザイナーとなるか、社内デザイナーの一人であるかによって、大幅に給与は上下します。

サウンドプログラマー

現在では、サウンドクリエイターという名前で浸透している、おもにデジタルコンテンツのサウンド担当クリエイターです。効果音から、作曲、ゲームのさまざまなサウンドや、WEBでのクリック音などを手がけます。デジタルサウンドを作る専門職です。

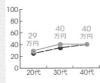

サウンドプログラマーの
平均給料・給与グラフ

29万円　40万円　40万円

平均給料・給与

35万円

初任給：18万円／生涯賃金：2億4080万円

生涯賃金は、想定雇用期間43年間と平均給料・ボーナスを掛け合わせた数字となっております。

年収を上げるためには、難関である大手ゲーム会社などに就職するか、DAW（パソコン専用ソフト）の開発などを行う、中小企業への就職がまず必要となります。

装丁家

書物のカバー、表紙、トビラ、帯などの外装のデザインから、版型、版面、見出しや本文書体、本文用紙の指定など編集的要素を含めた、本のトータルデザインを行うのが仕事です。ブックデザイナーとも呼ばれます。装丁（そうてい）によって本の売れ行きが左右されることもあります。

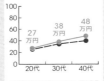

装丁家の
平均給料・給与グラフ

27万円　38万円　48万円

平均給料・給与

38万円

初任給：10〜15万円／生涯賃金：2億6144万円

生涯賃金は、想定活動期間43年間と平均給料・ボーナスを掛け合わせた数字となっております。

出版社や印刷会社の社員の場合、年収は300万〜600万円です。フリーランスでは下は150万円、上は6000万円ともいわれます。月間15冊も手掛ける人もいます。

照明技師

映画の撮影照明、テレビやケーブルテレビ、BSなどの放送局での照明技師が一般的にいわれる照明技師です。雇用はアシスタントからが多く、プロダクションや芸能事務所に通じる経営者が主体となり、その補助として雇用され、技術を磨くイメージが強いです。

照明技師の
平均給料・給与グラフ

19万円　26万円　40万円

平均給料・給与

28万円

初任給：18万円／生涯賃金：1億4448万円

生涯賃金は、想定雇用期間43年間と平均給料を掛け合わせた数字となっております。

技師といっても、資格などはなく、いわゆる、プロカメラマンのアシスタントと似たような職種です。師弟制のようなところがあるので、肉体労働的な要素が多分にあります。

殺陣師

時代劇などで殺陣（たて）を演じ教える人。若い時は、ほとんどがエキストラ出演がメインで、全国のロケ地、テレビ局などへの移動も非常に多く、人によってはスケジュールがかなり過密です。年齢が上がって、出演回数を重ねると、出演者に対し、立ち回りを教える立場になります。

殺陣師の
平均給料・給与グラフ

10万円　15万円　20万円

平均給料・給与

8万円

初任給：8000円〜／生涯賃金：4128万円

生涯賃金は、想定活動期間43年間と平均給料・ボーナスを掛け合わせた数字となっております。

有名な殺陣師の場合は、出演者の指導のギャラ、各地でのアクション指導、教室などを経営していますから、年収は500万円以上にはなるはずです。

テレビディレクター

テレビ番組制作の現場における責任者です。出演者への演技指導やカメラワークなどの演出、収録したVTRの編集などを行い、番組を作り上げます。アシスタントディレクター（AD）として現場の仕事を覚え、ステップアップします。体力があり、面白い人が好まれるようです。

平均給料・給与

31 万円

初任給：22万円〜／生涯賃金：2億1328万円

生涯賃金は、想定雇用期間43年間と平均給料・ボーナスを掛け合わせた数字となっております。

テレビディレクターの平均給料・給与グラフ

※給料の算出には求人や口コミ、厚生労働省の労働白書を参考にしております

ADとして5年間ほど下積みをして、ディレクターになることが多いようです。ADとディレクターでは、給与が3倍違うことがあります。人気番組を制作すると評価が上がります。

噺家（落語家）

噺家とは口演で収入を得る人たちのことをいい、落語家とも呼ばれます。戦前は寄席がおもな活動の場でしたが、現在はそれだけではなく、営業やテレビ・ラジオの司会なども行っています。「真打ち」「二ツ目」「前座」「前座見習い」といったように階級があります。

平均給料・給与

34.3 万円

初任給：5000円〜／生涯賃金：2億5107万円

生涯賃金は、平均寿命の83歳まで自営業をしたとして、61年間と平均給料を掛け合わせた数字となっております。

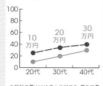

噺家（落語家）の平均給料・給与グラフ

※給料の算出には求人や口コミ、厚生労働省の労働白書を参考にしております

噺家はワリと呼ばれる独自の給料システムによって収入を得ています。ワリとは寄席の全収入から興行主の取り分と経費を差し引き、残った額を分配するというものです。

美術商

絵画や彫刻などの美術品・芸術作品を仕入れ、販売するのが仕事です。特に絵画を取り扱う美術商のことを画商と呼びます。美術家から直接買い取りコレクターに販売することもあれば、オークションで買った美術品を転売することもあります。専門分野の深い知識が必要になります。

平均給料・給与

23 万円

初任給：16万円／生涯賃金：1億5824万円

生涯賃金は、想定活動期間43年間と平均給料・ボーナスを掛け合わせた数字となっております。

美術商の平均給料・給与グラフ

※給料の算出には求人や口コミ、厚生労働省の労働白書を参考にしております

個人経営の画廊やギャラリーでは、店の売り上げに応じて収入は変動します。美術の知識だけでなくマーケティングや人脈も重要です。販売以外に鑑定で収入を得る人もいます。

舞妓

京都などの花街におけるお茶屋（料亭や有名旅館などの施設）の女将に指名され、座敷へ上がって芸妓の三味線などに合わせ、舞を披露するのが舞妓のおもな仕事です。置屋に居住し、芸事や舞を修練し、最終的に芸妓を目指します。

平均給料・給与

0 円

初任給：0円／生涯賃金：0円

祝儀は置屋の収入で、お給料は実質もらわないため0円となります。

舞妓の平均給料・給与グラフ

※実質賃金は15〜30万くらい（衣食住の費用は女将持ち）です

舞妓のスタートは、中学卒業から高校卒業前がベストで、基本は15歳以上、17歳までに花街で芸妓となる意思を置屋の女将に示す必要があります。

ラジオDJ

ラジオDJ（パーソナリティー）の仕事は、ラジオでトークを中心として番組を進行させていくことです。パーソナリティーによって得意分野がありますし、ラジオ局側もパーソナリティー個人個人の持ち味を活かした番組を作ろうとします。人気により給料格差が激しい職種です。

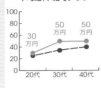

ラジオDJの
平均給料・給与グラフ

30万円　50万円　50万円

※社員、所属、フリーランスで差があります

平均給料・給与

43万円

初任給：0円～／生涯賃金：2億2188万円

生涯賃金は、想定活動期間43年間と平均給料を掛け合わせた数字となっております。

年収は、ラジオ局社員か、芸能プロダクション所属か、フリーランスかでかなり開きがありますが、300万～800万円になるといわれています。

レコーディングエンジニア

レコーディングスタジオやレコード会社で、アーティストがスタジオでレコーディングを行う際に、レコーディングからマスタリングまでを手掛けるのが仕事です。歌手やコーラスグループ、オーケストラなどの歌や演奏を録音し、音量のバランスを調整して楽曲として完成させます。

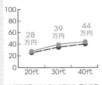

レコーディングエンジニアの
平均給料・給与グラフ

28万円　39万円　44万円

※給料の算出には求人や口コミ、厚生労働省の労働白書を参考にしております

平均給料・給与

37万円

初任給：16万円／生涯賃金：2億5456万円

生涯賃金は、想定雇用期間43年間と平均給料・ボーナスを掛け合わせた数字となっております。

専門学校で音響機器の操作や、音楽ソフトのProToolsのデジタル処理技術を学ぶ人が多いです。給料の高い大手レコーディングスタジオは都内に集中しており、採用は狭き門です。

レゴ職人

デンマーク発祥のレゴブロックを使って立体作品を作るのがレゴ職人です。レゴ社から正式に認定されたレゴ職人は「レゴ認定プロビルダー」と呼ばれます。「レゴ」の商標を使用できるのは認定プロだけです。レゴランドで働く「レゴ・マスターモデルビルダー」もいます。

レゴ職人の
平均給料・給与グラフ

34万円　34万円　34万円

※給料の算出には求人や口コミ、厚生労働省の労働白書を参考にしております

平均給料・給与

34万円

初任給：34万円／生涯賃金：2億3392万円

生涯賃金は、想定活動期間43年間と平均給料・ボーナスを掛け合わせた数字となっております。

レゴ認定プロビルダーは、基本的にはフリーで活動しており、企業の依頼を受けて作品を制作しています。レゴランドで働くレゴ職人の年俸は約410万円です。

空間デザイナー

スペースデザイナーとも呼ばれます。デパートのショーウインドウや外観を、クリスマスや正月といった、さまざまなイベントに合わせてデザインするのが仕事です。クライアントはデパートだけではなく、ホテルや店舗、駅、美術館など多岐にわたります。

空間デザイナーの
平均給料・給与グラフ

21万円　27万円　32万円

※給料の算出には求人や口コミ、厚生労働省の労働白書を参考にしております

平均給料・給与

26万円

初任給：18万円～／生涯賃金：1億7888万円

生涯賃金は、想定活動期間43年間と平均給料・ボーナスを掛け合わせた数字となっております。

「空間ディスプレイデザイナー」の資格を持っていると、就職に有利な場合があります。認定試験は誰でも受けられますが、資格取得コースがある教育機関で学ぶのが確実です。

パーソナルコーディネーター

モデルや芸能人だけでなく、一般の個人へ向けてファッションのスタイリングを行うのが仕事です。その人に合ったファッションを提案し、手持ちのワードローブの整理、洋服購入の同行、パーソナルカラー診断やコーディネートブックの作成など、さまざまなサービスを提供します。

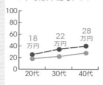

パーソナルコーディネーター
の平均給料・給与グラフ

※給料の算出には求人や口コミ、厚生労働省の労働白書を参考にしております

平均給料・給与

22万円

初任給：3万円〜／生涯賃金：1億5136万円

生涯賃金は、想定雇用期間43年間と平均給料・ボーナスを掛け合わせた数字となっております。

アパレル業界経験者の副業として人気がある職業です。買い物同行3万円という人もいれば、30万円以上という人もいます。登録型になると、時給2000円以上となります。

バレリーナ

バレリーナは、クラシックバレエを踊るのが仕事です。バレエ団に所属している人は、劇場で演目を踊ります。有名バレエ団の場合、公演数は年間50〜60回。出演料は1公演1.5万円〜5万円だといわれます。また、講師として子どもや若手にレッスンを行う人もいます。

バレリーナの
平均給料・給与グラフ

※給料の算出には求人や口コミ、厚生労働省の労働白書を参考にしております

平均給料・給与

24万円

初任給：17万円〜／生涯賃金：8640万円

生涯賃金は、現役での想定活動期間30年間と平均給料を掛け合わせた数字となっております。

バレリーナになるには、少なくとも10歳までにバレエ教室に通う必要があるといわれています。そして、高校在学中または卒業後に海外留学するのが一般的となっています。

小説家

小説家の仕事は、小説を書くことです。作品を書けば誰でも小説家と名乗ることができますが、「書く」という行為は精神的な重労働で、決して簡単な仕事ではありません。基本的には自分のアイデアをもとに執筆しますが、売れない作家は編集者の言いなりになることもあるようです。

小説家の
平均給料・給与グラフ

不明

※個人差が大きく平均給料は算出できません

平均給料・給与

不明

初任給：不明／生涯賃金：22億1760万円

生涯賃金は、トップクラスの小説家が30年間活動したと想定して、独自に算出しております。

作家にとっての給料は印税です。売れっ子作家なら印税は10％といわれています。新人賞に応募するか、出版社に原稿を持ち込み編集者の目に留まり、デビューする方法があります。

モデル

企業がアピールしたい商品を身につけてテレビや雑誌、ファッションショーに登場し、広告塔となる仕事です。そのほかに、スケッチのモデルとなる絵画モデルや、カメラマンの被写体となるモデル、手や髪などのみを見せる部分モデルなど、幅広いジャンルがあります。

モデルの
平均給料・給与グラフ

不明

※個人差が大きく平均給料は算出できません

平均給料・給与

なし

初任給：なし／生涯賃金：5280万円

生涯賃金は、18〜40歳までの22年間活動、1回5万円の撮影を月に4回行ったと仮定して算出しました

ジャンルによってさまざまですが、1回の撮影で数千円〜数万円という給与体系がほとんどのようです。事務所と契約している人や、高額の出演料を受け取る有名モデルもいます。

企業戦士 II

サラリーマンの職種にはいろいろな種類があります。同じ社内でも部署が違えば職種も違い、仕事内容もまったく異なります。どんな職種でも会社の一員として欠かせない存在です。そんなサラリーマンとして働く企業戦士たちを紹介していきます。

営業職

営業の基本は情報収集です。営業先のニーズや課題など、自社の商品やサービスについて提案するために必要になる情報を集めます。新規開拓の営業であれば、まず電話でアポイントを取り、営業先に赴き資料をもとに提案をし、見積もりも行います。契約が取れたら商品の受注発注処理を自分ですることもあります。営業職はインセンティブがつくこともあり、企業や業種によって年収は異なります。製薬会社や証券会社、医療機器メーカーの営業は比較的高収入で、500万〜700万円の年収となるようです。

「今こそこの技を使うべし！土下座ーーー！！！」

平均給料・給与

30万円

初任給：15万円〜
生涯賃金：2億0640万円

生涯賃金は、想定雇用期間43年と平均給料・ボーナスを掛け合わせた数字となっております。

平均給料・給与グラフ

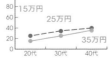

15万円
25万円
35万円

100
80
60
40
20
0

20代　30代　40代

※給料の算出は求人や口コミ、厚生労働省の労働白書を参考にしております

営業職

「不屈の戦士」「支援の勇者」などの異名を持つ花形職。企業の成り立ちはほぼ営業によって決まるといっても過言ではない。百人隊の長は「営業部長」と呼ばれ、屈強な戦士たちを統率する。

第3章

医療・介護系職業

医師

医師の仕事内容

医師は、大学病院やクリニック・診療所などで病気の患者に対して検査や診察を行い、病気や体の状態を把握して治療を行います。このように、医師が実際の患者と接することを「臨床」と呼びます。病気や怪我の治療だけでなく、予防やリハビリテーションの指導をする医師もいます。医師の中には「臨床」ではなく、医学の進歩に寄与するための「研究」を行う人もいます。治療が困難な病気に対して研究を行い、実験などの結果を論文にまとめることで、病気の仕組みの解明、治療方法の開発を目指します。

医師になるには

医学部のある大学を卒業し、医師国家試験を受験し、医師免許を取得することで医師となります。その後、一般的には「研修医」としても知られる「初期研修」と呼ばれる2年間の研修期間を経て、さらに「後期研修」によって専門医を取得します。専門医は必ずしも取得しなければならないわけではありませんが、多くの医師が初期研修修了後すぐに取得を目指します。「医師」として臨床の現場で活躍できるようになるためには、医学部の大学合格から専門医取得まで、10年以上の長い期間が必要となることがあります。

医師のズバリ！ 将来性は？

さまざまな要因がありますが、医学部の志願者数が緩やかに減少傾向にあります。競争率も低下傾向にあります。今後は、医師偏在の問題解消のため、病院の統廃合や医療制度、研修制度の変更が行われる可能性があります。医師の数が少なくなる一方で、高齢社会が進むことで、医師の求められる役割は専門的診療のみならず、幅広い疾患への対応や福祉・介護との連携、地域社会での健康教育から緩和ケアや看取りまで多様化し、活躍の場は多岐にわたります。また、テクノロジーやAIの進化により、より安全に医療を行うことが可能となり、病気の早期発見や治療の期間短縮ができるようになってきています。今後は海外など遠く離れた土地にいる専門家とオンラインでつながりながら、専門的な相談や治療ができることも予想されます。これからの医師の働き方の中では、こういった新しい技術の利用は欠かせないものとなってきています。

「その眼は治せても、お前の心の底までは治せん」
眼科医

眼科医は眼球および眼球周囲の組織に関する疾患の診療を行う医者です。日本眼科学会認定の専門医になるにはなかなか高いハードルが設けられていて、医学部を卒業、医師国家試験合格、眼科専門医制度委員会が認可した研修施設で5年以上の研修を修了する必要があります。そのうえで100例以上の手術、症例検討会へ定期的に出席、眼科に関する論文1編、学会報告を演者として2報以上、4年以上日本眼科学会会員、といった条件を満たしてはじめて年1回の専門医試験の受験資格を得られ、合格をもって眼科専門医として就業することができます。

眼科医の平均給料・給与
90万円
初任給：40万円〜／生涯賃金：5億7600万円

眼科医の生涯賃金は、終身雇用で65歳まで雇用されたと想定して、25歳から65歳までの40年間と平均給料・ボーナスを掛け合わせた数字となっております。

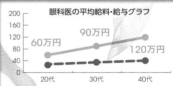

眼科医の平均給料・給与グラフ

60万円　90万円　120万円

※開業医と勤務医、レーシック専門眼科病院などで差があります
※給料の算出には求人や口コミ、厚生労働省の労働白書を参考にしております

眼科医
目の治療に特化した医術職。大きな目は、患者の症状を探すのか、それとも己を見つめているのか……。

眼科専門医の認定期間は5年であり、この更新には眼科専門医制度委員会が認定する学会参加が義務化されています。眼科医には夜勤や当直のアルバイトなどがありませんので、収入的には勤務医の中で低いほうといわれます。一方、開業するとレーシック手術などで高収入が見込めますが、さまざまなトラブルも報告されていて、医療訴訟のリスクもあるといえるでしょう。

外科医

「成功体験を重ねていく以外に成長を感じることはできません」

特別寄稿：真島ヒロ

外科医
外科医にはたくさんの種類がある。脳神経外科、心臓血管外科、消化器外科、乳腺外科、整形外科、泌尿器科、形成外科、肛門外科などがあり、『白い巨塔』や『医龍』に登場するような天才外科医もいる。

外科医の仕事内容

外科は臨床医学の一分野であり、手術を中心に病気やけがの治療をします。創傷、疾患の患部摘出や縫合など外科的手法を用います。外科医の活動範囲は広く、脳神経外科、心臓外科、胸部外科、形成外科、美容外科、血管外科など分野は細分化されており、求められる力はさまざまです。がんや心臓病、脳疾患など命にかかわる病気の手術を担当することも多く、外科医の技術力が生死を左右することもあります。専門的な分野では待遇がよく、整形外科、形成外科、美容外科は比較的高年収であるといわれています。

外科医の求人募集はどこで探せばいい？

ほとんどの場合、大学卒業後の研修医として働く病院が、そのまま職場となるようです。雇用には、一定以上の研修期間を要し、専門手術に特化する必要があるため、転職は非常に少なく、また単独の求人も少ないのが現状です。医師としては労務に対して、報酬は低いほうです。平均給与から算出してみると、平均年収はだいたい1000万〜1200万円となると予測されますが、若いうちは低く、月給の手取りはだいたい25万円〜となりそうです。さらに研修医期間中は、医師会への会費などで費用がかかるため、どうしても数年間以上は、手取り収入が減る傾向となるようです。

外科医になるには？

近年、社会的問題でもある医師不足の中でも顕著なのがこの外科医です。そのため現在では、外科医になる方法が大きく分けて2つあります。正面から医学部卒で医師国家試験を受験し、合格後、研修医から外科医を目指す方法と、いったん社会人として大学を卒業後に、社会人入学制度を利用して、一部の私立大で実施している外科医専門の履修を受けて、国家試験に合格する方法です。体力勝負ですが、医学部卒でも、外科医の分野はかなり細かく分かれているため、比較的遅い30歳前後でも外科医を目指すことは可能です。大学の医学部の場合は、研修医期間2年以上、実務経験5年以上で、あとは専門外科として経験を積むことになります。以前はインターンシップなどがありましたが現在はなくなり、国家試験に合格して大学を卒業後、比較的短期で医師として独り立ちできるのが外科医です。

外科医の平均給料・給与

81万円

初任給：30万円〜／生涯賃金：5億1840万円

外科医の生涯賃金は、終身雇用で65歳まで雇用されたと想定して、25歳から65歳までの40年間と平均給料・ボーナスを掛け合わせた数字となっております。

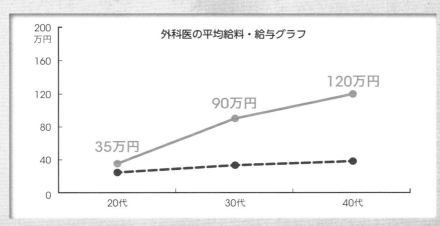

外科医の平均給料・給与グラフ

- 35万円（20代）
- 90万円（30代）
- 120万円（40代）

※給料の算出には求人や口コミ、厚生労働省の労働白書を参考にしております

「人体が自然に備えている抵抗力を超えただと！　行くぞ！　皆出勤だ」

内科医

内科医

コードネームは「街のお医者さん」。身体の臓器を対象とし、手術によらない方法での医術を行う。「認定内科医」「総合内科専門医」という内科内クラスチェンジがある。

内科医の仕事内容

患部治療にあたって患部摘出など外科手術を行うのが外科医であるのに対し、病態を判断して薬物などによって治療するのが内科医です。総合病院では内科医が主体となる治療にもっとも患者が多いのが特徴で、一般内科、循環器科、呼吸器内科、消化器内科、神経内科、腎臓内科、糖尿病内科、血液内科など細分化されています。カテーテル治療など外科手術も一部行うことがあります。最近では治療機器の進歩で消化器系の治療など内科医が手がける外科手術の範囲が広がってきています。

内科医になるには？

内科は専門医になるためにはかなり時間がかかる分野です。まず最短で医師になるには8年かかります。医学部のある6年制の大学に在籍し、基本的な医学課程、実習をへた後、卒業後に医師国家試験を受験して医師免許を取得します。医師免許を取得したら最低2年の臨床研修を受けますが、その間に内科、外科、精神科などさまざまな科や地域保健、総合医療の研修を受けます。その後、さらに内科で研修を受けて必修研修実技や知識を習得して、ようやく内科の専門医として働けるようになります。ここまで平均でだいたい10年前後はかかるそうです。

内科医の求人募集はどこで探せばいい？

ひと通り病院での研修を終えた後は、開業医、勤務医への道があります。転職も多く、雇用は比較的柔軟で幅広くあります。研修後にそのまま勤務医として働くケース、途中から転職するケースともに多く、転職サイト、医師専門の求人サイトでも多数の雇用を見つけることができます。雇用条件は民間の中規模クラスの民間病院のほうがよいといった口コミがあります。専門科が細分化された大病院は、民間の病院に比べ必ずしも給与は高くないそうです。内科医の平均年収はだいたい1600万円くらい。勤務医では平均がだいたい1200万円、開業医ではだいたい2500万円ぐらいの年収となり、開業するかどうかでかなり差がでるようです。

内科医の平均給料・給与

90万円

初任給：40万円〜／生涯賃金：5億7600万円

内科医の生涯賃金は、終身雇用で65歳まで雇用されたと想定して、25歳から65歳までの40年間と平均給料・ボーナスを掛け合わせた数字となっております。

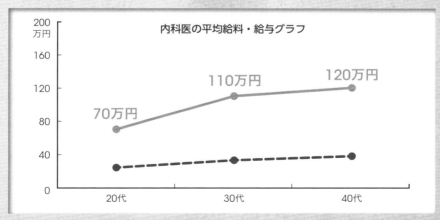

内科医の平均給料・給与グラフ

- 70万円
- 110万円
- 120万円

（縦軸：200万円／160／120／80／40／0　横軸：20代／30代／40代）

※給料の算出には求人や口コミ、厚生労働省の労働白書を参考にしております

「こんにちは、赤ちゃん」
産婦人科医

産婦人科医
出産・赤ちゃん・女性に対して総合的にケアする専門医術職業。別名
「コウノトリの化身」。最近では女性外来ともいわれる。

産婦人科医の仕事内容

安全な妊娠と出産を手助けし、また女性特有の病気の治療を行う専門医です。妊娠から分娩までを手がける産科と、更年期障がい、不妊治療、生理不順、あるいは女性生殖器の腫瘍や感染症といった疾患全般を扱う婦人科に分かれています。外科手術も多く、病院では帝王切開、妊娠中絶のほか子宮頸癌、子宮体癌、子宮筋腫、卵巣腫瘍などの手術も行います。一般開業医での仕事はほとんどが妊娠と出産に関係したものです。不妊治療に特化した産婦人科医も存在します。

産婦人科医になるには？

　一般的な医師と同じように、6年制の大学医学部で所定単位を履修した後、医師国家試験に合格し、医師免許を取得したのち、研修医として内科、外科、精神科ほかすべての科で実務実習を行います。2年間の研修医期間をへて、その後に産婦人科医を選択することになります。産婦人科医として経験を積み、日本産科婦人科学会の認定を受けた専門医になるには、学会での研究・論文発表や、症例報告などさまざまな条件をクリアして、試験と面接をパスしなければなりません。学会認定専門医となった場合は、産婦人科専門医として開業することも可能です。

産婦人科医の労働環境は？

　しかし、産婦人科は少子化に加え、最近は医療訴訟問題だらけといわれており、産婦人科医志望者は多くありません。厚生労働省の実態調査でも、希望職として産婦人科医を選ぶケースは年々減少しています。しかし細分化された現代の医療現場にあって、産婦人科は内科や外科も関係しているため、総合的医療分野の経験が得られるとして、あえて選んでいる医師も多いそうです。また赤ちゃんが生まれてくる感動はなにものにも代えがたいと感じる医師も多くいます。医師、看護師、患者とも女性が多い職場なので、不向きな男性医師もいるでしょう。

　上述のように産婦人科医の数は少なく、求人は非常に多いといえます。産婦人科医の手取りは平均で130万円くらいとなりますが、勤務医と開業医では給与に大きな差が出る診療科といえるでしょう。

産婦人科医の平均給料・給与

130万円

初任給：30万円／生涯賃金：8億3200万円

産婦人科医の生涯賃金は、終身雇用で65歳まで雇用されたと想定して、25歳から65歳までの40年間と平均給料・ボーナスを掛け合わせた数字となっております。

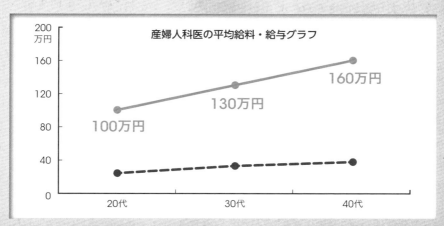

産婦人科医の平均給料・給与グラフ

- 100万円（20代）
- 130万円（30代）
- 160万円（40代）

※給料の算出には求人や口コミ、厚生労働省の労働白書を参考にしております

「可愛いは盛れるけど内面の可愛さは盛れないわよ」

美容整形外科医

美容整形外科医

「美しさ」「美意識」を絶対的な価値観に置き、人間の外見を改善する手術を得意とする医術職。「若返り」「豊胸」「小顔」など、そのスキルは多岐にわたる。医師免許以外にも精密さや美的感覚も必須。

美容整形外科医の仕事内容

本来は、人体の機能上の欠陥や変形の矯正や、失われた部位などを外科手術で矯正する外科医を指していました。近年では美意識の変化に応じて、外傷がなくても手術を行います。機能的には何の支障がなくても美的に形成して負担の除去、軽減をする美容を目的とした医療です。医療機関の中では形成外科と区別される外科学の一分野として認知されています。独立開業した事業形態が非常に多いのが特徴。公的保険がきかない自由診療のために手術費用は高額で、美容整形外科医は医師の中でも平均収入が高くなっています。

美容整形外科医になるには？

医師になるためには、大学の医学部か医科大学を卒業し、医師国家試験に合格しなければなりません。医学部では内科、外科、整形外科、精神科など一通りの分野を学び、そこから専門を見つけていきます。美容整形外科医になるには、形成外科を専攻し、そこからさらに美容外科の分野を深めて専門とするパターンと、他科で一般的な総合診療や手術を経験してから美容外科へと転向するパターンがあります。よい美容整形外科医を目指すなら、形成外科はもちろんのこと、患者の緊急事態にも対応できるように、麻酔科や救急科で数年は学んだほうがいいという話もあります。

美容整形外科医のキャリアモデル

美容外科クリニックなどに就職し、美容整形外科医となった場合、年収は1500万円前後になるといわれています。大きなクリニックでは経験や実績に応じて昇給したり、役職がつくこともあります。夜勤がないなどメリットもあり、女性医師も増えています。しかし、雇われている限り、年収が跳ね上がるということはありません。美容整形外科医の多くが独立開業を目指しているといわれています。これは、美容外科の世界では自由診療を行うことができるため、診療報酬が高額となり、その分オーナー兼医師の収入が増えるからです。マスメディアに頻繁に登場したり、大手美容クリニックの経営者クラスの医師では、年収は4000万円以上になるともいわれています。ただし、景気動向に左右されやすく、全国的に美容クリニックも増えているため、年収は毎年変動するようです。

美容整形外科医の平均給料・給与

140万円

初任給：36万円〜／生涯賃金：8億9600万円

美容整形外科医の生涯賃金は、終身雇用で65歳まで雇用されたと想定して、25歳から65歳までの40年間と平均給料・ボーナスを掛け合わせた数字となっております。

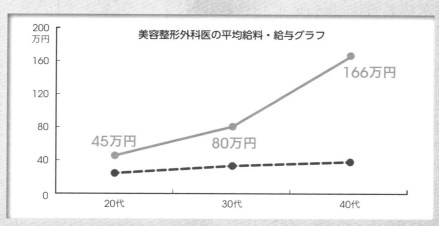

美容整形外科医の平均給料・給与グラフ

45万円　　80万円　　166万円

200万円／160／120／80／40／0

20代　　30代　　40代

※給料の算出には求人や口コミ、厚生労働省の労働白書を参考にしております

「手術の恐怖や痛みをなくすことができる魔法。それが麻酔なの」

麻酔科医

麻酔科医
ダチュラの花から抽出した液体を駆使し、患者の全身麻酔をコントロールする。「攻撃」を手術とするなら、「防御」のバランスをとる専門医術が麻酔である。

麻酔科医の仕事内容

麻酔科医は、手術前、術中、術後の麻酔の管理を行う専門医です。麻酔は医師の資格を保有していればできますが、全身麻酔が必要となるような手術では患者の容態を見ながら管理をしていくことが必要となるため、専門的な知識が必要になります。つまり、手術に立ち会いながら手術室をうまく回し、無理のない手術計画を立てることも重要な役割の一つです。手術をする患者の生命維持は、麻酔科医がコントロールしているといっても過言ではありません。もちろん、手術前の患者への説明、術後のケアも仕事の範疇です。

麻酔科医になるには？ 向いている性格は？

麻酔科医になるには、医学部卒業後に医師国家試験に合格したのち、2年の研修期間をへて医師になるまでは他科の医師と同じで、そこから麻酔科指導医のいる病院（麻酔科研究施設病院）で2年以上麻酔業務に専従するか、300症例以上の麻酔を行って麻酔科標榜医の資格を得て、日本麻酔科学会が定める審査に合格すると麻酔科認定医となります。つまり、最短でも約10年はかかるという根気が必要な職業といえます。麻酔科医の数は不足しているため、かなりの激務です。手術中は患者のそばを離れることができないことから拘束時間が長く、体力勝負な面もあります。

麻酔科医のキャリアモデル

1年目は30万円台ですが、3年目から3倍近くの給与へ跳ね上がることが多いようです。麻酔科医の少ない地方の病院では非常勤として勤めてもかなり高額な給与を得られる可能性もあります。女性が結婚、出産、育児をへても、資格があれば、働き口に困ることはないでしょう。麻酔科医は主治医となって患者を持つことがないので、緊急手術以外で夜中に呼び出しされる可能性がないことから、オンとオフの区別がつけやすいのです。つまり、うまく休みを取ることもできるので、女性にとってはありがたい職業かもしれません。麻酔科医は不足が叫ばれているため、少し仕事を休んでからの復職でも歓迎されるでしょう。また、緩和医療や出張麻酔を看板にし、独立する麻酔科医も徐々に増えてきています。独立して成功することができれば、平均より高い収入を得ることができるでしょう。

麻酔科医の平均給料・給与

82.7 万円

初任給：33万円／生涯賃金：5億2928万円

麻酔科医の生涯賃金は、終身雇用で65歳まで雇用されたと想定して、25歳から65歳までの40年間と平均給料・ボーナスを掛け合わせた数字となっております。

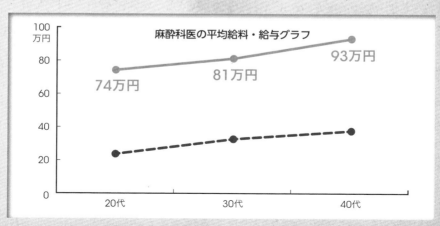

麻酔科医の平均給料・給与グラフ

74万円　81万円　93万円

20代　30代　40代

※給料の算出には求人や口コミ、厚生労働省の労働白書を参考にしております

「子どもたちにはいつも笑顔でいてもらいたい。そのためならこの老骨、道化にでもなりましょう」

小児科医

小児科医が他の診療科ともっとも違う点は、患者が大人ではなく15歳未満の子どもであることです。他の診療科は症状によって外科や内科などに分かれますが、子どもの場合は小児科に集約されているので、広範な知識が必要になります。子どもと大人では体の仕組みがかなり違うため、診断を下す基準や投与する薬の量なども変わってきます。また大人の患者なら自分で病気の症状を医者に伝えられますが、子どもはそれができないので上手に意思疎通を図らなければなりません。乳児健診や予防接種といった診療とは別の仕事も数多く抱えることになるため、患者がいなくても多忙な状態が続きます。

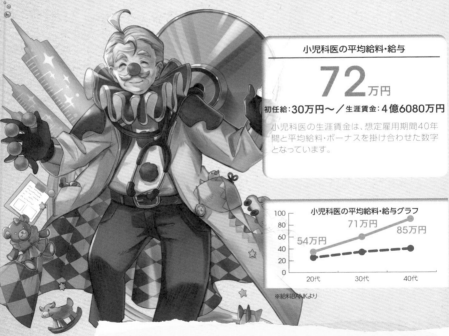

小児科医の平均給料・給与

72万円

初任給：30万円～／生涯賃金：4億6080万円

小児科医の生涯賃金は、想定雇用期間40年間と平均給料・ボーナスを掛け合わせた数字となっています。

小児科医の平均給料・給与グラフ

54万円　71万円　85万円

20代　30代　40代

※給料BANKより

小児科医

医療系ジョブの中でもなり手の少ないレア職種。激務に継ぐ激務でも、子どもたちの笑顔を見れば頑張れる。

ほかの医師と同様、大学の医学部に入学して国家試験を突破、医師免許を取得することが必須の条件となります。国家試験に合格すると2年間の研修期間があります。この期間中に自分の専門科目を選べるので、小児科を選びましょう（一度別の専科になったのち転科することもできます）。現在は小児科医不足といわれており、給与面ではかなりの好待遇を受けることができるでしょう。とはいえかなりの激務なので、純粋に子どもと触れ合うのが好きという人にこそ就いてほしい職業です。

「みんなを喜ばすことができるかを考えるようにしなさい」

精神科医

最近は心療内科が注目され、精神科との境界線がわかりにくくなっていますが、心療内科が心的な原因による肉体の不調を診るのに対し、精神科は鬱病や統合失調症といった精神そのものの疾患や、アルコールや薬物の依存症などの診断と治療を行う専門医です。症状に応じて薬物の投与、電気や磁気による脳への刺激、患者との対話、患者に特定の作業をさせるなどさまざまな療法を用います。精神科といっても薬物を処方するわけですから、ほかの科の医師と同様に薬理学をはじめとする医学全般の知識が要求されます。

精神科医の平均給料・給与

94万円

💰 初任給：40万円〜／生涯賃金：6億0160万円

精神科医の生涯賃金は、想定雇用期間40年間と平均給料・ボーナスを掛け合わせた数字となっております。

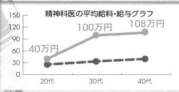

精神科医の平均給料・給与グラフ

	20代	30代	40代
	40万円	100万円	108万円

※給料の算出には求人や口コミ、厚生労働省の労働白書を参考にしております

精神科医

対話の力で人々の心の中を渡り歩く、精神専門医術職。あらゆる種類の「鍵」を持ち、どんなに固く閉ざされた患者の心の扉でも開くことができる。

精神疾患は触法行為と結びつく場合もあるので、精神科医療は患者の意思に反した強制入院や隔離・拘束という人権を制限することが制度的に認められています。これはほかの診療科との顕著な違いです。このため、精神科には高い倫理性が求められます。また精神疾患は社会的に偏見の対象となりやすいので、精神科医にはほかの科とは異なる注意力も求められます。

治験コーディネーター

「新たな治療薬の誕生は、私の手に委ねられている」

治験コーディネーターは、GCP（治験を実施する際に遵守すべき基準）をしっかり守って治験が行われるように調整することが仕事です。まず治験実施計画書と呼ばれるものの説明を臨床開発モニター（CRA）から受けて、その計画書（プロトコル）をきっちりと理解します。それから、看護師、医師、薬剤師、CRAそれぞれのスケジュールをすり合わせ、プロトコルを全員で確認。ミーティングを開くときには資料を作成したり、司会にまわったり、症例報告書を作成します。治験が終わると報告書や監査の対応などさまざまな後処理があり、仕事量の多い職業です。

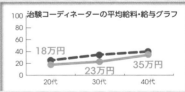

治験コーディネーターの平均給料・給与

25万円

初任給：15万円〜 ／ 生涯賃金：1億7200万円

治験コーディネーターの生涯賃金は、新卒が終身雇用で65歳まで雇われたと想定して、22歳から65歳までの43年間と平均給料・ボーナスを掛け合わせた数字となっております。

治験コーディネーターの平均給料・給与グラフ

18万円
23万円
35万円

| | 20代 | 30代 | 40代 |

※給料の算出には求人や口コミ、厚生労働省の労働白書を参考にしております

治験コーディネーター

薬の臨床実験のデータを管理する調停者。先端医療とつながりが深い。健康な被験者に新薬を投入するスキル「治験」で未来の病気を治療するデータを取得する蓄積系ジョブの一つでもある。

治験コーディネーターとして働くのに特定の資格が絶対に必要ということはありません。看護師・薬剤師などが企業に就職する際の職種として有名で、さまざまな医療関係の資格を持った人が働いています。とはいえ、薬剤の知識は必要です。そのため、働くための条件として「看護師」「薬剤師」「臨床検査技師」などの資格を持っていることが求められています。その中で、CRCの公認資格を持っている人であればさらに有利になります。

「努力するのは老人も若者も同じ。ただ、その壁が高くなるのが老人です」

ケアマネジャー

ケアマネジャーは、介護相談と給付計画（ケアプラン）の作成、要介護認定の書類作成代行を行う専門職です。要介護認定を受けた方や家族からの相談に応じて、自治体や事業者と調整して訪問介護や介護施設などを斡旋します。その方の自宅で高齢者をサポートする居宅ケアマネジャーと、特別養護老人ホームなど施設の高齢者をサポートする施設ケアマネジャーがあります。高齢者の介護に必要不可欠な存在です。介護が必要な家族をもつ人にとって、最適なケアプランを提案してくれる存在は、どれほど助かるかわかりません。人と社会の役に立つやりがいの大きな仕事です。

第3章 医療・介護系職業

ケアマネジャーの平均給料・給与

24万円

初任給：22万円／生涯賃金：1億6512万円

ケアマネジャーの生涯賃金は、新卒が終身雇用で65歳まで雇用されたと想定して、22歳から65歳までの43年間と平均給料・ボーナスを掛け合わせた数字となっております。

ケアマネジャーの平均給料・給与グラフ

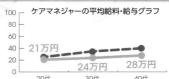

	20代	30代	40代
	21万円	24万円	28万円

※給料の算出には求人や口コミ、厚生労働省の労働白書を参考にしております

ケアマネジャー

介護プラン作成や介護支援を分析する介護八天使の一人。要介護認定などを受けた介護者の給付計画を立てたり、相談に乗ったりもできる指南役的存在。別名「コーチングエンジェル」。

ケアマネジャーの資格試験を受けるには、公的資格が必要です。受験資格は、保健・医療・福祉分野で5年以上の実務経験があることです。「介護支援専門員実務研修受講試験」に合格後、介護支援専門員実務研修を修了し、介護支援専門員証の交付を受けます。おもな職場は病院や介護福祉施設となります。現在、ケアマネジャーの7～8割が女性で、子育てをしながら続ける人が多くいます。夜勤がないため、家庭と仕事を両立しやすいようです。

「失恋に効く薬は時間と新しい出会いを調合すること」

薬剤師

薬剤師
「街角の白魔道師」。状態異常の患者さんに、回復薬を供給する薬マスター。「調剤」は、処方箋を駆使する医者との連携技である。「漢方薬局」「病院」など、さまざまな場所で活躍する。

薬剤師の仕事内容

薬剤師は、病院や薬局、診療所で雇用され、医薬品の調剤・製剤作業、服薬説明、薬歴管理、注射剤の調剤を行うのがおもな仕事です。ほかにも、医薬品販売業の管理薬剤師や毒物劇物取扱責任者などとしても活動を広げることができます。最近は薬剤師の説明義務がある薬をドラッグストアやスーパーなどで販売しているため、雇用の場は増加傾向にあります。また、民間の製薬会社や大学の研究機関で新薬の研究、医薬情報担当者（MR）という、病院に薬の説明をする職に就くこともできます。

薬剤師の仕事の面白さ・向いている性格

薬剤師の基本中の基本は、「薬を調剤すること」です。医師の処方箋にしたがって、きちんと指示どおりの分量や配合で薬を調剤する必要があります。薬剤師は6年制薬学部を卒業しないと薬剤師国家試験の受験資格が得られないため、化学の知識はもちろん、理系の学問が好きであり、膨大な勉強量をこなすことも必要です。また、2016年の診療報酬改定により、「かかりつけ薬剤師指導料」という項目が新しくできたことで、かかりつけ薬剤師は24時間対応で患者さんに相談や適切なアドバイスをすることになりました。

薬剤師のキャリアモデル

薬剤師のおもな就職先といえば、調剤薬局、病院、製薬会社、大学の研究機関。初任給は20万〜25万円といわれています。現状は、製薬会社に雇用された場合がもっとも高給で、病院や薬局、ドラッグストアはほぼ同じ給与体系です。平均年収は533万円と、ここ数年で20万円程度の上下があるだけで、あまり大きな変化はないでしょう。国家資格ゆえに、一生就職に困らないといわれていた薬剤師ですが、薬の種類によっては、薬剤師ではなく「登録販売者」という資格があれば販売できるようにもなってきており、薬剤師の正規雇用を抑える病院や薬局も増えてきました。とはいえ、資格を持つ人の職業という専門性の高さから、正社員以外にもパート・アルバイトとしての求人は多いため、女性が結婚や出産をへても働き口を見つけやすい職業といえるでしょう。

薬剤師の平均給料・給与

38万円

初任給：20万円〜／生涯賃金：2億6144万円

薬剤師の生涯賃金は、終身雇用で65歳まで雇用されたと想定して、24歳から65歳までの41年間と平均給料・ボーナスを掛け合わせた数字となっております。

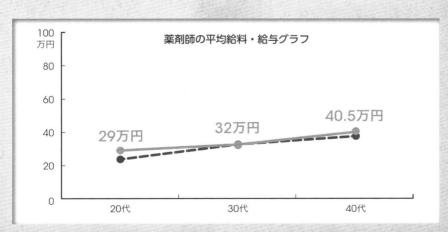

薬剤師の平均給料・給与グラフ

- 29万円
- 32万円
- 40.5万円

（縦軸）100万円 / 80 / 60 / 40 / 20 / 0
（横軸）20代　30代　40代

※給料の算出には求人や口コミ、厚生労働省の労働白書を参考にしております

「紫外線の上位にあるものがエックス線でありガンマ線である」

診療放射線技師

診療放射線技師

TEAM「メカニカルアームズ」の技師。「χ・α・γ」へ変機し、人の中を覗き込む放射線専用アーマー。ウェポン「MRI」は、がんを見つけ出す予防兵器である。別名「キャンサースクリーナー」。

診療放射線技師の仕事内容

健康定期健診などの一般X線撮影、消化管造影検査、CT検査、MRI、マンモグラフィ、核医学検査、超音波検査などを行う、検査や治療の専門家です。検査以外に、放射線治療なども行い、現代最新がん治療には欠かせない存在となっています。地方の平均的な市立病院などは、給与水準が一番低いそうですが、反対に女性で年収800万円の事例も、職業別口コミサイトに投稿されています。その場合、月収にして約50万円以上、手取りで約40万円になります（ボーナスを除く）。

診療放射線技師になるには？

診療放射線技師になるには、まず大学などの文部科学大臣が指定する学校や、厚生労働大臣が指定する診療放射線技師養成所に３年以上通い、診療放射線技師としての知識を蓄え、技能修習を修了しなければなりません。その後、診療放射線技師国家試験に合格し、資格を取得します。診療放射線技士養成学校は、国立大学で全国11校、公立大学で３校、私立大学で19校、そのほか３年制を採る養成学校もあります。通常は、大学病院などの職務を得て、条件のよい病院などへ転属するケースが多いようです。

診療放射線技師の仕事の面白さ・向いている性格

診療放射線技師は、医師からのオーダーに応えてひたすらレントゲン写真を撮ります。これは看護師にも医者にもできない仕事です。自分自身の技術でよいレントゲン写真を撮って、患者さんの病変・異常を発見することができるというのが診療放射線技師の仕事の面白さです。向いているのは、自分の技術に誇りを持てる人。それでいて積極的に患者さんと関わりたいというよりは、裏方から医療を支えたいという考えの人に向いています。また、地道にコツコツと物事を頑張ることのできる人に向いているでしょう。マメな性格の人に向いているということです。病院内での地位が低いことを気にせず、自分の仕事に真摯に向き合うことのできる人で、マメであれば、性格上は文句なしに向いているでしょう。

診療放射線技師の平均給料・給与

34万円

初任給：25万円／生涯賃金：2億3392万円

診療放射線技師の生涯賃金は、新卒が終身雇用で65歳まで雇われたと想定して、22歳から65歳までの43年間と平均給料・ボーナスを掛け合わせた数字となっております。

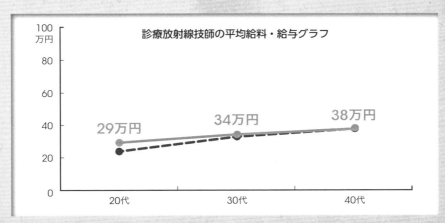

診療放射線技師の平均給料・給与グラフ

- 29万円
- 34万円
- 38万円

100万円 / 80 / 60 / 40 / 20 / 0

20代　30代　40代

※給料の算出には求人や口コミ、厚生労働省の労働白書を参考にしております

「介護パワードスーツは今後の介護に革命を起こしてくれると期待する」

介護福祉士

介護福祉士

三大福祉国家資格「三福祉士」の一つ。「身体介護」に特化した力系の福祉部門ジョブ。テクノロジーが発達すると、パワードスーツを装備し、スキル「軽々」を発動させることができる。

介護福祉士の仕事内容

介護や福祉の専門的知識や技術を身につけ、施設または在宅で介護する仕事です。認知症や寝たきりの高齢者、障がいがあるために日常生活を営むことに支障がある方たちに対して、食事、排泄、着替えの補助、入浴補助、移動のサポートなどの身体介護のほか、調理・食事の準備・部屋の掃除・洗濯・買い物など、日々の生活に必要な作業をサポートし、できるだけ自立した生活が送れるように手助けをします。また、周囲で介護する家族などに対しても、専門家として介護指導を行う役割も担っています。

介護福祉士になるには

大学・短大・専門学校の介護福祉士養成を目的とした学科・コースに進むのが王道です。短大・専門学校は一部3年制もありますが、2年制が中心。大学なら4年間学ぶことになります。これらの学科・コースで受験資格を得て、介護福祉士を取得した後、介護施設などに就職します。ただし、資格がなくても就職は可能。その場合は、現場で介護の経験を3年以上積めば介護福祉士の受験資格が得られます。

介護福祉士のズバリ！　将来性は？

日本の高齢化はますます進んでいくことから、介護のエキスパートである介護福祉士は今後ますます必要とされていくでしょう。人材不足を補うために外国人を介護員として受け入れようという動きもあります。2000年に始まった「介護保険制度」に伴い、多くの民間事業者が介護業界に参入し、介護サービスを提供するようになりました。サービスの量的拡大が進むにつれ、利用者本位の視点が重視され、利用者がコストに見合う満足感が得られるよう、サービスの質的向上も求められています。介護の専門知識や技術を自分で持っているだけでは、介護福祉士としての役割を十分に果たしているとはみなされません。ケアの現場でどのようなことが起こっているか、一人ひとりの利用者の些細な変化に気付き、それらを同じチームの介護士や一緒に働く看護師に伝え、共有していくことが必要です。これからはリーダーシップを発揮して、教育的役割を担うことも求められるでしょう。さらに介護分野は、保健・医療分野とも関連しているので、今後、保健・医療にも詳しい人材が求められていくと考えられます。

介護福祉士の平均給料・給与

23万円

初任給：10万円～／生涯賃金：1億5824万円

介護福祉士の生涯賃金は、新卒が終身雇用で65歳まで雇われたと想定して、22歳から65歳までの43年間と平均給料・ボーナスを掛け合わせた数字となっております。

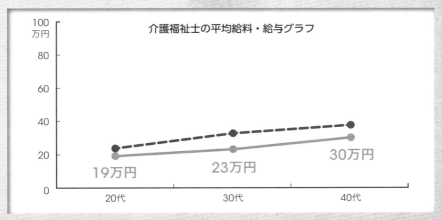

介護福祉士の平均給料・給与グラフ

- 20代　19万円
- 30代　23万円
- 40代　30万円

※給料の算出には求人や口コミ、厚生労働省の労働白書を参考にしております

「アナタの心と身体を癒やせるのであれば悪魔にも天使にもなります」

看護師

特別寄稿：いがらしゆみこ

看護師
ナイチンゲールの加護により病人を看護する職。患者に精神面の安定
も与えるため「白衣の天使」とも呼ばれる。

看護師の仕事内容

働く場所によっても違いがありますが、保健師助産師看護師法では、看護師の仕事内容
を「傷病者や褥婦の『療養上の世話』または『診療の補助』を行う者」と位置付けてい
ます。「療養上の世話」とは患者の観察やケア、生活指導などが含まれ、看護師が自ら
計画を立て、主体的に行える仕事です。「診療の補助」は、医師による医療行為の補助
を指し、診察や検査、治療がスムーズに進むようサポートする仕事です。医師の指示の
下、採血や注射、各種処置、医療機器の管理などの医療行為を行う場合もあります。

看護師になるには

看護師になるには、文部科学大臣指定の学校もしくは厚生労働大臣指定の看護師養成所を卒業し、看護師国家試験に合格しなくてはなりません。学校は、4年制大学、3年制の短大・専門学校があります。なお、2年制の看護系学科やコースも存在はしますが、2年制で目指せるのは都道府県知事発行の免許である「准看護師」です。准看護師は将来的に看護師資格取得へ一本化する方向性で検討されているため、これから目指すのであれば「看護師」がおすすめです。

看護師の就職先は？

おもな就職先は、病院やクリニック。入院施設があるかどうかによって勤務スタイルや仕事内容は変わってきますし、所属する診療科によっても担当領域は異なります。なお、24時間看護を行う病院では夜勤も発生し、多くは2交代制もしくは3交代制のシフト制勤務となります。最近では、高齢化に伴って、介護施設や訪問介護サービス会社などに就職して働く看護師も増えています。ほかにも、保健所、児童福祉施設、企業の健康管理室などで活躍する看護師もいます。

看護師のズバリ！　将来性は？

「2030年には、日本の人口の3人に1人が高齢者」になるといわれています。そのため、病院、老人ホーム、訪問看護サービスなどの分野で、看護師のニーズはますます伸びていくと予想されます。慢性的な人材不足なので、働く場所に困るということはないでしょう。

看護師の平均給料・給与

32万円

初任給：15万〜20万円／生涯賃金：2億2016万円

看護師の生涯賃金は、新卒が終身雇用で65歳まで雇用されたと想定して、22歳から65歳までの43年間と平均給料・ボーナスを掛け合わせた数字となっております。

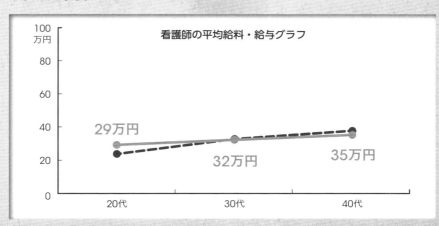

看護師の平均給料・給与グラフ

29万円

32万円

35万円

※給料の算出には求人や口コミ、厚生労働省の労働白書を参考にしております

「苦悩する者のために戦う者が天使である」

社会福祉士

社会福祉士

福祉三天使の一人。別名「ジェネラリストエンジェル」。三大福祉職であり、身体上・精神上の障がいがあるために日常生活を営むのに支障がある人にお告げや指導・援助を行う。

社会福祉士の仕事内容

社会福祉者、保護や援助を必要とする人のアドバイザーです。児童相談所や福祉施設に勤め、心身の障がいなどから、日常生活に支障をきたしている人たちの福祉に関するさまざまな相談に応じ、各種制度・施設の利用方法などをアドバイスしながら問題解決にあたります。さまざまな福祉サービスの中から利用者とその家族にもっとも適切な援助を選び出す難しい仕事といえます。困っている人の相談に乗る仕事なので、相手の置かれている状況や悩みを正しく理解する「聞く力」が求められます。

社会福祉士の就職先、活躍できる場所は？

おもな就職先は、高齢者福祉施設、障がい者福祉施設、病院、児童相談所、母子生活支援施設、地域包括支援センター、社会福祉協議会などです。福祉施設では入居者や利用者の、病院では患者の、地域包括支援センターなどでは地域の人々の相談に乗ります。自治体の機関や自治体が直営する施設で働く場合の身分は、地方公務員となります。

社会福祉士のズバリ！　将来性は？

高齢化が進んでいく中で、今後福祉サービスへのニーズが全般的に拡大していくことは確実です。その中で、困っているお年寄りに対して適切な支援やサービスが受けられるよう、アドバイスする社会福祉士の役割はさらに大きくなっていくことが予想されています。

社会福祉士になるには

社会福祉士国家試験の受験資格を得るためのステップは複数あります。王道といえるのは、大学の福祉系学部に進み、社会福祉士養成を目的とした学科・コースで指定科目を学ぶルート。この場合、しっかりと勉強すれば卒業と同時に受験資格が得られます。2年制、3年制の福祉系短大・専門学校で指定科目を学んだ場合は、卒業後にそれぞれ2年、1年の実務経験が必要となります。学校選びにあたっては実習環境や期間などを見ておきましょう。大学の場合、福祉系サークルの充実度などもチェックポイントの一つです。社会福祉士の資格がなくても相談業務に就くことは可能ですが、資格を取得すれば、社会福祉士を名乗って働くことができるようになります。

社会福祉士の平均給料・給与

24.3 万円

初任給：13万円〜／生涯賃金：1億6718万円

社会福祉士の生涯賃金は、新卒が終身雇用で65歳まで雇用されたと想定して、22歳から65歳までの43年間と平均給料・ボーナスを掛け合わせた数字となっております。

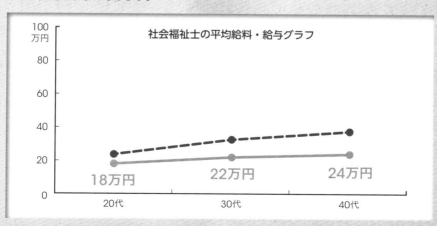

社会福祉士の平均給料・給与グラフ

18万円　22万円　24万円

20代　30代　40代

※給料の算出には求人や口コミ、厚生労働省の労働白書を参考にしております

歯科医師

「もし痛かったら左手を挙げてくださいというセリフは私だけに許されている」

歯科医師
歯専門の医術職。別名「削り屋」。ドリルとバキュームを駆使して歯を治療する。

歯科医師の仕事内容

歯科医師は、歯を通して全身の健康の改善に努めるのが仕事です。虫歯や歯周病の治療を中心に、歯並びを正す歯科矯正、歯を美しく見せる審美歯科、人工の歯を造るインプラント治療などを行います。また、歯の治療だけでなく、口の中や舌に関する病気全般の治療、顎（あご）の病気の治療も歯科医師がカバーする領域です。歯科医師過剰といわれる現代では、専門領域に特化した技術を持ち、小児歯科専門医や歯周病専門医というように専門医となることを目指す歯科医師も増えています。

歯科医師のズバリ！　将来性は？

ニュースなどでよく目にする「歯科医師過剰」。厚生労働省の推計によると、歯科医師が2029年に約1万4000人過剰になるそうです。定年がないこともあり、歯科医師免許を持つ人は増える一方です。ですが、「歯の健康を守る」という歯科医師の仕事は今後なくなることはありません。歯および口腔の健全な機能が精神活動をも含めた全身的な健康を支えていることや、スポーツにおける歯科の重要性も明らかになってきています。また、歯科治療を必要としている高齢者も増加しています。歯の治療を通じて全身の健康改善を求められることは必須であり、訪問診療や、アスリートのパフォーマンスを引き上げることを目指すスポーツ歯科の分野は、今後大きく伸びていくことでしょう。

歯科医師の学校の選び方

スタディサプリ進路

歯科医師になるには、大学の歯学部もしくは歯科大学を卒業し、国家試験を受け、歯科医師免許を取得する必要があります。歯学部と歯科大学は国立大学と公立大学、私立大学を合わせて29あり、6年をかけて、歯科医師として必要となる知識・技術を学んでいきます。学校を選ぶ際に一番大事なことは、はっきりとした目的意識を持つことです。また、学費は国立・公立大学は入学金も合わせて6年間で約350万円、私立大学は約1800万〜3000万円かかり、このほかに実習器材（材料）、教科書代などが必要です。「高い学費を払ったけれど、歯科医師になれなかった」ということがないよう、その大学で何を学びたいのか、どんな歯科医師になりたいのかをしっかり考えた上で学校を選ぶことが必要です。

歯科医師の平均給料・給与

60万円

初任給：20万円〜　／　生涯賃金：3億8400万円

歯科医師の生涯賃金は、終身雇用で65歳まで雇用されたと想定して、25歳から65歳までの40年間と平均給料・ボーナスを掛け合わせた数字となっております。

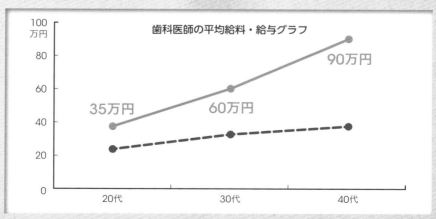

歯科医師の平均給料・給与グラフ

35万円　60万円　90万円

100万円 / 80 / 60 / 40 / 20 / 0

20代　30代　40代

※研修医時代は国から20万円程度の支給があります　※給料の算出には求人や口コミ、厚生労働省の労働白書を参考にしております

歯科技工士

「俺の研磨は星の輝きを蘇らせる！　光を作る研磨だ！」

歯科技工士
医療技術系ジョブの一つ。銀歯や差歯、義歯を精製する。スキル「審美眼」は必須スキル。ベテランクラスになると、巨大研磨機を駆使し、超研磨技「ギガグラインドブレイク」を発動させる。

歯科技工士の仕事内容

歯科技工士は、歯科医師が作成した指示書をもとに入れ歯、歯の被せもの、歯の詰めもの、矯正装置などの製作・加工、修理を行います。製作する歯科技工物は、大きく2つに分類されます。一つは、虫歯などを削った部分を回復するための詰めもの（インレー）や被せもの（クラウン）。もう一つは、歯を失った場合に装着する部分義歯（パーシャルデンチャー）や総義歯（フルデンチャーまたはコンプリートデンチャー）です。スポーツにおける歯科の重要性が高まっており、マウスガードの製作も増えています。

歯科技工士になるには

歯科技工士になるには、国家資格である「歯科技工士免許」の取得が必要です。高校を卒業後、歯科技工士教育機関にて必要な知識と技能を習得し、所定の学科を修了すれば歯科技工士国家試験の受験資格が得られます。もっとも一般的なのは、数も多い2年制の専門学校。「より幅広く、高度な歯科技工技術を身につけたい」と考えるなら、3年制の専門学校を選択するのもいいでしょう。歯科技工士国家試験は年に1回、全国統一で実施されています。

歯科技工士のズバリ！　将来性は？

CAD／CAMをはじめとするデジタル化が急速に発展するとともに、新素材の開発も次々に行われています。また、アジアなどで日本の歯科技工物を製作する流れが加速しているなど、歯科技工士界は大きな変革期を迎えています。「歯科医師過剰」のニュースを目にする機会が多くある一方、歯科技工士はなり手が少なく、20代の歯科技工士数は全体の12%ほどにまで減少しています。歯科技工士を取り巻く環境は何かと厳しく見られがちですが、高齢化社会である現代、高齢者の健康や自立を支える上で歯の健康は不可欠であることが認知され、年齢を問わず自然で美しい歯を求める声も高まっていることから、歯科技工士の役割はこれからますます重要になっていくでしょう。若者層が少ないということは、これから歯科技工士になる人にとってはチャンスともいえます。しっかりと技術を身につけることができれば、引く手あまたな存在となれる可能性は大いにあります。

歯科技工士の平均給料・給与

23万円

初任給：15万〜18万円／生涯賃金：2億4080万円

歯科技工士の生涯賃金は、新卒が終身雇用で65歳まで雇用されたと想定して、22歳から65歳までの43年間と平均給料・ボーナスを掛け合わせた数字となっております。

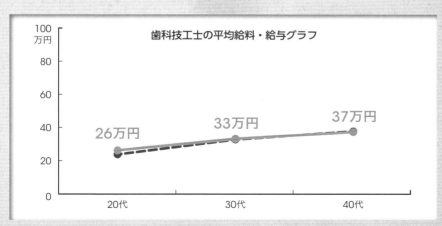

歯科技工士の平均給料・給与グラフ

26万円　33万円　37万円

※給料の算出には求人や口コミ、厚生労働省の労働白書を参考にしております

「喉を締めながら口を大きく開けるのが咳き込まない秘技です」
歯科衛生士

歯科衛生士は、患者の口の中の健康をサポートする役割。歯科予防処置、歯科診療補助、歯科保健指導の業務を行っています。患者の口の中に手を入れられない「歯科助手」と異なり、歯石や歯垢の除去といった治療を行えるのが「歯科衛生士」です。歯科衛生士になるには、国家資格である歯科衛生士試験に合格し、厚生労働大臣の免許を受けることが必要です。小さな子どもからお年寄りまで、幅広い年齢層の人をケアしつつ、歯石取りなどの細かい作業を行う仕事です。そのため、人と接するのが好きで、手先の器用な人に向いているといえるでしょう。

歯科衛生士の平均給料・給与

25万円

初任給：**18万円** ／ 生涯賃金：**1億7200万円**

歯科衛生士の生涯賃金は、新卒が終身雇用で65歳まで雇用されたと想定して、22歳から65歳までの43年間と平均給料・ボーナスを掛け合わせた数字となっております。

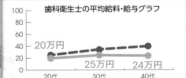

歯科衛生士の平均給料・給与グラフ

	20代	30代	40代
	20万円		
		25万円	24万円

※給料の算出には求人や口コミ、厚生労働省の労働白書を参考にしております

歯科衛生士

歯科医の業務を補助する援護系ジョブ。職場に花をもたらすことから別名「デンタルフラワー」と呼ばれる。スキル「歯石削り」などを駆使し、虫歯予防の援護射撃も行うため、攻防に長けた賢者と称される。

高校卒業後、専門学校や大学の歯科衛生士養成機関で勉強し、国家試験に合格。免許を得てから歯科医院や保健所、企業の診療所に勤めるのが一般的ななり方です。女性のなり手が多い職業のため、結婚や出産などで離職する人も多く、慢性的に人手不足の状態です。そのため求人は常にあり、いったん仕事を離れても復職しやすいようです。資格さえ持っていれば、自分のライフスタイルに合わせて柔軟に働くことができるという点は、女性にとってありがたい職業といえるでしょう。

「マシンは人より優れていると断言できるか？」
臨床工学技士

人工呼吸器、人工心肺、血液透析器、高気圧治療、心臓カテーテルなどの医療機器や生命維持装置の操作、保守点検を行うのが、おもな業務です。高度医療における基幹業務であり、医学知識と工学知識の両方を兼ね備えています。医療機器のスペシャリストといっても過言ではありません。4年制大学で臨床工学・医用電子工学などを専攻して、臨床工学技士国家試験に合格すると、臨床工学技士になれます。その後は医療メーカーや医療機関に就職したり、大学院に進学したりします。視能訓練士学校や義肢装具士学校などで1年以上修業した人もいくつか要件を満たせば受験資格を得ることができます。

臨床工学技士の平均給料・給与

28万円

初任給：19万円〜／生涯賃金：1億9264万円

臨床工学技士の生涯賃金は、新卒が終身雇用で65歳まで雇われたと想定して、22歳から65歳までの43年間と平均給料・ボーナスを掛け合わせた数字となっております。

臨床工学技士の平均給料・給与グラフ

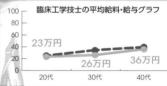

23万円 / 26万円 / 36万円

20代　30代　40代

※大学病院と一般診療所で差があります　※給料の算出には求人や口コミ、厚生労働省の労働白書を参考にしております

臨床工学技士

強力な兵器「生命維持管理装置」を扱う操作系ジョブ。呼吸・循環・代謝などをマシンの力で補助し、人をロボット的視点から支える。別名「医療サイボーグ」とも呼ばれる。

臨床工学技士は、医療の現場においてさまざまな医療機器の操作と補助をする仕事です。機械のスペシャリストというわけです。この仕事の面白いところは責任の重さと機械いじりの楽しさにあります。逆にいえば、その仕事がきっちりとできていなければ患者さんの命を危険にさらすことになります。向いているのは、細かい性格で、何にでも徹底的で完璧主義という人です。さらに、医療現場に興味があり、機械いじりが好きなら完璧です。

「病気が治るよう、あなたの診察券に魔法をかけました♥」

医療事務・医療秘書

医療事務

別名「カルテの天使」。看護師が治療補助で癒やしを与えるなら、医療事務は受付で安心を与える。カルテ整理のほか清算業務も行う。アシストスキル「問診票」で、医師のスムーズな診察を支える。

医療事務・医療秘書の仕事内容

医療秘書は医師のスケジュール管理、ファイリング、資料作成など医師のアシスタント的な役割をしています。医療事務は医療雑務の処理をはじめ、患者さんと医師、看護師と臨床検査技師など医療関連職種の人たちとの橋わたしをするのが仕事です。具体的にはカルテの管理や患者さんの応対、会議の準備や窓口受付業務、レセプト作成、会計事務など、仕事の幅が広いのが特徴です。

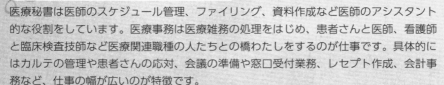

医療事務・医療秘書の就職先

就職先は病院やクリニック、歯科医院、調剤薬局などがあります。また、医療系の仕事を専門的に扱う人材派遣会社に登録して、派遣スタッフとしてこれらの職場で働くことも多いです。仕事ぶりが評価されれば派遣社員から正社員になる道もあります。ひとくちに医療事務といっても受付業務、会計業務、カルテの整理、診療報酬請求など仕事の幅は広く、分業して担当するケースもあれば、一人で幅広く担当するケースもあります。

医療事務・医療秘書のズバリ！ 将来性は？

高齢化に伴って医療ニーズは増大しているため、病院や診療所の数は増加傾向にあります。施設の数が増えれば、それだけ医療事務・医療秘書へのニーズも増えるので、今後高齢化がますます進行していく以上、求人数が急激に減るといった心配はなさそうです。また、出産後も育児をしながら働く女性が増えている中、資格と専門知識を活かして職場復帰しやすい職種であることも、今後が期待される要因の一つです。

医療事務・医療秘書になるには

医療事務・医療秘書の実務に直結する資格は、医療事務士、医事管理士、メディカルクラーク、医療秘書技能検定試験、診療報酬請求事務能力認定試験など多数あります。就職の際に特定の資格が必須とされることはありませんが、診療報酬制度やレセプト作成などに関する専門知識があることの証明として、学校で学んで資格を取得してから就職や派遣登録をするのが一般的です。

医療事務の平均給料・給与

16万円

初任給：12万〜19万円／生涯賃金：1億1008万円

医療事務の生涯賃金は、新卒が終身雇用で65歳まで雇用されたと想定して、22歳から65歳までの43年間と平均給料・ボーナスを掛け合わせた数字となっております。

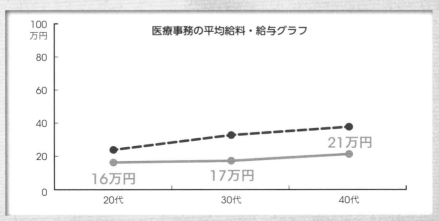

医療事務の平均給料・給与グラフ

16万円　17万円　21万円

※給料の算出には求人や口コミ、厚生労働省の労働白書を参考にしております

「リハ系魔法使いとは私のことだ」

理学療法士

理学療法士
介護八天使。「動作」を司る天使系ジョブ。別名「モーションエンジェル」。電気刺激、温熱、寒冷、光線、水を駆使する「物理療法」や、体操などの運動で、基本的動作能力の回復を図る。

理学療法士の仕事内容

医師の指導のもと、怪我、病気、障がいなどにより損なわれた機能の回復や、日常生活動作などの維持や改善を図るのが理学療法士の仕事。治療体操、電気療法、マッサージ療法などのほか、義手・車椅子などの装具に関する訓練も行います。症状の進行状況には「急性期・回復期・生活期」の3段階があり、対象者の身体能力や生活環境などを評価しながら、それぞれの目標に向けたプログラムを作成します。その上で、運動療法や物理療法、日常生活動作訓練などをサポートして身体機能の回復をうながします。

理学療法士になるには

理学療法士になるには、高校卒業後、文部科学大臣または厚生労働大臣が指定した養成施設で3年以上学んで国家試験の受験資格を得る必要があります。養成施設には、4年制の大学、3年制の短大、3年制または4年制の専門学校があります。これらの学校では、解剖学、生理学、運動学、病理学概論、臨床心理学、リハビリテーション医学などを講義と実習を通して学びます。国家試験の合格率は例年80〜90％台ですが、70％台に落ちた年もあるので、注意が必要です。

理学療法士のズバリ！ 将来性は？

高齢化の進展に伴い、リハビリを必要とする高齢者が増加しています。介護が必要な状態に至る前に身体機能の低下を防ぐ予防リハビリ、さらに訪問リハビリなども次第に広まっており、理学療法士へのニーズは高まっています。また、スポーツ分野でも、理学療法を取り入れた怪我の応急処置やコンディショニングに目を向けるチームや選手が徐々に増えており、理学療法士の新たな活躍の舞台として期待されています。

理学療法士の就職への道のり

1990年代に設置基準の規制緩和に伴い、養成校が増加し、状況は厳しくなっていますが、それでも毎年ほとんどの卒業生が就職先を決めています。就職先の情報が多く集まるのは養成校の就職課なので、こまめに足を運ぶとよいでしょう。就職先としてもっとも多いのは医療施設ですが、福祉分野に進む人もいます。

理学療法士の平均給料・給与

30万円

初任給：10万円〜／生涯賃金：2億0640万円

理学療法士の生涯賃金は、新卒が終身雇用で65歳まで雇われたと想定して、22歳から65歳までの43年間と平均給料・ボーナスを掛け合わせた数字となっております。

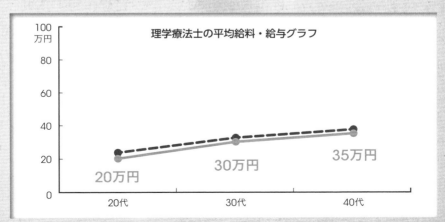

理学療法士の平均給料・給与グラフ

- 20万円（20代）
- 30万円（30代）
- 35万円（40代）

※給料の算出には求人や口コミ、厚生労働省の労働白書を参考にしております

「勤務中にたくさんプロポーズされるお仕事です」

保育士

保育士
子どもの保育に関するスペシャリスト。クラスは「保育士」「病児保育士」がある。トロッコを駆使して子どもを運搬するスキル「集団移動」で、周囲を笑顔にする癒やし系ジョブ。

保育士の仕事内容

保育所・託児所・児童福祉施設に勤務するほか、在宅での小規模保育やベビーシッターなど、働き方はさまざまです。おもな職場となる保育所では0歳〜5歳児が年齢別にクラス分けされており、いずれかのクラスを担当することになります。身の周りの世話をしながら子どもに基本的な生活習慣を教えていくほか、遊びを通して心身の発達をサポートするのがメインとなりますが、保護者への育児アドバイス、行事の企画・運営、地域と連携したイベントの実施など、仕事内容は多岐にわたります。

保育士の学校の選び方

保育士として働くために必要な「保育士資格」は、厚生労働省に認定された保育士の養成施設（大学・短大・専門学校）を卒業すれば、無試験で資格を取得できます。保育士資格が取得可能な学校かどうかをまず確認しましょう。最短で現場に出たいという人は2年制の短大や専門学校、学問としても保育を追究したいという人は4年制大学への進学が望ましいでしょう。通信課程で学ぶという手段もあります。また最近は、「幼稚園教諭免許状」を同時に取得できる学校も増えているので、「保育士資格」と「幼稚園教諭免許状」のダブル取得を考えている人はその点も忘れずチェックしてください。

保育士のズバリ！　将来性は？

「少子化が進んでいるので保育士ニーズは減っていくのでは……？」と考えている人は安心を。共働き家庭の増加に伴って「子どもをどこかに預けたい」と考える親が増えており、待機児童問題も根深いことから、保育士の需要は年々伸びています。また、民間企業の社内保育所、大学内保育所、買い物中に子どもを預かる商業施設内託児所、ベビーシッターなど、保育士の活躍の場も拡大しています。幼稚園と保育所の機能を合わせ持ち、地域の子育て支援もする「認定こども園」ですべての業務に携わるためには、「保育士資格」と「幼稚園教諭」の両方が必要です。就職先のバリエーションを広げるためにも、可能であれば「幼稚園教諭」も同時に取得しておくことをおすすめします。保育学を学べる大学院も増えており、今後はより高度な専門性を持った保育士のニーズも伸びていきそうです。

保育士の平均給料・給与

22万円

初任給：15〜18万円／生涯賃金：1億5136万円

保育士の生涯賃金は、新卒が終身雇用で65歳まで雇用されたと想定して、22歳から65歳までの43年間と平均給料・ボーナスを掛け合わせた数字となっております。

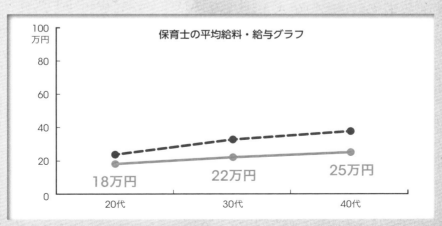

保育士の平均給料・給与グラフ

- 18万円（20代）
- 22万円（30代）
- 25万円（40代）

※給料の算出には求人や口コミ、厚生労働省の労働白書を参考にしております

「ローラが走るワケは、走ることがよりよき前進を生むからよ」

臨床心理士

依頼者の心の問題を心理学の知識を用いて、サポート、解決するのが仕事です。現代社会はストレスに溢れていることもあり、心の問題を抱えている人は非常に多いです。心の病気にまで発展してしまうこともあります。臨床心理士は依頼者の話を聞いて理解したうえで、悩みを解決できるようにサポートします。相手の考えを否定したり、何かを強制的に指示したりはしません。カウンセリングには非常に神経を使うので精神的にタフな人、観察力に優れた人やコミュニケーション能力に自信がある人などが向いている職業です。精神的に弱いと自分が追い込まれてダウンしてしまいます。

臨床心理士の平均給料・給与

28万円

初任給：20万円〜／生涯賃金：1億8368万円

臨床心理士の生涯賃金は、大学院修了の年齢24歳から65歳まで雇われたと想定して、その41年間と平均給料・ボーナスを掛け合わせた数字となっております。

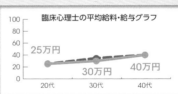

臨床心理士の平均給料・給与グラフ

25万円
30万円
40万円

20代　30代　40代

※給料の算出には求人や口コミ、厚生労働省の労働白書を参考にしております

臨床心理士

心理系職業の上級ジョブ。「サイコウィッチ」と呼ばれ、メンタル系状態異常を検知・回復させるスキルを有する。クラスには、「学校臨床」「病院臨床」「産業臨床」がある。資格取得難易度はSクラス。

臨床心理士は人々の負の感情を一身に受ける仕事です。そのため、感受性が高すぎる人は精神的ダメージを負うことになります。そういう人はそもそも向いていません。しかし、負の感情を理解して一緒に問題解決に乗り出し、相手の考え・人生が未来へと向かっていくことには、とても大きなやりがいがあります。向いているのは冷静に物事を分析、判断できる人です。人々の感情さえも冷静に分析しなければ、この仕事は務まりません。

「その場で決断を迫ることが一番大変な仕事です」

移植コーディネーター

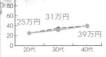

移植コーディネーター

第8の調停者。臓器移植のためにレシピエントとクライアントの架橋を作るジョブ。機会を逃さぬため、契約武器「印鑑」を携帯している。

移植コーディネーターとは、ドナーから提供された臓器が適切な患者に移植されるよう、調整、斡旋する仕事です。臓器の提供者（ドナー）側と、移植患者（レシピエント）側、両者にコーディネーターが存在します。提供者側のドナーコーディネーターは、ドナーの家族と面談し、意思決定を支援します。臓器移植に関する啓蒙活動も行います。移植患者側のレシピエントコーディネーターは、移植医や看護師などが担当し、移植希望者への説明や生活指導、心身のケアを行います。

平均給料・給与
32万円
初任給：21万円
生涯賃金：2億2016万円

生涯賃金は、想定雇用期間43年間と平均給料・ボーナスを掛け合わせた数字となっております。

平均給料・給与グラフ

	20代	30代	40代
	25万円	31万円	39万円

※給料の算出には求人や口コミ、厚生労働省の労働白書を参考にしております

「愛はいくらでも与えていいものである」

精神保健福祉士

精神保健福祉士

福祉系三大国家資格「三福祉士」の一つ。精神障がい者の心を癒やすエンジェルヒーラー。両手から出るほのかな光は、精神障がい者たちに癒やしを与える。「介護八天使」の一人でもある。

精神科病院や心療内科、障がい福祉サービス事業所、福祉行政機関、司法施設などで、精神障がい者やその家族の生活を支援します。医療職ではないので、治療を担うわけではありません。日常生活訓練では家事などの基本動作を指導し、就労前訓練では就職活動に関する助言や支援をします。看護師や臨床心理士などと連携し、主治医から意見・指導を受けながら業務を行います。行政手続きや退院支援、事務手続きなども行うため、事務作業の能力とコミュニケーション能力も必要です。

平均給料・給与
27万円
初任給：19万円〜
生涯賃金：1億8576万円

生涯賃金は、想定雇用期間43年間と平均給料・ボーナスを掛け合わせた数字となっております。

平均給料・給与グラフ

	20代	30代	40代
	25万円	27万円	29.5万円

※給料の算出には求人や口コミ、厚生労働省の労働白書を参考にしております

「かっこよく働く人たちが目を大事にしているのは明らかな事実でしょう！」

視能訓練士

視能訓練士
医師と連携し、目の機能を回復させるジョブ。別名「両眼の魔女」。
スキル「目の検査」は医療資格であり、状態異常の回復スキルも持つ。

視能訓練士の仕事内容

視能訓練士とは、生活していく中で重要な役割を果たす「目」に関する、あらゆる検査
や機能回復の訓練を専門的に行う仕事です。現代社会では、スマートフォンやタブレッ
ト、ゲーム機などの普及によって、昔よりも目を酷使する機会が増え、視力の低下や疲
れ目を訴える人も増加しています。それに伴って、眼鏡やコンタクトレンズをはじめ、
レーシックなどの矯正手術も日々進化しています。こうした治療方針や診断を、医師は
視能訓練士の検査結果をもとに決定していきます。

視能訓練士の就職先は？

国家資格が必要な医療関係職であり、高齢化社会に伴って目の疾患が増加していることもあるため、需要は多く、就職先に困ることはあまりないようです。一般的な就職先は医療機関の眼科になります。大学や短大、専門学校などの養成施設を卒業し、国家資格を取得した後に、公立の医療機関、私立病院や大学付属病院、眼科診療所で、専門職として勤務します。地域の学校や会社などで行われる集団検診に携わることもあります。または大学の研究機関などで眼科に関する専門的な研究に携わる人や視能訓練士の養成施設に勤務する人（教員免許が必要な場合もあります）もいます。

視能訓練士のズバリ！　将来性は？

全国に眼科医は約1万3000人いるのに対して、視能訓練士は約1万5000人います（2018年12月31日時点）。視能訓練士の知名度は高まりつつありますが、眼科医1人につき、2〜3人の視能訓練士が必要といわれているため、まだまだ視能訓練士が不足しているのが現状です。平均寿命が延びているため、高齢者のクオリティー・オブ・ライフ（生活水準）を落とさないためにも、目の健康は重要なポイントになります。それに伴ってリハビリテーションの業務も幅広く、また細分化されていくことが予想されます。医療機関のほかに、介護施設や専門のリハビリテーション施設などでも視能訓練士が必要とされつつあり、働く環境はさらに広がっていくでしょう。積極的に専門性の高い知識を身につけたり、検査機器などの最先端技術をいち早く取り入れたりする姿勢を大切にすれば、働き口に困ることはなさそうです。

視能訓練士の平均給料・給与

20万円

初任給：18万円／生涯賃金：1億3760万円

視能訓練士の生涯賃金は、想定雇用期間43年間と平均給料・ボーナスを掛け合わせた数字となっております。

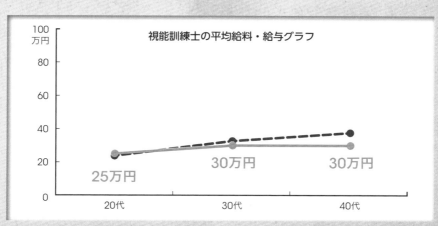

視能訓練士の平均給料・給与グラフ

25万円　　30万円　　30万円

※給料の算出には求人や口コミ、厚生労働省の労働白書を参考にしております

145

「音楽療法は優れた補完医療法で幸福感や生活の質を高めるものなのよ」

音楽療法士

音楽療法士
別名「音の魔導士」。後衛回復ジョブ。精神や体力を治癒する効果を
持つ音楽を奏でる。演奏家と看護師（介護士）、2種類のジョブを経
験したものがクラスチェンジできる上級ジョブでもある。

音楽療法士の仕事内容

言葉を使ったリハビリが難しい人にも有効なリハビリ手法が「音楽療法」です。音楽の
リズムは脳を活性化させ、メロディーは心を和ませ、ハーモニーは他者への親密な感情
を生み出します。そんな音楽の特性を意識しながら、音楽療法士は、乳幼児からお年寄
りまで、おもに心身に障がいを持った人を対象にリハビリプログラムを実施します。音
楽を聴いたり、演奏したりすることで、脈拍数や体温の変化などの生理的作用が起こ
り、不安やうつ状態が和らげられ、痛みを緩和する手助けにもなるといわれています。

音楽療法士のズバリ！ 将来性は？

古くからさまざまな国において取り入れられ、特に欧米では、病院・社会福祉の現場で広く普及している音楽療法。日本においても、近年になり音楽が持つ効用の科学的な検証が盛んに行われ、リハビリテーションの一分野として地位を確立しています。特に子どもの発達分野においては、音楽療法士のニーズは非常に高いものとなっており、今後ますます注目を浴びる職種の一つであるといえるでしょう。また、2017年7月には、「世界音楽療法大会」の第15回大会が日本音楽療法学会主催により茨城県つくば市で開催されるなど、国際社会における日本の存在感もよりいっそう大きくなりつつあります。

音楽療法士の活躍できる場所は？

音楽療法士に国家資格はありませんが、各団体が認定している、民間の認定資格を目指すのが一般的です。代表的な民間資格としては、日本音楽療法学会の「学会認定音楽療法士」や、全国音楽療法士養成協議会の「音楽療法士（専修、1種、2種）」があります。活躍場所は、医療分野、福祉分野、幼児・療育分野など。具体的には、「病院」「リハビリテーションセンター」「高齢者福祉施設」「障がい者福祉施設」「児童福祉施設」「特別支援学校」がおもな職場になります。音楽療法士を各施設に派遣する派遣会社に登録して働く人、フリーの音楽療法士として独立し、個人として施設や個人と契約して働く人など、特定の組織に属さない働き方をしている先輩もいます。派遣やフリーの場合は、個人のお宅へ足を運ぶ訪問型の音楽療法に携わることも多いようです。

音楽療法士の平均給料・給与

28万円

初任給：18万円〜／生涯賃金：1億9264万円

音楽療法士の生涯賃金は、想定雇用期間43年間と平均給料・ボーナスを掛け合わせた数字となっております。

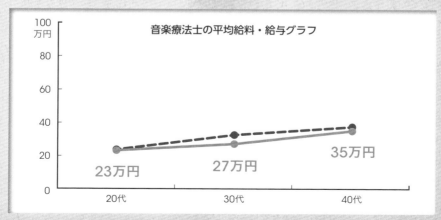

音楽療法士の平均給料・給与グラフ

- 23万円（20代）
- 27万円（30代）
- 35万円（40代）

※給料の算出には求人や口コミ,厚生労働省の労働白書を参考にしております

「泣くな。立ち止まるな。前に進め」
研修医

研修医

見習い医術職。メンターの指導医のもとでさまざまな経験をして成長していく。研修期間を終えると各診療科の医師にクラスチェンジする。

特別寄稿：遠藤海成

法律上では、研修医も「医者」として扱われます。大学の医学部を卒業し、2年間程度の総合研修を病院で受けた後、専門科で研修、及び見習いとして主任医師のもとで働くことが多いそうです。いわば、研修医とは、病院での経験の浅い医師の呼び名です。以前の制度では比較的安い給与だといわれましたが、現在は初期臨床研修期間が2年に義務化され、アルバイトを禁止し、給与30万円を保証する制度になっています。地方では医師不足のため都心部より高給なケースもあります。

平均給料・給与

33万円

初任給：18万円〜
生涯賃金：792万円

生涯賃金は、想定雇用期間2年と平均給料を掛け合わせた数字となっております。

平均給料・給与グラフ

33万円 33万円 33万円

	20代	30代	40代

※給料の算出には求人や口コミ、厚生労働省の労働白書を参考にしております。

「いつも私自身に問いてます。何本刺せばいいのか、と」
鍼灸師

鍼灸師

はり師ときゅう師の2つの資格を兼ね備えたジョブ。身体へ加えた物理刺激による治療的経験を集積させた歴史ある職業だ。

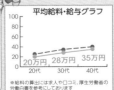

鍼灸師（しんきゅうし）は「はり師」と「きゅう師」の両方の国家資格を取得した人のことをいいます。体に、はりや灸を用いて刺激を与えることで、体の中のさまざまな治療を行い、健康を促していきます。はりは、はりを患部に刺して治療をし、灸は、もぐさを燃焼させて人体にあるツボに刺激を与えることで、体の不調を改善していきます。キャリアアップを目指す場合は、独立開業することになります。女性の鍼灸師は増加傾向にあり、美容業界への進出も増えています。

平均給料・給与

27万円

初任給：15万円〜
生涯賃金：1億8576万円

生涯賃金は、想定雇用期間43年間と平均給料・ボーナスを掛け合わせた数字となっております。

平均給料・給与グラフ

20万円 28万円 35万円

	20代	30代	40代

※給料の算出には求人や口コミ、厚生労働省の労働白書を参考にしております

「一人の人間を育て上げる偉業のお手伝いをします」

ナニー

乳児や幼児までの、育児全般と、しつけ、教育、社会性の教育など、幼稚園、保育園などのカリキュラムに準じた、知育教育までを含めた、育児のプロフェッショナルです。アドバイザー的な役割もあり、保護者の子育ての相談など、幅広い知識で対応する仕事です。日本ではまだナニーという職業に対する理解は進んでおらず、ベビーシッターとの区別がない業者が大半といった状況です。本来、ナニーは母親に代わって乳幼児教育を行うのに対し、ベビーシッターは一時的な保育、子守りを行うという違いがあります。本場イギリスではノーランドカレッジのような有名なナニー養成校もあります。

特別寄稿：むらいっち

ナニーの平均給料・給与

25万円

初任給：19万円／生涯賃金：1億7200万円

ナニーの生涯賃金は、想定雇用期間43年間と平均給料・ボーナスを掛け合わせた数字となっております。

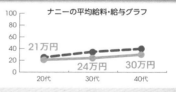

ナニーの平均給料・給与グラフ

21万円　24万円　30万円

20代　30代　40代

※給料の算出には求人や口コミ、厚生労働省の労働白書を参考にしております

ナニー

子どもの育成に携わるジョブ。保育やしつけ、教育まで広範囲にカバーし、教養や人格まで備えたプロフェッショナルであることが求められる。また、さまざまな事情を持つ親たちをサポートする役割も兼ねる。

高収入を得るためには、子育て経験があること、保育園や幼稚園などでの実務経験が資格所有者として3年くらいはあること、教員資格を持っていることの3つが必要です。ベビーシッターと異なるのは、教員免許と子育て経験があることで、特に、幼稚園や保育園園長、元教職員として勤務経験がある女性で、なおかつ子育てが終わった人などが、基本給が高くなる傾向があるようです。年齢は30代以上であることがほとんどです。経験が豊富な人ほど、セミナーや講習会などの、副収入も多いです。

あん摩マッサージ指圧師

あん摩・マッサージ・指圧は、手、指等を用いて血行をよくしたり、こりをほぐしたりする療法です。健康志向の高まりや、リラックスタイムなどを求める人たちが増え、マッサージを気軽に取り入れる環境や、場所も、街中に多く見られるようになってきています。おもな就職先は、あん摩マッサージ指圧治療院や鍼灸治療院、リラクゼーションサロン、病院の整形外科やリハビリテーション科などです。そのほか、最近では高齢者福祉施設や老人保健施設など高齢者福祉分野でのニーズも高まっています。

あん摩マッサージ指圧師のズバリ！ 将来性は？

肩こりや腰痛で悩む人は増えており、マッサージへのニーズは年々上昇しています。今後もこの流れは続いていくと見られています。また、高齢化社会の進展も、あん摩マッサージ指圧師にとっては追い風となっています。治療院でも高齢者の患者が増えていますが、病院や高齢者福祉施設などでのニーズも今後さらに高まっていくと考えられます。国家資格なので就職先の選択肢も広く、しっかりとした技術を身につければ、この先も期待できる職種といえるでしょう。

あん摩マッサージ指圧師になるには

あん摩マッサージ指圧師を名乗って働くには、国家資格取得が必須です。受験資格を得るには、大学・専門学校などのあん摩マッサージ指圧師養成コースに進学して3年以上学ぶことが必要です。卒業前に国家試験を受験し、合格するとあん摩マッサージ指圧師となります。資格取得後は治療院、病院、福祉施設などに就職し、日々の治療を通して腕を磨いていきます。関連する資格に、柔道整復師やはり師・きゅう師などがあるので、まずは自分がイメージしている仕事に就くにはどの資格が必要なのかを調べましょう。はり師・きゅう師の受験資格も同時に得られる学校もあるので、複数資格を目指す場合はチェックしておくとよいでしょう。

あん摩マッサージ指圧師の平均給料・給与

30万円

初任給：18万円／生涯賃金：1億5480万円

あん摩マッサージ指圧師の生涯賃金は、想定雇用期間43年間と平均給料を掛け合わせた数字となっております。

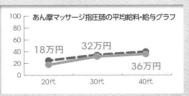

あん摩マッサージ指圧師の平均給料・給与グラフ

18万円　32万円　36万円

20代　30代　40代

※給料の算出は求人や口コミ、厚生労働省の労働白書を参考にしております

言語聴覚士

言語聴覚士は、1997年に国家資格となった比較的新しいリハビリテーション専門職です。脳卒中や事故の後遺症による障がい、生まれつきの障がいにより、「話す」「聞く（理解する）」「食べる」といった面に不自由さを抱えている人のリハビリテーション（リハビリ）を、医師または歯科医師の指示のもと、手助けするのがおもな役割。言語聴覚障がいに加え、医学や歯科学、心理学にも精通したリハビリの専門家として、医療施設、高齢者介護・福祉施設、子どもの福祉・療育施設など、さまざまな分野で活躍しています。

言語聴覚士のズバリ！　将来性は？

ほかの医療職やリハビリテーション専門職に比べ、資格取得者がまだ多くはないため、全体的に人材は不足気味。働く場所について困ることは少ないといわれています。高齢化に加え、発達障がいによる療育が必要な子どもが増えているという社会的背景もあり、言語聴覚士へのニーズは年々高くなっています。また、国が医療保険から介護保険への円滑な移行を進めていることもあり、在宅での生活を目指す高齢者に向けたリハビリの必要性は、よりいっそう重視されていくでしょう。

言語聴覚士の活躍できる場所は？

「言語聴覚士」として働くためには、国家資格である「言語聴覚士資格」が必須。高校卒業後、最短ルートで国家試験を受験する場合は、文部科学大臣が指定する学校（3〜4年制の大学・短大）または都道府県知事が指定する言語聴覚士養成所（3〜4年制の専修学校）を卒業し、受験資格を取得します。働く場所は、医療領域、保健領域、福祉領域、教育領域と多岐にわたります。特に就職先として多いのは病院で、リハビリテーション科・脳外科・耳鼻科・神経内科・小児科・口腔外科など、幅広い科でニーズがあります。最近では、高齢者や認知症の患者さんの増加に伴い、特別養護老人ホームやデイサービスセンターなどで働く言語聴覚士も多くなっています。

言語聴覚士の平均給料・給与

31 万円

初任給：18万円／生涯賃金：1億5996万円

言語聴覚士の生涯賃金は、想定雇用期間43年間と平均給料を掛け合わせた数字となっております。

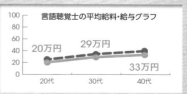

言語聴覚士の平均給料・給与グラフ

20万円　29万円　33万円

20代　30代　40代

※給料の算出は求人や口コミ、厚生労働省の労働白書を参考にしております

作業療法士

身体・精神の障がいによって日常生活に困難を抱える人に、医師の指示のもと、生活スキルを向上させるための訓練（リハビリ）を提供するのが作業療法士の仕事。作業療法士が行うリハビリは理学療法士の行うリハビリとは区別され、"作業療法"と呼ばれています。この作業とは、食事・入浴・排泄のほか、料理・洗濯・掃除などの家事、スポーツやレクリエーション、手芸・工作・園芸・音楽など、日常で多く行われている動作・活動全般を指します。作業療法士は対象者に合わせたプログラムを考案する力が必要になります。

作業療法士の学校の選び方

作業療法士として働くには、国家資格である「作業療法士資格」が必要です。受験するには、文部科学大臣または厚生労働大臣が指定した養成施設で3年以上学ばなくてはなりません。養成施設には、4年制大学、3年制の短大、3年制または4年制の専門学校があります。じっくり時間をかけてより専門的な知識を習得したいなら4年制の学校、できるだけ早く現場に出ることを目指すなら3年制の学校が候補になるでしょう。将来どんな作業療法士になりたいかをイメージして学校を選ぶことをおすすめします。

作業療法士のズバリ！ 将来性は？

医療・福祉の現場でも高齢化が進んでいること、できるだけ自立して生活できるような支援を重視する傾向が強くなっていることから、作業療法士へのニーズや期待も高まっています。とはいえ、人材不足といわれていた以前に比べると作業療法士の数は増えつつあるため、「資格を持っていれば安心」でなくなっている点には注意が必要。これからは、「作業療法士として何ができるか、何をしたいか」を個人として追求することが、よりいっそう重要になってくるでしょう。医学は日々進歩していきますし、作業療法はまだまだ未開拓な部分のある分野です。「新しい作業療法の形を見つけたい！」という意志を持って自分らしくチャレンジできるという点で魅力的な仕事です。

作業療法士の平均給料・給与

28万円

初任給：17万円／生涯賃金：1億4448万円

作業療法士の生涯賃金は、想定雇用期間43年間と平均給料を掛け合わせた数字となっております。

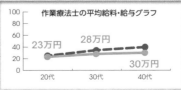

作業療法士の平均給料・給与グラフ

23万円　28万円　30万円

20代　30代　40代

※給料の算出には求人や口コミ、厚生労働省の労働白書を参考にしております

歯科助手

歯科助手の仕事は、受付や会計といった事務仕事、歯科医師が診療を滞りなく行うための診療補助と、最近特に重要性が増している患者さんへのカウンセリングなどです。それぞれの項目を個々に見ていくと、多種多様な仕事がそこには含まれています。歯科助手が担当する仕事の範囲は、とても幅広いものです。しかも、そのどれもが、失敗の許されない仕事です。専門知識とスキル、責任感や緊張感も伴いますが、それだけにやりがいのある仕事です。

スタディサプリ進路

歯科助手になるには

歯科助手には、取得が義務付けられている国家資格はありません。未経験者可の求人もあり、いきなり歯科医療の現場で働き始める人も多くいます。ただし、歯科医療に関する専門知識は持っていたほうが、より治療現場で即戦力となって働くことができて、歯科医師や歯科衛生士などからの信頼度も高くなりますので、専門学校の歯科助手を目指すコースなどで学ぶ人も多くいます。

歯科助手のズバリ！　将来性は？

かつてはおもに虫歯を治しに行く場所だった歯科医院ですが、このところ虫歯など歯や口内のトラブルを未然に防ぐ予防歯科の分野が注目されています。予防歯科では歯の定期的なチェック、歯垢を残さない歯磨きの仕方や、虫歯・口臭・歯肉炎を予防する口の中の細菌増殖抑制用のデンタルリンスの指導などを行います。これらを歯科医師とともにサポートする知識やスキルが、今後の歯科助手には求められます。最近、初診の患者さんのカウンセリングが、歯科助手の大きな役割になりつつあります。ほかの歯科医院との差別化にもつながるので、良質なカウンセリングのできる歯科助手の需要は、将来的にも高くなっていくと思われます。今後、歯科助手として活躍したいと思うならば、カウンセリングの知識やスキルも大切になります。

歯科助手の平均給料・給与

21.3 万円

初任給：15万〜18万円／生涯賃金：1億4654万円

歯科助手の生涯賃金は、想定雇用期間43年間と平均給料・ボーナスを掛け合わせた数字となっております。

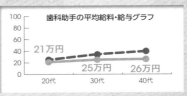

歯科助手の平均給料・給与グラフ

21万円
25万円
26万円

20代　30代　40代

※給料の算出には求人や口コミ、厚生労働省の労働白書を参考にしております

手話通訳士

手話通訳士は、日常会話をはじめ、講演、交渉、手続きなど、あらゆるシーンで手話通訳を行い、聴覚障がい者のコミュニケーションを支えます。医師との会話、銀行との契約など、場合によっては人権やプライバシーに大きく関わるような重要な場面での手話通訳も行うため、その責任は非常に大きなものです。「聞こえない」ことによって聴覚障がい者に不利益が起こらないように、また聴覚障がい者が主体的に社会参加できるように、あらゆる場面で手話通訳を行ってサポートしていくことが手話通訳士の仕事です。

手話通訳士のズバリ！　将来性は？

2016年に障がい者差別解消法が施行され、障がいのあるなしに関わらず、誰もが暮らしやすい社会を作ろうという動きが広がっています。全国的にも手話言語条例が制定され始め、聴覚障がい者が暮らしやすい環境を整える動きが徐々に広がっています。聴覚障がい者の社会参加の進展が広がっていく中で、手話通訳士においては、聴覚障がい者の日常生活のコミュニケーションを支えるという役割に加え、聴覚障がいのある専門家の仕事を支える役割も出てきています。今後は、手話通訳のエキスパートとしてより高度な知識や技術が求められる場面が増えていくと考えられます。

手話通訳士になるには

手話通訳士になるためには、社会福祉法人聴力障がい者情報文化センターが実施する手話通訳技能認定試験（手話通訳士試験）に合格することが必要です。資格がなくても手話通訳の仕事はできますが、政見放送や裁判などの場では、この資格がなければ手話通訳はできません。手話通訳士の受験資格は20歳以上で、学歴は関係ありません。ただし、手話通訳士の仕事は、医療機関、教育機関、企業などあらゆる場所、場面で必要とされるため、幅広い知識や高いスキルがないと務まらないものです。目安として3年程度の手話通訳経験が合格に必要といわれています。

手話通訳士の平均給料・給与

20万円

初任給：10万円〜 ／生涯賃金：1億3760万円

手話通訳士の生涯賃金は、想定雇用期間43年間と平均給料・ボーナスを掛け合わせた数字となっております。

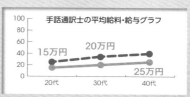

手話通訳士の平均給料・給与グラフ

15万円　20万円　25万円

20代　30代　40代

※給料の算出には求人や口コミ、厚生労働省の労働白書を参考にしております

助産師

「お産に立ち会い、赤ちゃんを取り上げる」という印象が強い助産師ですが、妊娠時の生活指導、妊婦健診の補助、母親学級・父親学級の実施、産後の母子の体調管理、母乳指導、新生児指導など、産前から産後まで母子とその家族に寄り添い、きめ細かなサポートを行っています。また、最近では助産師が医師に代わって妊婦健診を担当する「助産師外来」、思春期・産後の女性の性の悩みや不妊治療に関する相談業務、子ども向けの「生命や性の教育」を行うなど、助産師の仕事の幅は広がりを見せています。

助産師のズバリ！　将来性は？

少子化が進み、昔に比べてお産の数は減ってはいますが、出産という行為自体はなくならないので、助産師という仕事が消えることはないでしょう。産科医・助産師が不足している医療施設でのニーズが高いほか、産後ケアや不妊治療など、近年新たに需要が増している分野もありますので、助産師が活躍できる場所はむしろ広がっていると考えられます。また、高齢出産など「ハイリスク分娩」の管理の必要性が高まっているため、それに対応できる知識も助産師に求められるようになってきています。

助産師になるには

助産師として働くには、「看護師資格」と「助産師資格」が必要です。いずれも国家資格であり、大学・短大・専門学校・養成所を卒業した上で、「国家資格試験」に合格しなくてはなりません。4年制大学の看護学部や看護学科に設置されている「助産師養成課程」に進み、卒業見込みの最終年に2つの国家試験を受験し、合格すれば、卒業後すぐに助産師としてのキャリアをスタートできます。とはいえ、4年間で看護師と助産師どちらの勉強もしなくてはなりませんから、楽な道のりではありません。そのほかにも、4年制大学、3年制の短大・専門学校の「看護師養成課程」を卒業して看護師資格を取得した後、1年制の「助産師養成所」に通って助産師資格の取得を目指す方法もあります。

助産師の平均給料・給与

27 万円

初任給：18万〜20万円 ／ 生涯賃金：1億8576万円

助産師の生涯賃金は、想定雇用期間43年間と平均給料・ボーナスを掛け合わせた数字となっております。

助産師の平均給料・給与グラフ

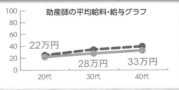

	20代	30代	40代
	22万円	28万円	33万円

※給料の算出には求人や口コミ、厚生労働省の労働白書を参考にしております

第3章　医療・介護系職業

保健師

保健師として働くには看護師免許が必須となりますが、その仕事内容は看護師とは少し異なります。保健師が担うもっとも重要な役割は、"病気にならないよう、事前に適切な指導・対策をすること"。食事や運動などの生活指導・アドバイスを行うのがおもな仕事になります。また、健康診断や日々の相談業務を通じて人々の健康管理・健康増進に気を配るほか、感染症の拡大を防ぐことにも尽力します。指導の対象は乳幼児から高齢者、妊婦、障がい者と幅広く、あらゆるケースに対応できる知識が求められる仕事です。

スタディサプリ進路

保健師になるには

保健師になるには、国家資格である「看護師免許」と「保健師免許」が必須。以前は看護師養成学校を卒業してまずは看護師免許を取得し、その後、保健師養成学校に通って保健師免許の取得を目指すルートが一般的でしたが、最近では看護師と保健師の国家試験ダブル受験＆合格を目指せる4年制の大学や専門学校も増えてきています。さらに、国の省庁や都道府県の保健所、市区町村の保健センターや役所で保健師として働く場合には、2つの免許に加え国家公務員試験や地方公務員試験にも合格する必要があります。

保健師のズバリ！　将来性は？

少子高齢化に加え、成人病・生活習慣病患者やうつ病患者、ニコチン・アルコール・薬物依存患者、過労やいじめ、精神疾患を引き金にした自殺者の増加など、社会構造の変化によって保健師の重要性は年々高まりつつあります。行政・企業・病院・学校・介護と保健師が活躍している分野は多々ありますが、医学的知識をバックボーンにしつつ身体と心の両面のケアを行える保健師は、人が生きていく上で抱えることになるさまざまな問題に対処できる人材として広く重宝されています。現代ではメンタルヘルスケアにおけるニーズが増加＆多様化していることから、今後は"人の心"に寄り添える保健師がよりいっそう求められていくことになるでしょう。

保健師の平均給料・給与

32万円

初任給：19万〜22万円／生涯賃金：2億2016万円

保健師の生涯賃金は、想定雇用期間43年間と平均給料・ボーナスを掛け合わせた数字となっております。

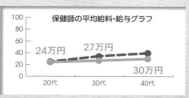

保健師の平均給料・給与グラフ

24万円　27万円　30万円

20代　30代　40代

※給料の算出には求人や口コミ、厚生労働省の労働白書を参考にしております

臨床検査技師

医療機関において、臨床検査スタッフとして、血液や尿、便、痰などを調べる検体検査と、心電図や脳波測定などの生理機能検査を実施するのが臨床検査技師のおもな仕事です。また、医療機器メーカーなどにも臨床検査技師の資格と経験を活かした仕事があり、専門家として営業担当者をサポートする、アプリケーションスペシャリストという業務が注目されています。なお、広範囲におよぶ検査項目などは、勤務する病院や検査センター、企業などによってさまざまです。

臨床検査技師のズバリ！　将来性は？

高度化する医療技術に対応して、臨床検査の進歩も著しく、病院をはじめとする医療機関では、非常に多くの検査が日々実施されています。こうした臨床検査は、現代医療に欠かせない存在で、臨床検査技師の果たす役割はより重要になっています。さらに、臨床検査技師の活躍の場も増える傾向にあり、医療系企業や動物病院などからの求人が増えているといえます。

臨床検査技師の就職先

臨床検査技師は国家資格で、臨床検査技師になるには、臨床検査技師国家試験に合格する必要があります。その受験資格を得るには、高校卒業後、臨床検査技師養成課程のある4年制大学、3年制の短大または専門学校で決められた課程を修了することが条件となります。資格を取得すれば、臨床検査技師として病院などで働く道が開けます。臨床検査技師が働く場所は、総合病院をはじめとして、整形外科や産婦人科などの専門病院、病床を持たないクリニック、保健所や健診センター、衛生検査所、臨床検査センターなど、医療機関が主となります。このほか、製薬メーカー、食品メーカー、医療機器メーカーなどにも働く場所が用意されています。

臨床検査技師の平均給料・給与

37万円

初任給：25万円／生涯賃金：2億5456万円

臨床検査技師の生涯賃金は、想定雇用期間43年間と平均給料・ボーナスを掛け合わせた数字となっております。

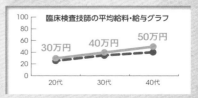

臨床検査技師の平均給料・給与グラフ

30万円　　40万円　　50万円

20代　　30代　　40代

※地域により差があります

医療ソーシャルワーカー

医療ソーシャルワーカーというのは、保健医療機関で患者さんの社会復帰のためのアドバイスをする仕事です。経済や心理、社会の状況などを読み取り、患者さんやその家族にアドバイスや具体的な援助をします。カウンセラーや介護福祉士などと連携して仕事をします。

医療ソーシャルワーカーの
平均給料・給与グラフ

22万円 / 25万円 / 29万円

※給料の算出には求人や口コミ、厚生労働省の労働白書を参考にしております

平均給料・給与

25.3万円

初任給：15万円〜／生涯賃金：1億7406万円

生涯賃金は、想定雇用期間43年間と平均給料・ボーナスを掛け合わせた数字となっております。

医療ソーシャルワーカーという資格はありませんが、働いている人は社会福祉主事任用資格や社会福祉士、精神保健福祉士の資格を持っている人が多いです。

介護事務

介護事務の仕事内容は、基本的には普通の事務員と同じという職場が多いようです。仕事は事務員ですが、職種的には「介護職」になります。介護事務の仕事でとても大切なことは、介護保険の手続き諸々で、細かいところまでしっかりと管理しなければいけません。

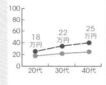

介護事務の
平均給料・給与グラフ

18万円 / 22万円 / 25万円

※地域により差があります

平均給料・給与

22万円

初任給：12万円／生涯賃金：1億5136万円

生涯賃金は、想定雇用期間43年間と平均給料・ボーナスを掛け合わせた数字となっております。

これから介護施設などもどんどん建設されていくと予想されるので、今後介護事務はよりいっそう必要とされるはずです。ただ、事務職全般、給与は安い傾向があります。

カイロプラクター

カイロプラクターの仕事は、骨盤や背骨を矯正することです。ずれた骨盤などの矯正には、医薬品の投与や外科による治療が用いられることが多いのですが、カイロプラクティックではそれを用いずに治療をします。医療ではなく、民間療法と位置づけられています。

カイロプラクターの
平均給料・給与グラフ

15万円 / 20万円 / 50万円

※開業していない場合で算出しております

平均給料・給与

25万円

初任給：10万円〜／生涯賃金：1億7200万円

生涯賃金は、想定雇用期間43年間と平均給料・ボーナスを掛け合わせた数字となっております。

カイロプラクターは、一般的には開業すると500万〜1000万円程度稼げるといわれています。1000万円を得ている人は多くいませんが、数としては少なくもありません。

看護助手

看護助手は医療行為以外により看護師の仕事を支えます。具体的には介助などで、患者が歩くことが困難であれば移動補助をしますし、一人で入浴できなければ入浴の補助をします。そのほか、排泄補助や食事補助など、日常生活を一番近くで支えることが仕事です。

看護助手の
平均給料・給与グラフ

15万円 / 20万円 / 23万円

※給料の算出には求人や口コミ、厚生労働省の労働白書を参考にしております

平均給料・給与

19万円

初任給：15万円〜／生涯賃金：1億3072万円

生涯賃金は、想定雇用期間43年間と平均給料・ボーナスを掛け合わせた数字となっております。

看護助手の仕事をするのに資格は必要ではありませんが、資格を持っておいたほうがよいです。介護職員初任者研修を受けておくとよいでしょう。

義肢装具士

義肢装具士の仕事内容は、何らかの理由で手足など体の一部を失ってしまったり、動かなくなってしまったりした人のために、義肢や装具を作ることです。義肢の種類は主に義手、義足で、患者一人ひとりに合ったものを作らなければいけません。

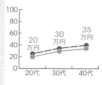

義肢装具士の
平均給料・給与グラフ

20万円 30万円 35万円

※地域により差があります

平均給料・給与

25万円

初任給：15万円／生涯賃金：1億7200万円

生涯賃金は、想定雇用期間43年間と平均給料・ボーナスを掛け合わせた数字となっております。

義肢装具士は医療現場に携わる職業にしては給与が安い傾向にあります。義肢装具士として働く人は、この仕事を心からやりたいと思っている人が多いようです。

救急救命士

救急救命士の仕事は、救急車へ一緒に乗って病院まで患者を搬送することです。もし患者が救急車で搬送中に心肺停止状態になってしまった時に医師の指示に従って対処するのも、救急救命士の仕事の一つです。ほとんどの人は消防署に勤務しています。

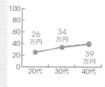

救急救命士の
平均給料・給与グラフ

26万円 34万円 39万円

※地域により差があります

平均給料・給与

34万円

初任給：15万円／生涯賃金：2億3392万円

生涯賃金は、想定雇用期間43年間と平均給料・ボーナスを掛け合わせた数字となっております。

救急救命士国家資格を取得し、消防官採用試験を受けなければ救急救命士にはなれません。救急救命士養成学校を卒業するか、消防士として実務経験を積んで受験資格を得ます。

細胞検査士

細胞検査士は、患者から採取した細胞を標本にして染色し、顕微鏡で観察して、異常細胞やがんなどの悪性細胞を見つけたり、良性・悪性の判断をしたりするのが仕事です。がん専門病院、総合病院、大学病院、検診・検査センターのほか、保健所や製薬会社などが就職先となります。

細胞検査士の
平均給料・給与グラフ

27万円 39万円 43万円

※給料の算出には求人や口コミ、厚生労働省の労働白書を参考にしております

平均給料・給与

35万円

初任給：24万円〜／生涯賃金：2億4080万円

生涯賃金は、想定雇用期間43年間と平均給料・ボーナスを掛け合わせた数字となっております。

細胞検査士になるには認定試験を受ける必要があります。養成コースが設置された学校で所定単位を取得するか、臨床検査技師か衛生検査技師の資格を取得すると受験資格が得られます。

診療情報管理士

診療情報管理士はカルテや検査結果といった診療情報の管理を行う仕事です。業務内容は大きく「診療情報のチェック・収集」「データ入力」「データの分析」の3つです。患者さんの治療のために、正しく診療情報を管理・分析できる診療情報管理士の力が必要です。

診療情報管理士の
平均給料・給与グラフ

20万円 25万円 30万円

※地域により差があります

平均給料・給与

22万円

初任給：17万円〜／生涯賃金：1億5136万円

生涯賃金は、想定雇用期間43年間と平均給料・ボーナスを掛け合わせた数字となっております。

医療事務として働くこともあるため、給料は最低で10万円のときも地方によってはあるようです。求人を探すなら、医療の仕事に特化した求人サイトがおすすめです。

生活相談員

特別養護老人ホームや指定介護老人福祉施設などの介護施設で、入居希望者の受け入れ時の相談や、入居者や家族との面談、入居に向けた契約書や支援計画書といった書類の作成などを行います。勤務する施設によっては入居者の送迎業務や、介護業務が含まれることもあります。

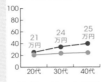

生活相談員の
平均給料・給与グラフ

21万円　24万円　25万円

20代　30代　40代

※給料の算出には求人や口コミ、厚生労働省の労働白書を参考にしております

平均給料・給与

23万円

初任給：18万円／生涯賃金：1億5824万円

生涯賃金は、想定雇用期間43年間と平均給料・ボーナスを掛け合わせた数字となっております。

給料は施設によって異なります。勤務する地域や業務内容の違いから給与に差が出ることもあります。ケアマネジャーへとステップアップすることで給与も上がります。

専門看護師

専門看護師認定試験に合格した看護師で、精神看護から感染症看護まで11種類の専門分野があります。保健医療福祉と看護学発展のための資格であり、日本看護協会が行う試験に合格した人が、看護師の実践教育、調整などを行えるのが特徴です。

専門看護師の
平均給料・給与グラフ

24万円　27万円　33万円

20代　30代　40代

※給料の算出には求人や口コミ、厚生労働省の労働白書を参考にしております

平均給料・給与

32万円

初任給：19万円／生涯賃金：2億2016万円

生涯賃金は、想定雇用期間43年間と平均給料・ボーナスを掛け合わせた数字となっております。

一般的な看護師の平均給与水準は、最高で32万円台です。基本、専門看護師は看護師と同等の年収で、450万円以上、500万～550万円ほどにはなると推測できます。

調剤薬局事務

調剤薬局事務が行うのは、薬剤師のサポートです。薬剤師は調剤業務や薬の鑑査、服薬業務など、薬と患者さんに関わる仕事をします。そのほか、調剤薬局事務が行うのはレセプト業務がメイン。調剤報酬請求事務と呼ばれる仕事で、ほかの一般的な事務員とあまり変わりがありません。

調剤薬局事務の
平均給料・給与グラフ

15万円　18万円　20万円

20代　30代　40代

※給料の算出には求人や口コミ、厚生労働省の労働白書を参考にしております

平均給料・給与

18万円

初任給：12万円～／生涯賃金：1億2384万円

生涯賃金は、想定雇用期間43年間と平均給料・ボーナスを掛け合わせた数字となっております。

薬剤を扱う事務処理になるので、薬剤に関しての知識が必要です。さまざまな認定資格がありますが、メジャーなものでは、調剤報酬請求事務専門士という資格があります。

登録販売者

一般用医薬品の販売を行うことが登録販売者のおもな仕事です。ただし、販売を行えるのは一般用医薬品の第2・第3類のみで、第1類は薬剤師のみが販売に携わることができます。第2・第3類が全体の90%を占めているため、ほとんどの医薬品は販売できるといえます。

登録販売者の
平均給料・給与グラフ

22万円　25万円　28万円

20代　30代　40代

※企業により差があります

平均給料・給与

20万円

初任給：18万円／生涯賃金：1億3760万円

生涯賃金は、想定雇用期間43年間と平均給料・ボーナスを掛け合わせた数字となっております。

アルバイトやパートの時給相場は800～1000円程度です。ただ、働く地域や店舗規模によって時給が高くなったり低くなったりするので、この数字は目安に過ぎません。

胚培養士

配偶子、受精卵、精子を専門に扱い、体外受精や顕微授精といった生殖補助医療を行う仕事です。具体的にいうと培養室の管理や設計、培養環境の管理、精子・卵子の培養、授精操作などを行います。胚培養士の腕が不妊治療の成功率を左右するともいわれています。

胚培養士の平均給料・給与グラフ

20代 20万円／30代 26万円／40代 33万円

※給料の算出には求人や口コミ、厚生労働省の労働白書を参考にしております

平均給料・給与

27万円

初任給：18万円～／生涯賃金：1億8576万円

生涯賃金は、想定雇用期間43年間と平均給料・ボーナスを掛け合わせた数字となっております。

胚培養士になるための公的資格はありませんが、胚培養士のほとんどは臨床検査技師、または大学で獣医畜産や農学などを学んでいた人たちです。

法医学医

法医学医は、事件や事故を解決するために、医学的、科学的見地から判断を下す医師です。死体の司法解剖やDNA鑑定、親子鑑定などを行います。大学の法医学教室や研究機関が勤務先となります。医師免許、死体解剖資格のほか、200例以上の法医解剖経験などが必要です。

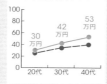

法医学医の平均給料・給与グラフ

20代 30万円／30代 42万円／40代 53万円

※給料の算出には求人や口コミ、厚生労働省の労働白書を参考にしております

平均給料・給与

42万円

初任給：30万円／生涯賃金：2億6880万円

生涯賃金は、想定雇用期間43年間と平均給料・ボーナスを掛け合わせた数字となっております。

犯罪の解明などに関わるため、鋭い観察力と公正な判断力が求められる仕事です。しかし、年収は40代で800万～900万円と医師としては低い傾向にあります。

ホームヘルパー

ホームヘルパーには、職種が2種類あり、介護などを必要とする家庭で、1～2時間程度、掃除や食事の支度などの手伝いをするタイプと、1回30分程度のおむつ交換、安否確認などを行う24時間対応の介護予防訪問介護が該当します。

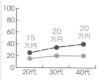

ホームヘルパーの平均給料・給与グラフ

20代 15万円／30代 20万円／40代 20万円

※給料の算出には求人や口コミ、厚生労働省の労働白書を参考にしております

平均給料・給与

18万円

初任給：15万～16万円／生涯賃金：1億2384万円

生涯賃金は、想定雇用期間43年間と平均給料・ボーナスを掛け合わせた数字となっております。

平均時給は1270円前後で推移しており、パート・アルバイトとしては時給はよいほうですが、1日8時間以内の交代制もあるため、月給で考えると低くなります。

幼稚園教諭

幼稚園は、文部科学省の管轄下にあり、学校教育法に基づいた施設です。仕事は、子どもと遊んだり、歌ったり、食事の世話、預かり保育などのほか、行事の計画・準備、バスでの送迎、教室の掃除、備品の準備など子どもと過ごす以外の仕事が意外に多くあります。

幼稚園教諭の平均給料・給与グラフ

20代 18万円／30代 23万円／40代 26万円

※給料の算出には求人や口コミ、厚生労働省の労働白書を参考にしております

平均給料・給与

22万円

初任給：15万円／生涯賃金：1億5136万円

生涯賃金は、想定雇用期間43年間と平均給料・ボーナスを掛け合わせた数字となっております。

公立の幼稚園教諭は公務員扱いのため、昇給や福利厚生の面では圧倒的に私立より充実しており、5年後、10年後の給料は公立のほうが高くなる傾向があります。

企業戦士 III

健全な企業経営に欠かせないのが、経理職。ただ電卓を叩く仕事ではなく、経営者の目線でお金を管理する専門職でもあるのです。ミスは許されない責任重大な職種です。経理職は経営を支えているという誇りをもって、今日も数字に向かっています。

経理職

経理とは、会社の運営に関わるお金を記録、管理するのが仕事となります。現金や預金、小切手の管理、支払い、受取を行う「出納業務」や、会社の行った取引を記録する「会計業務（簿記）」などがあります。月末には月次決算、年末には年次決算があります。従業員の毎月の給与や社会保険料の計算、消費税や法人税の計算や納付なども行います。会社の財務状況を見ることができるため、時には経営者にアドバイスをすることもあります。規模の小さい会社では、総務や一般事務が経理を兼ねることもあります。

「世間は欺けても私の目は誤魔化せない」

平均給料・給与

20万円

初任給：10万円〜
生涯賃金：1億3760万円

生涯賃金は、想定雇用期間43年間と平均給料・ボーナスを掛け合わせた数字となっております。

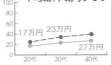

平均給料・給与グラフ

17万円　23万円

27万円

20代　30代　40代

※給料の算出には求人や口コミ、厚生労働省の労働白書を参考にしております

経理職

お金の流れを司るジョブ。スキル「財務諸表」で経営成績を報告するための事務処理を行う。その能力は経営者に近く、税理士や会計士と連携するための折衝スキルも高いといわれている。

第4章

公務員系職業

「遺憾の『イ』は、『いつまでも図に乗るなよ』の意である」

外交官

外交官＋特権＋

外交官
諸外国と交渉・条約締結を行う、外務省固有ジョブ。スキル「外交特権」を持ち、「身体不可侵」という絶対的な領域を作る。別名「最強の盾」。情報攻防戦では、「リグレット砲」を使うことも。

外交官の仕事内容

外交官の仕事は、刻々と変化する世界情勢の中で、日本の平和と繁栄という国益を守るための外交交渉や外交政策の企画・立案、途上国を支援する政府開発援助(ODA) など国際協力活動、世界153カ国272におよぶ在外公館での情報収集や外交政策の実施、海外における日本人の生命と財産の保護など、多岐にわたります。世界に向けて日本の正しい姿やさまざまな魅力を発信することも大切な職務です。外務省に入省してからは、おおむね5 〜 6年ごとに東京・霞が関の本省と在外公館での勤務を繰り返します。

外交官になるには

外交官になるには、人事院が実施する国家公務員採用総合職試験に合格し、官庁訪問を経て外務省に採用されること、あるいは、外務省が独自に行っている外務省専門職員採用試験に合格し、採用される必要があります。いずれの試験も大卒・大学院卒見込みのほかに、21歳以上で30歳未満であれば、学歴を問わず受験資格が得られます。

希望の勤務先への採用は？

希望する勤務先がある場合は、希望を出すことは可能ですが、外交官の配属先は、能力、適性、希望などを総合的に判断して決定されます。在外研修後に研修国の在外公館、専門職員は研修語を母国語または通用語としている国の在外公館での勤務となり、東京・霞が関の本省と在外公館を交互に勤務するスタイルが通常です。外交官の職務は多岐にわたることから、ほかの中央省庁や国際機関への出向もあります。

外交官のズバリ！ 将来性は？

外交官は、国家公務員採用総合職試験に合格して外務省に入省する、いわゆるキャリアと、外務省専門職員として登用されたノンキャリアとでは、求められる将来像が異なります。キャリア組は幹部候補の総合職として、早い時期から責任ある仕事を任され、将来的に外交政策の企画・立案などに携わる人材になることを期待されます。一方、ノンキャリアの専門職員は、担当地域の言語とあらゆる事柄に卓越した知識を有するスペシャリストとなることを期待されています。

外交官の平均給料・給与

42万円

初任給：25万円〜／生涯賃金：2億8896万円

外交官の生涯賃金は、新卒が終身雇用で65歳まで雇用されたと想定して、22歳から65歳までの43年間と平均給料・ボーナスを掛け合わせた数字となっております。

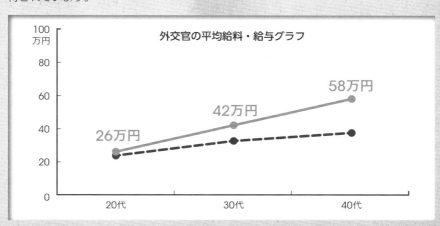

外交官の平均給料・給与グラフ

- 100万円
- 58万円
- 42万円
- 26万円
- 20代 / 30代 / 40代

※給料の算出には求人や口コミ、厚生労働省の労働白書を参考にしております

「国家を代表し、国家の名のもとに、お前を裁きにかける！」

検察官

検察官

三権分立の一つ「行政権」に属す固有ジョブ。国家の名の下、犯罪者に鉄槌を下す。上級職は「検事長・次長検事・検事総長」。法務省からのクラスチェンジも多い。最大のライバルは「弁護士」である。

検察官の仕事内容

検察官の仕事は刑事事件が発生してから刑の執行に至るまでのすべてに関わります。それらは犯罪捜査・起訴不起訴処分、法の正当な適用の要求、裁判の執行の指揮監督の3つに分けられます。また、上部組織である法務省をはじめとして、政府や国際機関に出向して職務を行うこともあり、刑事事件だけでなく行政にまつわる幅広い分野で活躍しています。検察官は総称であって、上の立場から「検察総長」、「次長検事」、「検事長」、「検事」、「副検事」となっていて、それぞれ仕事内容が異なります。

検察官になるには

検察官になるには、4年制大学を卒業し、法曹養成のための大学院である法科大学院に進むか、司法試験予備試験に合格し、司法試験に合格する必要があります。司法試験予備試験は受験資格が問われることがなく、誰でも何度でも受けることができます。司法試験に合格した後に、裁判での実務を司法修習で学び、修習の修了試験である司法修習生考試に合格することで、法曹資格（裁判官、検察官、弁護士になるための資格）を得ることができます。さらに法務省の面接に合格すれば、晴れて検察官として任官されます。

検察官のズバリ！　将来性は？

検察官は国家公務員であるため、住居手当、扶養手当、通勤手当、ボーナスの支給、官舎の利用などの福利厚生を受けることができ、安定した雇用が見込まれます。さらに、検察官の業務は専門的なものであるため、給与は特別法で決められていて、一般的な公務員よりも高く設定されています。その性質は今後も変わることがないと予想され、将来性に不安はないようです。しかし、現在、検察官の人員不足が問題になっています。法曹人口の拡大のため新司法試験が2008年に施行されましたが、まだまだ検察官は不足しています。日本弁護士連合会が発行した2020年版の弁護士白書によると、2020年時点での弁護士4万2164人、裁判官2798人に対して検察官はわずか1977人です。検察官の不足は一人あたりの仕事量の増加や、本来検事が対処すべき事案を副検事が行う"肩代わり"という現象を引き起こしています。そのため、検察官の人数増員が求められ続けています。

検察官の平均給料・給与

36万円

初任給：23万円〜／生涯賃金：2億4768万円

検察官の生涯賃金は、新卒が終身雇用で65歳まで雇用されたと想定して、22歳から65歳までの43年間と平均給料・ボーナスを掛け合わせた数字となっております。

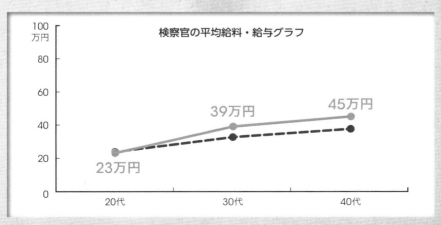

検察官の平均給料・給与グラフ

- 23万円（20代）
- 39万円（30代）
- 45万円（40代）

※給料の算出には求人や口コミ、厚生労働省の労働白書を参考にしております

「すべての責任は、この総理大臣が負う！」
総理大臣

特別寄稿：山地ひでのり

総理大臣
行政府に属する固有ジョブ「国務大臣」の一種であり、森羅万象を司るとされる最高クラス役職。自分以外の国務大臣を任命・罷免する「任命権」や、自衛隊を統括する「最高指揮監督権」など、多くの特殊スキルを持つ。

総理大臣の仕事内容は？

総理大臣のおもな仕事は、内閣府のメンバーである「国務大臣」を決めて運営することや、国のトップとして国会議員の質問に答えたり、諸外国と外交を行うことなどです。内閣府とは、予算や法律の案を考えて国会に提出し、国会で決まった予算や法律をもとに各省庁を動かす、行政という役割を持つ機関です。内閣府の長である総理大臣は、財政や公共事業、教育や福祉などを、どのように進めるかという方針を作り、決まった方針をもとに国を運営していく、船や飛行機でいえば船長や機長に例えられる職業です。

総理大臣になるには？

何らかの理由で前任の総理大臣が退職した際に開かれる、国会議員の中から新しい総理大臣を決める首班指名選挙。これに当選し、天皇から任命されれば、晴れて総理大臣となることができます。そのためには、なんといっても国会議員になる必要があります。総理大臣は慣例上、衆議院議員から選ばれるため、衆議院総選挙に当選する必要があります。さらに、首班指名選挙で票を集めやすいのは多数派である与党議員。基本的には党首が擁立される場合がほとんどなので、与党の党首になることも必須条件です。多くの人の支持を集め、狭き門をかいくぐり続けた先にある職業、それが総理大臣なのです。

総理大臣の収入はどのくらい？

総理大臣の給与は内閣官房ホームページなどで公開されており、それによると2020年の安倍晋三前首相の給与は次の通りです。まず、俸給月額が201万円、これに20%の地域手当が上乗せされ、月収は241万2千円となります。この他に、年2回支給されるボーナスである期末手当が加算され、年間給与額は約4049万円となります。総理大臣としては年収が低い方ともいわれている安倍晋三前首相ですが、公務員の特別職であることから、その給料は日本国民の税金から支払われています。そのため、時と場合によっては賛否両論が出てくるようです。実際に、国の経済状況や税制度の変化によって、総理大臣の給料が変動したケースもあります。例えば、2011年3月に起きた東日本大震災の際、総理大臣の給料は3割がカットされています。

総理大臣の平均給料・給与

334万円

初任給：334万円／生涯賃金：8829万円

総理大臣の生涯賃金は、70人の総理大臣の平均在職年数2.2年に、平均年収4013万円を掛け合わせた数値です。

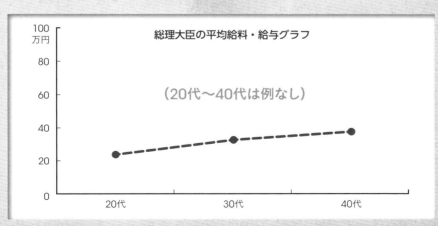

総理大臣の平均給料・給与グラフ

（20代～40代は例なし）

※平成以降の歴代総理大臣は全員50代以上のため、40代以下での平均給料データはありません

「この桜吹雪を覚えていないとは言わせませんよ」

裁判官

裁判官

司法権直属の完全独立部隊。良心に従い裁判を行う中立公正のジョブ。
スキル「桜吹雪」は、言い逃れをさせない反論不可避の詰み系スキル。
上級職の「最高裁判所長官」になるには、天皇陛下からの任命が必要。

裁判官の仕事内容

裁判官は、全国各地の裁判所において裁判を担当し、口頭弁論や証拠調べを経て判決・決定を言い渡します。民事裁判でも、刑事裁判でも、原告や検察官、被告や被告人の話をよく聞いて、法律に従って中立公正な立場から判断をします。裁判官は裁判所に提出された書類を読んだり、証拠を見たり、証人の話を聞いたりしながら、裁判を起こしてきた人の言い分が認められるかどうかを慎重に判断し、最後に「判決」を下します。国民の権利擁護と、法秩序を維持するのが裁判官の職務です。

司法試験に合格することが第一歩

裁判官、検察官、弁護士は「法曹三者」と呼ばれ、国家試験の一つである司法試験に合格しなければ仕事に就くことはできません。司法試験を受けるためには、法科大学院課程を修了するか、司法試験の予備試験に合格することが必要です。司法試験に合格すると、司法修習生として1年間、裁判所、検察庁、弁護士事務所の3か所で実習を行います。これを司法修習といいます。全国にある実習地に配属され、実際の事件を教材とします。司法修習の最後に、司法修習生考試という試験を受けて合格したら、3つの職種から一つを選びます。ただし、それぞれに採用試験があり、合格して初めて希望する仕事に就くことができます。

裁判官のズバリ！　将来性は？

全国の裁判所が受ける事件の総数はと減少傾向にありますが、社会が複雑化している状況をかんがみると、裁判官としての役割はさらに増していくことが予想されます。裁判官のキャリアとしては、任官されてから10年未満は「判事補」で、単独で審理することはできません。キャリアが10年以上になると「判事」となり、任命を受けて裁判長を務めることが可能になります。しばらくは地方裁判所や家庭裁判所の合議事件の右陪席、高等裁判所の左陪席、地方裁判所や家庭裁判所の中小規模支部の支部長等を務めるのが一般的です。地方裁判所や家庭裁判所の部総括（合議体の裁判長）となるのは、判事任命後10年目前後が多いようです。そして判事になって20年経過したころから、所長へと昇進する人も出てきます。

裁判官の平均給料・給与

56万円

初任給：22.7万円／生涯賃金：3億6736万円

24歳で裁判官になれたとすると、高等裁判所などの定年65歳まで雇われたと想定して、雇用期間は41年間。生涯賃金は、これに平均給料・ボーナスを掛け合わせた数字です。

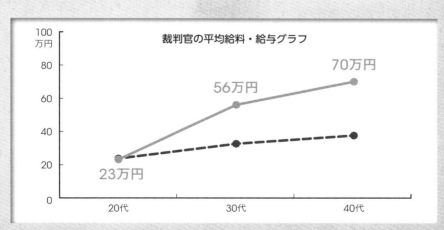

裁判官の平均給料・給与グラフ

- 100万円
- 80
- 60
- 40
- 20
- 0

70万円
56万円
23万円

20代　30代　40代

※給料の算出には求人や口コミ、厚生労働省の労働白書を参考にしております

「死と税金からは、一生逃れられん！」

国税専門官

国税専門官
財務省直属の専用ジョブ。「国税調査官」「国税徴収官」「国税査察官」
という3クラスがある。また、税金逃れを見付ける国税査察官、別名
「マルサ」という部隊は、検察官とともに「告発」スキルを発動する。

国税専門官の仕事内容

しっかりとした財源の確保は、国を健全に動かしていく上で、大切なことです。そのた
めには個人や企業などの納税者から、適正な税金を徴収することが必要になります。勘
違いなどからくる間違った申告や納税額の誤り、あるいは悪意を持って行われる脱税や
滞納を厳しくチェック。不正な納税を見逃さず、許さず、公正で公平な納税のために働
くのが、国税専門官です。国税専門官採用試験合格後、何度かの研修を受け、実務経験
を重ねて税務署に配属。国税調査官・国税徴収官・国税査察官として働きます。

国税専門官になるには

人事院が実施する国税専門官採用試験に合格し、採用されることで、国税専門官になれます。受験資格は2つあります。21歳以上30歳未満であることと、大学新卒者および新卒予定者であるか、または人事院が同等の資格があると認める者です。最終合格者は採用候補者名簿に記載されます。この名簿から、それぞれの年ごとの職員の過不足などを考慮して、札幌から熊本までの全国各地にある国税局や沖縄国税事務所に採用となり、各管内の税務署で勤務します。勤務地は、本人の希望が考慮されますが、合格者の希望が特定の国税局に集中した場合、希望通りの勤務地にならないこともあります。また、個々の能力・意欲や適性により、海外勤務のチャンスがあります。

国税専門官のズバリ！　将来性は？

少子高齢化が進み、労働人口の減少が続く今後の日本では、公正・公平な納税を実現させる重要度は増す一方です。納税をする個人や企業と国をつなぐ役割を務める国税専門官の重要性も、さらに高くなることでしょう。近年、貧富の差が広がりつつあり、低所得者層の生活費確保のための滞納が増えてきています。法律に従って正しく納税してもらえるように、根気よく催促を続けることが必要です。相続税逃れも目立ってきています。また、法の隙間を狙うような脱税の手法は、年々、巧妙になってきています。節税と脱税の紙一重を攻めてくる手口も見られます。複雑化・高度化する脱税手法に、しっかりとした法知識と論理性で対抗する必要があります。国税専門官には、よりいっそうの高い専門性が求められています。

国税専門官の平均給料・給与

34万円

初任給：19万円〜／生涯賃金：2億3392万円

国税専門官の生涯賃金は、新卒が終身雇用で65歳まで雇われたと想定して、22歳から65歳までの43年間と平均給料・ボーナスを掛け合わせた数字となっております。

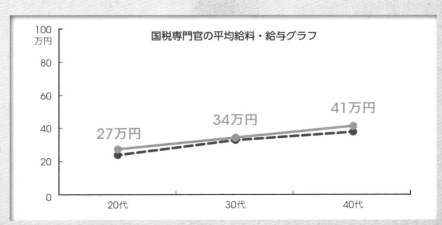

国税専門官の平均給料・給与グラフ

- 20代：27万円
- 30代：34万円
- 40代：41万円

※給料の算出には求人や口コミ、厚生労働省の労働白書を参考にしております

「知への責任を放棄しては、ひらめきはやってこない」

大学教授

大学教授は、大学に所属して学生たちに講義を行ったり、ゼミや研究室を受け持って指導したり、研究や論文執筆をしたりする仕事です。国立大学教授は1コマ90分の講義を週に2～3コマ、私立大学教授は6～10コマ担当します。他大学で非常勤として講義を受け持ち、忙しく全国を回る教授もいます。講義やゼミがない日も研究のために出勤する教授は多く、論文をまとめて学会で発表したり、学会誌に投稿したりします。頻繁に海外視察や出張に行き、結果として休講が多い教授もいます。給料は安定しており、時間的制約も少ないため、多くの研究者にとって憧れの地位となっています。

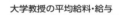

大学教授の平均給料・給与

62万円

初任給：56万円／生涯賃金：3億4720万円

大学教授の生涯賃金は、65歳まで雇用されたと想定して、30歳から65歳までの35年間と平均給料・ボーナスを掛け合わせた数字となっております。

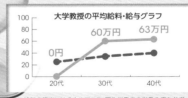

大学教授の平均給料・給与グラフ

0円　60万円　63万円

20代　30代　40代

※給料の算出には求人や口コミ、厚生労働省の労働白書を参考にしております　※20代はほとんどいません

大学教授

教職における最上位クラス。学問を教え授けることができる唯一無二の存在。博士号の称号を持つ賢者のうち、少数のみが辿り着く境地である。錬金術師や魔術師と称される者もいる。

大学教授になるには、大学院で博士号を取り、大学の研究室に入るのが一般的な道です。その後、助教→講師→准教授→教授とキャリアアップをしていきます。まれに経営者や作家などが教授として雇用されるケースもありますが、特例といえます。少子化の影響で国内における大学教授のポストは減っていく傾向にあります。しかし、海外の大学で実力と名を上げる日本人も増えてきました。アカデミズムに国境はないといえるでしょう。

自衛官

自衛官の仕事内容

自衛官は、日本の領土、領海、領空を守ることを使命とした職業です。国の防衛、災害派遣、国際貢献の3つの仕事があります。国防とは、外部からの侵略の警戒と阻止、必要によっては自衛力の行使を担います。災害派遣は地震や台風、火災などの災害に対する救援救助など、国民の生命と財産を守る仕事です。国際貢献は、おもに国際機関からの要請に基づいた紛争地域での平和監視活動や災害時の緊急派遣、インフラの整備、援助物資の輸送を行い、国際社会の一員としての日本を代表する役目を果たしています。

自衛官になるには

防衛省の実動組織としての自衛隊には、陸上自衛隊、海上自衛隊、航空自衛隊の3つの組織があり、いずれかを志望先として選択することになります。高校卒業後（見込みを含む）に自衛官になるには、いくつかのルートがあります。陸上・海上・航空自衛隊で中核を担う、曹という階級の自衛官を養成する一般曹候補生。陸上自衛隊では2年、海上・航空自衛隊では、3年を一任期として勤務する自衛官候補生。階級の付かない国家公務員として幹部自衛官を養成する防衛大学校などの教育機関。海上自衛隊、航空自衛隊のパイロットを養成する航空学生などの進路があります。また、大学や大学院を卒業（見込みを含む）した人が応募できる、自衛隊幹部候補生一般の募集もあります。

自衛官のズバリ！ 将来性は？

世界情勢の変化による国防のあり方が見直されることはあっても、他国からの侵略、自然災害などの脅威が消えない限り、自衛官という職業がなくなることはないと考えられます。世界を取り巻く環境は刻々と変化し、アメリカ同時多発テロに見られる、国家対国家ではない脅威が明らかになりました。これまでとは異なるテロリズム、近隣の核兵器開発やサイバーテロなど、国民の生命と財産をおびやかす新たな存在に対して即応できる体制と人材作りが、これからの課題になると考えられます。また、防衛庁が防衛省に格上げされたことで、それまで「付随的任務」であった海外派遣を、自衛隊の主たる任務である「本来業務」に位置付けられたことから、これまで以上に国際社会での活躍が期待されます。

陸上自衛官 >> P176　航空自衛官 >> P180　海上自衛官 >> P178

スタディサプリ進路

第4章 公務員系職業

「確固たる潜在防衛力」

陸上自衛官

陸上自衛官
戦車、装甲車、高射機関砲、ロケット弾発射機などを所有し、国土を守る。師団や旅団で編成され、「日本の最終防衛力」と位置づけられている。標語は「Final Goal keeper of Defense」。

陸上自衛官の仕事内容

日本国の平和と国民の生命財産を守る、日本の官公庁職員。日本国に対する直接的、間接的侵略に対する防衛が主任務で、公共の秩序維持が仕事です。防衛省管轄の特別機関で、自衛隊の中の陸上部門にあたります。高卒後、防衛大学校に入学して幹部候補生となる道や、中学卒業から陸上自衛隊高等工科学校を受験する進路も。高等工科学校へ入学した場合は、普通高校と同じ教科を学び、自衛隊の専門技術教育や訓練を受けながら、防衛基礎学を学びます。自衛官になるための専用機関では、給与も支給されます。

陸上自衛官は大卒と高卒だと給料は変わるの？

高卒、大卒で諸手当（扶養手当、通勤手当、単身赴任手当、住居手当、寒冷地手当、地域手当、航空作業手当、乗組手当、落下傘隊員手当、災害派遣等手当など）や基本給与、待遇は変わることはありません。自衛官候補生、一般曹候補生、一般幹部候補生のどのコースから入隊するかによって初任給は変わってきます。自衛官候補生であれば12万円、一般曹候補生は16万円、一般幹部候補生が21万円の初任給です。昇給は年に1回で、期末・勤勉手当（ボーナス）と呼ばれる手当が年に2回です。40歳ごろから階級によって給料に差がつくことがあります。

陸上自衛官の階級と給料はどのようになっているの？

階級のトップが自衛隊の中で4人しかいない幕僚長で、月収では160万～200万円前後（俸給）といわれています。上から陸将で月収60万前後～198万円前後。陸将補で52万前後～91万円前後。佐官クラスで1等陸佐40万前後～55万円。2等陸佐34万円前後～50万円前後。3等陸佐では約34万～38万円。その下の陸尉では、1等27万～46万円前後。2等24万前後～45万円。3等で23万前後～44万円前後。准陸尉で22万～44万円。ここから下は一般的な自衛隊員で、陸曹長で22万～43万円、1等陸曹で22万～41万円、2等陸曹21万～38万円、3等陸曹で18万～31万円前後となります。さらにその下の、軍隊では一兵卒となる陸士では、陸士長17万～24万円。次いで1等17万～19万円。2等陸士は高卒が多く、15万～17万円が最高となっています。

陸上自衛官の平均給料・給与

37万円

初任給：16万円～／生涯賃金：2億5456万円

陸上自衛官の生涯賃金は、新卒が終身雇用で65歳まで雇用されたと想定して、22歳から65歳までの43年間と平均給料・ボーナスを掛け合わせた数字となっております。

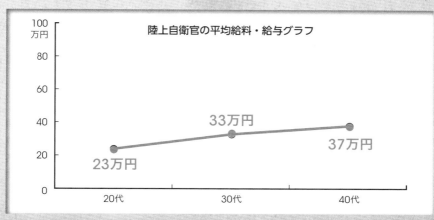

陸上自衛官の平均給料・給与グラフ

- 20代 23万円
- 30代 33万円
- 40代 37万円

※「防衛省の職員の給与等に関する法律」の俸給額と手当などから予測して算出しております

海上自衛官

「伝統墨守唯我独尊が俺たち海軍の気風である！！！」

海上自衛官
日本が誇る、世界最強クラスの海軍。海上自衛隊は、礼式、号令、日
課、用語などを帝国海軍から継承しており、その独自の気風から「伝
統墨守唯我独尊」と呼ばれる。

海上自衛官の仕事内容

海上自衛隊は防衛省の特別機関の一つです。戦時中の海軍が解体された後、海上警備隊
が組織化され、やがて海上保安庁の前身である保安庁から独立して、現在の防衛省管轄
になりました。日本国に対する侵略行為に、自主防衛する役割と、国際緊急援助活動、
海賊対処活動、国際テロ対応などの国際的な役割を担っています。哨戒機などにより航
行する船舶などの状況を監視したりしています。また、戦争の抑止力として潜水艦が活
躍しています。週末に食べる海軍カレーは帝国海軍からの継承の一つです。

海上自衛隊の階級別の給料

佐官クラスになると、1等海佐が給与40万〜55万円、2等海佐で34万〜50万円、3等海佐で31万〜48万円。続いて尉官クラスでは、1等海尉が26万〜45万円、2等海尉が24万〜45万円、3等海尉が23万〜44万円。准尉（幹部候補生クラス）の准海尉が22万〜44万円。下級士官クラスだと、海曹長が22万〜43万円、1等海曹が22万〜41万円、2等海曹が21万〜38万円、3等海曹が18万〜31万円、海士長が17万〜23万円、1等海士が17万〜19万円、そして2等海士が16万〜17万円です。さまざまな手当があるので基本給より手取りは増えます。ちなみに海曹へ昇進できない場合は解任、つまりクビになるそうです。

海上自衛官になるには

陸海空の自衛隊全般の採用のほかに、海上自衛官になるための専用コース、大卒者対象の採用コース、高卒者のための採用コース、パイロットコースなどの採用があります。一般曹候補生や自衛官候補生は、応募は18歳以上ですが、中卒資格でも受験することができます。海上自衛隊で出世するためには、高校卒業後に一般曹候補生になって、選考により技術海曹になるか、曹から准尉となり幹部を目指すか、航空学生となって幹部候補生から幹部となる道や、防衛医科大学、防衛大学校を受験し、幹部候補生となる道があります。また、現職自衛官から幹部候補生学校をへて、隊付教育のある部隊に配属され、さらに術科学校をへて、幹部学校へと進む道もあります。中卒から社会人経験者まで多様な経歴を持った人が集まりますが、大卒のほうが幹部になる率が高いようです。

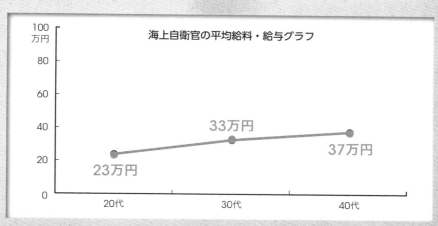

海上自衛官の平均給料・給与

37万円

初任給：16万円〜 ／ 生涯賃金：2億5456万円

海上自衛官の生涯賃金は、新卒が終身雇用で65歳まで雇用されたと想定して、22歳から65歳までの43年間と平均給料・ボーナスを掛け合わせた数字となっております。

海上自衛官の平均給料・給与グラフ

- 20代：23万円
- 30代：33万円
- 40代：37万円

※「防衛省の職員の給与等に関する法律」の俸給額と手当などから予測して算出しております

「日本の防空識別圏に侵入するものは排除する」
航空自衛官

航空自衛官
日本領空への領空侵犯をする、もしくは可能性のある経空脅威の排除が使命。防空識別圏に侵入する国籍不明機に対してスクランブル発信。キャッチフレーズは「Key to Defence,Ready Anytime」。

航空自衛官の仕事内容

航空自衛官は空をメインに活動し、空から侵入しようとする航空機や、海から上陸しようとする敵、地上部隊から国を守ることが仕事です。侵入を受けた場合には、それを排除する手段をとって、国の意思と能力を示すのも重要な任務です。さまざまな職種があり、パイロットや航空管制などのほか、プログラム、気象観測、通信、備品や航空機の整備、会計、音楽、衛生や情報、総務、人事、教育といった仕事もあります。大規模災害時の救援活動も大切な仕事です。女性も幅広い職種で活躍しています。

航空自衛官の階級別給料

自衛隊員は国家公務員ですが、一般的な公務員とは別に給与が定められています。階級は、士、曹、尉、佐、将となっており、尉以上が幹部になります。将のトップ（大将）が幕僚長です。同じ階級の中でも1士、2士、士長のようにランクが分かれており、さらにその中でも号俸が俸給表で細かく定められています。高卒で自衛官候補生として入隊して、教育期間を終えて最初に与えられる階級が2士です。1任期が終わると、特別に問題がない限り士長に昇進します。曹に昇格するには試験に合格することが必要です。部内の幹部候補生の試験に合格すると、幹部への道が開かれますが、かなりの倍率です。

航空自衛官の職種って何があるの？

航空自衛官というとパイロットのイメージがありますが、実際にはさまざまな部署があり職種があります。戦闘機部隊、航空警戒管制部隊、高射部隊、これらを支援する補給処、学校、病院などがあり、部署によって高射操作員、航空管制官、無線通信士、医師や看護師など多くの職種の隊員が活躍しています。行事で音楽を演奏することを任務とする職種もあります。航空自衛官になるにはいくつかコースがあります。一般大学卒業者が幹部を目指す「一般幹部候補生」、航空機パイロットになるための「航空学生」、中堅空曹になるための「一般曹候補生」、1任期目を3年・2任期目以降を2年の任期とした「自衛官候補生（任期生自衛官）」、有資格者が即戦力として採用される「技術航空幹部・技術空曹」など、目的や適性に応じたコースを選ぶことができます。

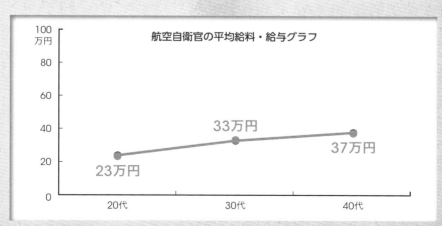

航空自衛官の平均給料・給与

37万円

初任給：16万円〜／生涯賃金：2億5456万円

航空自衛官の生涯賃金は、新卒が終身雇用で65歳まで雇用されたと想定して、22歳から65歳までの43年間と平均給料・ボーナスを掛け合わせた数字となっております。

航空自衛官の平均給料・給与グラフ

	20代	30代	40代
	23万円	33万円	37万円

(縦軸：万円 0／20／40／60／80／100)

※「防衛省の職員の給与等に関する法律」の俸給額と手当などから予測して算出しております

「テロでもデモでもかかってこいやーっ！　俺たち機動隊が鎮圧してやるぜ！」

機動隊員

特別寄稿：本宮ひろ志

機動隊員
体力・知力に優れた若者だけで構成されている警察官のエリート部隊。
災害救助やテロへの対応など命のかかった任務も多いため、日々激しい訓練を積み、肉体と精神を極限まで鍛え抜いている。

機動隊員の仕事内容

機動隊は警察の一部門であり、その仕事は多岐にわたります。災害時や避難時の人命救助にはじまり、街のパトロール、海外から訪れたVIPの警護、テロの対応、暴動を未然に防ぐための警戒など、非常に過酷な任務が多いです。また銃器対策部隊や爆発物処理部隊、広域緊急援助隊、山岳救助隊といった専門的な部隊もあります。構成員は体力、精神力に優れた警察官を中心に選出されており、任務がないときも厳しいトレーニングに励んでいます。そうでなければいざというときに職務を全うできないからです。

機動隊員に向いている性格

何はなくともまずは体力が必要です。人並み外れた体格を持っている人、運動能力では誰にも負けない自信のある人、エネルギーを持て余している人などにはぴったりの仕事といえます。武道や格闘技を修めている人にとっても、習い覚えた技をフルに発揮できる場所として選ぶことができるでしょう。とはいえ通常の警察官よりも高度な任務に就くことになるので、体力だけでは務まりません。専門的な知識を習得できる学力や、厳しい訓練に耐える精神力、過酷な任務でも投げ出さない責任感も必要とされます。実直に己を律しコントロールできるストイックな性格の人が向いているかもしれません。

機動隊員になるには？

機動隊は警察の一部門なので、まずは警察官の採用試験に合格する必要があります。その後、適正があると認められて初めて、機動隊員になることができます。もっとも重要な適性は「体力」です。体力が他の警察官よりも優れていなければ、機動隊員にはなれません。とにかく身体を動かす仕事が多いためです。また基本的に若い警察官で構成されるため、年齢が高いとそれだけで選ばれる可能性は低くなります。柔道や剣道、逮捕術などの分野で優れている場合は、隊員になれる可能性が高くなります。専門的な任務を担当する「機能別部隊」に配属されるには、山岳救助や化学兵器に関する知識など、より特別なスキルが求められます。人命救助や警護、爆発物の処理、テロ対応など命を落とす危険があり、強い正義感や責任感、覚悟がないと続けることができない仕事です。

機動隊員の平均給料・給与

49万円

初任給：20万円〜／生涯賃金：3億3712万円

機動隊員の生涯賃金は、新卒が終身雇用で65歳まで雇用されたとして、22歳から65歳までの43年間と平均給料・ボーナスを掛け合わせた数字となっております。

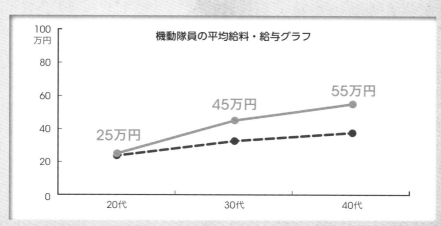

機動隊員の平均給料・給与グラフ

- 100万円
- 80
- 60
- 40
- 20
- 0

25万円　45万円　55万円

20代　30代　40代

※給料の算出には求人や口コミ、厚生労働省の労働白書を参考にしております

「バディシステムが基本の『キ』である！」

海上保安官

海上保安官

「海の警察官」。海上における人命および財産の保護、法律違反の予防、捜査および鎮圧を目的とする治安部隊に属し、屈強な男たちが集まる。『海猿』で映画化されて話題にもなった仕事。

海上保安官の仕事内容

海の危機管理を行う海上保安官の仕事は幅広いものですが、海上業務と陸上業務の2つに大きく分けられます。海上業務は、捜索救助、パトロール、捜査・立入検査、災害対応、などに細かく分かれています。一方で陸上業務には総務業務、経理補給業務、船舶技術業務、情報通信業務、警備救難業務、海洋情報業務、海上交通業務などがあり、船艇や航空機で働く海上保安官と連携して業務を行っています。さらに、ヘリコプターなどによる救命救助や空港で機体の整備などを担当する航空業務も存在します。

研修によって、より専門的な職業へ

ほとんどの海上保安官は、海上保安大学校、海上保安学校を卒業すると、巡視船艇に配属されますが、その後の経験と自分の適性、希望に応じてさまざまな研修を受けることでキャリアアップを図ることができます。例えば、幹部候補生を養成するための「特修科」、「潜水研修」「語学研修」などがあります。

海上保安官になるには

海上保安官になるには、海上保安大学校か海上保安学校に入学する必要があります。どちらの学校も、試験は国土交通省職員の採用も兼ねているため、入学時から国家公務員として扱われ、給与が支払われます。卒業後は海上保安庁の各部署に配属されますが、はじめは海上勤務に就くのが一般的なようです。

海上保安官のズバリ！ 将来性は？

海に囲まれた日本は領海や排他的経済水域（天然資源やエネルギーに対して、探査、開発、保全および管理を行う独占的権利を持っている海域のこと）が広く、国土面積の約12倍とまでいわれています。近年では海洋資源の開発が活発に行われており、資源の少ない日本の新たな可能性として注目が集まっています。もとより海上保安官の仕事は、日本の海の安全を守るという、なくてはならないものでありながら、さらにそのような、日本の発展にとって大切な海の治安を守るという側面でも、重要性を増しているといえるでしょう。

海上保安官の平均給料・給与

40.8万円

初任給：19万円／生涯賃金：2億8070万円

海上保安官の生涯賃金は、新卒が終身雇用で65歳まで雇用されたと想定して、22歳から65歳までの43年間と平均給料・ボーナスを掛け合わせた数字となっております。

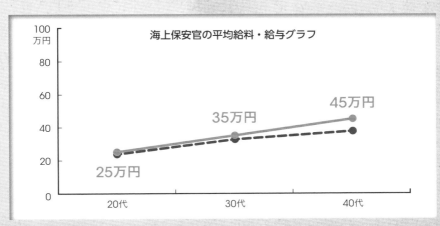

海上保安官の平均給料・給与グラフ

- 100万円
- 80
- 60
- 40
- 20
- 0

25万円　35万円　45万円

20代　30代　40代

※給料の算出には求人や口コミ、厚生労働省の労働白書を参考にしております

スタディサプリ進路

「平和とは何なのか。常に考え続けているのが私たちです」

警察官

警察官
警察法に定められし公務員系ジョブ。治安維持に最高のパフォーマンスを発揮する。スキル「職務質問」は絶対不可避の尋問技だ。

警察官の仕事内容

警察官には、巡査、巡査長、巡査部長、警部補、警部、警視、警視正、警視長、警視監、警視総監といった階級があり、仕事内容はさまざまです。警察職員は全国におよそ30万人いて、組織も非常に大きなもの。国の行政機関であり各地の警察を指揮する「警察庁」と、その地域で発生した事件に対処する「都道府県警察」があります。警察庁は、国家に関わる公安や警察組織全体の調整、各都道府県警察の指揮監督などの役割を持ちます。都道府県警察は地域、交通、刑事……などの部門から成り立っています。

警察官のズバリ！　将来性は？

警察はさまざまな専門職から成り立つ組織ともいえます。刑事や白バイ・パトカーの運転、鑑識など「専科」と呼ばれる専門職に就く警察官は、特別なトレーニングや研修を受けています。多様化・複雑化する事件や事故の迅速な解決のためにも、今後は警察官にもますます専門性が求められていくことが予想されます。また、国際化が進む中でこれからは都市部に限らず、地方においても語学力は必須のスキルとなってくるでしょう。そのほか、インターネットを媒介したハイテク犯罪も急増しているため、これからの警察官はITの知識・技術に精通していることも重要になると予想されます。

警察官になるには

警察官になるには、「警察官採用試験」を突破しなければいけません。特別な資格は必要ありませんが、採用試験を受けるためには高校卒業以上の学歴が必要です。警察官の採用は、「警察庁」と「都道府県警察」、そして「皇宮警察」の3つがあります。圧倒的に「都道府県警察」の採用が多く、「警察庁」「皇宮警察」は国家公務員となるコースです。「都道府県警察」は地方公務員で、採用はそれぞれ独自に行われています。「警察庁」の警察官になるには、まずは「国家公務員採用試験」に合格する必要があります。

その後さらに、警察庁の採用試験を受けて採用されなければ警察官として働くことはできません。「皇宮護衛官」は、天皇皇后両陛下や皇族の護衛、皇居や御用邸などの警備をする特殊な警察官。こちらは、人事院が実施する「皇宮護衛官採用試験」に合格する必要があります。

警察官の平均給料・給与

49万円

初任給：19万円〜／生涯賃金：3億3712万円

警察官の生涯賃金は、想定雇用期間43年間と平均給料・ボーナスを掛け合わせた数字となっております。

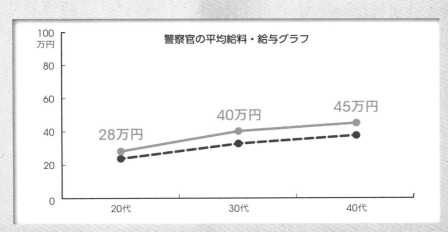

警察官の平均給料・給与グラフ

28万円 ／ 40万円 ／ 45万円

（20代・30代・40代）

※警察官の給与については公安の俸給や手当などによって決まるため、俸給表などから確認してください

第4章　公務員系職業

「どんな微細な痕跡も、私の目から逃れることはできない！」

科学捜査研究所員

特別寄稿：綾峰欄人

科学捜査研究所員
警察に設置される研究所に所属する公務員系ジョブ。最新の科学を武器とする専門家チーム。「DNA鑑定」「ポリグラフ分析」などのスキルで、事件を解決に導く。

科学捜査研究所員の仕事内容

全国の警視庁及び各都道府県警に設置されている科学捜査研究所（科捜研）の職員で、犯罪捜査に協力する仕事です。科学、法医、物理、心理、文書という5つの分野があり、DNA鑑定や麻薬・覚せい剤分析、文書鑑定、ポリグラフ分析などを行います。現場臨場が必要なケースでは、殺人事件が発生した現場にも赴きます。鑑識課と連携して業務を行い、他の都道府県の科捜研と情報交換をすることもあるようです。最終的には、捜査結果を「鑑定書」という書類にまとめあげ、裁判所に証拠として提出します。

科学捜査研究所員になるには

科学捜査研究所員は地方公務員であり、各都道府県が実施する採用試験に合格しなければなりません（都道府県によっては地方公務員上級も必要なケースがあります）。一般的には筆記試験（一次選考）と面接試験（二次選考）があり、募集人員も少ないこともあり、難関だといわれています。募集は不定期で、中途採用はあまりないと考えておきましょう。各都道府県の職員採用ホームページをこまめにチェックすることが大切です。いわゆる難関大学の大学院で修士課程や博士課程を修了した人が有利です。また、法医学や心理学、物理学など、業務に関係する学部を卒業していることも重要です。

科学捜査研究所員に向いている性格

科学捜査研究所員の仕事は、正確さを要求されます。わずかなミスが捜査を遅らせ、新たな被害者が出るかもしれません。また、自分がまとめ上げた「鑑定書」が、裁判の証拠として扱われるため、責任は重大です。そんな緊張感の中で働く科学捜査研究所員ですが、公務員であるため、それほど高い収入を得られるわけではありません。ですから、お金だけのためではなく、正義感を持って働ける人が向いています。自分の知識が、しっかりと社会の役に立っているという実感を誇りに思えるような人です。性格面では冷静で客観的な分析ができることが大切です。現場に出向くと、事件の家族や関係者を目にすることもありますが、思い込みや感情に左右されず、事実のみを抽出しなければなりません。ある意味で、冷酷な性格の人には向いているといえます。

科学捜査研究所員の平均給料・給与

42万円

初任給：20万円〜／生涯賃金：2億5955万円

科学捜査研究所員の生涯賃金は、新卒が終身雇用で65歳まで雇用されたとして、22歳から65歳までの43年間と平均給料・ボーナスを掛け合わせた数字となっています。

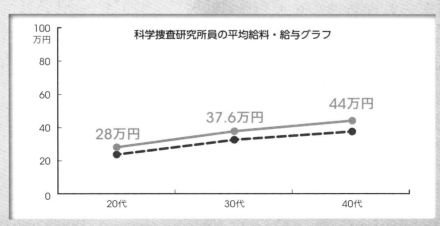

科学捜査研究所員の平均給料・給与グラフ

- 28万円
- 37.6万円
- 44万円

（グラフ縦軸：万円 0／20／40／60／80／100）
（グラフ横軸：20代／30代／40代）

※給料の算出には求人や口コミ、厚生労働省の労働白書を参考にしております

「どんな違法薬物も見逃さない」

麻薬取締官

捜査中

Investigating

Sosachu

特別寄稿：綾峰欄人

麻薬取締官

麻薬や覚せい剤などの違法薬物の流通や不正使用を取り締まる厚労省直属ジョブの一つ。捜査スキル「潜入」が許可されており、公務員でありながら長髪や派手なファッションが許容されている。

麻薬取締官の仕事内容

厚生労働大臣の指揮監督のもと、「薬物五法」に基づいた職務を行います。薬物五法とは、麻薬および向精神薬取締法、大麻取締法、あへん法、覚せい剤取締法、麻薬特例法のことです。違法薬物に関わる犯罪捜査や、医療用として使用される薬物を適切に扱うための監督や指導、不正流通の摘発などがおもな仕事です。そのほかに、覚せい剤等の乱用者の調査やその家族のサポート、不正薬物の成分分析や毛髪分析などの検査、薬物の乱用防止のための啓発活動のほか、自生している大麻草の抜去などを行うことがあります。

麻薬取締官のズバリ！ 将来性は？

インターネットの普及、携帯電話、スマートフォンが一般的になっていることから、違法薬物の流通も多様化し、誰でも簡単に入手できるようになりつつあります。また、危険ドラッグなど新しいタイプの人体に害を及ぼす薬物が増加し、次々と新しいものが出てきています。追いかけっこのような状況が続きますが、薬物の分析や鑑定などが進化していくことで、新しいタイプの薬物を食い止めることにつながる可能性も秘めています。薬物の分析の高速化や正確性なども含めて、麻薬取締官の活躍の場は現状よりも広がっていくでしょう。果たすべき責務も重くなっていくことが考えられます。犯罪を摘発するという難しい仕事ではありますが、やりがいは大きいでしょう。

麻薬取締官になるには

麻薬取締官になるには、厚生労働省地方厚生局麻薬取締部の採用試験に合格して採用される必要があります。採用後は各種研修を受け、事務官などの経験を積んだ後に、麻薬取締官として任命されます。採用試験受験の応募資格には2通りあり、一つは、国家公務員試験一般職試験の中の「行政」、または「電気・電子・情報」を受験する方法です。これは大卒が条件になります。もう一つは、薬剤師（薬剤師国家試験合格見込み者）の資格を持ち、29歳以下であることです。ただし、採用は不定期に行われ、全国でも毎回若干名ほどしか採用されないなど、狭き門であることは覚えておきましょう。採用情報は、厚生労働省地方厚生局麻薬取締部のWEBサイトに掲載されるため、こまめにチェックしておくことが必要です。

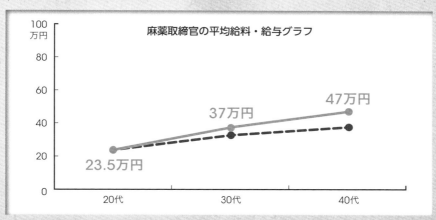

麻薬取締官の平均給料・給与

36万円

初任給：27.4万円／生涯賃金：3億2336万円

麻薬取締官の生涯賃金は、新卒が終身雇用で65歳まで雇用されたとして、22歳から65歳までの43年間と平均給料・ボーナスを掛け合わせた数字となっております。

麻薬取締官の平均給料・給与グラフ

- 20代：23.5万円
- 30代：37万円
- 40代：47万円

（縦軸：万円、0〜100／横軸：20代・30代・40代）

※給料の算出には求人や口コミ、厚生労働省の労働白書を参考にしております

「隊長が隊員を、隊員が隊長を信頼できなければ待っているのは死だ」

消防士

消防士
火災が発生した際には現場に赴き、火災を最小限に抑える。過酷な火との戦いのため、毎日の体力作りは欠かせない。

消防士の仕事内容

消防士のおもな仕事は「消火活動」「救急活動」「救助活動」の3つです。消火活動は消防車で火災現場に駆け付け、消火を行う仕事、救急活動は救急車で急病人や怪我人を病院に搬送する仕事、救助活動は事故や災害で脱出できなくなった人を救助する仕事です。それぞれ消防本部・消防署内に編成されている専門の部隊が担当します。このほか、火災などを未然に防ぐために建物・消火設備の検査や防災訓練の指導などを行う「予防活動・防災活動」も消防士の大切な仕事です。

消防士のズバリ！ 将来性は？

災害に対する意識が社会的にも高まっている中、地域の防災や災害時の救助などを担う消防士へのニーズは高まっています。そのため、地方公務員数を削減する動きもある一方で、消防士の数は年々増加しており、今後も、採用数が大幅に削減されるといった動きは考えにくいでしょう。また、総務省消防庁では、地域で暮らす子どもや高齢者とのコミュニケーションをより円滑にし、住民サービスを向上させるためにも、女性消防士を増やしていく方針を打ち出しています。今後は女性が活躍できる職場となっていくことも期待できそうです。

消防士は地方公務員

消防士は地方公務員です。そのため、消防士になるためには、各自治体が実施する消防士を対象とした採用試験に合格する必要があります。試験は、大卒レベル、短大卒レベル、高卒レベルに区分されていることが多いです。決して簡単な試験ではないので、試験対策には予備校などを利用する人が多いです。採用試験合格後は、各地の消防学校に入学し、必要な知識・技術・規律などを習得。半年の学校生活を経て、消防本部や消防署に配属されます。全国には726の消防本部、1719の消防署があり（2020年4月1日時点）、16万人を超える消防士が勤務しています。消防本部や消防署では、消防士は24時間勤務して翌日は非番というサイクルで働いているケースが多いです。消火活動や救急活動、救助活動の要請がない時も、消防士は、日々、専門的な訓練や体力トレーニングなどに取り組んでいます。

消防士の平均給料・給与

44万円

初任給：**15万円〜** ／ 生涯賃金：**3億0272万円**

消防士の生涯賃金は、想定雇用期間43年間と平均給料・ボーナスを掛け合わせた数字となっております。

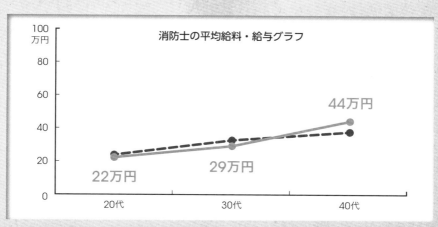

消防士の平均給料・給与グラフ

- 100万円
- 80
- 60
- 40
- 20
- 0

44万円

22万円　29万円

20代　30代　40代

※給料の算出には求人や口コミ、厚生労働省の労働白書を参考にしております

「他策なかりしを信ぜむと欲す」

政治家

国会議員

政治家のうち、最高議決機関「立法府」に属す議員。国民が選挙によって選出した代表者である。厚い信頼と責任感を持ち、天皇陛下の任命・認証などを得て行政府の長、「総理大臣」や「国務大臣」にクラスチェンジが可能。

政治家の仕事内容

政治家は、国に関することを担う国会議員と、都道府県、市区町村のことを担う地方議会議員、地方自治体の長である首長に分けられます。どの政治家も、人々の暮らしに必要な法律、政治を進めるために必要な予算などについて審議をして決定することが役目の一つになります。人々の生活に影響することを審議するため、勉強会や意見交換会に参加したり、視察に行ったり、資料に目を通したりと知識を深めることも必要です。作った法律によって政策の実現に近付いているのか、長い目で見ることも求められます。

政治家になるためのおもなルート

選挙権を持っていて、「社会のため」「地域のため」に役に立ちたいという強い気持ちがあれば、政治家に立候補はできるといえます。ただし、当選するためにはこれまでの実績や人脈も必要です。政治家になるためには、いくつかのルートがあります。例えば、議員秘書になるルート。秘書という仕事を通じて政治の仕組みを知り、実際に政治が行われる現場で働きながら、多くの人脈を作ることもできます。また、政党や民間が主催する政治塾に所属するルートもあります。立候補の公認や推薦が約束されるわけではありませんが、現職の議員などとの人脈を築くことができるでしょう。

政治家のズバリ！　将来性は？

給与の面や若い人の政治離れなど、政治家を取り巻く環境は厳しくなっています。そのため、今後、政治家の給料が上がっていくことは考えにくいといわれています。自主的に足を運んで地域の現状を把握したり、イベントに参加して人々の意見を聞いたりと、政治活動にはお金もかかりますが、そうしたお金を経費としてではなく、自分の給料から支払う場面も増えており、「生活が苦しい」と感じる政治家も多いようです。「人々の役に立ちたい」という使命感や覚悟がないと続けていくことが難しくなっていくでしょう。また、社会の多様化に伴って、さまざまな意見や問題が出てきています。そのため、あらゆる立場から意見を出し合って政治を行うことが必要となっていくでしょう。そうした面で、現状、政治家の数が少ない、若い世代や女性にも今後活躍の場が広がっていくことが期待されています。

国会議員の平均給料・給与

129.4万円

初任給：129.4万円／生涯賃金：9億7524万円

国会議員の生涯賃金は、議員勤続年数の日本記録が63年間なので、これに平均給料を掛け合わせた数字となっております。

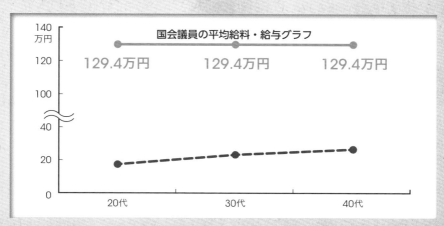

国会議員の平均給料・給与グラフ

129.4万円　　129.4万円　　129.4万円

※給料の算出には求人や口コミ、厚生労働省の労働白書を参考にしております

「サービス残業は、労働者の知性とともに実力までも滅ぼす」

労働基準監督官

労働基準監督官
厚労省直属の固有ジョブ。労働基準法などに基づき、ブラック企業を取り締まる特別司法警察職員である。別名「労働Gメン」。スキル「臨検」「指導」を持つ。捕縛スキル「逮捕」を発動させることも可能。

労働基準監督官の仕事内容

労働基準監督官のおもな仕事は、工場や事業所などに立ち入り、労働基準法や労働安全衛生法に定められた労働条件や労働環境が維持・提供されているかを確認することです。あらゆる職場に立ち入り、そこで労働者が不当な扱いを受けたり、安全や健康が脅かされていたりした場合には、監督や指導まで行います。また、労働災害に遭った人への労災補償業務も行います。悪質な法律違反を行った事業者に対しては、刑事訴訟法に規定する特別司法警察職員として逮捕・送検などの職務を執行することもあります。

労働基準監督官のズバリ！　将来性は？

国家公務員である労働基準監督官は採用後、定期的に転勤をしながら、さまざまな地域特性や産業構造の中で実務を経験していくのが通例です。実績が認められれば都道府県労働局長、労働基準監督署長への道も開かれています。また、労働基準監督官を経て社会保険労務士になる人もいます。現在、政府の規制改革推進会議では、労働基準監督官の業務の一部を社会保険労務士に委託するという提言が出されています。労働基準監督官は労働法規を事業者に指導する側である一方、社会福祉労務士は事業者側の専門家として労働問題に関与します。将来的には両者の関係性がより密接なものになっているかもしれません。

労働基準監督官になるには採用試験で高得点を

労働基準監督官を目指す人は、労働基準監督官採用試験にパスしなければなりません。受験資格には、日本国籍を有していることや年齢制限などの条件が設けられていますが、幅広い職業の労働環境を監督する職業であることから、文系理系を問わず広く門戸が開かれています。試験内容は第一次試験が筆記、第二次試験が面接と身体検査で構成されています。合格すると採用候補者名簿に登録され、成績優秀者から順に採用されます。そのため、採用試験はただ合格すればよいというものではなく、できるだけ高得点で通過するための準備が必要になります。採用後は全国各地の労働基準監督署に配属され、最初の1年は基礎研修や実地訓練を受けることになります。そのうち3か月間は、労働大学校において中央研修を受講します。

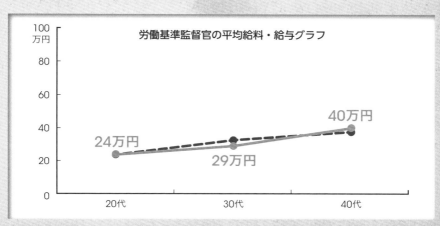

労働基準監督官の平均給料・給与

29万円

初任給：17万円／生涯賃金：1億9952万円

労働基準監督官の生涯賃金は、新卒が終身雇用で65歳まで雇用されたと想定して、22歳から65歳までの43年間と平均給料・ボーナスを掛け合わせた数字となっております。

労働基準監督官の平均給料・給与グラフ

- 24万円（20代）
- 29万円（30代）
- 40万円（40代）

（縦軸：万円 0〜100、横軸：20代・30代・40代）

※給料の算出には求人や口コミ、厚生労働省の労働白書を参考にしております

「『なぜ？』を５回以上唱えなさい。そうすれば深みを知ることができる」

小学校教諭

特別寄稿：岡野剛

小学校教諭

学術や技芸を指導する者。知恵の神「トト神」の洗礼を受け、子どもたちに知識や道徳などを教えるジョブ。スキル「熱血」は、熱い思いを叩き込み、スキル「仏」は、仏のまなざしで優しく児童を見守る。

小学校教諭の仕事内容

小学校教諭は、基本的に全教科を教えます。最近は、音楽・図工・体育などは専門の教師が教える小学校も増えてはいますが、多くの場合、担任の先生が一人で全教科を教えることになります。また、6 ～ 12歳の子どもたちは心身ともに「成長期」の非常に大事な時期にあります。子どもたちが健やかに育つよう、生活面や道徳面の指導もしていかなければなりません。さらに、指導のほかにも授業の準備や部活動、テストの採点、PTA活動や学校行事の運営など、やるべき仕事はたくさんあります。

小学校教諭になるには

小学校教諭になるには、教員免許が必要となります。教員免許は普通免許状、特別免許状、臨時免許状に分かれており、大半の人は普通免許状の取得を目指します。小学校教諭の普通免許状を取得するには教職課程のある大学・短大・大学院に行き、教育課程を履修する必要があります。また、大学に進学しなくても通信教育や「科目履修生制度」を利用して取得することも可能です。免許状を取得した後は教員採用試験を受けます。地域によって、また公立・私立など学校の種類によって試験内容は変わります。教員採用試験に合格すれば、小学校教諭として働くことができます。

小学校教諭のズバリ！　将来性は？

少子化により学校数や児童の数は年々減少していますが、各地で少人数クラスの編成がされたり、文部科学省が教員数を増やす試みをしたりとさまざまな取り組みが行われています。何より、「心」の成長において大事な時期である児童をサポートする小学校教諭という職業はこれから先なくなることはないでしょう。しかし少子化をはじめ、学校を取り巻く問題は複雑になっているといえます。また、社会の多様化により、現代ならではの障がいを持つ児童も増えてきているようです。今後はこれまで以上に児童一人ひとりに目を配り、向き合うことができるかという面で「人間性」や「対応力」がより重視されるでしょう。また、タブレットやパソコンなどが普及している学校も増えているので、ITの知識も必要になります。今後はインターネット端末を取り入れた授業が増え、児童への指導の仕方も変わってくるでしょう。

小学校教諭の平均給料・給与

37万円

初任給：20万円〜／生涯賃金：2億5456万円

小学校教諭の生涯賃金は、新卒が終身雇用で65歳まで雇用されたと想定して、22歳から65歳までの43年間と平均給料・ボーナスを掛け合わせた数字となっております。

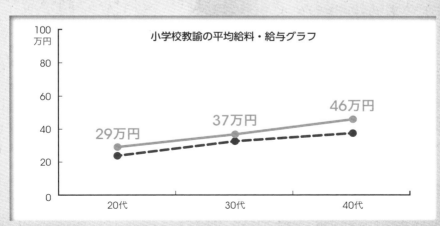

小学校教諭の平均給料・給与グラフ

- 29万円（20代）
- 37万円（30代）
- 46万円（40代）

※給料の算出には求人や口コミ、厚生労働省の労働白書を参考にしております

「公務員は楽ではない」

地方公務員・市役所職員

十六番

市役所職員

地方公務員の中の一ジョブ。長期的ビジョンを掲げ地域の幸福を創り上げる、地方自治体に仕える。市政への不満などを一手に引き受けるため、スキル「クレーム対応」は必ず習得しなければならない。

地方公務員の仕事内容

地方公務員には、知事や市町村長などの「特別職」とそれ以外の「一般職」があります。また、所属する自治体は「政令指定都市」「都道府県」「市町村」に分けられていて、それぞれ役割が異なります。職種としては、役所で働く「行政職」、土木や建築、農業・水産・林業など専門分野での「技術職」、警察や消防などの「公安職」、児童相談所などに勤務する「心理職」、福祉に関わる「福祉職」などがあります。また、看護師や薬剤師、獣医師、保健師、栄養士などが該当する「資格免許職」もあります。

上級試験を受けるならば、経済学部、法学部がおすすめ

地方公務員になるためには、地方公務員試験を受けて合格し、採用されることです。試験は、各自治体で独自に行われています。試験内容は自治体や職種によって違いますが、事務職や技術職の場合は「上級（大卒程度）」「中級（短大卒程度）」「初級（高卒程度）」に分けて行われるのが一般的です。全国型と呼ばれる専門試験では、法律と経済について多く問われるため、行政、法律、経済に関する専門知識があると有利でしょう。学部としては、経済学部、法学部のほか、政治学部、政策学部などの学科に進むのがおすすめです。採用人数は毎年変わります。退職者がいない限り、採用をしない市町村もあります。

地方公務員のズバリ！　将来性は？

深刻な少子高齢化が進む日本。少子高齢化は国を挙げて対応が推進されていますが、地方自治体としても、さまざまな取り組みを行っています。豊かな自然の中での生活や、子育てや住環境などの暮らしやすさをアピール、地方での定住受け入れなども積極的に進めています。さまざまな政策を打ち出し、地域の経済発展を図ることで、税収を増やし、豊かで潤いのある生活を住民に提供できれば、地方公務員の採用が増え、さらにやりがいのある仕事が増えていくかもしれません。ただ、世の中はめまぐるしく変化しています。どんな時も地域住民の声に耳を傾けて信頼を保つだけでなく、国際的な視野を持って、さまざまな状況に対応できるような心構えとチャレンジ精神、行動力が求められるでしょう。

市役所職員の平均給料・給与

41万円

初任給：13万円〜／生涯賃金：2億8208万円

市役所職員の生涯賃金は、新卒が終身雇用で65歳まで雇われたと想定して、22歳から65歳までの43年間と平均給料・ボーナスを掛け合わせた数字となっております。

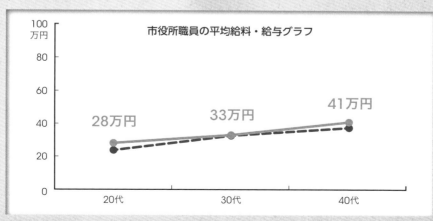

市役所職員の平均給料・給与グラフ

- 28万円（20代）
- 33万円（30代）
- 41万円（40代）

※給料の算出には求人や口コミ、厚生労働省の労働白書を参考にしております

「運命という名の手紙を届ける時、2度ベルを鳴らすんです」

郵便局員

郵便局員は日本郵政グループの一般職やカスタマーサービス職を担当します。具体的な仕事内容は、郵便業務や保険の販売・営業、金融サービスの提供、お客様からの照会対応など。郵便局員というと郵便業務のイメージが強いですが、民営化したことによって、保険の営業に力を入れるところが多くなりました。人と触れ合う機会が多い職業なので、コミュニケーション能力は高いに越したことはありません。ミスが許されない細かな仕事も多いため、大雑把な人よりも何事も丁寧に行う人のほうが向いています。高卒と大卒では初任給から2万円ほどの差があり、昇進も大卒のほうが早いようです。

郵便局員の平均給料・給与

24.3万円

初任給：16万円／生涯賃金：1億6718万円

郵便局員の生涯賃金は、新卒が終身雇用で65歳まで雇用されたと想定して、22歳から65歳までの43年間と平均給料・ボーナスを掛け合わせた数字となっております。

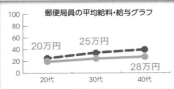

郵便局員の平均給料・給与グラフ

20万円　25万円　28万円

| | 20代 | 30代 | 40代 |

※地域により差があります　※給料の算出には求人や口コミ、厚生労働省の労働白書を参考にしております

郵便局員

可変式バイク「MD110郵政カブ」を装備。アーチェリーに可変。遠く及ばない住居へは郵政ビームアローでお手紙をお届けする。遠距離ジョブ。

配達業務をしている郵便局員と内部で働いている人がいますが、正規雇用の場合、業種による給料の差はないといわれています。ただし、配達員は非正規雇用が多く、その場合は連休が取れなかったりクビになる可能性があったり、正規とは待遇が違うようです。口コミでは「手取りが少ない」という意見や、逆に「非正規で正規よりも稼いでいるから正社員になれと言われた」などの意見がありました。配達は天候に左右されるため、楽な仕事とはいえません。体力的にもハードな職業です。

「仮免許試験の厳しさを教えてやろう」

自動車学校教官

都道府県公安委員会の条例に基づく指定自動車教習所で運転技術や知識を教える、専門の教官です。公認校の場合は、教習指導員資格が必要で、筆記審査、技能検査、面接審査を経過して、その資格を得られます。公務員ではありませんが「みなし公務員」として一般に認識されています。根本的に欠員が出た場合に募集が出ますので、公認教習所の求人を直接探すか、ハローワークなどで教習所の求人が出ていないかチェックするのが早いでしょう。公認校であれば、そこへ就職しないと教官にはなれません。教習所へ直接電話してもよいと思います。

自動車学校教官の平均給料・給与

33.6万円

初任給：14万円／生涯賃金：2億3116万円

自動車学校教官の生涯賃金は、新卒が終身雇用で65歳まで雇用されたと想定して、22歳から65歳までの43年間と平均給料・ボーナスを掛け合わせた数字となっております。

自動車学校教官の平均給料・給与グラフ

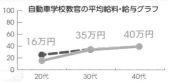

16万円　　35万円　　40万円

※給料の算出には求人や口コミ、厚生労働省の労働白書を参考にしております

自動車学校教官

操作系職業の一つ。別名「ドライブマニュピレイター」。手にしたムチと叱咤の呪文で、初心者ドライバーを操る。生徒が危険物に接近しすぎた場合などは、補助ブレーキを駆使した「強制停止」のスキルが発動する。

教官に元警察官が多いのは、そもそも交通法令すべてを丸暗記しているのが条件なので、当然元警察官の合格率が高いということです。つまり、公認教習所の教官試験はそれほど難しいのです。運転技術にしても、勘や慣れではなく、道路のどの位置で正しく停車するとか、白線から何センチ手前で停車するとか、何秒前にウインカーを出すなど、相当に厳しい試験です。

「辛いこともたくさんあるけど、やっぱりこの国が好きなんだ」

国家公務員・官僚

特別寄稿：石島志朗

官僚

国家公務員の中でも最上級のランクに位置する。頭脳明晰で高い能力を持ち、裏から国を動かしているとも噂される。「事務次官」は競争を勝ち抜いた官僚だけが手にすることができる称号。

国家公務員の仕事内容

各省庁やその出先機関に勤め、国防・公安・徴税から農・工・商業の指導監督、国民医療や社会福祉の充実など、国の施策を実行して、国民生活の向上を図るのが仕事です。就職先は、財務省・外務省などの中央省庁やその関連機関など。霞が関に勤務し、政策立案などに携わる仕事もあれば、国立研究機関の研究職、自衛隊員、国立公園などで働く環境省のレンジャーなどその職種は幅広いです。採用試験の段階で職種が決まっている場合もあれば、採用後に省庁内での配属が決められる場合もあります。

国家公務員のズバリ！　将来性は？

国の財政が悪化を続ける中、国家公務員の人数や給与の削減に関する議論が活発になり、一部実施もされています。ただし、それだけで国家公務員の将来を不安視するのは早計です。ムダの削減や組織の見直しなどはあるとしても、国家公務員がいなければ国が成り立たない以上、将来的にもその必要性が低下することは考えられません。人口減少、財政難などさまざまな問題が顕在化する中で、国家公務員が果たす役割はこれまで以上に高くなっていくはずです。

スタディサプリ進路

国家公務員になるには

国家公務員には一般職と特別職があり、自衛官や裁判所職員などの特別職はそれぞれの機関が採用試験を実施しています。一般職については人事院が実施する国家公務員採用試験に合格することが必須です。国家公務員採用試験には、総合職試験（院卒者試験）・総合職試験（大卒程度試験）、一般職試験（大卒程度）、一般職試験（高卒程度）、専門職試験、経験者採用試験があります。合格後に希望する官庁を訪問し、面接試験に合格すると採用となります。総合職を目指すのであれば、大学に進学するのが一般的です。行政職の試験では、幅広い教養のほか、行政、法律、経済に関する専門知識が問われるので、法学・政治学・政策学・経済学などの学科に進むのが王道です。また、学力だけでなく、社会に貢献したいという気持ちや正義感も国家公務員に必ず求められる資質です。その一方で、個人的な感情や考え方に左右されず、客観的にものごとをとらえ、考える力も必須です。

官僚の平均給料・給与

52万円

初任給：**20万円**／生涯賃金：**3億5776万円**

官僚の生涯賃金は、想定雇用期間43年間と平均給料・ボーナスを掛け合わせた数字となっております。

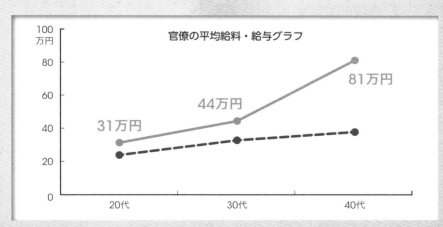

官僚の平均給料・給与グラフ

- 100万円
- 80 ― 81万円
- 60 ― 44万円
- 40 ― 31万円
- 20
- 0

20代　　30代　　40代

※給料の算出には求人や口コミ、厚生労働省の労働白書を参考にしております

刑務官

裁判で実刑判決を受けた受刑者は刑務所に収容されます。刑務所での刑務官の仕事は、朝の開房点検、施設の備品や機器の確認、面会や作業場、医務室、風呂、運動場などへ受刑者を引率する、などです。もめごとや規則違反が起こらないようにしっかり監督・指導します。閉房点検後、夜間は巡回を行い、受刑者の状態に変化がないかどうかを確認します。また、受刑者が抱える悩みごとの相談などに応じて、安心して社会復帰できるようにサポートするのも大事な仕事です。

スタディサプリ進路

刑務官のズバリ！　将来性は？

刑事施設の受刑者や収容者は減少傾向にありますが、受刑者や収容者の高齢化も目立つようになり、刑務官にかかる負担は以前よりも大きくなっています。刑務官の採用は今後も一定数が保たれる見込みですが、責任も負担も大きい仕事です。しかし勤務地において職務をまっとうできれば、経験年数に応じて昇進しやすくなります。民間企業の課長職に相当するのが看守長で、おおよそ14年勤務でこの地位まで昇進する可能性があります。昇進に応じて給料も上がるので、将来のプランを立てやすくなるのもメリットです。

刑務官になるには

刑務官になるには、3種類の採用試験のいずれかに合格する必要があります。その3つは、①定年退官者などの欠員補充のために実施される「刑務官採用試験」、②「国家公務員総合職・一般職」の採用試験、③急に欠員が出た時などに不定期で行われる「刑務官採用選考（公募）」ですが、刑務官になるほとんどの人は①の「刑務官採用試験」を選択しています。試験に合格して配属先が決まると初等科研修が実施されます。憲法や刑法などの法律知識、教育心理学・医学、護身術などを学び、その後、採用された刑務所に戻って実務研修を行います。この研修を修了すると刑務官としての仕事が始まります。

刑務官の平均給料・給与

25万円

初任給：18万円／生涯賃金：2億6144万円

刑務官の生涯賃金は、想定雇用期間43年間と平均給料・ボーナスを掛け合わせた数字となっております。

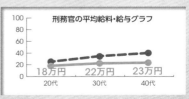

刑務官の平均給料・給与グラフ

	20代	30代	40代
	18万円	22万円	23万円

※給料の算出には求人や口コミ、厚生労働省の労働白書を参考にしております

検察事務官

犯罪や事件を詳しく調べて、被疑者を裁判にかけるか否かを決める役割の検察官（検事）をサポートするのが、検察事務官の仕事です。検察官とともに事件捜査にあたるだけではなく、一般事務を含む多岐にわたる業務があります。職場は大きく捜査公判部門・検務部門・事務局部門の3種類に分けられます。各部門は、さらに細かな仕事内容に分かれます。さまざまな業務を通して検察官の仕事を補佐するのが、検察事務官の役割です。細かく分かれた個々の仕事には、それぞれに異なる知識やノウハウが必要になります。

検察事務官になるには

検察事務官になるには、人事院が行う「国家公務員採用一般職試験」を受験し、合格することが大前提です。試験合格後、全国各地の検察庁ごとに行われる個別面接などをパスできれば採用となり、検察事務官として働き始めることができます。個別面接は全国に59か所ある検察庁ごとに行われます。年ごとに採用人数は異なり、募集のない場合もあります。採用情報は、各検察庁のホームページなどで確認できます。

検察事務官のズバリ！　将来性は？

将来的に人口が減少しても、犯罪や事件は起き続けると考えられます。そのため、正当な裁きをするためのスタッフの一員である検察事務官の仕事は、今後も存在し続けるでしょう。犯罪や事件は今後ますます巧妙化が予想されるため、それに対応する検察事務官の仕事の重要性は、高くなっても低くなることはないと思われます。国家公務員の中でも、検察事務官は近年、注目度の高い職種となっています。安定した地位と収入が期待できることが理由の一つです。検察事務官としてのキャリアを積んで一定の受験資格を満たした後、試験の合格により、さらに地位と給与の高い副検事や検察官への道が開かれていることも魅力となっているようです。また、女性が復職しやすい職業であるともいわれていることも、注目される理由と考えられます。

検察事務官の平均給料・給与

34万円

初任給：**16.5万円〜**／生涯賃金：**2億3392万円**

検察事務官の生涯賃金は、想定雇用期間43年間と平均給料・ボーナスを掛け合わせた数字となっております。

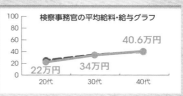

検察事務官の平均給料・給与グラフ

- 40.6万円（40代）
- 34万円（30代）
- 22万円（20代）

※給料の算出には求人や口コミ、厚生労働省の労働白書を参考にしております

航空管制官

航空管制官はレーダーや無線電話を使って、航空機が安全に飛行できるように誘導する仕事です。おもに空港と航空交通管制部のそれぞれの航空管制官が連携して、安全な空の交通を守っています。空港内にある管制塔では、そこから見える飛行機に対して離陸・着陸の許可を出し、レーダー管制室から無線を用いて方向や高度の指示を出します。航空機同士が接触しないよう常に注意して空を見わたすことも重要な仕事です。全国4か所にある航空交通管制部では、航空機を誘導する空港路管制業務を担当しています。

航空管制官のズバリ！　将来性は？

将来的に増えていくと予想される航空機の利用者に対応するために、航空管制官の需要は高まっていくでしょう。また、空の交通というインフラを支える航空管制官の仕事は、専門的な試験と研修を経て初めて就くことができるため、一般的な国家公務員よりも給与が高く設定されています。また、扶養・住居・通勤・期末など基本的な各種手当に加えて航空管制官手当、夜間特殊業務手当、夜勤手当、休日給を受けることができるため、経済的に安定した生活を送ることができるでしょう。

航空管制官になるには

航空管制官になるには、まず大学か短大、高等専門学校を卒業した後、「航空管制官採用試験」に合格し、国家公務員として国土交通省に採用されることから始まります。採用後、航空保安大学校で8か月の学科・技能研修を受け、各地の空港または航空管制部に配属されます。そこで実地訓練を経て、技能証明を受けてから航空管制官として管制業務に就きます。安全な飛行は管制官一人の力では実現することはできません。直接対応するパイロットだけでなく、同じ場所で働く仲間、そのほか連携して業務を行う人たちとも、円滑なコミュニケーションを取ることができる力が求められます。

航空管制官の平均給料・給与

43万円

初任給：18万円〜／生涯賃金：2億9584万円

航空管制官の生涯賃金は、想定雇用期間43年間と平均給料・ボーナスを掛け合わせた数字となっております。

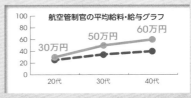

航空管制官の平均給料・給与グラフ

30万円　50万円　60万円

20代　30代　40代

※給料の算出には求人や口コミ、厚生労働省の労働白書を参考にしております

国連スタッフ

国連スタッフとは、国連・国連機関に勤務し、ニューヨークやジュネーヴなどにある本部のほか、フィールドと呼ばれる世界各地の事務所で活躍する人々のことです。国連スタッフは、世界各地に広がる多種多様な社会問題に取り組んでいます。そのおもな取り組みには、国際的な平和と安全の維持、国家間の友好関係の構築、社会発展、生活水準の向上および人権の推進、持続可能な開発、環境と難民の保護、災害の救援と軽減、テロ対策、軍縮や核不拡散などがあります。

スタディサプリ進路

国連スタッフのズバリ！　将来性は？

世界のさまざまな場所で解決の難しい問題が多発しており、国連・国連機関には大きな期待が寄せられています。国連スタッフには日本人が少ないこともあり、国連をはじめとする国際機関や日本政府は日本人の参加を奨励しているため、国際舞台で働きたい人には、大きなチャンスがめぐってきたといえます。また、国際機関は国籍や性別の区別なしに採用しており、働きやすい環境もきちんと整備されています。

国連スタッフの分類

国連スタッフの職種は、専門職と一般職に大別できます。専門職は、専門的な知識や技術を活かして、国連機関で実施するプログラム（開発、経済、環境など）に携わるほか、これらのプログラムをサポートする業務（財務、人事、総務、広報、ITなど）に就く場合もあります。一般職は一般事務や庶務などを担当します。専門職職員になるには、いくつかのルートがあります。希望する仕事をピンポイントで見付けられるのは「空席公告」ですが、人気のポストは競争率も高くなります。また、原則2年間、国際諸機関へスタッフとして派遣するJPO派遣制度や、2年間にわたり国連スタッフとして働くことができる国連事務局ヤング・プロフェッショナル・プログラム（YPP）の試験を受けるといった方法があります。

国連スタッフの平均給料・給与

100万円

初任給：50万円〜／生涯賃金：6億8800万円

国連スタッフの生涯賃金は、想定雇用期間43年間と平均給料・ボーナスを掛け合わせた数字となっております。

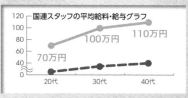

国連スタッフの平均給料・給与グラフ

70万円　　100万円　　110万円

20代　　30代　　40代

※給料の算出には求人や口コミ、厚生労働省の労働白書を参考にしております

裁判所事務官

裁判所事務官は、司法にまつわる事務のエキスパートです。全国にある裁判所はすべて、「裁判部門（裁判部）」と「司法行政部門（事務局）」から成り立ちます。裁判所事務官は各裁判所において、裁判部に所属する場合は裁判に必要な手続きや進行をサポートするための事務を、事務局に所属する場合は人事・会計・庶務などの事務を担当します。なお、裁判部所属の裁判所事務官は、事件に関する調書作成や判例・法令などの調査を行う「裁判所書記官」の補佐役という位置付けになっています。

裁判所事務官になるには

裁判所事務官になるには、裁判所が実施する「裁判所職員採用試験」に合格しなければなりません。総合職と一般職で受験資格や試験内容が違い、それぞれの要件を満たすことや試験対策が必要になります。なお、勤務地は採用試験の順位順に優遇されるといわれているので、希望がある場合は試験で上位を目指す必要があるでしょう。「国家公務員特別職」という肩書き、給与・待遇面の安定感から人気が高く、採用枠もそれほど多くない職種であるため、例年競争率が非常に高い状態が続いています。

裁判所事務官のズバリ！　将来性は？

近年は裁判数が増加していることに加えて、社会構造や家族構造の変化などにも影響を受け、刑事・民事ともに裁判所が扱う事件は複雑化しています。また、「裁判員制度」の導入により、裁判所事務官が担う仕事内容は以前よりも幅広くなり、業務量も増えているようです。裁判は現代社会になくてはならないシステムであるため、裁判所の運営を支える裁判所事務官へのニーズはこれからも変わることはないでしょう。ただし、税金負担などの問題から公務員の業務の効率化が進み、一人あたりの業務負担が増えることが予想されます。裁判所事務官は指示された仕事を確実かつ迅速に進め、スムーズな裁判進行に寄与することが、今後、よりいっそう求められるようになるでしょう。

裁判所事務官の平均給料・給与

26万円

初任給：16万〜20万円／生涯賃金：1億7888万円

裁判所事務官の生涯賃金は、想定雇用期間43年間と平均給料・ボーナスを掛け合わせた数字となっております。

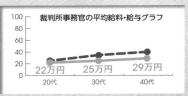

裁判所事務官の平均給料・給与グラフ

22万円（20代）　25万円（30代）　29万円（40代）

※給料の算出には求人や口コミ、厚生労働省の労働白書を参考にしております

養護教諭

養護教諭は、主として小・中・高校に配属される「保健の先生」です。保健室での応急処置をはじめ、毎日の健康観察、身体測定の実施、環境衛生など、学校全体の保健の管理を担い、子どもたちが元気に楽しく学校生活を送れるよう、陰ながらサポートします。また、子どもたちのよき相談相手となり、心のケアをすることも大事な役割の一つです。どの学年やクラスにも所属はしませんが、学校全体の保健の実態を的確に把握し、対応する必要があるので、「学校すべての児童・生徒の担任」ともいえるでしょう。

養護教諭のズバリ！　将来性は？

少子化により学校の数が減る傾向にはありますが、最近では、いじめなどにより不登校や心の悩みを抱える子どもが増えており、1人の養護教諭にかかる責任や負担は大きくなっているといえます。そのため、1校につき1人の体制ではなく複数配置を求める動きも見られています。今後の動向に注目していきましょう。子どもたちが元気に学校生活を送れるよう、今後はスクールカウンセラーなどとも協力して対応していくケースが増えていくでしょう。教育現場における養護教諭の役割は、これまで以上に高く評価されていくと考えられます。

養護教諭の学校の選び方

養護教諭として働くためには、養護教諭の免許状が必要です。免許状を取得するためには、大学・短大・専門学校の養護教諭養成課程のある教育・保健・看護系の学科などを卒業しなければなりません。まずは、養護教諭の免許状が取得できる学校かを確認しましょう。学校によっては、「一種免許状」と看護師などのほかの資格を同時に取得できるところもあります。また、就職先となる学校によっては、「専修免許状」や「一種免許状」を条件としている場合もあります。将来、どういった学校で働きたいかという点も踏まえて、進学先を検討できるといいかもしれません。

養護教諭の平均給料・給与

30万円

初任給：21万円／生涯賃金：2億0640万円

養護教諭の生涯賃金は、想定雇用期間43年間と平均給料・ボーナスを掛け合わせた数字となっております。

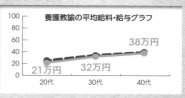

養護教諭の平均給料・給与グラフ

- 21万円（20代）
- 32万円（30代）
- 38万円（40代）

※給料の算出には求人や口コミ、厚生労働省の労働白書を参考にしております

学校事務

学校によって大なり小なり仕事内容は異なりますが、教職員の給与計算、有給休暇の手続き、郵便物の整理、施設の管理、物品の修理、物品の購入、学費の支払い状況の確認、電話対応、生徒手帳の発行などといった業務を幅広く行います。学校運営を支える重要な職業です。

学校事務の
平均給料・給与グラフ

20代	30代	40代
26万円	36万円	46万円

※給料の算出には求人や口コミ、厚生労働省の労働白書を参考にしております

平均給料・給与
30万円
初任給：15万円／生涯賃金：2億0640万円
生涯賃金は、想定雇用期間43年間と平均給料・ボーナスを掛け合わせた数字となっております。

学校事務の仕事はサービス残業が多いともいわれています。すべての学校に当てはまるわけではありませんが、学校行事などが重なるとどの学校でも残業が多くなります。

警察事務

警察署の窓口業務から、一般事務関係、拾得物処理、人事給与管理、警察施設の管理や予算編成までを行います。正確には事務吏員と呼ばれます。扱いとしては地方公務員職の事務職員と同じです。警察官のような階級はありませんが、昇進試験によって役職が上がります。

警察事務の
平均給料・給与グラフ

20代	30代	40代
20万円	24万円	29万円

※給料の算出には求人や口コミ、厚生労働省の労働白書を参考にしております

平均給料・給与
24万円
初任給：15.3万円／生涯賃金：1億6512万円
生涯賃金は、想定雇用期間43年間と平均給料・ボーナスを掛け合わせた数字となっております。

武器の携帯や警察官同等の権限はありませんが、警察官のように警察学校で柔道や剣道の修練、実務に応じた司法や民法、警報や行政法などを約1か月間学びます。

検疫官

海外からの感染症を日本国内に持ち込まないために、空港や港湾の検疫所で入国者をサーモグラフィーで検温したり、動植物、飲食物などの検疫を行ったりします。逆に日本の感染症を海外に拡大しないように水際で防ぐのも検疫官の大切な仕事です。検疫所は24時間のシフト制です。

検疫官の
平均給料・給与グラフ

20代	30代	40代
20万円	25万円	30万円

※給料の算出には求人や口コミ、厚生労働省の労働白書を参考にしております

平均給料・給与
22万円
初任給：18万円／生涯賃金：1億5136万円
生涯賃金は、想定雇用期間43年間と平均給料・ボーナスを掛け合わせた数字となっております。

人を対象とする検疫官の就職先は国内の港湾・空港にある検疫所で、全国への異動があります。動物・植物の検疫を行う場合は、植物防疫所や動物検疫所がおもな就職先です。

皇宮護衛官

天皇、皇后両陛下と皇族を護衛するのが仕事です。皇居や御所、御用邸などの警備を行い、皇族が外出や式典などに出席される際に警護にあたります。護衛のスキルだけでなく、外国語、乗馬、スキーなどの幅広い素養が必要です。国家公務員で、受験には年齢制限があります。

皇宮護衛官の
平均給料・給与グラフ

20代	30代	40代
21万円	26万円	36万円

※給料の算出には求人や口コミ、厚生労働省の労働白書を参考にしております

平均給料・給与
37万円
初任給：18万円／生涯賃金：2億5456万円
生涯賃金は、想定雇用期間43年間と平均給料・ボーナスを掛け合わせた数字となっております。

人物試験や身体検査があり、男子は身長160センチ以上、体重48キロ以上、女子は148センチ以上、体重41キロ以上という規定があります。武道有段者向けの採用試験もあります。

高校教師

高等学校で生徒に対して授業を行うのがおもな仕事です。練習問題やテストの問題を作成したり、生徒の悩みごとを聞いたり、進路相談を行ったり、部活動の顧問として活動したりと、高校教師の仕事内容は多岐にわたります。それぞれの教科に応じた高等学校教諭の免許が必要です。

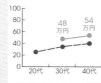

高校教師の
平均給料・給与グラフ

26万円　37万円　50万円

※給料の算出には求人や口コミ、厚生労働省の労働白書を参考にしております

平均給料・給与

45万円

初任給：20万円／生涯賃金：3億0960万円

生涯賃金は、想定雇用期間43年間と平均給料・ボーナスを掛け合わせた数字となっております。

私立高校の給料は公立高校の給料に準じることになっているため、違いはそれほどありません。しかし公立の場合、時間外労働に対する手当が一定を超えるとつきません。

国立大学准教授

大学を卒業後、大学院前期課程を修了し、「修士」を取得。次に、大学院後期課程を修了します（ここで博士号は必要ありません）。その後、研究所に就職できれば、准教授になれます。最短で27歳で准教授になることが可能ですが、実際には20代の准教授はほとんどいません。

国立大学准教授の
平均給料・給与グラフ

48万円　54万円

※給料の算出には求人や口コミ、厚生労働省の労働白書を参考にしております

平均給料・給与

54万円

初任給：48万円／生涯賃金：2億1600万円

生涯賃金は、想定雇用期間25年間と平均給料・ボーナスを掛け合わせた数字となっております。

教員免許が必要ないため、マスコミ関係者、民間企業社長なども准教授に推薦されることもあります。そのため、ポストの空きがなく、現実として厳しいものがあります。

国立大学職員

全国にある国立大学法人で働く職員です。事務職や技術職のほか、教員も大学職員に分類されます。事務職であれば大学内の運営が円滑に進むようサポートし、総務や財務などの管理業務などを行います。技術職は学内のネットワークの構築など、技術が必要となる仕事を担当します。

国立大学職員の
平均給料・給与グラフ

27万円　36万円　41万円

※給料の算出には求人や口コミ、厚生労働省の労働白書を参考にしております

平均給料・給与

36万円

初任給：19万円／生涯賃金：2億4768万円

生涯賃金は、想定雇用期間43年間と平均給料・ボーナスを掛け合わせた数字となっております。

年収はそれぞれの大学が定めている給与規定に従って決まります。かつては国家公務員だったことから、現在でも国家公務員の給与水準に応じた額になっていることが多いです。

国会議員秘書

議員の補佐をするのが仕事です。議員のスケジュール管理から広報活動、政策に関する調査や助言、法律の素案の作成、地元での講演活動の推進、イベントへの代理出席など、仕事内容は多岐にわたります。また、選挙の情勢を読み、資金集めをするのも秘書の仕事の一つです。

国会議員秘書の
平均給料・給与グラフ

33万円　44万円　48万円

※給料の算出には求人や口コミ、厚生労働省の労働白書を参考にしております

平均給料・給与

41.6万円

初任給：26.7万円／生涯賃金：2億8621万円

生涯賃金は、想定雇用期間43年間と平均給料・ボーナスを掛け合わせた数字となっております。

公設秘書と私設秘書の2種類があります。公設は政策担当秘書、公設第一秘書、公設第二秘書の3人で、給料は国から支払われます。私設秘書は何人でも置くことができます。

財務専門官

財務専門官は、財務省の職員として働く国家公務員です。各地の財務局に勤め、予算がきちんと執行されているか、無駄はないかをチェックします。また、地方公共団体が教育施設や上下水道施設などを作るために必要な資金を長期かつ無利子で貸し付ける財政投融資などを行います。

財務専門官の
平均給料・給与グラフ

26万円（20代）　34万円（30代）　41万円（40代）

※給料の算出には求人や口コミ、厚生労働省の労働白書を参考にしております

平均給料・給与
41万円
初任給：20万円〜／生涯賃金：2億8208万円
生涯賃金は、想定雇用期間43年間と平均給料・ボーナスを掛け合わせた数字となっております。

財務専門官になるには国家試験に合格しなければなりません。仕事の忙しさは、配属先や時期によって異なります。本局や財務事務所、出張所などがあり、異動もあります。

社会福祉協議会職員

社会福祉協議会は、民間の社会福祉活動を支援し営利を目的としない民間組織で、社会福祉事業法に基づき設置された公的な機関です。公務員給与と同じ、「号俸」といわれる等級があり、1年ごとに級数に応じた昇給があるのが特徴です。

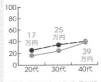

社会福祉協議会職員の
平均給料・給与グラフ

17万円（20代）　25万円（30代）　39万円（40代）

※給料の算出には求人や口コミ、厚生労働省の労働白書を参考にしております

平均給料・給与
24万円
初任給：17万円〜／生涯賃金：1億6512万円
生涯賃金は、想定雇用期間43年間と平均給料・ボーナスを掛け合わせた数字となっております。

毎年昇給が4000〜5000円ペースで確実にあり、賞与は年間4.5か月、手当もかなり多いです。実態は、それほど低い給与ではありません。

税関職員

船舶や航空機の監視取締りや、輸出入された貨物の調査、輸入貨物にかかる関税の徴収などを行う国家公務員です。総合職は関税を決定したり、国際的な交渉を行ったりします。WCO（世界税関機構）などの国際機関や外務省に出向して日本大使館で書記官として働く人もいます。

税関職員の
平均給料・給与グラフ

21万円（20代）　34万円（30代）　44万円（40代）

※給料の算出には求人や口コミ、厚生労働省の労働白書を参考にしております

平均給料・給与
40.1万円
初任給：17万円／生涯賃金：2億7588万円
生涯賃金は、想定雇用期間43年間と平均給料・ボーナスを掛け合わせた数字となっております。

総合職の職員は全職員の約2%しかいません。税関で働く人のほとんどが一般職の職員です。総合職はキャリア官僚とも呼ばれ、役職がつけば年収は1000万円を超えます。

外務省専門職員

政府が諸外国政府と交渉する際に、情報の収集や機密文書の翻訳、通訳などを行う国家公務員です。高い語学力と、関連地域の歴史や文化、政治経済に関する知識を持ち、国際社会全体の経済や条約、軍事などの分野で専門的な知識のあるスペシャリストです。

外務省専門職員の
平均給料・給与グラフ

25万円（20代）　35万円（30代）　44万円（40代）

※給料の算出には口コミや厚生労働省の労働白書を参考にしております

平均給料・給与
35万円
初任給：20.3万円／生涯賃金：2億4080万円
生涯賃金は、想定雇用期間43年間と平均給料・ボーナスを掛け合わせた数字となっております。

「行政職俸給表（一）」に従って給料が支給されます。在外公館勤務の場合、給料の他に在外勤務手当が支給されます。勤務する国によって、手当の額にはかなりの幅が出ます。

大使館職員

大使館職員になるには、大使館での募集に応募して採用されるというルートがあります。これが「駐日大使館勤務」です。ほかには、公務員試験を受験して外務省に採用され、大使館職員になるというルートがあり、後者のルートだと「在外日本大使館勤務」となります。

大使館職員の
平均給料・給与グラフ

※給料の算出には求人や口コミ、厚生労働省の労働白書を参考にしております

平均給料・給与

25万円

初任給：20万円〜／生涯賃金：1億7200万円

生涯賃金は、想定雇用期間43年間と平均給料・ボーナスを掛け合わせた数字となっております。

大使館職員ということで特殊な業務と思われがちですが、契約事務職は一般企業と同様に業務は事務処理中心です。ほかには、外交官などの専門職のサポート業務を行います。

入国警備官

法務省管轄の国家公務員で、入国管理局で業務を行う職種が、入国警備官です。入国する外国人を管理する仕事ですが、不法滞在者、不法就労者を対象とし、裁判官の許可と行政命令に基づき、違法捜査、摘発を行う、入国に関する警察のような職業です。

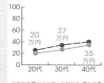

入国警備官の
平均給料・給与グラフ

※給料の算出には求人や口コミ、厚生労働省の労働白書を参考にしております

平均給料・給与

36万円

初任給：18万円／生涯賃金：2億4768万円

生涯賃金は、想定雇用期間43年間と平均給料・ボーナスを掛け合わせた数字となっております。

警守長、警備士補、警備士、警備士長など、職歴年数と能力、昇級試験において、階級が上がります。入国警備官になるなら、転勤は必ず覚悟しなければなりません。

農協職員

農協職員になるために必要な資格はありません。ただ、職員になると内部の資格認証試験というものが実施されます。農協職員としての必要最低限の心得を学び、農協職員としての能力の高さを証明するための試験として活用されていて、合格すると給料も変わってくるようです。

農協職員の
平均給料・給与グラフ

※給料の算出には求人や口コミ、厚生労働省の労働白書を参考にしております

平均給料・給与

28万円

初任給：17万円〜／生涯賃金：1億9264万円

生涯賃金は、想定雇用期間43年間と平均給料・ボーナスを掛け合わせた数字となっております。

農協が行っている事業は、銀行、保険、物販、農業関連の4つに分けることができます。職員の仕事は現業、経営、管理の3つに分かれます。販売ノルマがあることもあります。

防衛省専門職員

防衛省の内部で働く、語学や国際的な業務に携わる専門職の国家公務員です。本省の内部部局や、陸海空自衛隊や情報本部などにおいて、さまざまな業務に従事しています。自衛官に対する語学教育や会議の通訳、諸外国との交渉や機密文書の翻訳、情報の収集や分析などを行います。

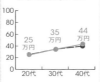

防衛省専門職員の
平均給料・給与グラフ

※給料の算出には求人や口コミ、厚生労働省の労働白書を参考にしております

平均給料・給与

35万円

初任給：21.3万円／生涯賃金：2億4080万円

生涯賃金は、想定雇用期間43年間と平均給料・ボーナスを掛け合わせた数字となっております。

自衛隊員とは異なり、武器を使った訓練などは行わない非戦闘員です。語学職と国際関係職の2種類に分かれて採用されます。「行政職俸給表（一）」に従って給料が支給されます。

企業戦士 IV

モノを売るためには、企画職がアイデアを出し製品や事業を企画することから始まります。企業戦士の中でもクリエイティブな力が発揮できる職種です。いかに売れるものを生み出すかが腕の見せどころ。経営者のパートナーとしても重要なポジションです。

企画の仕事は、顧客が求めている商品またはサービスなどを作って、その情報を顧客に届ける活動をすることです。世の中のニーズを敏感にキャッチして、売れる新商品やサービスを企画するため、常にアンテナを張っていなければいけません。斬新な発想やアイデアの蓄積も必要ですが、市場調査や情報収集なども行い、価格を決定し、販売戦略を立てることも重要です。経営者やマーケティング職と緊密な連携を取りながら働き、生産部門との調整なども行うことから、バランス感覚も求められる仕事です。

「企画部は実現可能な選択肢を経営者に示す部である」

平均給料・給与

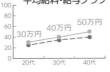

40万円

初任給：14万円〜
生涯賃金：2億7520万円

生涯賃金は、想定雇用期間43年間と平均給料・ボーナスを掛け合わせた数字となっております。

平均給料・給与グラフ

30万円　40万円　50万円

100
80
60
40
20
0
20代　30代　40代

※給料の算出には求人や口コミ、厚生労働省の労働白書を参考にしております

企画職

中枢系ジョブ。異名は「シャドウブレーン」。商品企画、営業企画、広告企画など多彩なクラスが存在。経営陣を最適な意思決定へと導く。スキル「マクロミクロ」を使い、世の中の動向を分析する。

第5章

飲食・サービス・ファッション系職業

料理人

「心を動かす芸術がそうであるように、料理も創造するのに厳しさを伴う」

特別寄稿：小川悦司

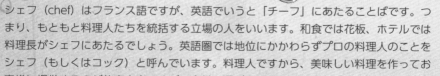

料理人

料理系クラスのジョブ。炎を操り、素材を芸術に変えていく姿は、闘将そのものである。ドヤ顔が得意なシェフもいる。

料理人の仕事内容

シェフ（chef）はフランス語ですが、英語でいうと「チーフ」にあたることばです。つまり、もともと料理人たちを統括する立場の人をいいます。和食では花板、ホテルでは料理長がシェフにあたるでしょう。英語圏では地位にかかわらずプロの料理人のことをシェフ（もしくはコック）と呼んでいます。料理人ですから、美味しい料理を作ってお客様に提供するのが仕事内容ですが、食材を選ぶところから始まって、美しく盛りつけし、心地いい空間で食事を提供することまでさまざまに気を配らなくてはなりません。

料理人になるには？

調理師と名乗るには調理師法に基づく国家資格が必要ですが、料理人にとって調理師免許は必須の資格ではありません。調理師免許がなくても料理をすることは可能です。料理人になるには調理専門学校で技術を習得する、店に就職して修業を積むといったルートがありますが、資格がいるわけではないので、例えば料理が得意な主婦が自分でお店を出してもいいのです。本格的な修業を積むなら有名レストランや有名料亭に就職するのが一般的でしょうが、料理人にははっきりした序列があり、雑用から始まってシェフ、花板、料理長にまでなるには年月ばかりでなく才能も必要でしょう。

料理人の給料手取り

料理人で稼ぎたいなら、できるだけ早い時期にできるだけレベルの高いレストランや料理店の厨房へ入るのが一番です。寿司職人の場合も有名店での修業が一番です。料理人の世界は序列が厳しく、駆け出しのころには相当につらい思いもするので離職者も多いですが、ホテルの料理長クラスになると年収1200万〜2000万円、三ツ星クラスの高級レストラン、高級料亭の料理長、花板で年収1500万円ほどと、料理を極めれば相当な収入が得られる世界でもあります。経験と腕前だけが勝負の業界ですので、資格の有無よりも有名店に勤めた経験や、イタリア、フランス、中国など本場で料理修業をした経験があるほうが転職の際にも有利になります。

料理人の平均給料・給与

25万円

初任給：18万円／生涯賃金：1億7200万円

料理人の生涯賃金は、新卒が終身雇用で65歳まで雇用されたと想定して、22歳から65歳までの43年間と平均給料・ボーナスを掛け合わせた数字となっております。

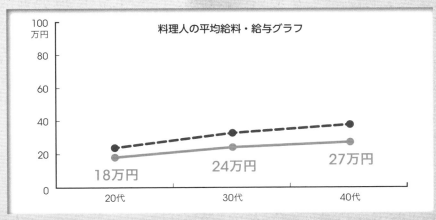

料理人の平均給料・給与グラフ

- 18万円
- 24万円
- 27万円

（20代　30代　40代）

※給料の算出には求人や口コミ、厚生労働省の労働白書を参考にしております

「同盟を組む、敵対する、一匹狼……。栄養素はまるで人間のよう」

栄養士

栄養士

食事と栄養を司る補助系ジョブ。別名「ヘルシーメイジ」。栄養指導を得意とし、スキル「献立作成」は食育やダイエットに効果を発揮、人々の健康な生活をクリエイトする。

栄養士の仕事内容

栄養士のおもな仕事は、「栄養の指導」と「食事の管理・提供」です。栄養の指導においては、保健所で地域の人に食生活のアドバイスをしたり、学校で食育授業のサポートをしたりします。年齢や生活環境などによって必要な栄養素やエネルギーは異なってきますので、指導する相手によって内容も大きく変わってきます。食事の管理・提供とは、毎日の食事の献立作成、食材の発注、衛生管理、調理、後片付けなどを指します。献立を考える際には栄養バランスはもちろんのこと、見た目や美味しさも大事です。

栄養士になるには

栄養士になるには、「栄養士養成施設」を卒業し、国家資格である「栄養士資格」を取得する必要があります。資格取得に伴う試験はありません。栄養士養成施設には、4年制大学、3年制の短大・専門学校、2年制の短大・専門学校がありますが、いずれも昼間に通う学校のみで、夜間や通信教育の施設はないので注意しましょう。養成施設ごとに独自のカリキュラムがあり、強みや特色もさまざま。「将来、どんな分野で活躍したいのか」を考え、自分の目的に合った進路先を選ぶことが大切です。また、栄養士よりもさらに専門性の高い「管理栄養士」を目指す場合は、4年制大学や専門学校の「管理栄養士養成課程」に進むのが近道となるでしょう。

栄養士のズバリ！　将来性は？

人々の健康への意識の高まりや、高齢化社会の到来により、栄養士が活躍するフィールドは広がる一方。各現場で栄養士が担う役割、かけられる期待もより大きなものになっています。介護施設や病院では、個人の状態に合わせたきめ細かなメニュー提供が求められていますし、レストランや飲食店、社員食堂、学校給食など、健康な人を対象にした食事提供の場においても「低カロリー」「塩分・脂質控えめ」「アレルギー対応」など、ニーズは以前よりも多様化しています。栄養・食物の専門家として栄養士に求められる知識やスキルのレベルもどんどん高くなっています。この分野で活躍するには、管理栄養士へのステップアップも含め、常に向上心を持ち、仕事に取り組む必要があることを心得ておきましょう。

栄養士の平均給料・給与

23万円

初任給：18万円／生涯賃金：1億5824万円

栄養士の生涯賃金は、新卒が終身雇用で65歳まで雇用されたと想定して、22歳から65歳までの43年間と平均給料・ボーナスを掛け合わせた数字となっております。

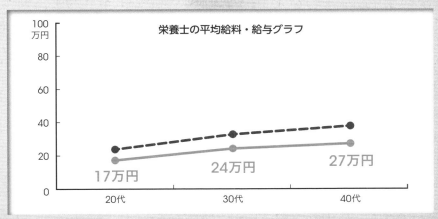

栄養士の平均給料・給与グラフ

- 17万円
- 24万円
- 27万円

（20代　30代　40代）

※給料の算出には求人や口コミ、厚生労働省の労働白書を参考にしております

「私がワインをおすすめする時は、あなたが恋をしたいと思っている時です」

ソムリエ

ソムリエ

おもてなし系ジョブの一つ。さまざまなワインを熟知し、料理に合うワインを提供する。別名「雰囲気の魔術師」。ソムリエによってもたらされるレストランの演出は、一つの料理と考えられる。

ソムリエの仕事内容

ホテルやレストランなどにおいて、料理との相性やお客様の好みなどを考慮し、最適なワインを提案するのがソムリエのおもな仕事です。お客様対応が表の仕事とすると、裏側にもソムリエの仕事はたくさんあります。ワインの発注・保管、グラスなどの備品の管理、イベントの企画立案など、飲み物関係の業務はすべてソムリエが担当しているといっても過言ではありません。ワインの知識だけでなく、お客様の要望やシーンに合わせた飲み物の提案、販売促進の企画立案などができる能力も必要とされます。

ソムリエのズバリ！　将来性は？

最近のワインバーの人気ぶりなどを見る限り、日本のワイン消費量が上昇カーブを描く傾向はしばらく続くと予想されています。そのため、ソムリエの存在価値はますます高まるでしょう。経験を積んだソムリエが、国内外で行われるコンクールに出場して優秀な成績を収めると、テレビ出演や講演会のゲストに呼ばれる機会などが増えて名声が高まります。こうした機会を利用して資金を貯め、長年の夢だった自分の店（レストランやバーなど）を開業するソムリエもいるようです。

ソムリエの活躍できる場所は？

ソムリエには国家資格制度がなく、飲食店などでワインをおもに取り扱う業務を行っていれば、ソムリエと名乗ることができます。それでも近年は、民間の団体の日本ソムリエ協会（JSA）と全日本ソムリエ連盟（ANSA）が実施するソムリエ資格制度で認定を受けてからソムリエを名乗るのが一般的です。おもな就職先は、大手ホテルのレストラン部門、主としてフランス料理やイタリア料理を提供する高級レストラン、ワインの品ぞろえが豊富なワインバー、そしてワインショップなど。大手ホテルは複数のソムリエが在籍していることが多く、階級制を採用しているところもあります。その場合、当初はソムリエ（あるいはソムリエアシスタント）からスタートし、知識や経験を重ねて最上位のチーフソムリエを目指すことになります。最近は、ワインを取り扱う酒販店でも多くのソムリエが働いています。そうした人の中には、ソムリエ資格ではなく、ワインエキスパート資格を取得している人もいるようです。

ソムリエの平均給料・給与

30万円

初任給：0円～／生涯賃金：2億0640万円

ソムリエの生涯賃金は、新卒が終身雇用で65歳まで雇用されたと想定して、22歳から65歳までの43年間と平均給料・ボーナスを掛け合わせた数字となっております。

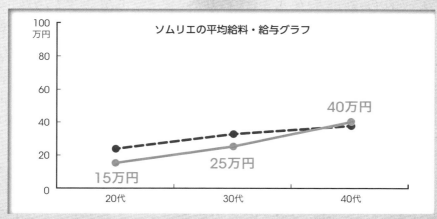

ソムリエの平均給料・給与グラフ

100万円 / 80 / 60 / 40 / 20 / 0

20代　　30代　　40代

15万円　25万円　40万円

※給料の算出には求人や口コミ、厚生労働省の労働白書を参考にしております

「コーヒーの苦みと苦悩は、強ければ強いほど深みを増す」

バリスタ

特別寄稿：イトウケイイチロウ

バリスタ

エスプレッソマシンを自在に操るジョブ。熱と香りを駆使して、魅惑のコーヒーを生み出し、人間を惑わすブラックマジシャン。スキル「ラテアート」はコーヒーを芸術に変えるアートスキル。

バリスタの仕事内容

カフェ・喫茶店、レストラン、ホテルなどで香り高く風味豊かな美味しいコーヒーを淹れることが、バリスタに求められる一番重要な仕事です。そのためには、コーヒー豆やコーヒー抽出に使用するさまざまな機器の取り扱いに関する、専門的な知識と技術が欠かせません。これらを活かして、最高の一杯を提供します。また、カフェや喫茶店は、接客サービス業でもあります。お客様に心地よさを感じてもらうための、気配りの効いたきめ細かな接客も、コーヒーを淹れる仕事と同様に大切です。

バリスタになるには

バリスタになるために必須の資格などはないため、決められたなり方はありません。日本では専門職というよりは、どちらかといえば広くカフェなどで働くという形が一般的なので、カフェでの業務全般に関して学べる教育機関で学び、就職することが多いようです。あるいは自分の憧れのカフェにアルバイトや正社員として採用されて、働きながらバリスタへの修業を積む方法も考えられます。一人前になれば、独立して自らのカフェをオープンする道も考えられます。

バリスタのズバリ！　将来性は？

少子高齢化による人口減少が見込まれる今後の日本。カフェ・喫茶店全体の市場規模も、それに伴い縮小傾向にあります。しかし、さまざまなコーヒーチェーンが全国で展開され高い集客力を見せたり、モーニングサービス目当てに高齢者が殺到する喫茶店があったりと、カフェや喫茶店での美味しいコーヒーや、癒やしのひと時を求める人は多くいます。そのため、バリスタの働く場所がなくなることはないでしょう。バリスタの持つ高い専門知識と技術が、どこまで理解され、評価されるかがポイントになりそうです。個人経営の喫茶店は減少し、大手コーヒーチェーン店やコンビニなどの安価で手頃なコーヒーと、独自のこだわりで淹れられた一杯500〜600円以上する高価なカフェや喫茶店のコーヒーとに、今後は二極化していくのではないかという予想もあります。バリスタの認知度が高まれば、高級カフェや喫茶店での需要も増し、存分に力を発揮できる場が増えるようになるかもしれません。

バリスタの平均給料・給与

16万円

初任給：12万円／生涯賃金：1億1008万円

バリスタの生涯賃金は、新卒が終身雇用で65歳まで雇用されたと想定して、22歳から65歳までの43年間と平均給料・ボーナスを掛け合わせた数字となっております。

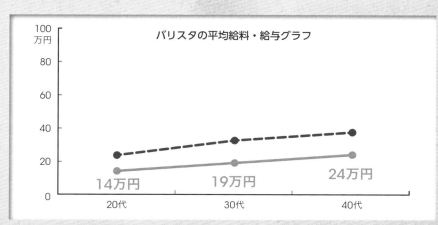

バリスタの平均給料・給与グラフ

- 14万円（20代）
- 19万円（30代）
- 24万円（40代）

※給料の算出には求人や口コミ、厚生労働省の労働白書を参考にしております

パン職人

「人類の悲しみや痛みを練り込み、喜びに変えたものがパンである」

パン職人
ナイツオブクックの一人。別名「ブレッドナイト」。「パン」を精製するジョブ。パン職人スキル「バタール」は、小麦粉・パン酵母・塩・水・モルトのみで美味なパンを生み出すS級スキルである。

パン職人の仕事内容

パン職人の仕事は美味しいパンを作ること。美味しいパン作りは丁寧な生地作りや発酵が肝となるため、一つのパンを作るには非常に時間がかかります。そのため、パン職人は早朝まだ外が暗い時間からパンの仕込みをすることが日課。朝7時や8時のオープンと同時に焼き立てパンを店頭に並べられるよう、3時頃には生地作りをスタートします。また、開店中もなるべく焼き立てのパンを並べておけるよう、時間差で焼き続けることも必要です。美味しいパンを提供するため、時間管理も大切なポイントになります。

パン職人のズバリ！　将来性は？

人気も需要も高まっており、トレンドの移り変わりも速く、どんどん新製品が開発されているパン業界。それに伴い、個人経営のパン屋も増え続け、競争は年々激しくなっています。また、工場で大量生産される安価なパンをスーパーやコンビニで買う人が増えている事実からも目を反らせません。パン職人として一つひとつパンを手作りすることをキャリアのゴールとしたいのであれば、消費者のニーズにしっかりと応え、期待を超えるサービスや信頼、味を提供し続けることが必要です。パン業界が縮小することは考え難いですが、多くの競争相手がいる中で生き残り続けるための努力と工夫は、よりいっそう必要になってくるでしょう。

パン職人になるには

スタディサプリ進路

パン作りの知識と技術さえあれば、誰でもパン職人になることはできます。とはいえ、パンにまつわる資格（パン製造技能士や食品衛生責任者）を取得しておけば、信用にもつながり、就職先を探す際に実力をアピールもできるでしょう。必要な知識や技術は製菓・調理専門学校などで身につけることができるほか、進学が難しい場合は、パン屋でアシスタントやアルバイトとして働きながら修業するという方法もあります。どんなルートをたどるにせよ、最終的にパン職人に問われるのは、美味しいパンを作る実力です。学校に行った経験や実務経験がなければ店が開けないということもなく、趣味が高じて仕事に結び付く人もいます。パンが大好きで、学ぶことや研究することを厭わない姿勢がパン職人には必要な素質です。

パン職人の平均給料・給与

23万円

初任給：14万円／生涯賃金：1億5824万円

パン職人の生涯賃金は、新卒が終身雇用で65歳まで雇用されたと想定して、22歳から65歳までの43年間と平均給料・ボーナスを掛け合わせた数字となっております。

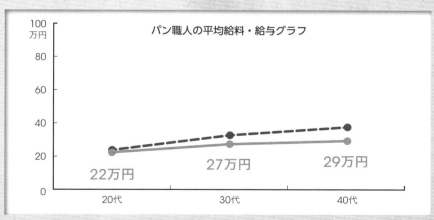

パン職人の平均給料・給与グラフ

22万円　27万円　29万円

※給料の算出には求人や口コミ、厚生労働省の労働白書を参考にしております

「ゴドーという方を待っていたら、私はいつの間にか働いていました」

ホールスタッフ

レストランや喫茶店でお客様から料理やドリンクのオーダーを受け、そのオーダーを厨房に伝え、できあがった料理やドリンクをお客様のテーブルまで運ぶ仕事です。ウエイターやウエイトレスとも呼ばれ、高級レストランでは、メニューや料理、ワインなどについて、詳しく聞かれることもあるため、深い知識が求められます。また、海外のお客様が多い店では外国語会話の習得が必要な場合もあります。ファミリーレストランやファストフード店も、ホールスタッフの仕事内容に大きな差はありませんが、お客様の層に違いがあるため、必要なマナーや接客態度、知識などが異なってきます。

ホールスタッフの平均給料・給与

20万円

初任給：16万円～／生涯賃金：1億3760万円

ホールスタッフの生涯賃金は、新卒が終身雇用で65歳まで雇用されたと想定して、22歳から65歳までの43年間と平均給料・ボーナスを掛け合わせた数字となっております。

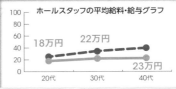

ホールスタッフの平均給料・給与グラフ

18万円　22万円　23万円

20代　30代　40代

※給料の算出には求人や口コミ、厚生労働省の労働白書を参考にしております

ホールスタッフ

注文取りなどを得意とする接客系ジョブの一つ。スキル「ジョッキ持ち」は運搬能力を飛躍的にアップさせる。特殊ホールスタッフの「メイド喫茶店員」などにもクラスチェンジが可能。

ホールスタッフになるのに資格や免許は必要ありません。ファミリーレストランや喫茶店なら、高校生でもアルバイトとして働けます。近所のお店で求人の張り紙がないかを確かめたり、店で働いている友達がいれば聞いてみるとよいでしょう。まず、客として来店して、働いているホールスタッフを見ると仕事の雰囲気を感じられます。インターネット上の求人サイトでも時間帯や場所、料理のジャンルなど、さまざまな条件で募集を探せます。

「アンタ、なんかダサくない？ タピオカでも食らって"映え"なさいよ」
タピオカミルクティー販売員

近年若い女性を中心に大ブームを巻き起こしている台湾発スイーツのタピオカ。お客様のオーダーに合わせてドリンクを作り、提供するのが販売員の仕事です。材料の仕込み、接客・レジ対応、店の掃除など基本的なタスクは他の飲食店と変わりませんが、インスタ映えを狙うお客様の気にいるよう店内を装飾したり、店の雰囲気に合うようなファッションを心がけるなど、タピオカ独自のニーズに沿った工夫も必要です。仕事に慣れれば、シフト管理や店舗運営といった管理業務も任されるようになります。ノウハウを吸収し、資金が貯まれば独立して自分だけのタピオカ店を持つこともできるでしょう。

特別寄稿：蛍尤

タピオカミルクティー販売員の平均給料・給与

18.6万円

初任給：15万円〜／生涯賃金：8010万円

タピオカミルクティー販売員の生涯賃金は、22歳から65歳までの43年間と平均給料を掛け合わせた数字となっています。

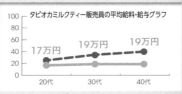

タピオカミルクティー販売員の平均給料・給与グラフ

17万円　19万円　19万円

20代　30代　40代

※たこ焼き屋ほか、屋台販売店員などを参考に作った数値です

タピオカミルクティー販売員
南国育ちの黒い宝石（ジュエル）が若い子女たちを魅了する。味がよいのはもちろんのこと、"映え"のステータス向上に多大な効果があるとかないとか。

タピオカ販売員になるのに特別な資格は必要ありません。最低限のマナーとコミュニケーション力があれば誰にでもなることができます。とはいえ主たる客層が若い女性ですので、身だしなみや清潔感には気を遣いましょう。お客さんはタピオカを食べるだけでなく、写真を撮ってInstagramにアップしたり、オシャレな空間でお友達との会話を楽しんだりという目的を持っています。そういった雰囲気を進んで醸成できる、また自分自身も楽しむことができる人が、タピオカ販売員に向いています。

「スイーツを愛するよりも誠実な愛は、この世にあるのかしら?」

パティシエ

パティシエ

ナイツオブクックの一人。アイテム「洋菓子」を精製する騎士。味と美しさの表現能力が必須。「シュヴァリエ」は最高位の称号だ。

パティシエの仕事内容

パティシエは、洋菓子だけを専門に作るシェフです。ケーキ、ムース、ババロア、クッキーなど洋菓子とひと言で片付けられないほど、幅広いメニューを創り出します。店舗でお菓子作りをするだけでなく、各種コンテストに出場したり、講習会の講師としても活躍するケースもあります。おもな就職先は洋菓子店、レストラン、ホテル、カフェなど。大きな店では、パーツや工程ごとに分業制で仕事を進めることも多いです。パティシエの技術は世界共通なので、海外の洋菓子店やレストランで活躍する人もいます。

パティシエのズバリ！　将来性は？

洋菓子を製造・販売するお店は年々増えており、パティシエの活躍の場は増えています。また、ホテルやレストランでも女性客にアピールするためデザートやケーキに力を入れるケースが増えており、経験豊富で技術が高いパティシエへのニーズは今後も高まっていくと見られています。ただし、競争が厳しい世界であることも事実なので、若手時代に幅広い経験を積み、センスや技術を高めていくことがポイントになるでしょう。

パティシエになるには

パティシエになるために資格取得は必須ではありませんが、体系的な知識・技術を身につける意味でも製菓衛生師、菓子製造技能士といった資格を目指して学ぶのは有効です。製菓衛生師養成施設に指定されている専門学校で学んだ場合、卒業すれば製菓衛生師国家試験の受験資格が得られます。資格はあったほうがプラスではありますが、資格なしでも就職は可能です。また、専門学校以外のクッキングスクールなどで学ぶルートもあります。スクールを選ぶ際のチェックポイントは、基礎から体系的に学べるカリキュラムかどうか、製菓衛生師養成施設かどうかなど。また、パティシエにとって本場での修業は貴重な経験なので、海外留学プログラムの有無なども確認しておきましょう。そのほかでは講師陣や就職実績なども確認しておきましょう。洋菓子店やレストラン、ホテルなどに数多くパイプを持っている学校もあるのでチェックしてください。学校やスクールに通わなくても、まったくの未経験者を採用しているお店もあります。

パティシエの平均給料・給与

23万円

初任給：15万円〜／生涯賃金：1億5824万円

パティシエの生涯賃金は、想定雇用期間43年間と平均給料・ボーナスを掛け合わせた数字となっております。

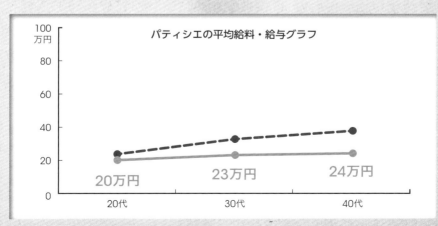

パティシエの平均給料・給与グラフ

- 20代：20万円
- 30代：23万円
- 40代：24万円

※給料の算出には求人や口コミ、厚生労働省の労働白書を参考にしております

「生きるために食べる？　食のために生きたっていいじゃない」

フードコーディネーター

フードコーディネーター

食をトータルでコーディネートするジョブ。魔法スキル「シズル」が発動すると、すべての食物が美味しく見えるようになるとか。

フードコーディネーターの仕事内容

テレビや雑誌、動画サイトなどに登場する撮影用の料理を作ったり、依頼の内容に合ったレシピを考えたりするのがフードコーディネーターのおもな仕事です。レシピが紹介されるのは、雑誌や料理本、スーパーに置いてあるレシピカード、WEBサイトなどさまざまです。売れっ子のフードコーディネーターの中には、フリーで活躍してレシピ本を出版したり、テレビの料理番組に出演したりする人もいます。ほかにも、会社員として食品メーカーの商品開発やレストランのメニュー開発に携わるという働き方もあります。

フードコーディネーターになるには

フードコーディネーターは国家資格が必要な職業ではないため、名乗るために必須の資格はありません。また、年齢制限もなく、何歳からでもフードコーディネーターを目指すことができます。民間の資格に「フードコーディネーター資格認定試験」があり、フードコーディネーターとして働くためのスキルはこの資格で判断されることが多いようです。難易度が低い順から3級・2級・1級があります。フードコーディネーター資格が取得できるコースを設けている大学や専門学校があり、それぞれ学習内容が異なるため、自分に合った学校を選ぶことが大切です。

フードコーディネーターのズバリ！　将来性は？

フードコーディネーターの仕事は、メニューの提案やレシピ製作、それらに対するスタイリングがおもな仕事です。中でも「場面に合わせたメニューの提案」「色彩学に基づいた食材の組み合わせの提案」は、数値化しやすいため、今後、AIによる自動化が可能になるでしょう。そのため、フードコーディネーターには、数値化できない力が求められるようになると考えられます。具体的には、献立における料理の組み合わせや、撮影する際に使用する小物の合わせ方など「自分のセンスを表現する力」が必要です。近年では、インターネットを通じて動画やSNSなど個人による発信が活発になっています。例えば、日本にいても世界中の人に向けて自分の作った料理を知ってもらうことができます。アイデア次第でたくさんの支持を得られることもあるので、動画やSNSにも活躍の場を見出すフードコーディネーターが増えていくでしょう。

フードコーディネーターの平均給料・給与

22万円

初任給：15万円～／生涯賃金：1億5136万円

フードコーディネーターの生涯賃金は、想定雇用期間43年間と平均給料・ボーナスを掛け合わせた数字となっております。

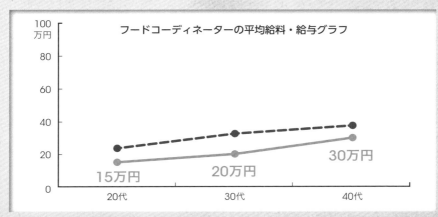

フードコーディネーターの平均給料・給与グラフ

15万円　20万円　30万円

※給料の算出には求人や口コミ、厚生労働省の労働白書を参考にしております

「柔らかくて硬くて苦くて甘いものってな～んだ？」

ショコラティエ

ショコラティエ
「パティシエ」の派生ジョブ。チョコレートを使った洋菓子の精製に特化する。固有スキル「テンパリング」を使い、周囲の温度を自由自在かつ精巧に調整する。

ショコラティエの仕事内容

ショコラティエとはチョコレート専門の菓子職人です。カカオからチョコレートそのものを作るわけではなく、既に出来上がったチョコレートを駆使してさまざまなデザートを作り上げます。チョコレートに対する幅広い知識に加え、取り扱いに関する高度なスキルが求められます。ショコラティエの作るチョコレートは美味しいのはもちろん、見た目の美しさや季節感、流行に沿っているかどうか、ラッピングの技巧なども重要な要素となります。菓子職人であるとともに、芸術家であることも求められるのです。

有名ショコラティエにはどんな人がいる？

ヨーロッパでは昔からショコラティエの社会的地位が高く、アンリ・ルルー、ピエール・マルコリーニ、「ラ・メゾン・デュ・ショコラ」の創業者・ロベール・ランクス、「ピエール・エルメ・パリ」のピエール・エルメなど多くの職人の名が挙がります。日本では「ブルガリ」の三浦直樹、「スウィーツ・フォレスト」の川口行彦、「パレオドール」の三枝俊介などが有名です。チョコ食の文化が定着すると共にショコラティエの認知度も高まり、国内のレベルもどんどん向上しています。世界大会のワールド・チョコレート・マスターズで優勝した職人もいるようです。

ショコラティエになるには？

ショコラティエになるのに特別な資格は必要ありません。とはいえ、お菓子作りの基礎を学んでおくに越したことはなく、製菓の専門学校へ入学するのが早道といえます。最近ではショコラティエ専門のコースを設けている学校もありますし、学校で菓子製造技師の国家資格を取れば雇用に際しても有利に働きます。そのうえで洋菓子店やホテルなどに就職、ショコラティエの下に就いて修業を積めばよいでしょう。しかし、ショコラティエ専門の雇用は、日本では大都市圏を除きほとんどないのが現状です。一介の菓子職人として腕を磨き、特にチョコレートの扱いについて高い専門性を培った人が、自ら称することのほうが多いです。有名な店やホテルに所属したり、国際コンクールでなんらかの受賞を果たしたりして箔をつけ、自己をプロデュースすることも重要です。

ショコラティエの平均給料・給与

19万円

初任給：16万円／生涯賃金：1億3072万円

ショコラティエの生涯賃金は、新卒が終身雇用で65歳まで雇用されたと想定して、22歳から65歳までの43年間と平均給料・ボーナスを掛け合わせた数字となっております。

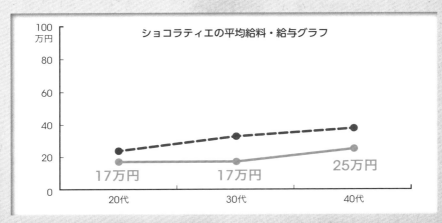

ショコラティエの平均給料・給与グラフ

17万円　17万円　25万円

20代　30代　40代

※給料の算出には求人や口コミ、厚生労働省の労働白書を参考にしております

「部屋というものは常に宝石箱であらねばならぬ」
インテリアコーディネーター

インテリアコーディネーター
設備・家具・照明器具を駆使し、空間演出をするジョブ。調停者「空間を司る者」。特殊スキル「風水インテリア」「北欧インテリア」は、家での回復・保養効果を数倍上げる。別名「コテージ屋」とも。

インテリアコーディネーターの仕事内容

インテリアコーディネーターは、依頼主に「どんな風に暮らしたいか」をヒアリングして、「こんな雰囲気の部屋（家）に住みたい」というイメージを具体化しながら、住む人のライフスタイルに合った住空間のプランを立てます。そして、インテリアや住宅に関する幅広い知識、培ったセンスやアイデアを駆使して、膨大にある家具やカーテン、照明機器などの中から、適切な商品を選びプロデュースします。仕事は一般住居にとどまらず、オフィスやホテル、レストラン、学校、公共施設などにも及びます。

インテリアコーディネーターのズバリ！　将来性は？

「和モダン」「シンプルモダン」といった言葉が浸透してきているように、一般の人たちのインテリアへの関心は年々上昇傾向にあります。また、リフォーム市場の拡大もインテリアコーディネーターの仕事が増えることにつながっています。今後もインテリアコーディネーターへのニーズは高まっていきそうです。注目されるのは、高齢化に伴う高齢者に優しいバリアフリー、ユニバーサルデザイン（言語・文化・国籍などの違い・障がいのあるなしに関係なく、誰もが理解し利用できる製品やデザインのこと）が求められるケースが増えていることです。これからのインテリアコーディネーターは、福祉系の知識を兼ね備えていると仕事の幅が広がっていくことが予想されます。

インテリアコーディネーターになるには

インテリアコーディネーターを目指すには、大学や短大、専門学校を出て、建築・インテリア業界の住宅メーカーや家具メーカー、インテリアショップ、デザイン事務所に就職するのが一般的です。インテリアコーディネーターには同名の資格がありますが、取得が必須ではありません。ただし、取得していれば就職にも有利ですし、依頼主から信頼を得ることにもつながります。大学・短大・専門学校の建築・インテリア系の学科ではインテリアデザインに特化したコースが設けられているところもあり、インテリアコーディネーターなどの資格取得に対応したカリキュラムとなっているところもあります。こうした学校で学びながら資格を取得し、卒業後に住宅メーカーやインテリアショップなどに就職するのが最短コースといわれています。

インテリアコーディネーターの平均給料・給与

27.5万円

初任給：15万円〜／生涯賃金：1億8920万円

インテリアコーディネーターの生涯賃金は、22歳から65歳までの43年間雇われたと想定して、それと平均給料・ボーナスを掛け合わせた数字となっております。

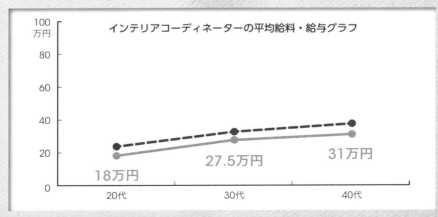

インテリアコーディネーターの平均給料・給与グラフ

18万円
27.5万円
31万円

※給料の算出には求人や口コミ、厚生労働省の労働白書を参考にしております

「エレガンスな振る舞いは、空の上でほどよい距離感を保つ」

客室乗務員（キャビンアテンダント）

客室乗務員（キャビンアテンダント）
異名「成層圏の天使」。快適な空の旅の提供や保安業務を行い、乗客を全面的にサポートする。呪文「アテンションプリーズ」はCAだけに許された注目を浴びるための花形魔法である。

客室乗務員（キャビンアテンダント）の仕事内容

客室乗務員は、航空機内において、乗客が快適な空の旅をできるようにサービスに努めるのが仕事です。フライトは長時間にわたることも多く、国内線の場合は1日数回のフライトに乗務することもあります。そんなハードスケジュールの中、笑顔を絶やさずにサービスを提供しなければなりません。緊急事態が発生した場合には、旅客の安全を確保するのも仕事のうち。神経の行き届いたサービスはもちろん、冷静沈着な判断や適切な処置を行えることも必要で、体力的にも精神的にもかなり重労働となります。

客室乗務員（キャビンアテンダント）のズバリ！　将来性は？

航空業界はLCC（格安航空会社）の増加などもあり、会社間の競争が激しくなっています。大手航空会社も含めてコストダウンの意識が強くなっており、客室乗務員も、入社後3年間は契約社員という条件で採用し、4年目以降に正社員となる雇用形態が一般化しています。収入面ではかつてほどの花形職種とはいえなくなっている実情があります。とはいえ、サービスを重視する航空会社では重要な役割を担う仕事であることは今後も変わらないでしょう。

客室乗務員（キャビンアテンダント）の学校の選び方

客室乗務員となるために、特定の学部・学科で学んでいることが条件になることはありません。専門学校には客室乗務員養成を目的とした学科・コースがあり、仕事に直結した知識・スキルを習得できます。客室乗務員の仕事に直結する知識やスキルを学びたいなら、旅行・観光系専門学校や短大の客室乗務員養成に特化した学科・コースが候補になるでしょう。就職実績は重要なチェックポイントです。そのほかの大学や短大に進む場合は、観光系、語学系、国際教養系、コミュニケーション系、サービス系の学科などが客室乗務員の仕事と関連性があります。ただし、就職の際に出身学科が厳密に問われることはないので、純粋に自分の興味がある学科を選んで教養を深めても○Kです。学校を卒業後、航空会社に就職するか、客室乗務員専門の人材派遣会社に登録します。大手航空会社では年によって採用数に変動はあるものの、多い時には数百人単位で客室乗務員を採用することもあります。

客室乗務員（キャビンアテンダント）の平均給料・給与

37万円

初任給：20万円〜／生涯賃金：2億5456万円

客室乗務員（キャビンアテンダント）の生涯賃金は、新卒が終身雇用で65歳まで雇用されたと想定して、22歳から65歳までの43年間と平均給与・ボーナスを掛け合わせた数字となっております。

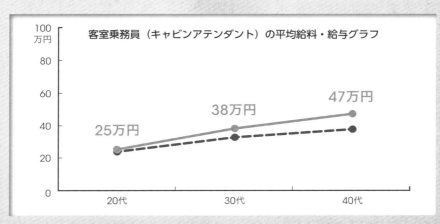

客室乗務員（キャビンアテンダント）の平均給料・給与グラフ

25万円　38万円　47万円

※給料の算出には求人や口コミ、厚生労働省の労働白書を参考にしております

美容師

「パーマネントウェーブは"あてる"というのが定石である」

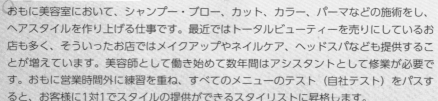

美容師
「美しき三銃士」の一人。担当は「HAIR」。ハサミを改良したシザーソードと「梳きバサミ爪」を装備。上級職は「カリスマ」と呼ばれる。熟練者になると「エフィラージュ」などのカットスキルを発動させる。

美容師の仕事内容

おもに美容室において、シャンプー・ブロー、カット、カラー、パーマなどの施術をし、ヘアスタイルを作り上げる仕事です。最近ではトータルビューティーを売りにしているお店も多く、そういったお店ではメイクアップやネイルケア、ヘッドスパなども提供することが増えています。美容師として働き始めて数年間はアシスタントとして修業が必要です。おもに営業時間外に練習を重ね、すべてのメニューのテスト（自社テスト）をパスすると、お客様に1対1でスタイルの提供ができるスタイリストに昇格します。

美容師になるには

美容師になるには、国家資格である「美容師免許」が必要です。厚生労働省指定の美容師養成施設（昼間課程2年、夜間課程2年もしくは2年6か月）を修了することで、国家試験の受験資格を得ることができます。また、3年制の通信課程もあり、まず美容室に就職して働きながら資格取得を目指す人もいます。ほとんどの美容師養成施設は「高等学校卒業以上」が入学資格となっていますが、「高校課程」としての認可を受けている学校には中卒者および中従者（中学校を卒業して美容室で補助的な業務を行っている人）も入学できます。試験は、筆記試験と実技試験の2つがあり、この国家試験に合格すると美容師免許の交付を受けられます。

美容師のズバリ！　将来性は？

ヘアカットやヘアメイクは機械化が難しい分野のため、技術のある美容師へのニーズが急激に衰えることはまず考えられません。美容室の数は増加傾向にあり、競争は激化しています。1000円カットなど低価格を売りにする美容室が増えている一方、高いお金を払っても、自らが望むスタイルを求めたいという人が訪れる美容室もあります。美容師として働く際は、自分はどのスタイルのお店がフィットするのか、しっかり考えるといいでしょう。また、国内の若い世代の人口が減っていくこともあり、美容業界では高齢者へのサービスやグローバル展開に目を向ける傾向が強くなってきています。日本人美容師のきめ細かな美容サービスは海外でも評価が高く、技術に加えて語学力を身につければ、海外で活躍するチャンスも十分にありそうです。

美容師の平均給料・給与

25万円

初任給：13万円〜／生涯賃金：1億7200万円

美容師の生涯賃金は、新卒が終身雇用で65歳まで雇用されたと想定して、22歳から65歳までの43年間と平均給料・ボーナスを掛け合わせた数字となっております。

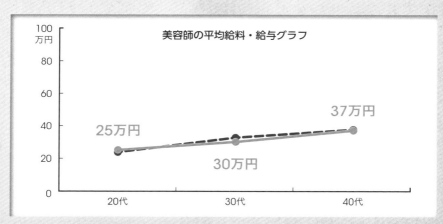

美容師の平均給料・給与グラフ

25万円

30万円

37万円

※給料の算出には求人や口コミ、厚生労働省の労働白書を参考にしております

「痛みを美しさに変える手刀の準備が整いました。セイッ！」

エステティシャン

エステティシャン
手技を使い人体の悩みを解決するジョブ。柔らかなオーラをまとい、人体に気持ちよい拳や手刀を打ち込む。「脱毛」「手わざマッサージ」「フェイシャルリフト」などの多彩な美技スキルを持つ。

エステティシャンの仕事内容

エステティシャンは、フェイシャル（顔の肌の悩みを解消）やボディのトリートメント（マッサージやパックなど）をはじめ、痩身、メイク、脱毛、ネイルなどを、手や用具を使って行います。一般的な所属先はエステティックサロンですが、ほかにブライダルサロンやホテルの施設、化粧品メーカー、美容室・理容室、スポーツジム、病院などで働くこともあります。どの職場でも人の身体に直接触れ、その人の性格や体質、目的に沿ったケアを行っていきます。すべてはカウンセリングが基本となります。

エステティシャンのズバリ！ 将来性は？

従来、美容は女性のためのものという意識がありましたが、ホテルなどのエステサロンでは男女ともにトリートメントを受けられるところも多く、美に関心の高い男性も増えてきました。そのため、男性専用のエステサロンが次々と開業。さらに、加齢とともに衰える肌のケアを専門としたアンチエイジングケアをはじめ、リフレクソロジーやヘッドスパなどの専門性を高めたサロンも増加しています。専門性の高い技術を習得することで、新しい分野を開拓できる可能性があり、エステティシャンの活躍の場はますます広がっていくことが予想されています。

スタディサプリ進路

エステティシャンになるには

エステティシャンは、エステ技術について学んだ経験がなくても、サロンに就職することはできますが、即戦力を求めるサロンが多い中では給料面や待遇面で不利になることも多くなります。また、人の肌に直接触れる仕事なので、人体に関する知識や技術は身につけておくのがベストです。エステティシャンを養成する専門学校を修了し、エステティックサロン等に就職するのがいいでしょう。大手エステティックサロンと提携している学校もあるので自分の目的に合わせて学校を選びましょう。学校に通うのが難しい場合、通信教育で基礎知識を学ぶことも可能です。ただし、専門学校と同じ内容とは限らないので、自分自身で書籍を読んだりサロンで体験したりするなどの勉強をしていく必要があります。また、さまざまな民間の資格があるので、取得すると就職に有利になることが多いようです。

エステティシャンの平均給料・給与

22万円

初任給：18万円／生涯賃金：9856万円

エステティシャンの生涯賃金は、新卒が50歳まで雇用されたと想定して、22歳から50歳までの28年間と平均給料・ボーナスを掛け合わせた数字となっております。

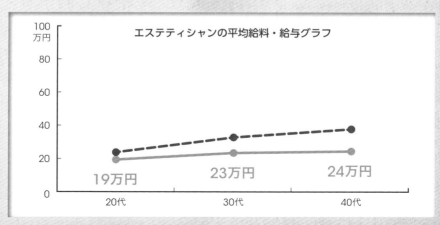

エステティシャンの平均給料・給与グラフ

- 100万円
- 80
- 60
- 40
- 20
- 0

19万円　23万円　24万円

20代　30代　40代

※給料の算出には求人や口コミ、厚生労働省の労働白書を参考にしております

ネイリスト

「美意識は爪に出る。生き方は手に出る」

ネイリスト
「美しき三銃士」の一人。担当は「NAIL」。デザイン魔法「ラメ」
「マーブル」とヤスリ技で爪を芸術品に仕上げる赤魔導師。

ネイリストの仕事内容

ネイリストというと、ネイルアートが最初に浮かぶかと思います。しかし、ネイルアートはあくまで仕事の一部。ベースにあるのは指先のケア（ネイルケア）です。ネイルアートが映えるのは、そのキャンバスとなる爪そのものが健康で、美しく整えられていればこそ。ネイリストは、下地作りとなるネイルケアから仕上げとなるネイルアートまでそれぞれの過程に自身の技術を注ぎ、トータルに美しい指先を作り上げていきます。中には、巻き爪の矯正など、爪トラブルの治療をサポートするネイリストもいます。

ネイリストの活躍できる場所は？

ネイリストは、国家資格や免許が必要な仕事ではありません。ネイルに関する知識や技術、衛生管理などについてきちんと勉強すれば、ネイリストとして仕事は可能です。ネイルアートやネイルケアを専門にしているネイルサロンはもちろん、結婚式場や美容室、フリーランスとして独立開業するなど、ネイリストの働く場所はさまざま。サロンや美容室で正社員として勤務するほか、フリーランスの外注スタッフとして週に何日かだけ働く人もいます。そのほか、お客様の予約が入った時に結婚式場やスタジオなどに直接出向く「出張」的なスタイルで働く人もいます。独立する場合は、自宅や賃貸のテナントに設備を整えて店名を付け、ネイルサロンとして開業します。

ネイリストのズバリ！　将来性は？

ネイルアートの人気は年々高まっており、美容室にお金をかけるのと同じくらい、定期的にネイルサロンに通う人が増えています。ネイルアートという美容文化が根付くにつれ、10代から年配の方まで、幅広い年齢＆立場の方が普段の生活の中でネイルアートを楽しむようになりました。また近年では、身だしなみの一環として、男性のネイルケアへの需要も高まっています。性別、年齢を問わず、多くの人に親しまれるようになってきた背景もあり、ネイル産業は今後も右肩上がりといえるでしょう。ただし、ネイルサロンの急増と同時に価格競争も激しくなり、サービス単価を下げることでお客様を確保しようとする店が存在することも確か。その中で勝ち残っていくためには、やはり値段以上の価値を提供することが必要となってくるでしょう。

ネイリストの平均給料・給与

22万円

初任給：18万円／生涯賃金：1億5136万円

ネイリストの生涯賃金は、想定雇用期間43年間と平均給料・ボーナスを掛け合わせた数字となっております。

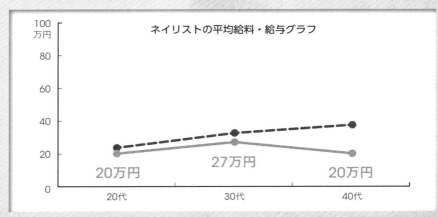

ネイリストの平均給料・給与グラフ

20万円　27万円　20万円

20代　30代　40代

※給料の算出には求人や口コミ、厚生労働省の労働白書を参考にしております

「右手側をご覧くださいませ。あなたの将来を映してございます」
バスガイド

バスガイドは、観光バスや貸切バスに乗車して、観光地の情報を提供したり、車窓から見える景色について案内をしたり、乗客が楽しく快適に旅を過ごせるようにする仕事です。乗客といってもさまざまです。家族連れ、社員旅行、修学旅行など、目的に合わせた各種車内サービスやレクリエーションを行う必要があります。外国からの観光客が多いツアーなら語学の習得も必要になるでしょう。また、下車誘導をはじめ、乗客の体調管理やツアー旅行の時間調整、工程管理などのサポート業務も大切な役割です。安全かつ快適で楽しい旅行を支えていくため、運転手とともに全力を尽くします。

バスガイドの平均給料・給与

25万円

初任給：10万円～／生涯賃金：1億7200万円

バスガイドの生涯賃金は、新卒が終身雇用で65歳まで雇用されたと想定して、22歳から65歳までの43年間と平均給料・ボーナスを掛け合わせた数字となっております。

バスガイドの平均給料・給与グラフ

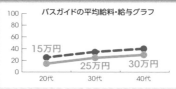

15万円　25万円　30万円

※給料の算出には求人や口コミ、厚生労働省の労働白書を参考にしております

バスガイド

観光接客系ジョブの一つ。観光スポットや地域の歴史を紹介する。スキル「歌」は、バスの雰囲気にプラス補正をかける特殊スキル。バス運転手との連携スキル「時間通り」も見ものだ。

バスガイドになるには、ハローワークや各バス会社のホームページで求人を探しましょう。求人サイトにはあまり掲載されません。求人数は少ないため、志望する会社のホームページなどをチェックするのがよいでしょう。採用試験においては、観光地の知識などは入社後に勉強するので、詳しいに越したことはない程度です。それよりも面接においてコミュニケーション能力や、不意の出来事への対応力をアピールできるとよいでしょう。

「私と生命の契を結んでくださらない?」
保険外交員

保険外交員とは、保険会社に所属し、個人宅や企業を回って、ライフプランに合った保険商品を紹介、勧誘し、契約を結ぶのが仕事です。新規開拓から保険の見直しなどのアフターケアも保険外交員が行います。保険会社の正社員として給与をもらいながら保険営業をするのが「営業マン」で、保険会社から報酬をもらって個人事業主として保険営業をするのが「保険外交員」です。保険外交員は女性が多く、「生保レディ」と呼ばれることもあります。会社によって「生涯設計デザイナー」「ライフデザイナー」など呼び名があります。入れ替わりが激しい職種なので、求人募集は常にあります。

保険外交員の平均給料・給与

31万円

初任給:20万円〜/生涯賃金:2億1328万円

保険外交員の生涯賃金は、新卒が終身雇用で65歳まで雇用されたと想定して、22歳から65歳までの43年間と平均給料・ボーナスを掛け合わせた数字となっております。

保険外交員の平均給料・給与グラフ

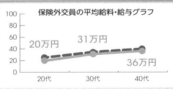

20万円　31万円　36万円

※給料の算出には求人や口コミ、厚生労働省の労働白書を参考にしております

保険外交員

保健に特化した営業マン。生命・損害・がんの保険を軸に、未来の不安を解消する。猛烈なアタックや巧みな話術スキルから「現代のアマゾネス」とも。「裏声テンプテーション」で聴く者みなを魅了する。

保険外交員は時間の使い方を自分の裁量で決めることができるので、子育て中の女性などが多く働いています。しかし、保険外交員の仕事はノルマが厳しく、最低でも月に2〜3件は契約を取らなければならないそうです。ノルマ未達が続くと、歩合率も下がることで収入も下がってしまいます。歩合は保険会社や保険商品によっても異なり、また保険外交員の契約数や顧客の継続率などによっても異なります。そのため、1件の保険契約を取っても、人によって成功報酬には差が出ます。日頃の営業努力が欠かせない仕事です。

「1ミリの誤差も妥協せず幻想を実体にしてみせます」

パタンナー

パタンナー

人型専用の型紙「パターン」を作るジョブ。別名「現代の式神使い」。
型紙に魂を注入し、生きた型を作る。立体式神の作成も可能。

パタンナーの仕事内容

パタンナーは、デザイナーのデザイン画をもとに、型紙に起こして立体化し、そのほか生地やボタンのサイズ指定、納品チェックなども行う仕事です。専門的な技術、知識が必要な仕事で、人手不足気味。最近ではパターンメーキングはCADを使って行われるケースが多く、コンピューターの操作能力も求められるようになってきています。おもな就職先はアパレルメーカーで、規模は大手から個人経営までさまざまです。そのほかファッション系のデザイン会社、縫製工場などでも求人があります。

パタンナーに求められる人物は？

パターンメーキングは数ミリの誤差も許されない仕事です。そのため、常に正確な作業ができる几帳面さが非常に重要です。また、デザイン画を見て、素材や縫製までを意識して完成形をイメージすることが求められるので、前後の工程を含めた洋服作りに関する幅広い知識も必要になります。もちろん、ファッションに興味があり、洋服作りが好きであることは必須条件です。

パタンナーのズバリ！　将来性は？

ファストファッションの流行などもあって、アパレル業界は競争が厳しくなっています。競争に負けて淘汰される会社も出てきていますが、このような状況だからこそ、実力があるパタンナーをどの会社も求めています。ファッションへのニーズが途絶えることはないので、しっかりとした技術を身につければ、パタンナーなら将来への不安はありません。なお、ブランドの海外展開やパターンメーキングのデジタル化といった新しい動きに対応していくことは、これからのパタンナーには必須です。

パタンナーになるには

アパレルメーカーなどがパタンナーを採用する場合は、ファッション関連の学校で基本的な技術を習得してきた人を対象とすることが多いです。そのため、パタンナーを目指すなら、大学・短大・専門学校の被服・服飾系の専門コースでパターンメーキングについてしっかり学ぶことが第一ステップになります。

パタンナーの平均給料・給与

32万円

初任給：18万円／生涯賃金：2億2016万円

パタンナーの生涯賃金は、想定雇用期間43年間と平均給料・ボーナスを掛け合わせた数字となっております。

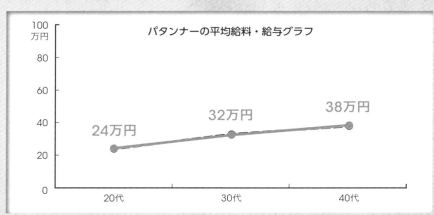

パタンナーの平均給料・給与グラフ

- 20代：24万円
- 30代：32万円
- 40代：38万円

※給料の算出には求人や口コミ、厚生労働省の労働白書を参考にしております

「書店で起こる恋は、格差も偏見も許しを請う必要もありません」

書店員

書店員

書籍の陳列・販売管理を行うジョブ。独自の観点や知識で、書籍を陳列する「書店の要」。魔法「今月の一冊」は書店員の魂が具現化される召喚スキルの一つであり、ブームを作り出す「影の仕掛人」とも。

書店員の仕事内容

書店員は、書籍や雑誌を仕入れ、販売するのが仕事です。本の陳列や整理、POPの作成、接客対応、レジなど仕事は多岐にわたります。雑誌の付録を挟み込むのも書店員の仕事となります。店舗によっては立ち読み防止のビニールをかけたり、ブックカバーを手折りすることもあります。利用客から質問されることも多いため、新刊や人気作品の情報は常に頭に入れておかなければなりません。放映中のドラマや映画の原作本をチェックしたり、作家のSNSをのぞいたりすることもあるといいます。夕方5時以降がピークタイムとなります。

書店員になるには

本が好き、書店が好きということから、アルバイトとして書店で働き始める人も多いです。しかし、活字離れに加え、電子書籍の登場やWEBでも簡単に書籍が購入できるようになったことから、書店の数は年々減り続けています。そのため、大型書店でも正社員の新規採用は非常に少なく、アルバイトからの正社員登用もほとんどないのが現状です。中小の書店では欠員が出た時のみ求人を出していることもあります。1年間に出版される本は8万点にもなり、大型書店では毎日200種類の本が入荷されるといいます。書店員は売れ筋の本を見極めて多めに発注したり、売れない本を返品して冊数を調整したりします。

書店員のキャリアモデル

大型書店の場合、接客業務を担当しながら、最初の数年間は自分の担当するジャンルを持ってそのジャンルの棚の本を管理し、商品知識を増やしていきます。小規模の書店では、一人で複数のジャンルを担当することもあります。そして、そのままそのジャンルの専門性を深めていく場合と、それ以外のジャンルも含め、フロア全体を管理する店長などの役職へとステップアップしていく道があります。スタッフが20名近く常駐しているような大型店舗でも、正社員は店長、副店長と平社員の3名体制ということもあり、管理職はかなり大変です。シフト制の勤務となり、アルバイトやパートのマネジメントも社員が行います。土日祝日が休めないこともあり、残業がある職場もあります。書店員として経験を積み、書店や古書店を開く人もいます。最近ではブックカフェを開業する人も増えています。

書店員の平均給料・給与

21 万円

初任給：17万円〜／生涯賃金：1億4448万円

書店員の生涯賃金は、新卒が終身雇用で65歳まで雇用されたと想定して、22歳から65歳までの43年間と平均給料・ボーナスを掛け合わせた数字となっております。

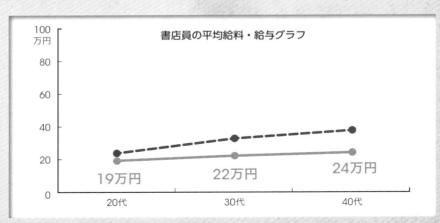

書店員の平均給料・給与グラフ

100万円 / 80 / 60 / 40 / 20 / 0

20代：19万円　30代：22万円　40代：24万円

※給料の算出には求人や口コミ、厚生労働省の労働白書を参考にしております

「自分が本当に幸せにしてあげられると思うから電話を待てるんです」
テレホンオペレーター

お客様への電話対応が仕事です。仕事内容には「インバウンド」と呼ばれる受信業務と、「アウトバウンド」と呼ばれる発信業務があります。インバウンドはお客様からの電話を取り、商品の案内や注文の受付などを行い、記録を端末に入力するのがおもな仕事です。アウトバウンドはお客様に電話をかける業務です。アンケート調査や、新商品の紹介などを行います。契約数ノルマや成果報酬制の職場もあります。コミュニケーション能力や、正しい敬語や言葉遣いなど、ビジネスマナーを身につけるには最適の職場ですが、一方で理不尽なクレーム対応など、精神的に辛いこともあるようです。

テレホンオペレーターの平均給料・給与

24万円

初任給：20万円～／生涯賃金：1億6512万円

テレホンオペレーターの生涯賃金は、新卒が終身雇用で65歳まで雇用されたと想定して、22歳から65歳までの43年間と平均給料・ボーナスを掛け合わせた数字となっております。

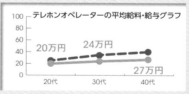

テレホンオペレーターの平均給料・給与グラフ

20万円　24万円　27万円

20代　30代　40代

※給料の算出には求人や口コミ、厚生労働省の労働白書を参考にしております

テレホンオペレーター

電話系ジョブ。理不尽なクレームにも真摯に対応し、対応マニュアルを作る。怒濤の勢いで電話をする姿から「不屈の電脳戦士」と呼ばれることも。スキル「真心対応」はクレームを感謝に変える秘技だ。

テレホンオペレーターは求人も多く、仕事に就くのはそう難しくありません。また、時給は比較的高めです。これはお客様の声を受けるという企業イメージに関わる部署だからです。ほとんどの場合、しっかりとしたマニュアルがあり、マナー研修や個人情報を扱うためのセキュリティ研修も行われます。電話対応業務のため髪型や服装が自由な会社も多く、働く時間帯を選べる職場もあるため、若者から主婦層までアルバイトとして人気があります。

「揉んで、押して、伸ばし、最後にじっくり考えます」
リフレクソロジスト

リフレクソロジストは、足の裏や手のひらにある「反射区」を、手指で刺激する施術を行う仕事です。疲労回復やリラクゼーションに効果があるといわれています。施術スタイルにはさまざまなバリエーションがあります。英国式、台湾式など足裏への刺激を専門に行ったり、ストレッチや整体、骨盤矯正を取り入れたり、アロマセラピーと併用したりと、サロンや店舗によってさまざまです。いずれも利用する方に癒やしを与えることが目的です。医療や福祉、介護の現場でリフレクソロジーを取り入れる施設もあります。活躍の場は広いといえるでしょう。

リフレクソロジストの平均給料・給与

22万円

初任給：17万円／生涯賃金：1億5136万円

リフレクソロジストの生涯賃金は、新卒が終身雇用で65歳まで雇用されたと想定して、22歳から65歳までの43年間と平均給料・ボーナスを掛け合わせた数字となっております。

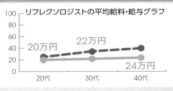

リフレクソロジストの平均給料・給与グラフ

20万円　22万円　24万円

20代　30代　40代

※給料の算出には求人や口コミ、厚生労働省の労働白書を参考にしております

リフレクソロジスト

癒やし療法系ジョブ。「反射学」をもとに構築された民間療法。足裏を刺激し、特定部位の疲労を改善する。別名「足裏の僧侶」。痛みの強い「台湾式」と紳士的な「英国式」がある。

リフレクソロジストに公的な資格はありませんが、国内には協会やサロンが認定するスクールや民間資格がいくつもあります。これらには資格取得後に系列店で働くことを紹介するケースもあるようです。募集は求人サイトや求人情報誌で見つけられます。就業先としては、リフレクソロジーサロン以外にもエステサロンやリラクゼーションサロン、スパやサウナ、整体院やフィットネスジムなど、さまざまな場所で需要があります。

給食センター職員

「魔法の調味料は子どもたちへの愛情」

給食センター職員

大きな釜や巨大ヘラを駆使し、栄養満点の回復系料理を作る。スキル「かきまぜ」は煮込みや火通しの調節をし、食材の栄養価を引き出す。

子どもたちの給食を作ります。正社員として働くには調理師資格が必要なところもありますが、パート社員も多く、資格が不要なところもあります。衛生面に気を配りながら、手早く大量の食材を調理しなければならず、大きな寸胴鍋を抱えたり、牛乳ケースを持ち上げるなど力仕事もあるため、体力も必須。40歳以上の女性が多く働く職場であり、円滑な人間関係を築くことができる人が向いています。正社員の場合は月給18万～30万円、パートの場合は時給700～1000円が相場です。

平均給料・給与

29万円

初任給：16万円
生涯賃金：1億9952万円

生涯賃金は、想定雇用期間43年間と平均給料・ボーナスを掛け合わせた数字となっております。

平均給料・給与グラフ

21万円　29万円

34万円

20代　30代　40代

※給料の算出には求人や口コミ、厚生労働省の労働白書を参考にしております。

ファッションデザイナー

「誰にも流されてはいけない。私自身が流行になるの」

ファッションデザイナー

「美しき三銃士」の一人。担当は「FASHION」。「鉛筆レイピア」で作られたデザイン画が具現化すると、世界に影響を及ぼすことも。

ファッションデザイナーの仕事は、注文に合わせた服を作る「オートクチュール」と、既製服を作る「プレタポルテ」に分かれます。アパレルメーカーに就職し、営業、企画をへて、デザイナーのアシスタントとなるほか、小規模事業者のプライベートブランドやファストファッション系のデザイナーになる道などがあります。商社や縫製工場など勤務先には関連企業が多いので、自分に合った就職先を選ぶのが重要です。経験と実績が重視されるので、30代～40代が活躍しています。

平均給料・給与

31万円

初任給：18万円
生涯賃金：2億1328万円

生涯賃金は、想定雇用期間43年間と平均給料・ボーナスを掛け合わせた数字となっております。

平均給料・給与グラフ

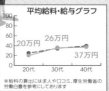

20万円　26万円

37万円

20代　30代　40代

※給料の算出には求人や口コミ、厚生労働省の労働白書を参考にしております。

「アナタの色が知りたいのであれば、己の瞳の奥を見なさい。答えはそこにあるわ」

カラーコーディネーター

カラーコーディネーター

配色の助言をする色彩マスター。人と色を調和させる。背中の「光輪カラーチャート」は、その人に適した色を示し、幸福をもたらす。

カラーコーディネーターは、ファッションやメイクなどのカラーアドバイスや、商品企画、ビルのインテリアなどの色彩計画を担当する仕事です。資格としては、色彩検定やカラーコーディネーター検定試験などがありますが、必ずしも必要ではありません。色彩感覚や色についての知識を持ったうえで、人を納得させられる美的センスがある人に向いています。結婚や出産をへてからでもなれますが、求人は少なく、メーカーの企画部門などへの就職を検討しましょう。

平均給料・給与
22万円
初任給：15万円〜
生涯賃金：1億5136万円

生涯賃金は、想定雇用期間43年間と平均給料・ボーナスを掛け合わせた数字となっております。

平均給料・給与グラフ

15万円
20万円　25万円

※給料の算出には求人や口コミ、厚生労働省の労働白書を参考にしております

「美は1日にして成らず。でも短縮する方法を私は知っています」

美容部員

美容部員

若返らせるスキルを持つ、「美」の専門ジョブ。その美しい手から「美魔女」を量産する。百貨店の1階を守る「美の門番」。

百貨店やドラッグストアの化粧品カウンターで化粧品を販売したり、メイクのアドバイスや肌に関する悩み相談に対応し、商品や情報などを紹介するのが仕事です。化粧品メーカーや販売会社の正社員のほか、契約社員、派遣社員、アルバイトなど働き方も多様ですが、ノルマがあったり、女性が多い職場で気苦労もあるといいます。また、自分の肌も常にきれいに保たなければなりません。店長や教育指導を行う役職へのキャリアアップもできます。

特別寄稿：藤ちょこ

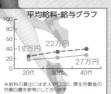

平均給料・給与
25万円
初任給：18万円
生涯賃金：1億7200万円

生涯賃金は、想定雇用期間43年間と平均給料・ボーナスを掛け合わせた数字となっております。

平均給料・給与グラフ

18万円　22万円
27万円

※給料の算出には求人や口コミ、厚生労働省の労働白書を参考にしております

「女性にモテる人は見えないモノにお金をかける」
ホスト

ホスト

男性専用クラス。歌舞伎町を制した者は芸能界まで名が轟く。ドンペリハンマーを装備し、スキル「シャンパンタワー」を発動。

お客様の女性とおしゃべりをしながらお酒を飲んで、場を盛り上げるのが仕事です。ホストクラブの給料はほとんどの店が完全歩合制です。売上（飲食代＋指名料など）×歩合率＝ホストの給料となります。歩合率は「バック」と呼ばれ、40〜60％が相場です。客が10万円のドンペリを入れたら、約5万円をホストが受け取れることになります。トップクラスのホストで年収1億円を超える人もいますが、月収15万円以下も大勢います。30代になるまでに9割近くが辞めてしまいます。

平均給料・給与

30万円

初任給：10万円〜
生涯賃金：3600万円

生涯賃金は、想定雇用期間10年間と平均給料を掛け合わせた数字となっております。

平均給料・給与グラフ

30万円　0円　0円

※給料の算出には求人や口コミ、厚生労働省の労働白書を参考にしております

「トリスバーといえば軍艦マーチ」
ホステス

ホステス

女性専用クラス。別名「ナイトクイーン」。GINZAに君臨するホステスは格式が高いともいわれる。ウイスキー水割りで世を渡る王女。

夜の飲み屋でお客様をおもてなしするのが仕事です。男性客を楽しませ、気分よくお酒を飲むことができるように、話を聞いたり、場を盛り上げたりします。テンポのよい話術と話のネタが必要で、上級と呼ばれるホステスたちは経済・政治などの話題もこなせなければなりません。体力と頭を使う仕事でもあります。銀座の高級クラブで働くホステスの給料は、日給3万〜4万円が相場です。ただし、ノルマがあるところもあります。ママ（責任者）になって、長く働く人もいます。

平均給料・給与

32万円

初任給：15万円〜
生涯賃金：2億2016万円

生涯賃金は、想定雇用期間43年間と平均給料・ボーナスを掛け合わせた数字となっております。

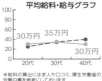

平均給料・給与グラフ

30万円　35万円　30万円

※給料の算出には求人や口コミ、厚生労働省の労働白書を参考にしております

仲居

「コミュ力を鍛えられる最強の仕事です」

旅館にて、お客様のお迎えや案内、見送り、料理の配膳や下膳などがおもな仕事です。お客様と直に接する機会も多く、お客様一人ひとりの都合や状態を判断して適切に対応することが求められます。仕事はスタッフときっちりと協調の取れたチームプレーで行うため、コミュニケーション能力が必要です。違う立場のスタッフと連携を取るのは難しく大変なこともありますが、日本特有のおもてなしの心を形にする仕事は、やりがいに満ちているといえます。仲居になるには、学歴も資格も必要ありません。派遣会社の紹介で仲居を始めたり、バイトから正社員の仲居になったりする人が多いです。

特別寄稿：もっつん *

仲居の平均給料・給与

21万円

初任給：10万円〜／生涯賃金：1億4448万円

仲居の生涯賃金は、想定雇用期間43年間と平均給料・ボーナスを掛け合わせた数字となっております。

仲居の平均給料・給与グラフ

20万円　25万円　30万円
20代　30代　40代

※地域や旅館により差があります

仲居

旅館を訪れる旅人の衣食住をサポートし、おもてなしするジョブ。仲居のきめ細かな心配りと癒やしスキルによって旅人の心身が回復する。常に明るく笑顔が基本だが、力仕事が多く体力勝負の面もある。語学力も武器になる。

資格も学歴も必要ないとはいっても、頭の回転の速さも求められる仕事です。タイムスケジュールを把握し、食事の配膳を適切に行うなど、能動的に考えて動く必要があります。また、旅館のある地域の情報を紹介できる知識の引き出しも求められます。仲居の時給は都会よりも観光名所が近い地方のほうが高くなります。景観がよいところは時給1100円程度で、観光名所がないところの時給は800〜900円が多いです。お客様からのチップ（心付け）が収入の足しになることもあります。

「お客様の小さな孤独に気づくのも、仕事のうちです」

バーテンダー

特別寄稿：咲良ゆき

バーテンダー

メジャーカップ、シェイカーなどのアイテムを用いて数種類のアルコールや果汁を調合し、魅惑的な「カクテル」を精製する錬金術師。客を楽しませる話術も持ち合わせている。

バーテンダーの仕事内容

バーカウンターに立ち、お客様の注文を受けて、カクテル、ウイスキー、ウォッカなどのお酒を提供します。中でもバーテンダーの腕の見せ所といえるのが、複数のお酒や果汁などを混ぜて作るカクテル。バーテンダーが格好よくシェーカーを振ってカクテルを作る姿は、バーに行ったことがない高校生でも映画やドラマなどで目にしたことがあるはず。また、お客様との会話も大切な仕事です。お酒と会話の両面でお客様に快適なひと時を提供するのがバーテンダーなのです。

バーテンダーのズバリ！　将来性は？

飲食業界は競争が厳しい世界ですが、好景気・不景気に関わらず何十年も営業を続けている老舗バーはたくさんあります。お酒を楽しむ文化が廃れることは考えにくいですし、顧客に愛される良質なバーであれば、長く続けていくことができる仕事です。また、日本のバーテンダーの確かな技術は海外からも注目されており、今後はアジアを中心に海外で活躍するチャンスも増えていきそうです。

バーテンダーの活躍できる場所は？

バーテンダーになるための決まったステップは特にありません。仕事に就く前にある程度基本的な技術を身につけておきたい人は、専門学校のバーテンダー養成に特化した専攻・コースなどで学ぶ道もあります。一方でまったくの未経験からアルバイトでバーの世界に飛び込み、経験を重ねながらバーテンダーとして一人前に育っていく人も多いです。アルバイトからスタートすれば現場を知ることができ、自分の適性も測れるという点でもオススメです。バーテンダーが働く場所は基本的にはバーですが、ひとくちにバーといってもいくつか種類があります。ホテルでは、メイン・バー、ラウンジ、宴会などでバーテンダーが活躍しています。街の個人経営のバーは、高級店から親しみやすいお店までさまざまなタイプがあります。このほか、飲食系企業が経営するチェーン店のバーなども。バー以外では、カクテルなどにこだわりがあるレストラン、パブ、居酒屋などで働くバーテンダーもいます。

バーテンダーの平均給料・給与

23万円

初任給：19万〜27万円／生涯賃金：1億5824万円

バーテンダーの生涯賃金は、想定雇用期間43年間と平均給料・ボーナスを掛け合わせた数字となっております。

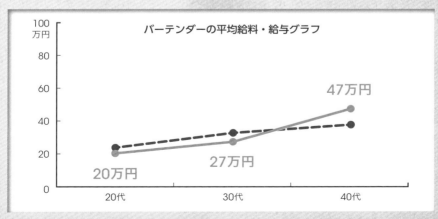

バーテンダーの平均給料・給与グラフ

- 20万円（20代）
- 27万円（30代）
- 47万円（40代）

※店舗により差があります

理容師

おもに理容室において、シャンプー、カット、刈り上げ、カラー、パーマなどの施術をし、お客様の容姿を整える仕事です。理容師の仕事内容の中で一番の特徴となるのが、カミソリを使った「顔剃り」です。近年、理容師と美容師との間で仕事内容の差がなくなってきていますが、顔剃り＝シェービングは、理容師しか行うことができません。最近では、シェービングを求めて女性が理容室を訪れることも珍しくなく、女性理容師の需要も高まっています。

スタディサプリ進路

理容師になるには

理容師になるには、国家資格である「理容師免許」が必要です。厚生労働省指定の理容師養成施設を修了することで、国家試験の受験資格を得ることができます。養成施設には夜間課程や通信課程もあり、まず理容室に就職して働きながら資格取得を目指す人もいます。国家試験には、実技と筆記があり、この国家試験に合格すると理容師免許の交付を受けられます。理容師免許と美容師免許のW取得を目指せる学校も増えています。

理容師のズバリ！　将来性は？

理容師免許取得者が減り、理容室の数も減り、理容師の高年齢化が進んでいます。なり手が少ないということは、これから理容師を目指す若手にとってはチャンスがあるともいえます。また、理容業界では高齢者へのサービスに目を向ける傾向が強くなっています。「福祉」と「理容」の両方の視点から技術を提供できる人を育成する「ケア理容師」制度もこういった背景から生まれました。理容師のみに許されていたシェービングが、「化粧に附随した軽い程度の顔剃りは美容師も行ってよい」とされるなど、理容と美容との差もますます小さくなっています。今後さらに理容と美容の融合が進むことが予想されるため、これから理容師を目指すならば、美容師免許のW取得を考えるのもいいでしょう。

理容師の平均給料・給与

20万円

初任給：15万円〜／生涯賃金：1億3760万円

理容師の生涯賃金は、新卒が終身雇用で65歳まで雇用されたと想定して、22歳から65歳までの43年間と平均給料・ボーナスを掛け合わせた数字となっております。

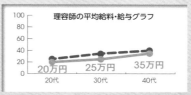

理容師の平均給料・給与グラフ

	20代	30代	40代
	20万円	25万円	35万円

※給料の算出には求人や口コミ、厚生労働省の労働白書を参考にしております

メイクアップアーティスト

メイクアップアーティストは、テレビ、雑誌、CM、ポスター、コレクション、映画などのモデル、タレント、俳優などのメイクを手がけます。メイクは、役柄や求められる雰囲気作りに対して深く関わる重要なポイントになっています。また、よりアート性を重視したものや、映画の特殊メイクなどの分野で高く評価されるケースも増えています。ほかにもブライダルでのメイクや、化粧品メーカーのアーティスト部門（メイク部門）に就職して活動するなど、さまざまな分野で活躍しています。

メイクアップアーティストのズバリ！ 将来性は？

女性だけでなく男性も数多く活躍している職業です。最近は、メイクに興味がある人が特に増えており、トレンド感にプラスして自分らしさを際立たせるメイク法がより注目を集めています。雑誌やSNS上でその需要は高く、メイクアップアーティストのニーズは多くなっているといえるでしょう。ただし、生き残っていくには、相当な努力が必要なのはもちろん、毎年変化する流行の波に敏感に反応できる柔軟性、ここ一番のチャンスに強いなど、さまざまな要素が必要になります。

メイクアップアーティストの活躍できる場所は？

まずは美容系またはメイク系の専門学校で必要な基礎技術を習得するのが一般的です。美容師免許を取得することを最初の目標にするのか、または、メイクアップの技術習得のみに力を入れたいのかによって、選ぶ専門学校も違ってきます。おもな就職先は、ヘアメイク事務所、化粧品メーカー、ブライダルサロン、エステサロンなどさまざまです。 映画、テレビ、雑誌などメディア系を中心に働きたい場合は、ヘアメイク事務所や、メディア系の仕事を請け負う美容室に所属するのがよいでしょう。そのほか、化粧品メーカーやブライダルサロンに就職して、メイクアップアーティストとして活躍する道もあります。初めからフリーランスとして個人で活動するケースは、少ないようです。

メイクアップアーティストの平均給料・給与

21 万円

初任給：15万円／生涯賃金：1億2384万円

メイクアップアーティストの生涯賃金は、想定雇用期間43年間と平均給料・ボーナスを掛け合わせた数字となっております。

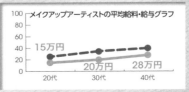

メイクアップアーティストの平均給料・給与グラフ

15万円 20万円 28万円

20代 30代 40代

※給料の算出には求人や口コミ、厚生労働省の労働白書を参考にしております

和菓子職人

和菓子職人は、まんじゅうや羊かんなどさまざまな和菓子を作る職人のことをいいます。工場で大量生産され市販される和菓子も増えましたが、和菓子店では和菓子職人の手により、昔ながらの製法で一つひとつ丁寧に和菓子が作られています。和菓子は大きく「生菓子」「半生菓子」「干菓子」の3種類に分けられ、いずれも材料を選ぶことから始まり、練り・蒸し・焼きなどの技法をベースにさまざまな和菓子が生み出されます。味と見た目、両方の完成度を高めて、口にする人を満足させるのが仕事です。

和菓子職人の就職先

和菓子職人になるのに必要な資格や免許、学歴はありません。和菓子職人の働く場所は、和菓子店が大半です。そのほか、和菓子を取り扱う食品メーカーで求人があることもあります。和菓子は高度な技術と知識がなければ簡単に作ることができません。長く下積みが必要になることなどから、一人前になる前に挫折してしまう人が多いのも和菓子職人の世界です。しかし、一度技術を身につけてしまえば、長く安定して働くことができ、海外で活躍できる可能性もあります。

和菓子職人のズバリ！ 将来性は？

和菓子全体の生産金額は昔に比べると減少していますが、今後大きく生産金額が下がるとは考えられていません。和菓子はその見た目の華やかさや繊細な味わいなどから、手みやげに選ばれる機会は多くあります。お正月やお彼岸などの年中行事にはじまり、七五三や結婚祝、葬礼、法要など、さまざまな行事に和菓子は必要とされており、和菓子業界の業績安定の一因となっています。年齢が高くなるに従い購入額が多くなる傾向にあるため、少子高齢化の現代は和菓子業界にとっては追い風なのかもしれません。和菓子は海外からもその造形や味、背景にある歴史、文化的側面などが高く評価されているという点も見逃せません。

和菓子職人の平均給料・給与

26万円

初任給：10万〜15万円／生涯賃金：1億7888万円

和菓子職人の生涯賃金は、想定雇用期間43年間と平均給料・ボーナスを掛け合わせた数字となっております。

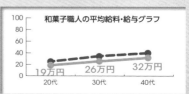

和菓子職人の平均給料・給与グラフ

	20代	30代	40代
	19万円	26万円	32万円

※給料の算出には求人や口コミ、厚生労働省の労働白書を参考にしております

コンシェルジュ

コンシェルジュは、観光スポットを案内したり、各種チケットを準備したり、旅行のプランニングをしたりする仕事です。勤務先はホテルが中心となっていますが、最近では高級マンション、百貨店、レストラン、駅や病院など、さまざまなところで必要とされています。

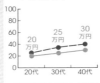

コンシェルジュの
平均給料・給与グラフ

※給料の算出には求人や口コミ、厚生労働省の労働白書を参考にしております

平均給料・給与

27万円

初任給：15万円〜／生涯賃金：1億8576万円

生涯賃金は、想定雇用期間43年間と平均給料・ボーナスを掛け合わせた数字となっております。

実力社会なので、求められる能力はとてもレベルが高いです。顧客のさまざまな要望を満たすためには、幅広い能力が必要になります。接客力に加え情報収集力も欠かせません。

雑貨デザイナー

雑貨デザイナーは、文房具や調理器具、アパレル系の生活雑貨など、日常生活のありとあらゆるところで使われる雑貨をデザインします。雑貨デザイナーになるための専門学校もありますし、雑貨デザイナーが講師を務めるセミナーなどに参加して独学でも学ぶことは可能です。

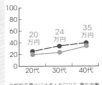

雑貨デザイナーの
平均給料・給与グラフ

※給料の算出には求人や口コミ、厚生労働省の労働白書を参考にしております

平均給料・給与

26.3万円

初任給：10万円〜／生涯賃金：1億8094万円

生涯賃金は、想定雇用期間43年間と平均給料・ボーナスを掛け合わせた数字となっております。

日頃から「どんな雑貨が人気なのか」などの情報を集め勉強し、アイデアを生み出します。デザインの美しさだけでなく、機能性や安全性、コストについても考慮が必要です。

ホテルマン

お客様がホテルに快適に滞在できるようなサービスを行うのが仕事です。宿泊部門、営業部門、事務部門、企画部門、広報部門、宴会部門、ウエディング部門などに分かれています。細かく役割分担することで、お客様一人ひとりに対して高品質のサービスを提供しています。

ホテルマンの
平均給料・給与グラフ

※給料の算出には求人や口コミ、厚生労働省の労働白書を参考にしております

平均給料・給与

23万円

初任給：15万〜18万円／生涯賃金：1億5824万円

生涯賃金は、想定雇用期間43年間と平均給料・ボーナスを掛け合わせた数字となっております。

ホテルマンで高給取りを目指すなら、高級ホテルや一流ホテルに就職する必要があります。そこでマネージャーや支配人といったポストを目指すというのが現実的です。

ワイン醸造家

ワイン製造に欠かせない専門的知識と技術を兼ね備えている職人です。スタッフ全体を指すことも多いです。海外では成功者の証しとしてワイナリーで自家製ワインを造ることが、ステータスとして知られています。本場フランスで活躍している日本人ワイン醸造家もいます。

ワイン醸造家の
平均給料・給与グラフ

※給料の算出には求人や口コミ、厚生労働省の労働白書を参考にしております

平均給料・給与

24.6万円

初任給：16万円〜／生涯賃金：1億6924万円

生涯賃金は、想定雇用期間43年間と平均給料・ボーナスを掛け合わせた数字となっております。

日本では、非常に求人枠が狭いです。一部の大手酒造メーカーが、ごくまれに募集を出していますが、固定給の条件記載がないので、資格や経験をかなり重視しているようです。

企業戦士 Ⅴ

商品の生産が決定すると、製造・生産部門で働く技術者や職人の手によって形になり、工場で量産化され、販売されます。しかし、情報発信しなければ商品は売れません。そこで活躍するのが広報職。メディアに出ることもある人気の職種ですが、その実態は？

広報職

自社の取り組みをわかりやすく、簡潔に社会に伝えるのが広報職の仕事です。より円滑に企業活動を遂行するためには、自社の認知度を上げ、ブランドイメージを定着させることが重要です。広報職はプレスリリースを書いたり企業用のSNSアカウントで情報発信をしたりします。また、不祥事が起きた際に対応するのも仕事です。マスコミ対応をする華やかな業務だけでなく、危機管理能力や業界を俯瞰する力が試される職種でもあるのです。礼儀作法やコミュニケーション能力も必須です。

「炎上はあまりさせないでください」

平均給料・給与

30万円

初任給：15万円～
生涯賃金：2億0640万円

生涯賃金は、想定雇用期間43年間と平均給料・ボーナスを掛け合わせた数字となっております。

平均給料・給与グラフ

	20代	30代	40代
	25万円	30万円	35万円

※給料の算出には求人や口コミ、厚生労働省の労働白書を参考にしております

広報職

魔法「プレスリリース」、兵器「社内砲（報）」を駆使し、企業ブランドの認知度や兵士の士気を高める。「キラキラ光砲（広報）」という女子を主体とした兵器を独自開発した企業もあるとか。

第**6**章

IT系職業

「最先端のクリエイティブにおける生存戦略は、多様な武器の入手だ」

WEBデザイナー

WEBデザイナー

インターネットにおける前衛の要でサイトのデザインやコーディングを行う。時代により移り変わるデザインを作り出す「芸術騎士（アートナイト）」。クラスチェンジはWEBディレクター、プログラマーへ。

WEBデザイナーの仕事内容

WEBデザイナーはWEBサイト（ホームページ）のデザインをするのが仕事です。実際はホームページやサイト構築、HTMLの知識、画像編集、リッチコンテンツのコーディングなど、総合的なWEBサイト運営にまで関わることが多いです。単にホームページを作成・デザインするだけでなく、会社やショップなどホームページ制作を依頼してきた顧客の意向に沿って文字や画像をレイアウトし、時には動画や音声も効果的に使用しながらサイトのデザインを作ります。技術とともにセンスも求められる仕事です。

WEBデザイナーになるには

美術系の大学や短大、またはデジタル系の専門学校や養成講座などで技術を身につけ、WEBデザイン会社、広告制作会社、または一般企業のインターネット関連の部門に就職をします。WEBスクールなどに通い、高度なスキルを身につけている場合には即戦力として歓迎されます。基本的にはHTMLやCSS、Photoshop、Illustrator、Dreamweaverの使い方をマスターしデザインとコーディングできる技術を持っていることがWEBデザイナーとしての最低条件です。中途採用では正社員採用は少なく、派遣で経験を積んで、実力を認められて正社員登用される人も多いです。

WEBデザイナーの仕事の面白さ・向いている性格

インターネットは世界中に広がり、強力な広告媒体として企業も力を入れています。今後ますますWEBデザイナーの需要は高まることが予測されます。WEBデザイナーの仕事の魅力は、そのデザインによって人の心を動かす、ということです。WEBデザインの良し悪しによって閲覧数が増減したり、消費行動に変化が表れることもあります。そうした点からも、最近ではWEBマーケティングも意識した仕事ができるWEBデザイナーが求められています。見た目のデザインだけでなく、WEBサイトの設計や方向性の提示、技術的な問題の解決やビジネス的な提案を求められることも増えているようです。WEBの世界は変化が激しく、常に最新の情報を入手し、技術を習得していかなければなりません。時代のトレンドスキルにも柔軟に対応できる人が向いています。

WEBデザイナーの平均給料・給与

28万円

初任給：20万円～／生涯賃金：1億9264万円

WEBデザイナーの生涯賃金は、新卒が終身雇用で65歳まで雇用されたと想定して、22歳から65歳までの43年間と平均給料・ボーナスを掛け合わせた数字となっております。

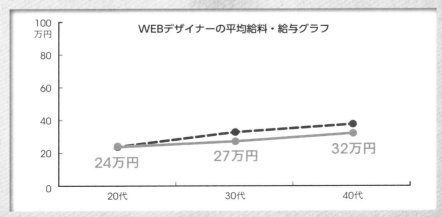

WEBデザイナーの平均給料・給与グラフ

24万円　27万円　32万円

20代　30代　40代

※給料の算出には求人や口コミ、厚生労働省の労働白書を参考にしております

「ソースコードはアート。すべてがそろった時、美しい音楽を奏でる」

WEBプログラマー

WEBプログラマー
サイトのバックエンドを担う重装騎士（ヘビーナイト）。サイト防衛やシステム構築を得意とする。前衛のWEBデザイナーと連携しながら、指揮官のSEやWEBディレクターのサポートも行う後衛の要。

WEBプログラマーの仕事内容

システムエンジニアが設計した仕様書に基づいて、プログラムを作成するのがWEBプログラマーの仕事です。銀行などのオンラインシステムの構築や、管理システムの作成、ネットワーク機器など通信関連のプログラム、家電製品の内蔵基盤、WEBページの作成、動的スクリプト、アプリ開発、WordPressのカスタマイズなど、仕事は多岐にわたります。近年ではアプリ開発とWEB向け、どちらかに偏向する風潮があります。最近流行しているブログサービスなどのシステム開発をするのも仕事です。

WEBプログラマーになるには

高校生くらいから工学系を学んで、プログラミング言語を最低一つくらいは習得してから大学や専門学校へと進学し、就職するのが一般的です。WEBプログラマーは、コンピューターメーカーやソフト開発企業、銀行、証券会社、一般企業の情報処理関連部門や開発部門などで活躍しています。コンピューターがプログラム通りに作動するか何度もテストを行って修正を加えていく作業となるため、忍耐強く、集中力が要求されます。業界全体ではプログラマーの2～3割が女性で、男性の多い職業だといわれていますが、男女の違いがプログラマーとしての能力に差をつけることはありません。

WEBプログラマーキャリアモデル

年齢的な体力の衰えや記憶力の低下などにより、WEBプログラマーとして定年まで働くのは難しいという噂もありますが、労働環境は改善傾向にあり、長期的に働くことも可能です。システムエンジニアとしてシステム全体を把握し、プロジェクトマネージャーとして開発全体を統括するなど、キャリアアップを図ることもできます。プログラマーは人材不足なので、技術さえあれば職には困ることはありません。スキルによっては年収８００万～１０００万円と、給料が高額になるといいます。また、比較的働き方を自由に選べるのも魅力の一つです。アルバイトや契約社員、派遣社員として登録することにより、希望の時間や短期間だけ働くことも可能です。機材さえあれば在宅でも仕事をすることができるため、正社員であっても在宅ワークが認められていることもあります。

WEBプログラマーの平均給料・給与

34万円

初任給：20万円～／生涯賃金：2億3392万円

WEBプログラマーの生涯賃金は、新卒が終身雇用で65歳まで雇用されたと想定して、22歳から65歳までの43年間と平均給料・ボーナスを掛け合わせた数字となっております。

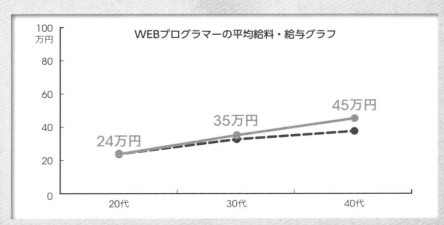

WEBプログラマーの平均給料・給与グラフ

- 24万円
- 35万円
- 45万円

（20代／30代／40代）

※給料の算出には求人や口コミ、厚生労働省の労働白書を参考にしております

「俺が前線に出る時は最悪の時だけだ」

WEBディレクター

WEBディレクター
制作進行の要。別名「WEB司令官」。前衛職のデザイナーや後衛職の
プログラマーをまとめる。己自身が前衛や後衛に出陣することも多々
ある。

WEBディレクターの仕事内容

WEBディレクターの仕事は、WEBサイトの構成要素全体の管理をするのがメインです。サイトのデザイン、文章のクオリティや長さ、スケジュールなどWEBサイトを作るにあたって考えなければならないものすべてを管理します。企画段階から、サイトの方向性を決めるという重要な仕事があります。限定された時間、メンバー、予算の中で、どのようにしてサイトを作るかを考えることが、この仕事の難しさであり、やりがいです。全体を見通す力があり、作業全体を管理するのが好きな方に向いています。

WEBディレクターの求人募集の探し方

WEBディレクターの求人は、WEBやIT系職業に強い転職サイトなどで検索すると見つかりやすいです。おもにWEB制作会社やサービス事業会社、システム開発会社などで募集が多くなっています。応募する会社の取引先や、過去に制作したWEBサイトなどの制作実績を確認すると、業界内でのポジションや得意とする分野などがわかるので、参考にするとよいでしょう。WEB制作の知識だけでなく、アクセス解析やマーケティングの知識など、幅広い知識を持っている人が求められています。職業柄、東京や大阪、名古屋、札幌といった都会に求人が集中しています。

未経験者がWEBディレクターになるには

求人広告を見てみると、未経験でもOKというところが多いです。採用する企業側からすれば、未経験者でも受け入れる体制が整っているということです。ただし、未経験から誰でもWEBディレクターになれるわけではありません。資格などを取っていればスキルを推察することはできますが、制作実績がないと不利になります。そこを補うのが、チャレンジ精神です。WEBのトレンドは日々移り変わるものですし、WEBサイトは星の数ほどあります。面接の時にチャレンジ精神をアピールできれば強みになります。また、コミュニケーションのスキルも重要です。WEBサイトの制作にはさまざまな職種の協力が欠かせません。WEBディレクターは、WEBデザイナーなど社内の人間に加え、WEB制作会社やクライアントなど社外ともコミュニケーションが必要です。

WEBディレクターの平均給料・給与

31万円

初任給：20万円～／生涯賃金：2億1328万円

WEBディレクターの生涯賃金は、新卒が終身雇用で65歳まで雇用されたと想定して、22歳から65歳までの43年間と平均給料・ボーナスを掛け合わせた数字となっております。

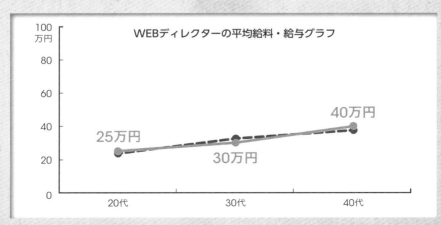

WEBディレクターの平均給料・給与グラフ

25万円
30万円
40万円

※給料の算出には求人や口コミ、厚生労働省の労働白書を参考にしております

「やりたくない仕事にこそ勝機がある!!」

WEBプロデューサー

WEBプロデューサー
異名は「WEB大帝」。七星の大剣にはソフトのアイコンがすべて埋め込まれ、大帝のマントを広げると、売上がひと目でわかる。スキル「一声」により、方針転換も可能。WEB系最高クラス。

WEBプロデューサーの仕事内容

WEBサイト運営から企画までを統括する総合的な責任者がWEBプロデューサーです。受注に際してクライアントの要望をヒアリングし、競合サイトの調査・分析や課題の提案、予算やスケジュール調整まで行います。マーケティング、法律、契約に関しても高度な知識を持ち、IT業界でも中核となる重要な職業といえるでしょう。平均的には約36万円がWEBプロデューサーの給料になります。30代中盤から後半くらいの年齢層がもっとも多く、地方在住でも日本人の平均年収である400万円以上を確保できているようです。

WEBプロデューサーになるには

特に必須の資格はありませんが、WEBサイトの企画と運営、制作まですべてに関わるので、システムエンジニアの資格などがあれば非常に好都合です。サーバーについての知識も必要で、営業力も求められます。また、プロジェクトに対して発展的な提案ができることも重要です。広告業界でキャリアを重ねてから、WEBプロデューサーになる人も多いです。求人を見ると、HTML、CSS、Photoshop、Illustratorなどの実務経験4年以上や、WEBサイト制作の実務経験などのスキルがある人が求められています。HTMLとSEOに関する予備知識があれば、専門学校修了からでもスタートできるようです。

WEBプロデューサーとWEBディレクターの違いって何？

WEB制作会社であれば、WEBプロデューサーは企画と運営の進捗状況の管理を行い、管理職でも決裁権限を持つ、いわば会社役員です。WEBディレクターは、スケジュールや工程管理といった、プロジェクトの管理業務が主体となります。企画立案をする総合責任者がWEBプロデューサーで、実務遂行者がWEBディレクターであるといえるでしょう。WEBプロデューサーとWEBディレクターは兼業の場合も多いのですが、予算の管理と適正な配分、クライアントとの折衝を行うという面では、WEBプロデューサーがもっとも責任が重い立場になります。代理店と直接交渉したり、大きな案件を動かすことができたり、各業界に顔が利く、というのもWEBプロデューサーの特徴です。年収においても、職務の違いからWEBプロデューサーのほうが50万円以上高くなっています。

WEBプロデューサーの平均給料・給与

36万円

初任給：22万円／生涯賃金：2億4768万円

WEBプロデューサーの生涯賃金は、新卒が終身雇用で65歳まで雇用されたと想定して、22歳から65歳までの43年間と平均給料・ボーナスを掛け合わせた数字となっております。

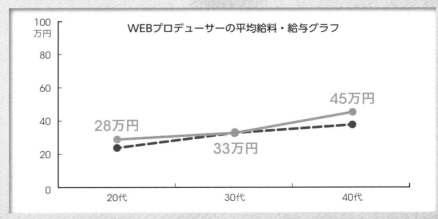

WEBプロデューサーの平均給料・給与グラフ

28万円
33万円
45万円

20代　30代　40代

※給料の算出には求人や口コミ、厚生労働省の労働白書を参考にしております

273

「モノ造りの極意は仕様書にあり。納期と戦いバグを殲滅せよ！」
システムエンジニア

システムエンジニア
開発仕様書や工程表を作ったり、システム要件を聞き出すIT指揮官。多忙な部署であるため、連夜の徹夜作業（デスマーチ）が時々発生。死の行進から帰還したIT騎士は「不死のブラックナイト」と呼ばれる。

システムエンジニアの仕事内容

ユーザーの目的にかなったコンピューターシステムを設計する仕事です。顧客の業務をどうしたら効率化できるか、実現するにはどんなステムが必要かを考え、設計します。システム開発に必要な情報を分析する技術力はもちろんのこと、柔軟な思考力、想像力が必要とされます。システム設計が仕事になるので、コンピューターの知識だけでなく、システム化する物に関する知識が必要になります。IT関連の技術は常に進化しているので、自ら興味を持って最新動向について学ぶ好奇心や勉強熱心さも大切です。

システムエンジニアになるには

コンピューターやソフトウェアの仕組み、開発言語などの基本的な知識を大学・短大・専門学校などで学んでおくとプラスになるでしょう。関連性が深いのは情報工学、コンピューター工学、情報処理、数学、経営工学、経営情報学などの学科です。基本情報技術者などの資格も就職にはプラスになります。卒業後は、ソフトウェア開発会社などに就職し、プログラマーとして経験を積みながらSEを目指します。

システムエンジニアの就職先は

おもな就職先はシステム開発、ソフトウェア、コンピューター関連製品、電子機器、家電、自動車などのメーカーなどです。自社製品を開発する場合もあれば、顧客からの依頼に応じてオーダーメイドのシステムを開発する場合もあります。通常、新入社員はSEの指示に基づいて実際にプログラムを作るプログラマーとしてキャリアをスタートし、数年経験を重ねて、指示を出す側のSEにステップアップするのが一般的です。

システムエンジニアのズバリ！　将来性は？

今や企業の業務はITで管理されており、コンピューターシステムやネットワークは必要不可欠です。これらはITの技術革新に従って見直しや入れ替えが行われるので、SEの仕事は今後も需要が伸びていくと見られています。また、今後も確実に伸びていくスマホアプリ開発の分野で活躍するSEも増加しています。

システムエンジニアの平均給料・給与

41万円

初任給：20万円～／生涯賃金：2億8208万円

システムエンジニアの生涯賃金は、新卒が終身雇用で65歳まで雇用されたと想定して、22歳から65歳までの43年間と平均給料・ボーナスを掛け合わせた数字となっております。

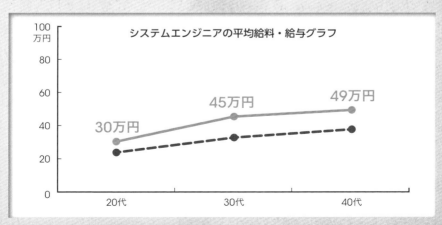

システムエンジニアの平均給料・給与グラフ

- 30万円（20代）
- 45万円（30代）
- 49万円（40代）

※給料の算出には求人や口コミ、厚生労働省の労働白書を参考にしております

第6章　IT系職業

「数字の向こう側に到達した瞬間、本当の市場が見えるのだ！」

WEBアナリスト

WEBアナリスト
WEBサイト専門の分析士。トレンドや市場動向、マーケティング情報を駆使する姿から、別名「WEB軍師」と呼ばれる。解析神器「Google Analytics」は、解析能力に＋補正がかかる。

WEBアナリストの仕事内容

WEBアナリストは、WEBから得られるあらゆるデータを収集してアクセス解析や市場動向、トレンドなど、さまざまなマーケティング情報を分析し、事業の課題を見つけて報告したり、業績向上のためのアドバイスをしたりする仕事です。現在、日本国内ではWEBのアクセス解析のみにとどまっている傾向が強いですが、アメリカではアンケートの分析やWEBのアクティビティー評価、オンラインマーケティングの解析と最適化などさまざまな仕事をこなしています。今後、日本でもますます需要が増えていくと考えられます。

WEBアナリストの仕事の特徴、向いている人

大手インターネット広告代理店やWEBコンサルティング会社では、専属WEBアナリストの募集をするようになってきました。しかし、WEBアナリストの需要は高まっているのにもかかわらず、専門的なスキルを持った人材が不足しているのが現状です。統計学などの高度な解析技術と、マーケティングの専門知識を兼ね備えた人材が求められています。平均サイト滞在時間や検索キーワード、閲覧者の傾向を分析し、レポートを提出するだけでなく、そこからさらに踏み込んだ施策を提案できるWEBアナリストはまだ少ないといいます。

WEBアナリストのキャリアモデル

WEBマーケティング専門の会社も日本では非常に少ないため、WEBアナリストとしてキャリアをスタートさせるには、実践で学んでノウハウを身につけていくしかありません。制作会社や代理店では、未経験者をWEBアナリスト候補として採用するケースもありますが、一人前のWEBアナリストとして育てるには時間がかかるので、年齢は若いほうが有利なようです。解析設計などの技術やスキルが役に立つことがあるためエンジニアからキャリアチェンジする人もいますし、WEBデザイナーやWEBディレクターが企画、制作、管理の経験を活かしてWEBアナリストとして再スタートすることもあります。フリーランスとして活動している人もいれば、年俸制で400万～800万円を提示している企業もあります。能力さえあれば男女関係なく評価される職業です。

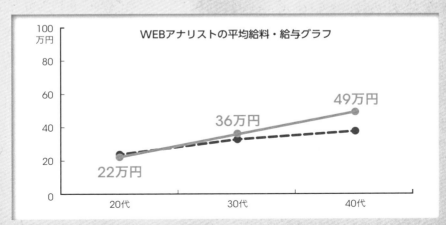

WEBアナリストの平均給料・給与

36万円

初任給：15万円～／生涯賃金：2億4768万円

WEBアナリストの生涯賃金は、新卒が終身雇用で65歳まで雇用されたと想定して、22歳から65歳までの43年間と平均給料・ボーナスを掛け合わせた数字となっております。

WEBアナリストの平均給料・給与グラフ

- 100万円
- 80
- 60 … 49万円
- 40 … 36万円
- 20 … 22万円
- 0

20代　30代　40代

※給料の算出には求人や口コミ、厚生労働省の労働白書を参考にしております

「聖剣ロジカルシンキングに忠誠を誓い経営者を助けよ！」

ITコーディネーター

ITコーディネーター

経営者とITをつなぐコンサルタント。SEや中小企業診断士、プログラマーがこのジョブにクラスチェンジすることがある。現在この資格の取得者は6500名以上おり、「IT騎士団」の俗名を持つ。

ITコーディネーターの仕事内容

ITコーディネーターとは、ITと企業経営、両方の知識をもった専門家です。クラウドの利用や、ERP（統合基幹業務システム）、SaaS（ネットワーク経由でソフトを利用するシステム）など、経営に役立つITの活用法を経営者に助言、指導をしたり、実際に現場でIT化支援サービスを行ったりするのが仕事です。ITに特化した経営コンサルタントともいえます。製造業、小売業、サービス業をはじめ自治体、病院、学校、農業法人など、多くの業種でITコーディネーターが活躍しています。

ITコーディネーターになるには？

ITコーディネーターは、経済産業省推奨の民間資格です。2001年に誕生したばかりの資格で、有資格者は約6500人（2018年現在）です。誰でも受験することができます。公認会計士や税理士、中小企業診断士などの有資格者は、「専門スキル特別認定試験」に合格してITコーディネーター資格を得ることもできます。名称独占資格ではないため、誰でもITコーディネーターと同じ仕事をすることはできますが、ITコーディネーターという名前は商標権に関わる可能性があります。女性の比率はまだまだ低いのが現状です。

ITコーディネーターのキャリアモデル

ITコーディネータ協会の調査によると、ITコーディネーターのうち、企業に所属している人が76％で、残り24％が独立系です。所属企業は、経営コンサルタント会社や、情報機器やソフトウェア、システムなどを販売するITベンダーが多数となっています。独立して「ITコーディネーター」の肩書のみでやっていくのは厳しいという話もあります。多くの独立系ITコーディネーターがPMP（プロジェクトマネジメント資格）のほか、税理士や中小企業診断士などほかの資格との併用で仕事をしています。企業と直接契約した場合、小さいプロジェクトで100万円程度、大きなものになると1000万円以上での仕事となります。顧問契約をした場合、ITCの関与度（指導時間）により違いますが月額5万〜20万円程度が多いようです。人脈次第で多くの仕事を獲得することができます。

ITコーディネーターの平均給料・給与

38万円

初任給：27万円〜／生涯賃金：2億6144万円

ITコーディネーターの生涯賃金は、新卒が終身雇用で65歳まで雇用されたと想定して、22歳から65歳までの43年間と平均給料・ボーナスを掛け合わせた数字となっております。

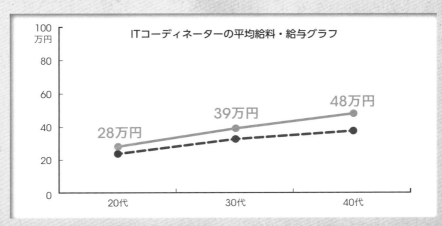

ITコーディネーターの平均給料・給与グラフ

- 28万円
- 39万円
- 48万円

（縦軸）100万円 / 80 / 60 / 40 / 20 / 0
（横軸）20代 / 30代 / 40代

※給料の算出には求人や口コミ、厚生労働省の労働白書を参考にしております

AIエンジニア

「AIが人類に牙をむかないとは言い切れん！」

AIエンジニア

人工知能＝AIを操り、未来を浸食するイノベーターナイト。プログラミング言語Pythonの呪文によりAIに命を吹き込む。大いなる福音をもたらす天使になるか悪魔になるかは人間次第である。

AIエンジニアの仕事内容

「人間と同様の知能をコンピューターなどの機械で実現するための仕組みや技術」のことを、AI（人工知能）といいます。AIエンジニアは、AIに与えるデータを整理したり、機械学習のアルゴリズムを開発したり、またその過程で得られたデータを解析したりするのが仕事です。プログラムを書くこともありますが、何よりも顧客の目的に合ったデータを管理して解析することが重要です。AIによって情報の識別、数値予測、マッチング、作業の最適化などが可能になるため、AIエンジニアへの注目度は高くなっています。

AIエンジニアになるには

AIエンジニアになるのに特別な資格は必要ありませんが、スキルは必要です。人工知能の開発には確率や統計、線形代数などの知識が欠かせません。そのため、高校卒業後、大学の理工系学部や情報系学部に進学し、数学や情報処理、AIについての基礎知識を学ぶ人が多いです。英語が必要になることもあるので、身につけておくとよいでしょう。大学院に進み専門分野の研究を続けるか、AIを扱っているIT企業や研究所などに就職をします。自動車メーカーや家電メーカー、銀行などでもAIエンジニアは活躍しています。また、研究施設や大学に所属して研究開発をしたり論文を発表したりする人もいます。

AIエンジニアに向いている性格

AIの分野はまだ発展途上であり、固定観念にとらわれず意欲的に仕事をするエンジニアが求められています。好奇心が強く、時代の流れに敏感で、反応速度が速い人が向いているといえるでしょう。新しい技術が開発されトレンドは移り変わっていくので、最新の論文に目を通し、常に新しい知識を吸収していくことが必要になります。また、数学が得意な人にも向いています。AIエンジニアは需要が高まっているにもかかわらず、現在は人材不足となっています。そのため、待遇がよいところが多いです。フリーランスで年収1000万円を超える人もいます。アメリカでは年収3000万〜5000万円を稼ぐAIエンジニアもいるそうです。AIに仕事が奪われてもAIを作るエンジニアの仕事はなくならないので、安定した高収入を目指したい人におすすめです。

AIエンジニアの平均給料・給与

53.5万円

初任給：30万円〜／生涯賃金：3億6808万円

AIエンジニアの生涯賃金は、新卒が終身雇用で65歳まで雇用されたと想定して、22歳から65歳までの43年間と平均給料・ボーナスを掛け合わせた数字となっております。

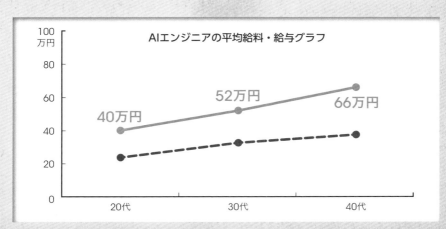

AIエンジニアの平均給料・給与グラフ

100万円
80
60
40
20
0

40万円
52万円
66万円

20代　30代　40代

※給料の算出は求人や口コミ、厚生労働省の労働白書を参考にしております

「私の鎖は不正も改ざんも許さぬ絶対的公正の鎖である！」
ブロックチェーンエンジニア

ブロックチェーンエンジニア

別名「鎖使い」。新しい技術「ブロックチェーン」を駆使し、真実の
データを鎖に縛りつけ、唯一無二の存在を作り上げることができる。
不正改ざんを許さないジャスティスナイト。

ブロックチェーンエンジニアの仕事内容

ブロックチェーンとは、仮想通貨ビットコインの誕生とともに生まれた技術です。取引
履歴のデータ（トランザクション）を集めてブロックという塊を作り、それをつなげた
ものがブロックチェーンで、データの改ざんや多重支払いを防いで安全に取引ができる
ようにしています。ブロックチェーンは金融機関を通さず分散しており、ユーザー同士
が管理している形になります。そのため、システム障害に強く低コストで運用すること
ができます。このブロックチェーンを実装するのがブロックチェーンエンジニアです。

ブロックチェーンエンジニアになるには

ブロックチェーンの歴史はまだ新しく、その技術を学ぶスクールやカリキュラムは確立されていません。しかし、ブロックチェーンエンジニアの需要は非常に高く、人手不足となっているので、知識と技術があれば仕事に困ることはありません。ブロックチェーンそのものを研究する「コアエンジニア」や、ブロックチェーンを利用したアプリケーションを開発する「アプリケーション（スマートコントラクト）エンジニア」など方向性もいろいろあります。独学のほかオンラインスクールや講座に参加して、技術を学ぶとよいでしょう。論文を読む英語力も必須です。

ブロックチェーンエンジニアの求人

ブロックチェーンの技術は安全性や信頼性が非常に高く、インターネットで経済価値を送ることに初めて成功したという点で、革新的な変化を世界にもたらしました。現在は仮想通貨にとどまらず、オークションのシステムや金融機関の送金システム、海外とのビジネスにも利用されるようになり、世界中でブロックチェーンエンジニアの需要が高まっています。日本のメガバンクもブロックチェーンの利用を始めており、IT企業、仮想通貨の取引所などでブロックチェーンエンジニアを募集しています。得意な技術・専門領域によって活躍の場はさまざまです。世界中で人材不足という現状から給料も高騰し、アメリカでは平均年収1600万円以上ともいわれています。日本で大きく収入を伸ばすには、コアの暗号技術や分散技術に詳しくなるといいでしょう。

ブロックチェーンエンジニアの平均給料・給与

73.3万円

初任給：30万円〜／生涯賃金：3億1519万円

ブロックチェーンエンジニアの生涯賃金は、新卒が終身雇用で65歳まで雇用されたと想定して、22歳から65歳までの43年間と平均給料を掛け合わせた数字となっております。

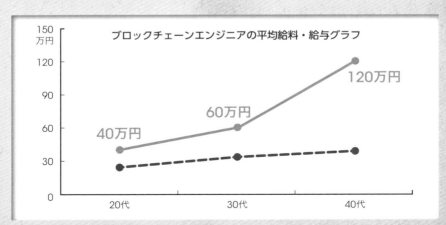

ブロックチェーンエンジニアの平均給料・給与グラフ

- 40万円（20代）
- 60万円（30代）
- 120万円（40代）

※給料の算出には求人や口コミ、厚生労働省の労働白書を参考にしております

「ネットは目に見えないしがらみを生み、道を暗くすることもある！」

ソーシャルメディアプランナー

ソーシャルメディアプランナーはソーシャルメディア（ブログ・SNS・動画配信サイトなど）を媒体に、eマーケティングやデータ収集および分析、そしてレポーティング業務を行います。新しいSNSやモバイルコンテンツの知名度を上げるなど、ネット上でのブームを仕掛ける役割も担います。その一つがバイラル（口コミ）を起こすことです。ソーシャルメディアは進化を続けており、必要な知識やノウハウも日々更新されます。また、こうした媒体は結果がすぐに出るため、厳しいビジネスではありますが、最先端の情報や技術を操り、世の中を動かす喜びには代えられないという人が多いようです。

ソーシャルメディアプランナーの平均給料・給与

36万円

初任給：22万円〜 ／ 生涯賃金：2億4768万円

ソーシャルメディアプランナーの生涯賃金は、新卒が終身雇用で65歳まで雇用されたと想定して、22歳から65歳までの43年間と平均給料・ボーナスを掛け合わせた数字となっております。

ソーシャルメディアプランナーの平均給料・給与グラフ

26万円　34万円　50万円

20代　30代　40代

※給料の算出には求人や口コミ、厚生労働省の労働白書を参考にしております

ソーシャルメディアプランナー

ネットが生んだコミュニティー兵器「SNS」を駆使し、世の中にバイラルを巻き起こす。異名は「デジタルワールドの申し子」。「いいね！」「RT」「はてぶ」「ハッシュタグ」とさまざまなスキルを持つ。

ソーシャルメディアプランナーは、広告代理店やマーケティング企業、コンテンツ配信企業などに入社し、PRプランナーやマーケッター、コンテンツ制作者など、ソーシャルメディアを扱う部署に従事して、知識や技術を習得した人がなる場合が多いようです。ソーシャルメディアを日常的に利用していて、データ分析やレポーティング経験があることも重要です。新しい職種だけに、経験者は転職支援サイトなどでも好待遇で求められています。将来性のある職業といってよいでしょう。

WEBコーダー

WEBディレクターが設計し、WEBデザイナーが描いたものを、実際にブラウザで見られるように作成するのがWEBコーダーの仕事です。HTML、CSS、JavaScriptなどの言語を用いて、どのブラウザで見ても崩れないようにプログラムのソースコードを記述する作業を行います。

WEBコーダーの
平均給料・給与グラフ

※給料の算出には求人・口コミ、厚生労働省の労働白書を参考にしております

平均給料・給与
25万円
初任給：18万円／生涯賃金：1億7200万円
生涯賃金は、想定雇用期間43年間と平均給料・ボーナスを掛け合わせた数字となっております。

HTMLやCSSの打ち込みだけを行っているWEBコーダーもいれば、デザインやプログラミングも担当し、ディレクターも兼ねるWEBコーダーもいます。

システム監査技術者

システム監査の仕事は、情報処理システムの調査です。調査した結果、その情報処理システムがしっかりと経営に貢献することができているかを判断します。監査計画の立案と実行、情報システムの組み込み、システムに付随するリスクのコントロールなどの役割を担っています。

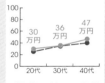

システム監査技術者の
平均給料・給与グラフ

※給料の算出には求人・口コミ、厚生労働省の労働白書を参考にしております

平均給料・給与
37.6万円
初任給：23万円～／生涯賃金：2億5868万円
生涯賃金は、想定雇用期間43年間と平均給料・ボーナスを掛け合わせた数字となっております。

この仕事の面白いところは、技術者よりも経営者の視点に立つことができるということです。業界的には経営コンサルティング業界で募集されていることが多いです。

データサイエンティスト

データサイエンティストの仕事は、市場動向などに表れる統計や各種データを読み解き、マーケティングや経営アドバイスを行い、企業の利益に貢献することです。あらゆるデータを収集、蓄積、調査、分析します。データベース基盤技術や、ビジネスに関する知識が必要とされます。

データサイエンティストの
平均給料・給与グラフ

※給料の算出には求人・口コミ、厚生労働省の労働白書を参考にしております

平均給料・給与
60万円
初任給：25万円／生涯賃金：4億1280万円
生涯賃金は、想定雇用期間43年間と平均給料・ボーナスを掛け合わせた数字となっております。

データサイエンティストは、とても幅広い種類の企業で活躍しています。Yahoo! Japanやアビームコンサルティングなどがデータサイエンティストの活躍場所の典型といえます。

ネットワークエンジニア

ネットワークの構築をする時に、ネットワークの設計や構築作業全般、テストや稼働後の保守・運用作業に携わるのがネットワークエンジニアの仕事です。現在のビジネスはネットワークなしでは成立しないので、幅広く需要のある仕事です。紹介派遣が多い職業です。

ネットワークエンジニアの
平均給料・給与グラフ

※給料の算出には求人・口コミ、厚生労働省の労働白書を参考にしております

平均給料・給与
36.6万円
初任給：18万円～／生涯賃金：2億5180万円
生涯賃金は、想定雇用期間43年間と平均給料・ボーナスを掛け合わせた数字となっております。

特にエンジニアと呼ばれる職種は「実力主義」「実績主義」ですが、業界に入ってくる人のほとんどが未経験です。それでも平均にして月給20万円ほどはもらえるようです。

企業戦士 VI

近年、国内でもその重要性が認識されるようになってきたマーケティング職。データを通してヒットの法則を見つけ、効果的なPRによって、モノを売る。そして最終的に「人の心を動かす」──それがマーケティングという職種の最大の魅力なのです。

マーケティング職

マーケティング職は、サービスや商品をいかに売り込むのか考えるのが仕事です。新商品を企画するには、その根拠となるデータが必要です。社会や経済の動向・流行に常にアンテナを張り、膨大なデータを収集、分析します。市場調査によりターゲットの嗜好を探り、競合他社や世界各国の情勢なども調査し、企画の方向性を決めます。そして商品を企画し、広報、PR、販売促進活動を指揮します。企画職と関連する業務も多く、兼ねていることもあります。マーケティング理論や統計学などを学んでおくと有利です。

「事業を一点に集約せよ！時流はこちらに向いている」

平均給料・給与

40万円

初任給：14万円〜
生涯賃金：2億7520万円

生涯賃金は、想定雇用期間43年間と平均給料・ボーナスを掛け合わせた数字となっております。

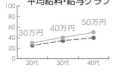

平均給料・給与グラフ

30万円　40万円　50万円

20代　30代　40代

※給料の算出には求人や口コミ、厚生労働省の労働白書を参考にしております

マーケティング職

市場分析を得意とし、企業の方向性を決める重要なジョブ。市場動向、新商品の分析や企画助言を行うため、経営・企画部と密に動く。スキル「市場アンケート」は顧客から商品の感想などを聞き出す。

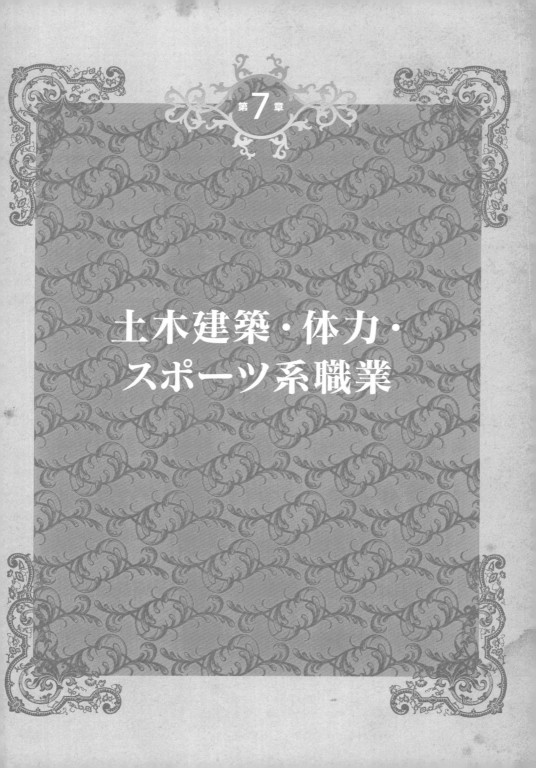

第7章

土木建築・体力・
スポーツ系職業

「目立とうとする職人は二流である」

土木作業員

土木工事に従事して、土を掘ったり、運んだり、盛り固めたりする作業を行います。建築だけではなく、道路や河川などの公共事業、ガス・水道・電機などのインフラ整備なども行うため、専門的な資格や免許が必要とされることもあります。力仕事と重機の運転というイメージがありますが、測量、丁張りなど、数学的な能力が必要な作業もあります。車両系建設機械の操作資格を取得したり、玉掛け・クレーン・土留・足場に関する技能講習を受けることで、仕事の幅も広がり給料もアップします。現場経験を積んで土木施工管理技士の資格を取れば、現場監督への道も開けます。

土木作業員の平均給料・給与

28万円

初任給：**19万円**／生涯賃金：**1億9264万円**

土木作業員の生涯賃金は、22歳から65歳までの43年間雇われたと想定して、それと平均給料・ボーナスを掛け合わせた数字となっております。

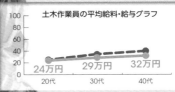

土木作業員の平均給料・給与グラフ

24万円（20代）　29万円（30代）　32万円（40代）

※給料の算出には求人や口コミ、厚生労働省の労働白書を参考にしております

土木作業員

土遁を使い土木作業をこなす忍者。「掘削」「側溝」「床付け」など多彩な通称使う。組という集団戦術を用いて行動し、震災の際は一晩で運搬インフラを整え、作業員の凄さを改めて知らしめた。

土木作業員になるために、特別な資格や学歴は必要ありません。建築会社や土木事務所に就職して、現場で学んでいきます。車両系建設機械の操作資格を取得したり、玉掛け・クレーンなどに関する技能講習を受けることで、仕事の幅は広がります。また、現場監督になるには施工管理技士資格が必要とされます。大手ゼネコンや建設会社を目指すのなら、学歴が必要な場合もあります。求人は、基本的にネットや派遣会社に登録するとすぐに紹介してもらえます。

「鳶職に始まり、鳶職に終わる」
鳶職

建築現場などで、足場の組立て、玉掛けなどを行う作業員が鳶職です。玉掛けを行う場合や現場責任者として働く場合は、技能講習を受けて資格を得る必要があります。また、能力を証明する「とび技能士」という国家資格もあります。高所での作業が多く、鉄骨を組んだり、機械の設置作業をしたりします。解体作業などが今は多くなっているそうです。鳶職は鳶専門の事業所などに社員として雇用されている場合と、個人で仕事を請け負っている場合があります。個人の場合、時給制で契約する形がほとんどで、依頼も不定期であるため、安定した職業とはいえない状況です。

鳶職の平均給料・給与

28万円

初任給：15万円〜／生涯賃金：1億9264万円

鳶職の生涯賃金は、新卒が終身雇用で65歳まで雇用されたと想定して、22歳から65歳までの43年間と平均給料・ボーナスを掛け合わせた数字となっております。

鳶職の平均給料・給与グラフ

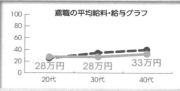

	20代	30代	40代
	28万円	28万円	33万円

※給料の算出には求人や口コミ、厚生労働省の労働白書を参考にしております

総合重機系メーカー社員

空を自由に舞う職。鳶口を持って高所作業を得意とする。工事は鳶に始まり鳶に終わるといわれるくらい建設系では主役のジョブ。足場鳶・鉄骨鳶・橋梁鳶などさまざまな職が存在する。

鳶職に学歴は不要です。ただし18歳未満は高所作業ができないため、中卒だと月給15万円前後からのスタートとなります。18歳でようやく18万円以上になります。足場の組立て等作業主任者と玉掛け技能講習を修了し、安全衛生責任者教育の講習を受講するなど、資格と条件をクリアすると、独立して、親方として仕事ができるようになります。親方のおもな仕事は、現場への人材手配です。月給は50万円前後が相場ですが、中には10人以上の職人を抱え年収1300万円を稼ぐ親方もいます。

「鉄筋工よ、語るなかれ。組め」

鉄筋工

建築物や構造物など、コンクリートで覆われた建物の中の骨組みである鉄筋を、網目状に組む仕事です。現場に搬入された鉄筋を、ハッカーという工具で「結束」したり、鉄筋を曲げるなどして、図面通りに仕上げていきます。日給から始まるアルバイト形式から、資格所有で社員となる場合が多いそうです。鉄筋工には鉄筋施工技能士という国家資格もあります。1級及び2級があり、特に1級を持っていると「できる鉄筋工」といわれるようです。なくても仕事はできますが、将来的に取っておけば一人前といわれます。

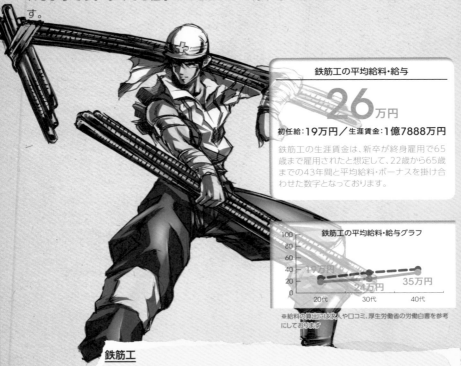

鉄筋工の平均給料・給与

26万円

初任給：**19万円**／生涯賃金：**1億7888万円**

鉄筋工の生涯賃金は、新卒が終身雇用で65歳まで雇用されたと想定して、22歳から65歳までの43年間と平均給料・ボーナスを掛け合わせた数字となっております。

鉄筋工の平均給料・給与グラフ

19万円

24万円　35万円

20代　30代　40代

※給料の算出には求人や口コミ、厚生労働省の労働白書を参考にしております

鉄筋工

RC（鉄筋コンクリート）造りのスペシャリスト。構造力学と気合で骨組みを造る。上位クラスは「1級鉄筋施行技能士」。クラスチェンジには資格が必須である。

現在のアルバイト、派遣社員の給与は1日8000〜1万4000円程度。経験や実力を問わない場合が多く、給与は比較的低めに設定されています。また、建設終了とともに契約は解除となるケースが多いです。正社員の給与は、現場数が多い場合には増え、月給27万円前後となります。給料をアップさせるには、契約時の基本給を引き上げる必要があり、玉掛け、高所作業車の運転、溶接作業などの資格所有者が有利です。無資格でできる鉄筋工の昇給は現状、勤続年数で上限があります。

「塗るのは壁だけでいい。お前の心まで塗ることは俺にはできん！」

左官

左官の仕事内容は、おもに塗り壁です。塗り壁というのは、その名の通り、鏝を使って壁を塗る仕事です。まず、下地の養生をして、材料を調合。粗く下塗りをしてから、中塗りをして、仕上げ塗りという3段階を踏んで完成。養生というのは、塗り壁の材料をつけない箇所に、テープやビニールを貼っておくことです。それに使うテープのことを養生テープといいます。ムラなく材料を塗り、きれいな平面を作り上げるには長い経験を積む必要があります。このような塗り壁の仕事のほかに、壁や床のタイル張りや、レンガ・ブロック積み、コンクリートの床仕上げなどもあります。

左官の平均給料・給与

27 万円

初任給：15万円〜／生涯賃金：1億8576万円

左官の生涯賃金は、新卒が終身雇用で65歳まで雇用されたと想定して、22歳から65歳までの43年間と平均給料・ボーナスを掛け合わせた数字となっております。

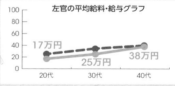

左官の平均給料・給与グラフ

17万円　25万円　38万円

20代　30代　40代

※地域により差があります　※給料の算出には求人や口コミ、厚生労働省の労働白書を参考にしております

左官

調合と塗りスキルを駆使する塗り系の最強ジョブ。一にも二にも洞察力と経験がモノをいうため、ベテランになるには数年かかる。左官でも「塗り天井」が最高のスキル。

左官というのは学歴よりも確固たる技術が求められる仕事です。技術を身につけるために、見習いから始めた場合は、日給にして大体8000円程度。正社員扱いでも、月給にして15万円ほどが相場のようです。そこから頑張れば、やがて左官職人として認められ、給料も上がり、正社員雇用に格上げとなります。すでに正社員である場合は、見習いという立場から、きっちりと仕事を任される職人の立場に変わります。最近では職業訓練校やモノづくり学校でも左官技術を教えてくれるそうです。

「地位にしがみついていると思われた瞬間にすべてが倒壊する」

現場監督

養生、まめに掃除をする、お施主様への配慮、職人が仕事をしやすい環境作り、指示・図面チェック・工程通りに行われているかの確認。また現場の予算管理、注文書類の作成、工事工程表の作成・検討、各業者との打合わせなどもします。建設現場での、工程管理、品質保全、安全管理業務などを行う現場責任者です。現在では、建設の専門知識を必要としていないケースがあり、所長と呼ばれる現場代理人と行動を共にして業務を行うことなどがあります。

現場監督の平均給料・給与

42万円

初任給：35万～40万円／生涯賃金：2億8896万円

現場監督の生涯賃金は、新卒が終身雇用で65歳まで雇用されたと想定して、22歳から65歳までの43年間と平均給料・ボーナスを掛け合わせた数字となっております。

現場監督の平均給料・給与グラフ

43万円　45万円　49万円

	20代	30代	40代

※給料の算出には求人や口コミ、厚生労働省の労働白書を参考にしております

現場監督

現場統括最高職。職人を統括し、施工を進める大事な進行役。職人からクラスチェンジすることはあまりないようだ。現場仕事よりも図面チェックや指示が多いため、性格によって向き不向きがある。

ゼネコンなどの下請け業務で行うならば、職長教育や安全衛生責任者教育、作業主任者の最低限の資格は必要になります（1級などの資格が必要）。現場の規模や大きさによっては、ほかに施工管理技士など、さまざまな国家資格が、1次業者には求められるでしょう。業者の監督業は、職務に必要な資格を所有していなければ、安全に関する責任を果たすことができませんので、知識技能の裏付けが必要になってきます。

「俺は一度握ったハンドルは絶対に離さねぇ！」

トラック運転手

トラックを運転して決められた時間と場所に荷物を運ぶ職業です。トラックの種類はさまざまで、小型トラックや普通トラックもあれば、ミキサー車などの大型トラックもあり、荷物も宅配便といった個人の荷物もあれば、ガソリンや高圧ガスなど、危険物に指定されるものもあります。乗車するトラックによって必要な免許の種類が異なります。おもに求められる免許は普通自動車、中型自動車、大型自動車、けん引免許の4つです。ある程度の運転経験を採用条件に掲げている会社もありますが、資格や経験がなくても採用している会社もあり、この場合は就職してから資格取得を目指します。

トラック運転手の平均給料・給与

33万円

初任給：28万円／生涯賃金：2億2704万円

トラック運転手の生涯賃金は、新卒が終身雇用で65歳まで雇用されたと想定して、22歳から65歳までの43年間と平均給料・ボーナスを掛け合わせた数字となっております。

トラック運転手の平均給料・給与グラフ

29万円 34万円 36万円（20代 30代 40代）

※給料の算出には求人や口コミ、厚生労働省の労働白書を参考にしております

トラック運転手

マシン「トラック」を操縦し、依頼物を届ける物資支援系ジョブ。取得する資格により運転できるトラックのサイズが変わり、全国各地へ配送する姿から「日本経済の血管」と称される。

運送会社で社員やアルバイトとして働く人が多いですが、業務委託や個人事業主という形で働いている人も少なくありません。普通・小型トラック運転手と大型トラック運転手では手当や給料が異なり、働く運送会社によって固定給のところもあれば、固定給と歩合制が合わさったところ、努力に応じて給料が変わる完全歩合制のところがあります。勤務時間は不規則で、夜通し運転しなくてはいけないこともあります。肉体的にも精神的にもタフであることが求められる職業です。

第7章 土木建築・体力・スポーツ系職業

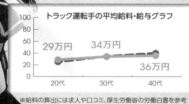

「私の前にトンネルはない。私が歩いたあとにトンネルはできる」
シールドマシンオペレーター

特別寄稿：開田裕治

シールドマシンオペレーター

操作系ジョブの一つ。シールドマシンを操り、掘削という「矛」とトンネル内壁形成という「盾」、相反する２種類のスキルを同時に展開する。トンネル完成後、役目を終えたマシンは地中に埋没されることもあるという。

シールドマシンオペレーターの仕事内容

シールドマシンオペレーターとは、その名の通りシールドマシンを操作する仕事です。シールドマシンとは、地下鉄などのトンネルを水平に掘削する機械のこと。マシン前方のカッターヘッドと呼ばれるおろし金のような部分が地中の岩盤を削ります。そしてマシン後部でセグメントと呼ばれるパネルを組み合わせ、トンネルの外壁を作りながら前進します。マシンは地下水や柔らかい地盤による高圧に耐えられるよう、頑丈な盾（シールド）のような構造を持っており、これが名前の由来となっています。

シールド工法の強み

シールドマシンは、地下鉄や下水道などの巨大なトンネルを都市部に作る時に活躍します。地面を直接掘り返してトンネルを作る開削工法などは、地上の道路や建物に対する影響が大きく、大規模なトンネルには不向きです。しかし、シールドマシンを使ったシールド工法なら、トンネル上部の地面を掘り返すことはなく、地上への影響を最小限に抑えられます。また、地中の圧力を支えながら掘削するという性質のため、軟弱な地盤でも問題なくトンネルを作れるのが最大の特徴です。地下水の豊富な地盤や、海底トンネルなど、水圧がかかる場面でも活躍しています。

シールドマシンオペレーターに向いている人となり方

シールドマシンはコンピューターで制御されており、管理室でさまざまな数値を確認しながら操縦します。ささいな数値の変化を見逃さない、集中力と注意深さを持っている人が向いている職業でしょう。ところで、意外なことにシールドマシンを操縦するためには、特別な資格や免許などは必要ありません。シールドマシンを所有しているのは、地下鉄や下水道などのトンネルの建設を担当するゼネコン会社やその下請け企業など。そのような企業に就職し、先輩のシールド工から指導を受けるのが一般的なシールドマシンオペレーターのなり方です。もちろん大学の土木工学部などを卒業していたほうが、有利な待遇で就職できるでしょう。その後、実務にあたりながらトンネル工事に関連する資格や免許を取得し、スキルアップしていきます。

シールドマシンオペレーターの平均給料・給与

52万円

初任給：25万円／生涯賃金：2億6776万円

シールドマシンオペレーターの生涯賃金は、新卒が終身雇用で65歳まで雇用されたとして、22歳から65歳までの43年間と平均給料・ボーナスを掛け合わせた数字となっています。

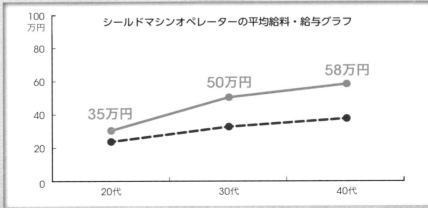

シールドマシンオペレーターの平均給料・給与グラフ

- 35万円（20代）
- 50万円（30代）
- 58万円（40代）

※給料給与統計の算出は口コミや厚生労働省の労働白書を参考にしております

第7章　土木建築・体力・スポーツ系職業

電気工事士

「現代の雷神トールとは俺のことだ！　トールハンマー！」

電気工事士
別名「サンダーテイマー」。雷使いである。電気設備の設置に特化したスペシャリスト。第一種へクラスチェンジすると商業施設での仕事も可能。

電気工事士の仕事内容

電気配線工事を一手に引き受けるのが電気工事士です。電気工事士の資格には第一種と第二種があり、それぞれ工事範囲が決められています。第二種は、一般家屋の屋内配線や電気照明の設備取り付けがおもな仕事となります。第一種は、大規模な工事や工場やデパートなどの構内配線、変電室の配電など変電電力の大きい設備の工事を手がけることができます。第一種、二種ともに学歴、年齢、経験などの受験制限はありません。仕事場はそれぞれの現場となり、常に会社の外を飛び回っている職種です。

電気工事士になるには

電気工事に携わるには電気工事士の資格取得が必須です。資格には第一種と第二種があり、まずは第二種から挑戦するのが一般的です。大学・短大・専門学校の電気工学系の学科に進み、電気工学や電気工事に関して学んでおくと関連する知識を習得できます。第二種が無試験で取得できるコースもありますが、在学中に試験を受けて合格することも十分可能です。工学系の知識を幅広く学んでおきたい人は大学へ、電気工事系の実践的な技術を身につけたい、短期間で技術を学んで早く社会に出たいという人は専門学校へ進むのがいいでしょう。専門学校では、卒業と同時に第二種の資格が取得できる学科もあります。おもな就職先は、電気工事会社、電気設備工事会社、建築会社、工務店、電力会社、家電量販店、家電メーカー、機械メーカーなどさまざまです。

電気工事士のズバリ！　将来性は？

電気工事士の就職先の選択肢は非常に幅広く、扱う工事の内容は就職先によってさまざまです。例えば、太陽光発電設備を設置するのも電気工事です。今後設置が拡大する電気自動車の充電施設も電気工事を必要とします。電気工事の需要はもともと手堅いですが、クリーンエネルギーへの転換なども需要増を後押ししています。電気工事は電気工事士の資格がないとできないため、有資格者へのニーズも当然伸びていくと見られています。また、現在は電気工事業界の高齢化が進んでいるため、若手は歓迎される傾向もあります。手に職を付けて長く働ける仕事として、注目度はさらに上がっていくでしょう。

電気工事士の平均給料・給与

28万円

初任給：20万円／生涯賃金：1億9264万円

電気工事士の生涯賃金は、新卒が終身雇用で65歳まで雇用されたと想定して、22歳から65歳までの43年間と平均給料・ボーナスを掛け合わせた数字となっております。

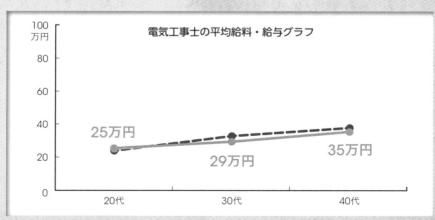

電気工事士の平均給料・給与グラフ

25万円　29万円　35万円

20代　30代　40代

※給料の算出には求人や口コミ、厚生労働省の労働白書を参考にしております

「重いは正義！ 正義は筋肉！ 筋肉は美しい！」

引越し業者

引越し業者の仕事内容は、荷物を梱包し、家やアパートから搬出してトラックに積み、引越し先へ移動して搬入することです。普通は何人かで冷蔵庫や家具などの荷物を運びます。助手席に座って、地図を見ながらドライバーに引越し先まで道案内をすることもあります。引越し業者の仕事は特別なスキルや経験は特に必要なく、肉体労働なので筋肉をつけたい方に人気があります。また、体力に自信があれば接客や人間関係が苦手な方でも大丈夫です。さらにアルバイトであれば前日に連絡して翌日に働くこともでき、自分の予定やスケジュールに合わせて仕事をすることもできます。

引越し業者の平均給料・給与

27 万円

初任給：19万円／生涯賃金：1億8576万円

引越し業者の生涯賃金は、新卒が終身雇用で65歳まで雇用されたと想定して、22歳から65歳までの43年間と平均給料・ボーナスを掛け合わせた数字となっております。

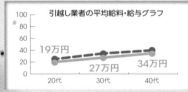

引越し業者の平均給料・給与グラフ

19万円　27万円　34万円

20代　30代　40代

※給料の算出には求人や口コミ、厚生労働省の労働白書を参考にしております

引越し業者

己の腕を信じ、荷物を運ぶ集団。引越しにおける運搬の早さ、丁寧さ、効率のよさを追求する。スキル「対角線持ち」は、持ち運ぶスピードが2倍になるという究極の奥義だ。

引越し業者の募集は、求人誌や求人サイトで見つけられます。直接応募する方法と、派遣会社に登録する方法があります。引越し屋を開業したい場合は、国土交通省に認可された運送業者になる必要があります。貨物軽自動車運送事業という、軽自動車を使って小さな荷物を運ぶ運送業者ならば、条件がありますが軽自動車1台で開業できます。最近では引越し専門仕様の軽トラックや大型冷蔵庫なども積載できるタイプの車両もあります。

「鉱物と鉱物の出会いを仲介するのが役目じゃい！」

溶接工

溶接工は、金属の接合方法である溶接（溶かして接合すること）を行う技術職です。造船や自動車・重電機・一般機械や圧力容器などの製造工場で働くのが一般的ですが、ビル建設・橋の建築・ダム建築など、鉄骨建造物の建設現場にも溶接は必要になるので、職場は広い範囲にあります。重量物を製作しており、かがんで作業することが多いため、肉体の耐久力がなければ務まらないでしょう。また、溶接工事は大変危険な作業。仕事中に集中力を切らさないことが大切です。水中溶接や高圧ボイラーの溶接、高圧配管の溶接など、特殊な場面で作業し、高給をもらう溶接工もいます。

溶接工の平均給料・給与

33.3万円

初任給：15万円〜／生涯賃金：2億2910万円

溶接工の生涯賃金は、22歳から65歳までの43年間雇われたと想定して、それと平均給料・ボーナスを掛け合わせた数字となっております。

溶接工の平均給料・給与グラフ

25万円
35万円
40万円

20代　30代　40代

※給料の算出には求人や口コミ、厚生労働省の労働白書を参考にしております

溶接工

火遁の中でも鉄を溶かすスキル「溶接」を使う忍者。属性は「火」。溶接術「アーク溶接・ガス溶接」など、多彩な遁術は習得に3年かかるといわれている。溶接面はいかなる火も光も通さない現代最強の盾。

溶接工になるためには、まず公共職業訓練校にて技術を身につけるのが一般的です。溶接工は、中学・高校の新卒者、年配の方々が多く、年代の広さからやりやすさとやりづらさを同時に抱えるかもしれません。資格としては、溶接技能者・溶接管理技術者のいずれかを取得しておきましょう。これらの資格を取得していれば、就職に困らなくなります。まずは溶接技能者から取得し、次に溶接管理技術者を取得しましょう。溶接管理技術者については、仕事をしながら取得を目指すのがいいでしょう。

「爆発は芸術であり、一瞬一瞬を爆発させねばならない」
発破技士

砕石現場や山間部のトンネル工事、ダム工事などの土木工事現場で、ダイナマイトを使った爆破（発破）を行い、山肌や硬い岩盤を崩すのが発破技士の仕事です。火薬量を調節して各所に設置、発火装置などを操作します。不発の場合の装薬や残薬の点検・処理といった作業にも当たります。発破現場ではほかの作業員の安全にも配慮しなければなりません。発破作業のないときは、雑用、機械器具の整備などを行っています。掘削技術の発達や、土木事業の減少などにより、需要がかなり減ってきています。とはいえ、発破が必要な現場はまだあり、経験豊富なベテラン技士は重用されています。

発破技士の平均給料・給与

25万円

初任給：15万円／生涯賃金：1億7200万円

発破技士の生涯賃金は、22歳から65歳までの43年間雇われたと想定して、それと平均給料・ボーナスを掛け合わせた数字となっております

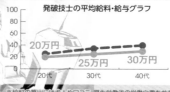

発破技士の平均給料・給与グラフ

20万円　25万円　30万円
20代　30代　40代

※給料の算出には求人や口コミ、厚生労働省の労働白書を参考にしております

発破技士

中距離型の閃光系ジョブ。火薬を扱うマスター職。スキル「発破」を覚えると、採掘場や建設現場で爆発を起こすことができる。

発破技士は国家資格です。試験科目は、「発破の方法」「火薬類の知識」「火薬類の取り扱い」です。格率はおよそ60％と難度はわりと低め。ただし、免許交付要件があり、大学や高校などの教育機関で、応用化学、採掘学や土木工学に関する学科を専攻しており、3か月以上発破業務についての実地修習をへているか、あるいは6か月以上の従事経験が必要です。発破経験のない人は、全国火薬類保安協会が行う2日間の実技講習を受ければOKです。

「生涯、石とともにまだまだ歩みたい」
石工

墓石の刻印、設営、設計、公共工事における石垣などの復旧、建築現場のタイル張りから庭園造成まで幅が広い分野で活躍する職業です。古くからある職人の技術によって支えられ、愛知県岡崎市には77社もの石工職人や石屋がある岡崎石工団地など、おもに地方での活躍の場が多いのが特徴。業態は、左官、造園業、公共工事専門の会社も存在します。世襲制というわけではありませんが、多くは家族形態で運営する石材店の中で職人として親から子へ家業を引き継ぐのが一般的です。現在、各地で人手不足で、公共工事などでは慢性的に業者が見つからないことも多いそうです。

石工の平均給料・給与

24万円

初任給：15万円／生涯賃金：1億6512万円

石工の生涯賃金は、新卒が終身雇用で65歳まで雇用されたと想定して、22歳から65歳までの43年間と平均給料・ボーナスを掛け合わせた数字となっております。

石工の平均給料・給与グラフ

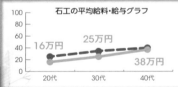

16万円　　25万円　　38万円

20代　　30代　　40代

※給料の算出には求人や口コミ、厚生労働省の労働白書を参考にしております

石工
別名「石使い」。巨大なハンマーに渾身の力を入れて石を自由自在にけずる。アビリティ「ためる」を使える。ためすぎると血管が切れるため注意も必要である。上位職になると優れた石造美術品も仕上げられる。

ほかの業者との関連で、建設業・土木業界に精通していることが求められ、年齢による差異は少ないのですが、ベテランになればその分給与（報酬）は上がるようです。石工の雇用は、社員登用が少なく、アルバイトが多いです。資格は厚生労働省管轄の石材施工技能士の国家資格などがあります。養成校卒、実務経験を有する人だけが受験できるので、取得するにはプロの石工のもとで修業し技術に習熟する必要があります。

「あなたの心に絡んでいる雑草を刈り取りましょうぞ」

庭師

庭師の仕事は、一言でいえば「庭を造る」ことです。クライアントの要望に合わせて、庭石や庭の植木、池、水路、芝などを配置し組み合わせて1つの庭を造り出します。個人邸宅やホテル、旅館、料亭などの庭を造っています。植木をしたり、定期的に木を剪定したりと、管理の仕事も行う庭に関するスペシャリストです。ノコギリを使って枝を落としたり、植木や石の配置をしたりという力仕事から、木々の剪定など手先を使うような繊細な作業まで、さまざまな作業をこなします。庭師の勤務先のほとんどは「造園会社」であり、家族経営のものから社員数50人規模の会社までさまざまです。

庭師の平均給料・給与

24万円

初任給：10万円〜 ／ 生涯賃金：1億6512万円

庭師の生涯賃金は、新卒が終身雇用で65歳まで雇用されたと想定して、22歳から65歳までの43年間と平均給料・ボーナスを掛け合わせた数字となっております。

庭師の平均給料・給与グラフ

17万円 22万円 35万円

20代　30代　40代

※給料の算出には求人や口コミ、厚生労働省の労働白書を参考にしております

庭師

庭の手入れやデザインをするジョブ。木属性の忍者。現代の「木忍」的存在。上級職「作庭家」は、名園を遺した人物に対し呼称される。心を成長させるスキル「翠星石」「蒼星石」を持つ庭師もいるとか。

庭師になるために必要な資格というものはありません。園芸科や造園科、土木科のある大学で庭師の基礎を学ぶこともできますが、高卒で造園会社に就職して、修業をしながら庭師として働くこともできます。ただし、職人として一人前になるまでには10年以上かかるともいわれており、努力が必要です。中には住み込みで働いている人もいます。造園会社で経験を積み、独立を果たす庭師もいます。関連資格としては、国家資格である「造園技能士」や「造園施工管理技士」があります。

「最強の称号を得ても老いは若さに勝てない。だから今しかないんです」

レスリング選手

レスリングは、マットのサークル内で素手で組み合い、相手の両肩を1秒以上マットにつけることで勝敗を決める競技です。決めた技によってポイントが加算され、勝敗が決まらなければ獲得したポイントの合計によって判定されます。そのレスリングの試合に出場すればレスリング選手といえますが、ワールドカップやオリンピックで活躍し、よい成績をおさめなければ、仕事であるとはいえません。知名度の高い選手のほとんどが、会社のレスリング部に所属しています。メダルを取るなどして注目度が高まればCM契約や有名企業とのスポンサー契約などができ、大きな収入につながります。

レスリング選手の平均給料・給与

28万円

初任給:**不明**／生涯賃金:**8960万円**

レスリング選手の生涯賃金は、22歳から企業に所属し20年間レスリング選手として活動したと想定して、20年に平均給料・ボーナスを掛け合わせた数字となっております。

レスリング選手の平均給料・給与グラフ

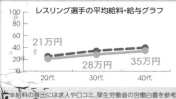

21万円

28万円　35万円

※給料の算出には求人や口コミ、厚生労働省の労働白書を参考にしております

レスリング選手

グラディエイター系ジョブの一つ。素手のみを武器に、相手の肩を地面につける仕事。クラスチェンジは「プロレスラー」「総合格闘家」「レスリングコーチ」などであるが、金メダルを取れば「芸能人」にも。

体を動かすことが好きで、運動神経に自信があること、そして目標に向かって諦めずに日々努力をすることができる人というのは基本で、そこから選手になれるのは一握りです。レスリング選手には資格が必要なわけではないので、子どものころからレスリングクラブに通い、運動能力を磨くことがレスリング選手への第一歩です。日本はレスリングが強い国で、特に女子レスリングは毎回オリンピックで金メダルラッシュに沸く競技です。一般的な仕事とは違い、世界中の人々から応援してもらえる面白さがあるでしょう。

第7章　土木建築・体力・スポーツ系職業

「赤い彗星が3倍なら、俺はその上をいくっ！」

競輪選手

競輪選手

賞金稼ぎ系ジョブ。選手たちがゴール前で漕ぎまくる姿は「隕石襲来」と称される。猛スピードで体を丸めて彗星に変身する。

自転車レースで順位に応じた賞金を獲得する仕事です。トップ選手になれば年収は億を超えます。試合前日に身体と車体の検査を受け、問題がなければ翌日以降の競争に参加できます。競輪場入りしてからレースを終えるまで、八百長防止のため携帯電話などを預けて、選手宿舎に隔離されます。競輪選手になるには、日本競輪学校に入学し国家試験の競輪選手資格検定試験に合格する必要があります。その後、選手会に所属すると選手登録されます。選手寿命が長いことで知られています。

平均給料・給与

73万円

初任給：30万円
生涯賃金：1億7520万円

生涯賃金は、想定活動期間20年間と平均給料を掛け合わせた数字となっております。

平均給料・給与グラフ

	20代	30代	40代
	33万円	115万円	71万円

※給料の算出には求人や口コミ、厚生労働省の労働白書を参考にしております

「ゴルフの真実は、前傾を保った背骨中心の回転運動だけなんです」

プロゴルファー

プロゴルファー

多様なショットのスキルと10以上の武器を使い分ける。オーガスタに住む魔女を討伐すると「グリーン・ジャケット」の称号が贈られる。

試合に出場して賞金を獲得するトーナメントプロ（ツアープロ）と、ゴルフ練習場などでゴルフを指導するティーチングプロの2種類があります。また、両方を兼ねている人もいます。日本でトーナメントプロになるには、アマチュア時代にツアートーナメントで優勝するか、プロテストに合格して、日本プロゴルフ協会からプロとして認定されなければなりません。賞金のほかに、特定の企業との契約料、ゴルフメーカーとの間で交わすアドバイザリー契約などで収入を得ています。

平均給料・給与

204万円

初任給：0円〜
生涯賃金：7億3440万円

生涯賃金は、20歳から50歳までの想定活動期間30年間と平均給料を掛け合わせた数字となっております。

平均給料・給与グラフ

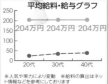

	20代	30代	40代
	204万円	204万円	204万円

※人気や実力により変動 ※給料の算出はネット情報などを参考にしております

「審判を下すことは、強者の利益にほかならず」

サッカー審判員

国内のプロサッカー審判員は、反則への厳格さ、得点の有効性、試合の公平性を司る仕事です。J1・J2・JFL主審、J1・J2・JFL副審などがあります。日本サッカー協会（JFA）ではプロフェッショナルレフェリー制度を導入しており、プロになるとサラリーマンのおよそ2倍の給料が手に入るといわれていますが、かなりの狭き門です。将来の審判員確保にかなり積極的であるものの、少子化に加えて、試合のできるグラウンドの整備や将来の就職など、多くの問題があります。国際試合の審判員は、女子1級、1級審判員から選出され、JFA、FIFAからの推薦後、FIFAが最終的に決定します。

サッカー審判員の平均給料・給与

67万円

初任給：30万円〜／生涯賃金：2億4120万円

サッカー審判員の生涯賃金は、想定雇用期間30年と平均給料を掛け合わせた数字となっております。

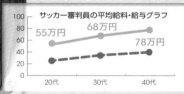

サッカー審判員の平均給料・給与グラフ

55万円　68万円　78万円

20代　30代　40代

※給料の算出には求人や口コミ、厚生労働省の労働白書を参考にしております

サッカー審判員

蹴球において公平中立にジャッジメントを行う。神の警告「イエローカード」と神の排除「レッドカード」を使い、異なる者を律する力を持つ。上級職「国際審判員」は、世界蹴球の審判も行う。

地方自治体および都道府県が主催する試合で審判検定を受ける必要があります。4級の場合は、講習を受ければ誰でもなれます。3級には、数十試合の主審・副審経験が必要で、筆記テストと体力テストをクリア後、1試合分の主審を行って評価を受けます。公認審判員になるには、日本サッカー協会、地域サッカー協会、都道府県サッカー協会などへ登録する必要があります。体力的な側面とジャッジ技術から、3級以上は難関だといえます。

第7章　土木建築・体力・スポーツ系職業

「力士よ。偉大なる王者よ。力の限り、戦うがいい」

行司

相撲の取り組みで有利不利を判定する仕事です。結果として勝敗を示すことになりますが、あくまで進行役であり、物言いがあった場合は勝負審判が決定権を持ちます。腰に差した短刀は、軍配を差し違えたら切腹するという覚悟を表しています。現代でも数日間の出場停止などの処分を受けることがあります。行司は力士と同様に相撲部屋に所属し、普段は番付発送や後援会への連絡、巡業での列車や宿の手配など事務的な仕事を行います。経理関係の記帳などを行うこともあります。大相撲をさまざまな形で支える伝統的な職業です。

行司の平均給料・給与

28万円

初任給：14万円／生涯賃金：2億0608万円

行司の生涯賃金は、想定雇用期間46年と平均給料・ボーナスを掛け合わせた数字となっております。

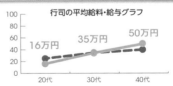

行司の平均給料・給与グラフ

16万円　35万円　50万円

20代　30代　40代

※給料の算出には求人や口コミ、厚生労働省の労働白書を参考にしております

行司

相撲において有利・不利を判断し、勝者を判定するジョブ。神器「軍配」に示された力士は、絶大なる勝利の喜びを得る。スキル「発気揚々（はっけよい）」は力士の潜在力を解放する呪文だ。

行司になるのに力士のような試験や検査はありません。志願資格は中卒以上の満19歳までの男子で、相撲協会が適格と認めた者です。なお、行司の定員は45名以内となっており、65歳の定年制です。そして、欠員がなければ新たな採用はありません。そのため、狭き門となっています。行司として協会から認められても3年間は見習い期間です。相撲部屋で、雑用をしながら相撲の歴史、勝敗の見極めから、発声練習、相撲文字の書道の練習を行います。

「自分の心を整えるのは自分の行動しかない」
ラグビー選手

多くのラグビー選手は所属している企業での仕事をしながら練習をし、試合もこなします。勝って見ている人を興奮させる。それが、ラグビー選手の仕事内容です。なるための資格は特にありませんが、その資質は問われます。ポジションによって役割が違うので一概には言えませんが、相手に負けないような気迫、精神力の強さや、体が痛くとも瞬時に頭をめぐらせ判断をする判断力、心身ともに総合的な強さが求められます。ラグビー選手になるには、それらを鍛え上げ、ラグビーで有名な企業に入社するとよいでしょう。大学や高校などにラグビー部がある場合はスカウトという道もあります。

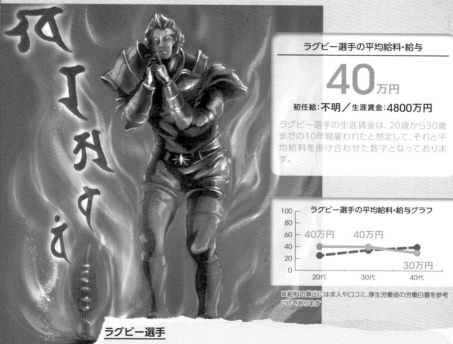

ラグビー選手の平均給料・給与

40万円

初任給：不明／生涯賃金：4800万円

ラグビー選手の生涯賃金は、20歳から30歳までの10年間雇われたと想定して、それと平均給料を掛け合わせた数字となっております。

ラグビー選手の平均給料・給与グラフ

	40万円	40万円	
			30万円
20代	30代		40代

※給料の算出には求人や口コミ、厚生労働省の労働白書を参考にしております

ラグビー選手

グラディエイター系ジョブ。世界最強チームは、試合前に「HAKA」を踊る。相手を称え鼓舞するものである。スキル「五郎丸の呪印」はキックの精度に＋50％補正がかかる世界最高のスキル。

海外チームともなると、日本円換算で年俸が億を超える選手も多数います。例えば2014年に現役を引退したジョニー・ウィルキンソンは年俸が1億円を超えていましたし、ダン・カーターも1億8000万円ほどの年俸になったそうです。2007年に現役を引退した、かつて怪物と恐れられたジョナ・ロムーは全盛期で年俸約6億5000万円だったといわれています。日本だと5000万円を超えませんが、そのうち1億円プレイヤーが出てくるかも。

「一球入魂！　一つ残らず殲滅してあげるわ！」
プロボウラー

特別寄稿：金井たつお

プロボウラー
鉄球を用いて十柱の魔王を打ち倒した勇者の伝説は、時代が降ると破邪顕正を祈る祭礼の儀式となり、現代では庶民の娯楽「スポーツ」に転じた。

プロボウラーの仕事内容

公益財団法人日本プロボウリング協会認定のプロとして大会に出場。大会を正々堂々戦い抜き優勝を目指します。収入はほとんどがその優勝賞金、実力勝負の世界です。とはいえそれだけでは暮らしていくことはできません。テレビや雑誌に出たり、イベントに出演したり、本を出したりして得たギャラや印税収入によるものも大きいです。時にはイベントなどを通じて、ボウリングというスポーツを普及する活動に励むこともあります。野球やサッカーのような花形競技とは言い難いため、啓発活動も重要なのです。

世界トップクラスだとどのくらいの年収に？

ボウリングは日本ではそこまでの花形競技とはいえませんが、アメリカではプレイヤー人口がかなり多い競技です。アメリカの大会では優勝賞金が数千万円になることもあるようです。いちプレイヤーの収入としては、世界クラスのプロボウラーが年収数千万円くらい。さらにトップ層のプレイヤーともなると、年収1億円以上を稼ぐ人もいるほどです。しかし、世界の舞台で活躍するには相当の修練と実績を積まなければなりません。日本人にもアメリカのプロライセンスを持っている人はいますが、世界選手権にチャレンジする人は少ないようです。

プロボウラーになるには？

公益財団法人日本プロボウリング協会が主催するプロテストに合格する必要があります。試験の受験資格は15歳以上です（プロテスト当該年度に中学卒業見込みの者）。また協会に5年以上在籍しているプロボウラー2名から推薦をもらうこと、全国のボウリング場・アマチュア団体の公認アベレージ（男子190、女子180）以上で年間30ゲーム以上をこなしていることも受験資格として必要です。相応の実績を残さない限りプロにはなれません。さらに、合格すれば同じ条件をクリアしたライバルたちとの熾烈な争いが待っています。練習を積み重ねる努力、好きなことになら遺憾なく力を発揮できる精神力、ボウリングのためならほかのことを犠牲にできるほどの覚悟。プロボウラーにはこれらが必要なのです。

プロボウラーの平均給料・給与

35万円

初任給：10万円〜／生涯賃金：1億2600万円

プロボウラーの生涯賃金は、想定活動期間30年間と平均給料を掛け合わせた数字となっております。

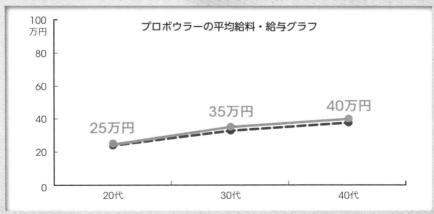

プロボウラーの平均給料・給与グラフ

- 25万円（20代）
- 35万円（30代）
- 40万円（40代）

※給料給与統計の算出は口コミや厚生労働省の労働白書を参考にしております

「ナイスバルク！ 鍛えぬいたこの肉体(からだ)でコンテストの優勝はいただきだ！」

ボディビルダー

特別寄稿：あんど慶周

ボディビルダー

戦士職から派生するジョブ。物理的な打撃力・防御力の高さに加えスキル「魅了（チャーム）」を常時発動できるのが強み。体が重く持久力が低いのが難点。

ボディビルダーの仕事内容

ボディビルダーはボディビルのコンテストに出場して賞金を稼ぐのが仕事です。特別な資格は必要ありませんが、よい成績を残すには食事管理やトレーニングなど日頃からの地道な肉体づくりが欠かせません。またコンテストの賞金は決して高くなく、十分な収入を得るにはスポンサー契約を結べる企業を見つけられるよう、タレント的な活動も視野に入れる必要があります。スポンサーを見つけるには、IFBB（国際ボディビルダーズ連盟）のプロカードを取得するのが早道といわれています。

コンテストの評価基準・賞金など

コンテストの順位は審査員による採点で決まります。予選にあたる「規定ポーズ」、続いて予選通過者による「フリーポーズ」によって審査されます。規定ポーズでは決められたポーズをとり、フリーポーズでは、選んだ音楽に合わせて自由なポーズをとります。どちらも一つひとつの筋肉の量やバランス、皮下脂肪がなく輪郭の見える筋肉などの美しさを競います。優勝賞金は世界最高峰の「ミスターオリンピア」で20万ドル（約2400万円）。その他の大会だとアメリカで約2万ドル（約240万円）程度、国内では賞金が出ずプロティンがもらえるだけというのもあるくらいです。

ボディビルダーに向いている人は？

プロのボディビルダーになるには素質が必要です。筋肉を効率的につけるための食事やトレーニングのメソッドは確立されていますが、同じ方法をとっても、生まれつき筋肉のつきやすい人とつきにくい人がいるからです。筋肉のつきやすいタイプでなければプロのコンテストで上位入賞を果たすのは難しいといわれています。またどれだけ才能のある人でも、適切な食事管理と地道なトレーニングを何年間も続けて初めて、トップに立てるような肉体を手に入れることができます。素質があってもさまざまな理由でトレーニングをやめてしまう人も多く、地道な努力を継続できる忍耐力も大切な資質の一つといえます。ボディビルダーの肉体を維持するには、生活のほとんどの時間をボディビルのために費やす必要があります。好きでなければ続けることはできないでしょう。

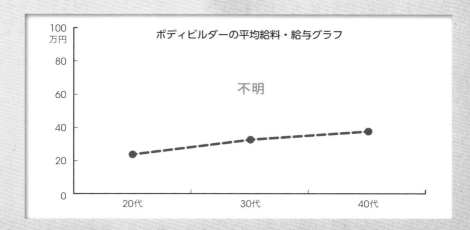

ボディビルダーの平均給料・給与

不明

初任給：0円～／生涯賃金：不明

ボディビルダーの生涯賃金は情報が少なく、実力社会のため算出不能です。

ボディビルダーの平均給料・給与グラフ

不明

（グラフ縦軸：100万円、80、60、40、20、0／横軸：20代、30代、40代）

「私は強い人間ではないが、運があった。その運は努力をしている人にしか来ない」

力士

土俵と呼ばれる盛り土の上で取り組みを行う、日本古来の国技を執り行う大相撲選手。おもに関東周辺にある相撲部屋に属し、場所による勝ち星を重ね、序ノ口から始まる10の階級を上げていく競技を行う仕事です。正式には十両以上が公益財団法人職員で、幕下以下は職員の養成員ということになっています。力士の給料の相場は、横綱約282万円、大関約234万円、関脇約169万円、小結約169万円、前頭約131万円、十両約103万円。以下は年6回手当で、幕下約15万円、三段目約10万円、序二段約8万円、序ノ口約7万円。十両以上の力士には、退職金も養老金という形で支給されるようです。

力士の平均給料・給与

149万円

初任給:7万円〜／生涯賃金:2億6820万円

力士の生涯賃金は、義務教育終了の16歳から引退平均年齢の31歳までの15年間活動したと想定して、それと平均給料を掛け合わせた数字となっております。

力士の平均給料・給与グラフ

169万円
130万円
0円

20代 30代 40代

※年代での算出が難しいため階級をもとに独自に算出しております

力士

相撲は日本固有の宗教である神道に基づき神に奉納される神事。しかし近年は格闘技といわれており世界最強ともいわれている。動画投稿サイトでは力士が波動砲を撃ったり地球を破壊する姿が見られる。

力士になるには、日本大相撲協会が行う、新弟子検査を受ける必要があります。受験資格は中学卒以上（外国人は義務教育を修了した者）、23歳未満であること。身長167センチ以上、体重67キロ以上（3月場所は就職場所と呼ばれ、中卒に限り身長165センチ以上、体重67キロ以上）。新弟子検査には、親権者の承諾書、戸籍謄本や抄本、健康診断書、住民票、中学卒業証明書及び見込みを証明できるもの、スポーツ履歴や力士検査届が必要です。

「The Way You Make Me Free!! 君に感じちゃうよ！」

ダンサー

ダンサー

精霊系ジョブ。さまざまな舞いを身につけ、踊りを仕事とする。クラスは「ジャズ」「レゲエ」「ヒップホップ」「社交」など。

テレビや映画、コンサート、ミュージカルなど花形の舞台のほかに、遊園地などのテーマパークやダンススクールなど、さまざまな場所でダンサーの仕事があります。バーなどでダンスを披露する人もいます。ダンサーになるのに決まったルートというものはありません。ダンスを学んで、どこかの会社に雇われて働く人もいれば、コンテストやオーディションで役を取る人もいます。体が資本であり、仕事道具です。トレーニングを欠かさず、表現方法を学び続けることが必要です。

平均給料・給与

26万円

初任給：10万円〜
生涯賃金：9360万円

生涯賃金は、想定活動期間30年間と平均給料を掛け合わせた数字となっております。

平均給料・給与グラフ

25万円　30万円　23万円
20代　30代　40代

※給料の算出には求人や口コミ、厚生労働省の労働白書を参考にしております

「G 難度の G は GOD の G である」

体操審判員

体操審判員

技の難易度・美しさ・安定性に点数をつける。体操選手による床運動、鉄棒、つり輪、跳馬などの技の瞬間的な回転数や姿勢を見極める。

国際体操連盟が制定する採点規則に基づいて、技の難易度、美しさ、雄大さ、安定性などを採点します。審判員資格には 3 種類あり、3 種は都道府県レベルの大会、2 種は地区ブロックレベルの大会、1 種は全国レベルの大会で審判ができます。体操審判員になるには、日本体操協会の講習を受講する必要があります。競技経験があり、既定年齢に達した者のみ受講できます。体操の指導者や教員、現役選手などが就くことが多いようです。審判員のほとんどはボランティアです。

平均給料・給与

2万円

初任給：2万円
生涯賃金：1032万円

生涯賃金は、想定活動期間43年間と平均給料を掛け合わせた数字となっております。

平均給料・給与グラフ

2万円　2万円　2万円
20代　30代　40代

※給料の算出には求人や口コミ、厚生労働省の労働白書を参考にしております

第7章　土木建築・体力・スポーツ系職業

水泳インストラクター

「カナヅチさんも Welcome! 泳ぐ楽しさを笑顔で伝えます!」

特別寄稿：江川達也

水泳インストラクター

水泳の楽しさと泳法を指導する者。高度で柔軟な「コミュニケーション術」や、危険を回避する「監視術」のスキルを駆使して、人々に安全と健康、確かな技術を伝える。

水泳インストラクターの仕事内容

生徒に水泳や水中運動の指導を行います。生徒は、乳幼児から妊婦・高齢者まで幅広く、指導内容も水泳技術だけではありません。ダイエット目的の水中エアロビクスなどもあります。おもな勤務先は、スイミングスクール・フィットネスクラブや公共機関のプールなどで、勤務形態も正社員、パート・アルバイトなどさまざまです。勤務先にもよりますが、レッスンメニューの作成、イベントの企画運営、施設の掃除、売上管理などを担当することもあります。また、生徒やプールの監視などの安全管理も大切な仕事です。

水泳インストラクターになるには？

水泳インストラクターになるために必要な資格はありません。しかし、専門知識や水泳技術を求められる仕事であるため、日本水泳連盟認定の「基礎水泳指導員」や、日本スポーツ協会認定の「水泳教師資格」を取得すると、就職に有利です。「基礎水泳指導員」は全国の都道府県水泳連盟で取得が可能です。「水泳教師資格」は、プロの水泳指導者のための資格です。「水泳教師」と「水泳上級教師」の2種類があり、「共通科目」講習会と「専門科目」講習会の両方を受講し、それぞれに合格することが必要となります。

水泳インストラクターに向いている性格・適性

水泳が得意で、水泳が好きであることが大前提です。そのうえで求められるのは、コミュニケーション能力です。生徒の能力は同じではありません。それぞれの能力に応じて、適切なポイントをわかりやすく伝えることが重要になってきます。誰とでも円滑にコミュニケーションを取ることができ、水泳の楽しさを伝えられるような人に向いているでしょう。また、長時間水の中にいると、身体が冷え体力も消耗するので、体力に自信があるほうが望ましいです。危機管理能力、強い責任感も必要とされます。泳げない生徒を相手にするときは当然ですが、水中では思わぬことが事故につながることがあります。常に周囲に気配りできる人が向いています。

水泳インストラクターの平均給料・給与

29万円

初任給：18万円〜／生涯賃金：1億5168万円

水泳インストラクターの生涯賃金は、新卒が終身雇用で65歳まで雇用されたとして、22歳から65歳までの43年間と平均給料・ボーナスを掛け合わせた数字となっています。

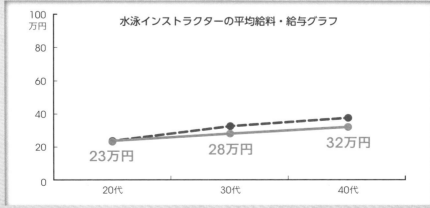

水泳インストラクターの平均給料・給与グラフ

- 23万円（20代）
- 28万円（30代）
- 32万円（40代）

※給料給与統計の算出は口コミや厚生労働省の労働白書を参考にしております

「一番人気はいらないわ。欲しいのは一着だけ！」

騎手

特別寄稿：藤原カムイ

騎手
獣使いのジョブ。「見せムチ」や「風車ムチ」のスキルで競走馬を自在に操る。最終奥義「人馬一体」を習得すれば、クラシック三冠はもちろん、凱旋門賞での勝利も夢ではない。

騎手の仕事内容

騎手のおもな仕事は、競走馬に騎乗して競馬に出走すること、そしてできるだけ多くの勝利数をあげることです。日本の競馬には、中央競馬（JRA主催）と、地方競馬（NAR主催）があり、中央競馬は週末、地方競馬は平日の出走となります。レース以外の仕事としては、トレーニングセンターでの競走馬の調教や、騎乗指名を受けるための営業活動、マスコミの取材対応やイベント出演などがあります。また、怪我や死亡事故を伴う危険な職業ですから、各種トレーニングによる自己管理も、大切な仕事の一つです。

騎手の収入はどのくらいなの？

騎手の収入は、進上金（レースで獲得した賞金の5～7%）と、レースに出場するともらえる騎乗手当・騎手奨励手当（1レースあたり4万～8万円）がメインです。その他、トレーニングセンターで騎手が調教をつけると調教料が支払われます。また、厩舎に属している騎手は、毎月給与をもらっています。年収は、中央と地方で大きな差があります。中央競馬のリーディングジョッキーの年収は、約2億円。その他のトップジョッキーも、1億円を超えていることはざらです。一方、地方競馬の騎手は厳しい状況にあります。賞金相場がかなり低くなるため、中央競馬の騎手との年収差が、10倍もあることがあります。

騎手になるには

騎手になるには日本中央競馬会（JRA）と地方競馬全国協会（NAR）が行っている試験に合格し、国家資格の免許を取得する必要があります。一般的には、JRAの競馬学校の騎手課程（3年間）やNARの地方競馬教養センターの騎手課程（2年間）を卒業するのが一番の早道です。ただし、誰もが入学試験を受けられるわけではなく、いくつかの制限があります。例えば、中学卒業以上の学歴かそれと同等の学力があること、入学年の4月1日現在で20歳未満であること、裸眼で左右とも0.8以上、体重の上限が44.0～46.5kg（年齢による）であることなどが応募資格となります。また、入試倍率も10倍以上と難関で、JRAの競馬学校のほうが難しいといわれています。現役の女性騎手が9名（2020年1月現在）と、圧倒的に男性騎手が多い競馬界ですが、騎手になる方法は男女同じです。

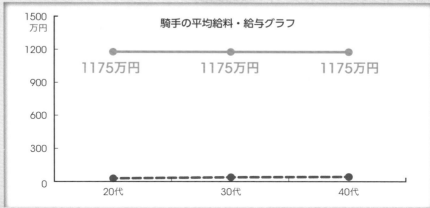

騎手の平均給料・給与

1175万円

初任給：不明／生涯賃金：42億3000万円

騎手の生涯賃金は、想定活動期間30年間と平均給料を掛け合わせた数字となっております。

騎手の平均給料・給与グラフ

1175万円　　1175万円　　1175万円

（縦軸）1500万円／1200／900／600／300／0
（横軸）20代　30代　40代

※平均給料はトップランカー10位以内の騎手から算出しております

フィギュアスケーター
「軸がブレない人は、何をするにも成功する」

フィギュアスケーター

氷上に召喚されしスピン王国の妖精。スキル「トリプルアクセル」は、回転にさらに回転を加え、銀盤のコマに変身する特殊スキル。

フィギュアスケーターは、スケート靴を履き、音楽に合わせて氷上で踊ったり、ジャンプをしたりと、自分の技を人々に「魅せる競技をする」職業です。ほとんどの選手がオリンピックなどでメダルを取ることを目標とし、子どものころから評判のよいコーチのもとで練習を積み、大会に出場して上位を狙います。人気が出ればスポンサー契約などを勝ち取ることもでき、収入も大幅にアップします。人気がある職業ですが、目指すのであれば幼いころから取り組まないと難しいでしょう。

平均給料・給与

94.3万円

初任給：100万円〜
生涯賃金：5658万円

生涯賃金は、もっとも活動しやすい19歳から24歳までの5年間での大会賞金のみの平均を掛け合わせた数字となっております。

平均給料・給与グラフ

	20代	30代	40代
	94.3万円	0円	0円

※給料の算出には求人や口コミ、厚生労働省の労働白書を参考にしております

ヨガインストラクター
「ココロとカラダを浄化させる永遠の仕事がヨガよ」

ヨガインストラクター

真言宗や天台宗の「護摩」「阿字観」などの密教行為として日本に伝わったヨガを伝道するジョブ。残念ながら炎を吐くことはできない。

ヨガインストラクターは、ヨガの楽しさや実践方法を教える仕事です。ヨガスタジオをはじめ、各自治体などが開くヨガ講座などでヨガを教えます。大手スタジオで勤務するか、フリーランスで働く人もいます。結婚や出産をへても続けられますし、フリーランスであれば、常連のお客様や贔屓にしてくれる人がいれば、収入アップも望めます。自分のスタジオを持つことで時間の融通を利かせることもできます。ヨガを通じてお客様と触れ合い、お客様の喜ぶ顔を見ることが何よりのやりがいとなります。

平均給料・給与

20万円

初任給：15万円〜
生涯賃金：1億3760万円

生涯賃金は、想定雇用期間43年間と平均給料・ボーナスを掛け合わせた数字となっております。

平均給料・給与グラフ

	20代	30代	40代
	18万円	20万円	24万円

※給料の算出には求人や口コミ、厚生労働省の労働白書を参考にしております

「死の危険がなかったら、クライミングはもはやクライミングではありません」

登山家

登山家そのものは、職業ではありません。登山ガイド・山岳ガイド、登山学校経営、登山ショップ経営、講演・執筆活動などの副業を通じて、冬山登山などの実績、ロッククライミングの実績を重ねる人たちです。下記の給与は、およそこれくらいの給料を得ていなければ、登山家になるには、ほぼ不可能という数字にしてみました。登山家とは、登山費用を捻出するために、副業に励む人でもあるのです。登山家で有名なのはアルピニストの野口健さん。アルピニストとは、元々はアルプス登山者の意で、特に、高度な技術を要する登山を行う人のことをいい、海外では国家試験まであります。

登山家の平均給料・給与

59.3万円

初任給：18万円／生涯賃金：1億4232万円

登山家の生涯賃金は、登山家として20年間活動できると想定して、それに平均給料を掛け合わせた数字となっております。

登山家の平均給料・給与グラフ

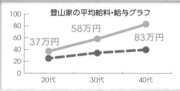

37万円　58万円　83万円

20代　30代　40代

※登山家としてのメディア出演のギャランティやスポンサー料などから算出しております

登山家

エクストリームジョブの一つ。セブンサミッツ「七大陸最高峰」を制するために屈強なトレーニングを積む。極限まで挑むとスキル「無酸素登頂」を発動する。

日本の登山家の多くは、副業として、インドアクライミングスクールやスポーツショップの経営、講演会、スポンサー探し、インストラクターなどの職業を収入源としたり、本を書いたりして副収入を得ています。登山に関してスポンサーが付くのは、メディアへの露出のため。登山家はメディアやスポンサーからの支援やギャランティなどで入山料や登山にかかる費用を捻出しているようです。

「打ち上げ花火のような人生を送りたい」
花火師

特別寄稿：月山可也

花火師

火薬を自在に操り、色とりどりの花火を打ち上げる、火属性の魔術師。花火大会では１００万人以上の人々を集めて魅了することもある。

煙火業者と呼ばれる、公益社団法人日本煙火協会に登録している業者で働く人を、「花火師」と呼びます。花火大会での打ち上げと企画を担当する業者や、花火製造そのものを行う業者もいます。土木・建設業との兼業が多いです。最近ではパソコンを使って打ち上げシミュレーションをすることもあります。夏場の２か月間は全国展開している業者では給与は３０万円を超えることもありますが、冬場はその半分以下になることもあるそうです。正月のカウントダウンの需要もあります。

平均給料・給与

21.5万円

初任給：15万円〜16万円
生涯賃金：1億1094万円

生涯賃金は、想定雇用期間43年間と平均給料・ボーナスを掛け合わせた数字となっております。

平均給料・給与グラフ

	16万円	26万円	50万円
	20代	30代	40代

※給料の算出は求人や口コミ、厚生労働省の労働白書を参考にしております

「夢は近づくと目標に変わる」
プロ野球選手

プロ野球選手

野球でリーグ優勝を目指すジョブ。「俊足」や「魔球」を操る選手も。華やかに見えるが、実力主義の世界で日頃の鍛錬が欠かせない。

プロ野球選手の仕事は、チームを勝たせることです。どんなポジションの選手であったとしても、チームを勝利・優勝に導くのが仕事です。シーズン中はもちろんのこと、シーズンオフにも自己管理やトレーニングは欠かせません。また、ファンにサービスをするのも大切な仕事です。上位１００名の年収は平均約２億円と推定されますが、一軍・二軍選手の最低年俸保証は４４０万円、育成選手は２４０万円、実力がないと厳しい世界です。

特別寄稿：ルノー・ルメール

平均給料・給与

1693万円

初任給：20万円〜
生涯賃金：38億6004万円

生涯賃金は、2１歳から40歳までの19年間と平均給料を掛け合わせた数字となっております。

平均給料・給与グラフ

	1259万円	1832万円	2219万円
	20代	30代	40代

※給料の算出は求人や口コミ、厚生労働省の労働白書を参考にしております

スポーツトレーナー

スポーツトレーナーは、表舞台に立つことはほとんどありませんが、スポーツ選手が心身のコンディションを整え、常に最高のパフォーマンスを発揮するためには欠かせない存在となっています。運動能力を高めるための基礎トレーニング指導、競技や練習中の怪我の応急処置、リハビリサポート、試合に向けた心身のコンディショニング調整を指導するのが、スポーツトレーナーのおもな役割といえます。また、最近では、トレーニングの対象はプロのスポーツ選手から一般の人々へも広がりを見せています。

スポーツトレーナーのズバリ！ 将来性は？

プロ野球球団に続きプロサッカーチームが誕生し、そのほかのスポーツ分野にも次々とプロが誕生すると、パフォーマンス向上のための幅広い知識を持った専門家が必要とされるようになりました。健康志向の高まりを背景に、今後、より多くの人がスポーツに触れるようになると予想されます。プロをサポートするだけにとどまらず、一般の人が安全にスポーツを楽しむためのアドバイザーとしてなど、スポーツトレーナーの役割はますます拡大していくでしょう。また、高齢化に伴い、健康維持に効果のあるトレーニングを指導する存在として、介護・リハビリ分野での需要も高まりつつあります。

プロのスポーツチームで働くには

スポーツトレーナーになるのに特別な資格や免許は不要です。とはいえ、トレーニング理論、医学的な知識、応急処置の技術は必要です。プロサッカーチームやプロ野球球団、プロバスケットボールチームなどでは、試合中の怪我の応急処置や選手のコンディショニングのプロとして、スポーツトレーナーが働いています。契約できる人数は限られており、公募もほとんどないため、多くのスポーツトレーナーが順番待ちをしているというのが現状です。実績を積んでスカウトを待つ、人脈作りをして自分を売り込むなど、就職のためには経験や努力が必要となります。

スポーツトレーナーの平均給料・給与

38万円

初任給：20万円／生涯賃金：1億9608万円

スポーツトレーナーの生涯賃金は、想定雇用期間43年間と平均給料・ボーナスを掛け合わせた数字となっております。

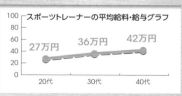

スポーツトレーナーの平均給料・給与グラフ

27万円　36万円　42万円

20代　30代　40代

※給料給与統計の算出は口コミや厚生労働省の労働白書を参考にしております

第7章 土木建築・体力・スポーツ系職業

警備員

警備員は、契約を交わした顧客の生命や身体、財産などが侵害されないように、事件や事故の発生を防ぐ仕事をしています。こうした警備業務は、「警備業法」という法律で定義されており、次の1〜4号業務に分類されています。1号警備は、主として施設を警備し、2号警備は工事現場やイベントの前後に交通誘導などを行い、3号警備は現金や貴重品、美術品などの運搬警備をし、4号警備は対象者の身辺警備また、近年は建物や住宅などにカメラやセンサーを設置して、コントロールセンターで監視や警戒を行います。

スタディサプリ進路

警備員になるには

警備業法により、警備員になるための制限が設けられています。18歳未満の人、破産宣告を受けた人、何らかの罪を犯して刑務所を出所してから5年未満の人、精神病者、アルコールや覚醒剤の中毒者、暴力団員とその関係者は警備員になれません。この制限に該当せず、18歳以上であれば、学歴や性別などに関わらず誰でも警備員になることができます。最近の警備会社は、高校や大学を卒業したばかりの人材を積極的に採用しています。入社して30時間以上におよぶ教育を受講した後、警備員としての仕事がスタートします。

警備員のズバリ！　将来性は？

一般人を巻き込む大きな事件・事故が世界各地で多発しています。日本でもセキュリティーの重要性が十分に認識されており、商業施設や病院、工場、工事現場などの多くの現場で安全と安心をしっかりガードできる警備員を必要としています。また、警備システムは新しい時代に突入しています。かつて警備員の仕事の中心は常駐警備でしたが、IT技術の進化により、近年は監視カメラやセンサーなどを要所に設置した機械警備が普及しています。そのため、今後は、警備システムの構造やIT技術に関連する知識を習得した警備員が優遇されることになるでしょう。

警備員の平均給料・給与

22万円

初任給：16万〜20万円／生涯賃金：1億5136万円

警備員の生涯賃金は、想定雇用期間43年間と平均給料・ボーナスを掛け合わせた数字となっております。

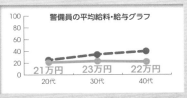

警備員の平均給料・給与グラフ

21万円 23万円 22万円
20代　30代　40代

※給料の算出には求人や口コミ、厚生労働省の労働白書を参考にしております

柔道整復師

柔道整復師は、骨・関節・筋・腱・じん帯などへの損傷に対して、柔道整復師法という法律に基づいた施術を行います。うっかり転んでしまった時の骨折や脱臼（医師の同意を得た場合のほかは患部に施術をしてはならないが、応急手当をする場合はこの限りではない）、スポーツで起こりやすい打撲や捻挫などを施術できます。また、特別養護老人ホームやデイサービスセンターなどの介護の現場で、機能訓練（リハビリ）をする機能訓練指導員として働くこともできます。

柔道整復師のズバリ！ 将来性は？

世界でも類を見ない高齢社会を迎えた日本の新たな課題は、できるだけ病気や怪我のない状態で人生を全うするための "健康寿命の維持" に向けられています。年齢を重ねても自分の足で歩き続けられるよう、筋肉や関節に関わる損傷を専門的に扱える柔道整復師が、地域医療の最前線で活躍することに期待が寄せられています。整骨院にて高齢者の健康維持を担うだけでなく、手技を駆使した自然治癒力を引き出すアプローチは身体への負担も少ないことから、介護施設でのリハビリ指導、スポーツチームでのトレーナー活動など、身体に関わるさまざまな分野での応用が期待できます。

柔道整復師になるには

柔道整復師になるには、柔道整復師養成施設となっている厚生労働大臣が認定した専門学校（3年制以上）あるいは、柔道整復学科のある文部科学大臣が認定した4年制大学、3年以上の短期大学に進学して、解剖学や生理学、運動学などの基礎科目、柔道整復実技などの専門科目について履修し、柔道と整復の認定実技試験に通過して国家試験の受験資格を得なければなりません。社会に出てから柔道整復師を目指す人のために夜間部を設けている学校もあるので、自分に合った学び方のできる養成施設を選びましょう。国家資格を取得した柔道整復師のキャリアのスタートは整骨院や介護施設が主になります。

柔道整復師の平均給料・給与

23万円

初任給：10万円 ／ 生涯賃金：1億5824万円

柔道整復師の生涯賃金は、想定雇用期間43年間と平均給料・ボーナスを掛け合わせた数字となっております。

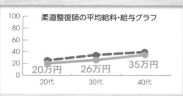

柔道整復師の平均給料・給与グラフ

20万円 （20代）　26万円 （30代）　35万円 （40代）

※給料給与統計の算出は口コミや厚生労働省の労働白書を参考にしております

スポーツインストラクター

フィットネスクラブなどで、複数の利用者を対象にエクササイズ指導をするのがスポーツインストラクターの仕事となります。スポーツスクールやクラブ、あるいはスポーツチームなどでスポーツ種目を指導する方もインストラクターと呼ばれますが、広く「スポーツインストラクター」として呼ばれているのはフィットネスクラブなどのスタジオでグループエクササイズ（エアロビクスやステップエクササイズ、ヨガなど。ほかにはプールなどでのアクアエクササイズ）を指導するインストラクターとなります。

スポーツインストラクターのズバリ！ 将来性は？

高齢化が進む中、病気や寝たきりにならないで年齢を重ねるために、60代以上の人たちのフィットネスクラブ利用が増えてきています。高齢者の健康・体力維持に特化したプログラムを実施するフィットネスクラブも増えており、利用者層の幅は今後も拡大していくことが見込まれています。国内ではまだまだ現役世代（20代〜40代）で日常的・継続的な運動を行っている人が少ないため、今後世の中の美容・健康志向が年々高まっていく中、フィットネスクラブなどで体を動かすことを日常的に楽しむ人たちが増えることが期待されます。

スポーツインストラクターになるには

メインとなる運動種目の知識以外にも一般的な身体や運動に関する専門的な知識や実践的な指導スキルが求められる仕事なので、専門学校のインストラクター科やスポーツトレーナー科、大学の体育・スポーツ・健康系の学部などで関連する一般的な知識を学んで卒業し、フィットネスクラブなどに就職した際、インストラクター業務を始める人が多いです。一方、学生時代に専門的な教育を受けなくても卒業後に短期の養成スクールを修了しライセンスを取得することで、各種グループエクササイズのインストラクターとなれることも多いため、現在ではインストラクターになる方法が多数あります。

スポーツインストラクターの平均給料・給与

24万円

初任給：18万円〜／生涯賃金：1億6512万円

スポーツインストラクターの生涯賃金は、想定雇用期間43年間と平均給料・ボーナスを掛け合わせた数字となっております。

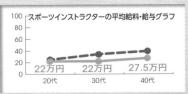

スポーツインストラクターの平均給料・給与グラフ

	20代	30代	40代
	22万円	22万円	27.5万円

※給料の算出には求人や口コミ、厚生労働省の労働白書を参考にしております

鋳物工

砂などを固めて作った鋳型に溶かした金属を流し込み、目的に応じた製品を生産する職人です。鍋や釜などの日用品から、工作機械、発動機、車両、船舶、電気機械などの部品を作っています。見習工から始まる職業で実務重視、国家資格「鋳造技能士」は名称独占資格です。

鋳物工の平均給料・給与グラフ

全体的に職人の数が少なく、現在は1万7500人ほどです。鋳物を扱う会社に就職し、補助作業からキャリアを積んでいきます。勤続11年で月給28万円ほどになるようです。

F1レーサー

F1レーサーの仕事内容は、多くのレースに参加し優勝を目指して走ることです。レースでの優勝や上位の成績を残すことで評価され、スポンサーがつきます。自分が乗るレースカーの構造、性質などをよく理解するための勉強や、日々の練習も仕事の一つといえるでしょう。

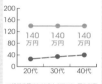

F1レーサーの平均給料・給与グラフ

フェラーリやメルセデスなど有名チームに所属するトップクラスのF1レーサーには、大口のスポンサーがつき、賞金と合わせて年収1億～60億円と超高額になることもあります。

オートレーサー

オートレースは1周500メートルの走路を通常8車のバイクで周回し、順位を競う公営競技です。オートレーサーは全国にあるオートレース場で開催されるレースに出場し、優勝・入賞賞金を得ます。スター選手は数億円を稼ぎますが、収入のバラつきが激しいのが特徴です。

オートレーサーの平均給料・給与グラフ

公営競技の中でも選手生命が長めです。16～18歳で養成所に入り、早くて20歳でデビューをした場合、現役期間は30年ほどあります。70歳超えの現役選手もいます。

型枠大工

建設に応じてコンクリート工法を施工する場合、あらかじめ型枠を設計どおりに組み上げてコンクリートを流し込むため、この型枠を造って組み立てる職業が、型枠大工といわれています。施工図面作成などもするため、建設業界では高度な技能取得者として知られます。

型枠大工の平均給料・給与グラフ

日当が多く、手当なしで、平均10時間労働です。休憩が法定通りで、残業代も含めるとしたら、事業主以外の型枠大工個人の給与は1万弱と見るのが妥当です。

キャディ

キャディの仕事は、利用客が気持ちよくゴルフができるように気をつかうことです。一般のキャディはバッグをカートに載せて、打つ場所まで移動させます。そうして、利用客が使うクラブを渡し、時にはアドバイスをします。プロゴルファーと専属契約するプロキャディもいます。

キャディの
平均給料・給与グラフ

10万円　15万円　20万円

※給料の算出には求人や口コミ、厚生労働省の労働白書を参考にしております

平均給料・給与

15万円

初任給：10万円～／生涯賃金：1億0320万円

生涯賃金は、想定雇用期間43年間と平均給料・ボーナスを掛け合わせた数字となっております。

プロキャディの給料は月に7万～12万円程度です。プロゴルファーの身の周りの世話までしている場合、少し上乗せされ、プロゴルファーの賞金の一定の割合の金額が支給されることも。

CADオペレーター

CADオペレーターの仕事は、設計士やデザイナーが描いたラフ画のような設計図を、CADソフトを操作してきっちりとした図面にブラッシュアップして仕上げることです。設計図は、家などの建築関係、自動車などの機械関係といった分野がメインになっています。

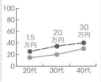

CADオペレーターの
平均給料・給与グラフ

15万円　20万円　30万円

※給料の算出には求人や口コミ、厚生労働省の労働白書を参考にしております

平均給料・給与

20万円

初任給：10万円～／生涯賃金：1億3760万円

生涯賃金は、想定雇用期間43年間と平均給料・ボーナスを掛け合わせた数字となっております。

CADオペレーターの中には、在宅で仕事をしている方もいます。ただ、いわゆるSOHOとしてCADオペレーターをやっていくのは容易なことではなく、あまり稼げません。

クレーン運転士

労働安全衛生法に基づいた国家資格が必要な職業で、移動式クレーン、タワークレーンなど複数の職場において専門技能を必要とします。5トン以上を含めすべてのクレーンを操縦できる免許と、5トン未満のクレーンを操作できる、床上運転式限定免許などがあります。

クレーン運転士の
平均給料・給与グラフ

30万円　36万円　45万円

※給料の算出には求人や口コミ、厚生労働省の労働白書を参考にしております

平均給料・給与

36万円

初任給：20万円～／生涯賃金：2億4768万円

生涯賃金は、想定雇用期間43年間と平均給料・ボーナスを掛け合わせた数字となっております。

港で働くクレーン運転士は、月額で平均42万円前後からで、年収では500万円以上が相場。クレーン運転士の中では、待遇はいいことで知られています。

港湾労働者

港でコンテナなど船の荷物の積み下ろし作業や運搬を行うのが仕事です。港湾荷役作業員とも呼ばれます。チームを組んで船に乗り込み作業をする「船内荷役作業員」や、岸壁側や埠頭ターミナルで荷捌きして貨物置場に運搬する「沿岸荷役作業員」などの種類があります。

港湾労働者の
平均給料・給与グラフ

31万円　37.3万円　42万円

※給料の算出には求人や口コミ、厚生労働省の労働白書を参考にしております

平均給料・給与

37.3万円

初任給：17万円／生涯賃金：2億5662万円

生涯賃金は、想定雇用期間43年間と平均給料・ボーナスを掛け合わせた数字となっております。

学歴も年齢も関係ない力仕事となります。日雇い労働者が多いのも特徴です。シフト制で深夜作業もあります。労働組合と業界団体の協定により、最低賃金が定められています。

サッカー選手

サッカー選手の仕事は、クラブと契約し、プレイヤーとして勝利に貢献することです。日本サッカー協会の規則では満16歳以上であることと定められています。Jリーガーの年俸は選手の能力や活躍度によってA、B、Cの3ランクに分けられており、1億円以上を稼ぐ選手もいます。

サッカー選手の
平均給料・給与グラフ

175万円 175万円 67万円

20代 30代 40代

※給料の算出には求人や口コミ、厚生労働省の労働白書を参考にしております

平均給料・給与
175万円

初任給：38万円／生涯賃金：3億7800万円

生涯賃金は、想定活動期間18年間と平均給料を掛け合わせた数字となっております。

年俸は「基本給」と「出場・勝利給」に分かれています。つまり、すべての試合に出場し、なおかつ勝利しなければ年俸の満額を受け取ることはできないという仕組みです。

実業団陸上選手

企業に所属して陸上の競技大会に出場するのが仕事です。活躍することが企業の宣伝になります。企業のCMに出演したり、イベントに参加したりすることも重要な仕事となります。企業によって練習に専念できるところもあれば、午前中は会社員として業務を行うところもあります。

実業団陸上選手の
平均給料・給与グラフ

25万円 25万円 0円

20代 30代 40代

※給料の算出には求人や口コミ、厚生労働省の労働白書を参考にしております

平均給料・給与
25万円

初任給：22万円／生涯賃金：7200万円

生涯賃金は、想定雇用期間18年間と平均給料・ボーナスを掛け合わせた数字となっております。

日本ではまだプロが少なく、ほとんどの陸上選手が実業団に所属しています。そのため、所属する企業の規定に応じた給料が支払われ、年収はサラリーマンと同程度となります。

柔道選手

柔道選手は学生として、または企業の柔道部に所属して、柔道の大会に出場します。企業に所属する選手は社員として仕事をしながら柔道の練習をする場合と、柔道に専念する環境が与えられている場合があります。企業の看板を背負っているので、結果を残すことが重要となります。

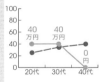

柔道選手の
平均給料・給与グラフ

40万円 40万円 0円

20代 30代 40代

※給料の算出には求人や口コミ、厚生労働省の労働白書を参考にしております

平均給料・給与
40万円

初任給：22万円／生涯賃金：1億1520万円

生涯賃金は、想定雇用期間18年間と平均給料・ボーナスを掛け合わせた数字となっております。

柔道選手の年収は、所属する企業の給料のほか、日本代表候補になれば強化費が加わります。オリンピックで金メダルを取って1億円のボーナスをもらった選手もいるそうです。

スタントマン

映画、ドラマなどでカーアクションや格闘シーンなど、俳優に危険のともなう演技の代替として、また、事故の再現や災害などの映像表現に必要とされる場合に出演する、専門の役者です。業界の位置づけとしては俳優であり、体を使った表現や演技力が必要とされます。

スタントマンの
平均給料・給与グラフ

18万円 35万円 30万円

20代 30代 40代

※給料の算出には求人や口コミ、厚生労働省の労働白書を参考にしております

平均給料・給与
32万円

初任給：18万円～／生涯賃金：1億6512万円

生涯賃金は、想定雇用期間43年間と平均給料・ボーナスを掛け合わせた数字となっております。

階段落ちで3万～5万円の報酬、自転車や歩行中に車にはねられるアクションでは1万～7万円、高所からの飛び降りでは3万～10万円などの報酬区分があるそうです。

塗装屋

建築塗装、金属焼付塗装工、板金塗装などがありますが、スプレーガンに塗料を入れ、材料や壁面に塗装仕上げをするのが、おもな仕事です。現場では雑用も多く、工務店や工事事業会社に属している場合と、個人経営の事業者に雇用されるパターンがあります。

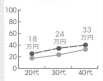

塗装屋の平均給料・給与グラフ

18万円（20代）／24万円（30代）／33万円（40代）

※給料の算出には求人や口コミ、厚生労働省の労働白書を参考にしております

平均給料・給与
30万円

初任給：18万円／生涯賃金：2億0640万円

生涯賃金は、想定雇用期間43年間と平均給料・ボーナスを掛け合わせた数字となっております。

手取りは、30歳後半で26万円前後と決して高くはありません。しかし、正社員のような月給制が少ないため、よく言えば「業者を選ばなければ」それなりに稼げるそうです。

配管工

水道やガス管など、建設業でおもに生活のための屋内、屋外給排水設備や、インフラ関係の配管工事を専門とした職業です。空調配管工、衛生配管工、冷媒配管工、ガス配管工、医療ガス配管工なども含まれます。技能を証明する「配管技能士」などの資格があります。

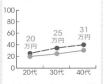

配管工の平均給料・給与グラフ

20万円（20代）／25万円（30代）／31万円（40代）

※給料の算出には求人や口コミ、厚生労働省の労働白書を参考にしております

平均給料・給与
31万円

初任給：19万円／生涯賃金：2億1328万円

生涯賃金は、想定雇用期間43年間と平均給料・ボーナスを掛け合わせた数字となっております。

見習いの給与は、平均的な新卒給与水準と変わらず、要普通免許で経験に応じて18万〜24万円くらいで募集があります。中規模以上の設備事業者が募集することが多いです。

バレーボール選手

バレーボールの実業団チームを持つ企業に所属し、Vリーグなどの公式戦に出場するのが仕事です。企業に社員として所属しているケースと、1年ごとの契約の嘱託契約、プロとして数年単位の年俸で契約するプロ契約があります。プロ契約の選手は日本では数名しかいません。

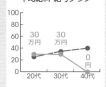

バレーボール選手の平均給料・給与グラフ

30万円（20代）／30万円（30代）／0円（40代）

※給料の算出には求人や口コミ、厚生労働省の労働白書を参考にしております

平均給料・給与
30万円

初任給：20万円／生涯賃金：8640万円

生涯賃金は、想定雇用期間18年間と平均給料・ボーナスを掛け合わせた数字となっております。

日本ではトップクラスの選手でも年収1000万円程度といわれています。嘱託契約の選手はアルバイトと同じ不安定な身分で、年収も200万〜700万円と幅があります。

福祉住環境コーディネーター

福祉住環境コーディネーターとは、福祉と建築の両方の分野についての知識をもとに、高齢者・障がい者の暮らしやすい住宅や施設・街作りをする仕事です。福祉と住宅を結びつけて考え、バリアフリーのためにどのような設備が必要か、どのような住宅であるべきかを提案します。

福祉住環境コーディネーターの平均給料・給与グラフ

20万円（20代）／25万円（30代）／28.7万円（40代）

※給料の算出には求人や口コミ、厚生労働省の労働白書を参考にしております

平均給料・給与
24.5万円

初任給：17万円〜／生涯賃金：1億6856万円

生涯賃金は、想定雇用期間43年間と平均給料・ボーナスを掛け合わせた数字となっております。

この資格のみでは求人は非常に少なく、給料も低いです。そのため、建築士や福祉用具専門相談員、介護支援専門員などとして働きながら資格取得をするのが一般的です。

プロサーファー

サーフィンのプロライセンスを持ち、大会に出場して賞金を稼ぐのがプロサーファーの仕事です。日本では日本プロサーフィン連盟（JPSA）が公認プロ制度を設けています。国内では年間約40の大会が開催されていますが、プロ資格がなければエントリーできない大会もあります。

プロサーファーの
平均給料・給与グラフ

※給料の算出には求人や口コミ、厚生労働省の労働白書を参考にしております

平均給料・給与

12万円

初任給：5万円／生涯賃金：2592万円

生涯賃金は、想定活動期間18年間と平均給料を掛け合わせた数字となっております。

プロサーファーの年収は大会の賞金と、スポンサー契約からなります。国内大会の優勝賞金は50万～80万円が相場で、トップ選手でも年収300万円程度といわれています。

プロボクサー

簡単に言えば、試合で対戦をすることが仕事内容です。試合で勝てるかどうか、大会に優勝できるかどうかが収入に大きく関わります。日本でトップレベルになると、戦いの場は世界へと移行します。全世界のファンに夢と希望と熱いひと時を与える仕事です。

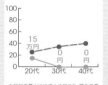

プロボクサーの
平均給料・給与グラフ

※給料の算出には求人や口コミ、厚生労働省の労働白書を参考にしております

平均給料・給与

15万円

初任給：5万円～／生涯賃金：3420万円

生涯賃金は、想定活動期間の17歳から36歳までの19年間と平均給料を掛け合わせた数字となっております。

引退後は、名前が売れている人はスポーツジムの経営やボクシングジムの開業を、それ以外の人は飲食業や土木関係などのアルバイトで食いつなぐことが多いようです。

ボートレーサー

国土交通省管轄の競技であり、総務大臣指定の自治体が勝舟投票券を販売して行われる、競艇の毎月の競走スケジュールに出場して、賞金を得るのがボートレーサーの仕事になります。選手は成績順でランクが決まっており、勝率によって4クラスが設定されています。

ボートレーサーの
平均給料・給与グラフ

※給料の算出には求人や口コミ、厚生労働省の労働白書を参考にしております

平均給料・給与

142万円

初任給：83万円／生涯賃金：5億4528万円

生涯賃金は、平均引退年齢が55歳、デビュー平均が23歳なので、32年間と平均給料を掛け合わせた数字となっております。

競艇選手全体では、約1600人の選手が登録されています。A1選手は全体の2割ほどで、年収1億円を超える選手は1人程度、3000万円以上も100人を切ります。

宮大工

木造建築における伝統的な建造物、歴史的建造物や仏閣、寺社などの建築と修復を主たる仕事とするのが「宮大工」です。俗称であり正式名称ではありませんが、古くから専門に行う大工は師弟関係で継承するため、その名残で「宮大工」という名称になっています。

宮大工の
平均給料・給与グラフ

※給料の算出には求人や口コミ、厚生労働省の労働白書を参考にしております

平均給料・給与

31万円

初任給：17万円／生涯賃金：2億1328万円

生涯賃金は、想定雇用期間43年間と平均給料・ボーナスを掛け合わせた数字となっております。

手取りは全体的に低く、22万～24万円前後です。高くても年収390万円、低い場合は336万円ほどです。コスト度外視で作品に没頭する気質のある職人が多いようです。

企業戦士 Ⅶ

企業経営において、「ヒト」という経営資源をいかに最大限に活用できるか、というのは非常に重要な課題です。「ヒト」というのはデリケートな生き物。適材適所で使い、育成をしなければ力が発揮できません。すべては人事職の采配にかかっているのです。

人事職

人事職は、人材によって会社を発展させるのが役割です。仕事は人事企画、採用関連、教育研修関連、評価関連、労務関連業務といった5つの仕事に分かれています。人事企画は、人員配置などを練ります。採用関連は、求人広告を出したり面接をしたり、採用に関わります。また、採用した人材の研修や教育の一部も担います。報酬制度の構築や社員の健康・安全の確保も人事職の仕事です。組織と人（社員）をつなぐ重要な役割を担っています。臨機応変に対応する力や、人格や能力を見抜く目が必要になります。

「現状に満足した時点で人の進化はない」

平均給料・給与

31万円

初任給：18万円〜
生涯賃金：2億1328万円

生涯賃金は、想定雇用期間43年間と平均給料・ボーナスを掛け合わせた数字となっております。

平均給料・給与グラフ

20万円
30万円
45万円

100
80
60
40
20
0

20代　30代　40代

※給料の算出には求人や口コミ、厚生労働省の労働白書を参考にしています

人事職

「登用」スキルに長けたマンハンター。「マンハン」とも呼ばれる。会社の長期的な成長は彼にかかっており、重要なポスト。号令「人かり行こうぜ！」で一斉に新卒を採る姿は獣のようである。

第8章

その他の職業

「総員気を抜くな──私たちは人類を代表して宇宙にいるのだ──」

宇宙飛行士

特別寄稿：萩原一至

宇宙飛行士

人類最後のフロンティア・宇宙を探究する最上位ジョブの一つ。地球外の知識を取り入れた彼らのテクノロジーは300年先の水準に達するといわれている。

宇宙飛行士の仕事内容

地上から約400km上空に建設された国際宇宙ステーション（ISS）に滞在し、その運用や維持を担うのが宇宙飛行士の仕事です。具体的には地球やその他天体の観測、ロボットアームを用いた装置の設置や修理、無重力下でのさまざまな実験、宇宙服着用で行う船外活動などがあります。宇宙に出ていないときは、地上の研究者たちと協力して研究開発を進めたり、タレント・広報活動などを通して宇宙開発の現状や今後の展望などを国民にアピールしたりしています。人類と宇宙をつなぐ架け橋ともいえる仕事です。

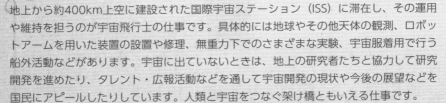

332

意外と収入が低い？

難しい選抜試験やハードな仕事内容に反して、宇宙飛行士の収入はそれほど高くありません。日本であればJAXA職員の給与規定に準拠し、年に1回の昇給と年に2回の賞与、扶養手当、住宅手当、通勤手当、特殊勤務手当などの諸手当があります。候補者として選ばれた人の中には医者やパイロットといった元々の所得水準が高い職業の人もいて、年収がこれまでの数分の一になった例もあるそうです。それでもなお選抜試験の倍率が毎回数百倍を超えているのは、宇宙飛行士という職業に人生をかけるだけのやりがいがあるからでしょう。宇宙への情熱がなければできない仕事です。

宇宙飛行士になるには？

宇宙飛行士になるには、国の専門機関（日本だとJAXA）が不定期に実施する候補者選抜試験を突破する必要があります。応募資格は厳格に規定されており、大卒（自然科学系の学部）、研究歴、言語力、体格、視力、聴力、健康状態などあらゆる面で査定されます。試験期間は約1年半と非常に長丁場です。密室で長期間チームメイトと共同生活し課題をクリアする、という最終ミッションでは多くの受験者がふるいにかけられます。体力、知力はもちろんのこと、状況適応能力とコミュニケーション能力が合格のカギです。これだけ厳しい内容にも関わらず倍率は毎回100倍を超えており、人気の高さがうかがえます。この試験に合格しても、実際の飛行メンバーに選ばれるには長期間の訓練を要します。それゆえ別の仕事を持ちながら選抜試験を目指す人も多いようです。

宇宙飛行士の平均給料・給与

34万円

初任給：30万円／生涯賃金：2億3392万円

宇宙飛行士の生涯賃金は、想定雇用期間43年間と平均給料・ボーナスを掛け合わせた数字となっております。

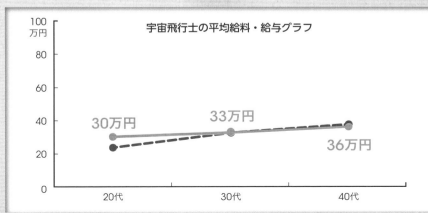

宇宙飛行士の平均給料・給与グラフ

30万円　33万円　36万円

※給料の算出には求人や口コミ、厚生労働省の労働白書を参考にしております

ジャーナリスト

「正義は、時に他人を傷つける。それでも己の正義を貫く覚悟はありますか?」

ジャーナリスト

権力監視系ジョブ。事実に対する現状や意義、展望を報道する専門家といわれており、別名「現代のジャンヌダルク」と呼ばれることも。スキル「徹底取材」は、公平かつ正確性を保つためには欠かせない。

ジャーナリストの仕事内容

ジャーナリストはおもにメディアを通じて、物事の本質を見抜き、人々に真実を伝えるのが仕事です。そのため、取材やインタビュー、表現手段としての原稿執筆や映像作成、テレビやラジオ、インターネット放送への出演などが具体的な仕事になります。特定の分野に精通するための情報収集や分析なども行う必要があります。そうして得られた知識と経験の蓄積、そして培われてきた人脈がジャーナリストの仕事を支えているといえます。ジャーナリズムの影響力は大きく、国民意識や政治まで変えることもあります。

王道はメディアに就職すること

まず、ジャーナリストには大きく2つのタイプがあります。新聞記者や放送記者、雑誌記者、編集者など、マスメディアに所属するジャーナリストと、こうしたメディアに所属せずフリーランスで仕事をするジャーナリストです。ジャーナリストになるための王道とされているのが、大学や短大を卒業後、新聞社や出版社、テレビ局などのメディア企業に入社して、報道の現場でジャーナリストとしての能力を磨き、その結果、周囲からジャーナリストと認めてもらうというコースです。大手の新聞社などには、社内で活躍するジャーナリストも多く、実績があれば独立して、フリージャーナリストになることもできます。ただし、新聞社や通信社、テレビ局、出版社などメディア関連企業への就職は人気が高く、記者採用などは募集人数も少なく、狭き門となっています。

ジャーナリストのズバリ！　将来性は？

現代社会は、少子化や高齢化の問題、エネルギー問題、テロや紛争の問題など、さまざまな課題を抱え、ジャーナリズムの役割はますます重要になるといわれています。さらにインターネットの普及による情報の氾濫などによって、"真実"が見極めづらくなっていると指摘され、公平な視点と鋭い切り口で報道するジャーナリストは、今後ますます活躍の場が広がっていくと予想されています。特に、一つの専門分野に特化したジャーナリスト（スペシャリスト）だけでなく、幅広い視点を持ったタイプのジャーナリスト（ゼネラリスト）が求められているといえます。もちろん、ネット時代を見据えた取り組みも重要になっています。

ジャーナリストの平均給料・給与

55万円

初任給：24万円／生涯賃金：3億7840万円

ジャーナリストの生涯賃金は、想定活動期間43年間と平均給料を掛け合わせた数字となっております。

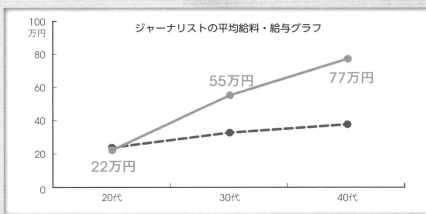

ジャーナリストの平均給料・給与グラフ

100万円
80
60　55万円　77万円
40
22万円
20
0
20代　30代　40代

※給料の算出には求人や口コミ、厚生労働省の労働白書を参考にしております

「自由の翼を手に入れたければ、責務を負い覚悟することだ」

パイロット

パイロット

浮遊兵器「飛行機」を乗りこなす操縦系ジョブ。不測の事態に備える冷静な判断力と行動力が必要とされる。クラスチェンジは「自家用操縦士」「旅客機パイロット」「航空自衛隊」など。

パイロットの仕事内容

飛行機を操縦して乗客や貨物を、予定通りの時刻に、安全に目的地まで送り届けるのがパイロットの仕事です。航空会社の路線には国際線と国内線がありますが、おおよその仕事の手順は共通しています。大型の旅客機には機長と副操縦士の2名が乗り込み、機長は操縦を担当、副操縦士は管制官との通信や機長の補佐を行います。管制官と連絡を取りながら、安全に航行できるよう航路を定めますが、大きな気流の乱れや落雷の危険性などで、管制官と連絡を取って進路変更をする場合もあります。

パイロットになるための3つのルート

航空会社のパイロットになるための方法は大きく3つあります。一つ目は、航空会社が募集する未経験者対象の自社養成パイロットに応募する方法。入社後に訓練を受けて国家資格を取得するので、出身学科は問われませんが狭き門です。2つ目は航空大学校に進学して、資格取得後に応募する方法。3つ目は大学・専門学校の操縦科やパイロット養成コースで訓練を積み、事業用操縦士などの国家資格を取得して、航空会社の有資格者採用に応募する方法です。そのほか、自衛隊に入隊し、パイロットとしての資格を取得する、海外でパイロットとしての資格を取得するといった手段もあります。パイロットに必要な代表的な資格として、「事業用操縦士」「自家用操縦士」「定期運送用操縦士」の3つがあり、それぞれ操縦できる範囲などが定められています。エアラインパイロットになるには、「定期運送用操縦士」の資格が必要です。また、国際線を運航するためには、「航空英語能力証明」を取得する必要があります。

パイロットのズバリ！ 将来性は？

近年、LCC（格安航空会社）が台頭してきたことや、国の政策として、国際空港を整備・拡張をして国際線の発着数を増やしていることもあり、パイロットのニーズは今後も一定あると見られています。機長になれるのは40歳前後と、養成に時間がかかる専門性の高い仕事なので、体調管理と努力を怠らなければ将来的な安定性を見込めるでしょう。

パイロットの平均給料・給与

124万円

初任給：20万円〜／生涯賃金：5億9520万円

パイロットの生涯賃金は、30歳で副操縦士になったと想定し、60歳までの30年間と平均給料・ボーナスを掛け合わせた数字となっております。

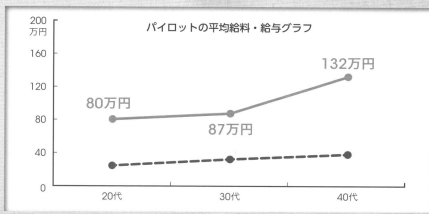

パイロットの平均給料・給与グラフ

80万円
87万円
132万円

200万円 / 160 / 120 / 80 / 40 / 0

20代　30代　40代

※給料の算出には求人や口コミ、厚生労働省の労働白書を参考にしております

第8章 その他の職業

「ヒューマンエラーを限りなくゼロにするのが指さし確認だ！」

電車運転士

電車運転士
電車の運転に特化した操作系ジョブ。日本の血脈「鉄道」の花形職業ともいえる。自身の士気と注意力を引き上げてお客様の安全を守るスキル「指さし確認と号令」を操る。

電車運転士の仕事内容

スケジュール通りに電車を発着させるのが電車運転士のおもな仕事ですが、安全な運転を行うための準備も大切です。運転前に車両を車庫から出す時は、モーターやブレーキ、連結器などに異常がないかどうかを確認します。ほかの運転士から業務を引き継ぐ場合は、行き先や電車の種別を確認するほか、当日に何らかの異常やダイヤの遅れなどがなかったかどうかをチェックします。また、運転中に不測の事態が起こった際は、車掌などと協力して乗客の安全を確保するほか、事故の処理なども行います。

高校や専門学校の卒業者にチャンス

電車運転士になるには、まず鉄道会社の社員になることが必要です。入社後、運転士の希望者は、車掌や駅務員の仕事に就くのが一般的です。これらの業務を経験する中で、電車運転士としての適性があると判断された人は、国土交通省が指定する「動力車操縦者養成所」に入所して、学科講習と技能講習を受けます。約8〜9か月という長期にわたる訓練を終えると、国土交通省が実施する「動力車操縦者試験」を受験し、合格すると電車運転士となります。乗客の人命を預かるこの仕事に就くには、こうした厳しいハードルをいくつもクリアすることが求められています。現在の電車運転士のほとんどは高校もしくは専門学校の卒業者です。適性の判断から訓練修了まで長期におよぶため、大学卒業者よりも若い高校卒業者、もしくは鉄道に関する知識や技術を学んだ専門学校の卒業者のほうがチャンスを得ているようです。

電車運転士のズバリ！ 将来性は？

首都圏を含む都市部では、通勤や通学の足として電車や地下鉄がよく使われています。新たな路線も増加していることから、都市部を中心に営業展開する鉄道会社では、電車運転士を積極的に採用しています。都市部と大きく状況が異なるのが地方の鉄道路線です。赤字に転落した路線では、電車運転士が社内の異なる部署に異動するようなケースもあるようです。地方の鉄道会社に勤務する運転士は、会社の利益につながるような提案を行うことも必要になるでしょう。近年の傾向として目立つのは女性の電車運転士の増加です。東海道新幹線を運転する女性も登場しており、今後も増加傾向が続くでしょう。

電車運転士の平均給料・給与

33万円

初任給：16万円〜／生涯賃金：2億2740万円

電車運転士の生涯賃金は、新卒が終身雇用で65歳まで雇用されたと想定して、22歳から65歳までの43年間と平均給料・ボーナスを掛け合わせた数字となっております。

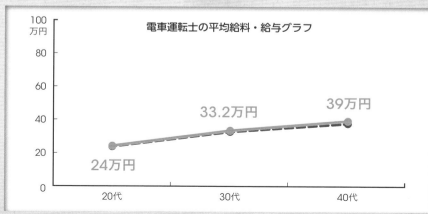

電車運転士の平均給料・給与グラフ

- 24万円（20代）
- 33.2万円（30代）
- 39万円（40代）

※給料の算出には求人や口コミ、厚生労働省の労働白書を参考にしております

駅長

「電車でGO！　みなさん、今日も一日安全運行でお願いします！」

特別寄稿：土居孝幸

駅長
世界をつなぐ結節点"駅"を治める者。構内で発生するすべての事象を管理し、ダイヤを乱す者は容赦なく叩きだす。

駅長の仕事内容

駅のすべてを司る最高責任者です。電車の運行管理状況を把握しておくのはもちろんのこと、人事における決定権を有しているので後進の育成やマネジメントも重要な仕事です。都内の大きな駅ともなると、VIPや皇室関係者の乗車先導など特殊な業務も発生します。通常の駅員と違い、現場レベルでの実務こそ行いませんが、構内で発生した案件すべての責任が覆いかぶさってくる重大な立場です。また本社の役員とやり取りしたり、重役の集まる会議に出席することも多く、調整役としての能力が求められます。

駅長になるには？

まずはJRや私鉄など何らかの鉄道会社に入社し、駅員になる必要があります。その後は普通の会社員と同じように転属や昇進を繰り返し、経験を積むことで駅長への道が開かれます。細かい部分は鉄道会社によって違いがありますが、基本的には主任試験を受けて合格、実務を何年かへた後に助役試験を受けて助役に、次の昇格試験で駅長試験を受けて適正と認められればなれます。とはいえ、近年は駅員から駅長になる人は珍しくなっているそうで、同じ路線の大きな駅の駅長と通じている、何らかのコネクションがあって推薦を受けるなどして駅長になるパターンが多いそうです。

一日駅長や名誉駅長ってどういうこと？

駅長の権限を一時的に取り去り、第三者に名前を貸したものを「1日駅長」や「名誉駅長」と呼びます。駅長は駅で一番偉く、責任を負った存在ですが、現場レベルでの実務は特にないのでそのポストをこういった話題作りのために使うことができるというわけです。一日駅長はよく芸能人などが務めますが、目的は駅で販売するパックツアーの販売促進や、イベントの集客目的であることが多いです。駅の利用者を増やし、周辺商業施設の利用を増やすなどの副次的な意図もあるようです。他企業の宣伝目的の場合は、企業が駅に広告料などを収めることで実現します。「名誉駅長」は芸能人のほか、退職した鉄道会社の社員、また動物や架空のキャラクターなどが務めることもあります。一日限定で任命される一日駅長に対し、名誉駅長は中長期的に任じられるのが特徴です。

駅長の平均給料・給与

40万円

初任給：40万円／生涯賃金：2億7520万円

駅長の生涯賃金は、想定雇用期間43年間と平均給料・ボーナスを掛け合わせた数字となっております。

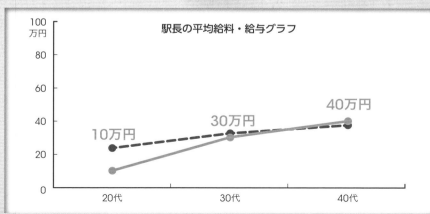

駅長の平均給料・給与グラフ

10万円　30万円　40万円

※20代、30代は駅職員として算出しております

「さあ我のもとに再び集え！ いでよ！ STAP 細胞!!」

研究者

研究者の仕事は、大学や研究機関、企業での研究です。大学で働く、いわゆるポストドクターの場合は、教授のもとにつきます。通常は、教授の研究テーマがそのまま自分の研究テーマになります。研究以外に、事務仕事や院生指導、論文作成などの雑務も行います。企業の研究者は、おもに商品開発につながる研究です。研究者は地道でいつ成果が出るかわからない仕事です。同じテーマを扱う研究者に、先に発見や発明をされた場合、それまでの研究が無駄になることもあり得ます。大学などでは、報酬も少なく、立場の弱い研究者も多くいます。それでも未来を作るため日々研究を続けています。

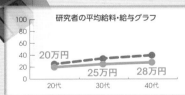

研究者の平均給料・給与

22万円

初任給：18万円／生涯賃金：1億4432万円

研究者の生涯賃金は、大学院卒が終身雇用で65歳まで雇用されたと想定して、24歳から65歳までの41年間と平均給料・ボーナスを掛け合わせた数字となっております。

研究者の平均給料・給与グラフ

20万円 ／ 25万円 ／ 28万円

（20代・30代・40代）

※給料の算出には求人や口コミ、厚生労働省の労働白書を参考にしております

研究者

「博士号」を取得し、大学や企業で真理を探求し続けるジョブ。装備「ピペット」は、少量の液体を吸い取ったり、移動したり、計量したりと研究には欠かせない道具である。将来、教授にクラスチェンジ可能。

目指す研究分野の大学・大学院を卒業する必要があります。例えば、食品メーカーならバイオ系や化学系、自動車メーカーなら理工学系の出身者が研究職となります。一般職で入社し、研究職に移る人もいますが、その分野の勉強および研究歴が皆無の人はまずいません。国や自治体の研究所で働く研究者は公務員です。公務員試験か研究所が独自に行う試験に受かる必要があります。安定した職場ですが、募集枠が少なく狭き門です。

「バスに乗ってただ景色を見るということを最近していますか？」

バス運転手

バスに乗客を乗せて目的地まで安全に運行するのが仕事です。大きく分けて、路線バス運転手と観光バス運転手があります。路線バスは地域住民の足となって定刻に決まったルートを走る「乗合バス」です。公益性が高く、自治体をはじめ、私鉄系やタクシー系など地域に根差した企業が経営している場合がほとんどです。観光バスは旅行などで利用される「貸切バス」です。バスガイドや添乗員が一緒に乗車することもあります。そのほかにも学校や病院、スイミングスクールや自動車教習所、介護施設、温泉旅館などの送迎バスもあります。いずれにしても、安全運転への意識と技術は必須です。

バス運転手の平均給料・給与

32万円

初任給：15万円／生涯賃金：2億2016万円

バス運転手の生涯賃金は、新卒が終身雇用で65歳まで雇用されたと想定して、22歳から65歳までの43年間と平均給料・ボーナスを掛け合わせた数字となっております。

バス運転手の平均給料・給与グラフ

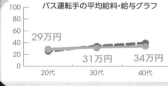

29万円 （20代）
31万円 （30代）
34万円 （40代）

※給料の算出には求人や口コミ、厚生労働省の労働白書を参考にしております

バス運転手

運転士五傑の一人。専用クラスは「バス」。深夜バス、市営バスなどさまざまな職種がある。スキル「経路暗記」はマストスキル。また「定時運行」や「安全優先」など強力な運転術を持っている。

バスの運転手になるには、大型第二種自動車運転免許が必要です。取得費用が高額なため、採用条件は普通自動車免許所持として、入社後に会社負担で免許取得を行う会社もあります。バス業界は中途採用が非常に多い業界ですが、新卒採用で若手を育てる企業も増えています。乗客の命を預かるため、面接も厳しく行われます。安全運転には技術に加えて体力も必要ですし、体調管理も重要と大変ですが、人々に感謝されるやりがいのある仕事です。

「空への自由と引き換えに、大地での不自由を感じている」

ドローン操縦士

ドローンと呼ばれる無人航空機を操作するのが仕事です。手のひらに乗る小型のものから軍事用の大型のもの、バッテリー搭載型やガソリンエンジン型まで、多くの種類が存在します。ドローン操縦士は、フライト撮影（空撮）を行うのが一般的です。カメラを搭載したドローンを操作し、有人飛行機では難しい地形や自然の撮影を行います。具体的には、災害が起きた時に上空から被害確認をしたり、建設会社が構造物の点検や測量などに用いたりします。そのほか、農薬の散布や貨物運搬など、さまざまな分野がドローンの採用を始めており、今後の伸びが期待できます。

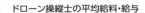

ドローン操縦士の平均給料・給与

28万円

初任給：20万円〜／生涯賃金：1億9264万円

ドローン操縦士の生涯賃金は、新卒が終身雇用で65歳まで雇用されたと想定して、22歳から65歳までの43年間と平均給料・ボーナスを掛け合わせた数字となっております。

ドローン操縦士の平均給料・給与グラフ

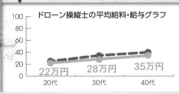

	22万円	28万円	35万円
	20代	30代	40代

※給料の算出には求人や口コミ、厚生労働省の労働白書を参考にしております

ドローン操縦士

小型遠隔操作機器「ドローン」を駆使する後方支援型ジョブ。スキル「空撮」はドローン操作とカメラワークを併せた高難度技だ。近距離の空を制することから、「近空の王者」と称される。

ドローン操縦士になるために資格は必要ありませんが、民間企業が実施している検定がいくつかあります。なお、プロになるには50時間以上の経験が必要といわれています。活躍中のドローン操縦士には、ドローン製造会社から独立した人や、建築関係に勤める人などがいます。ドローンがさまざまな業種に広まるとともに法整備も進んできました。今後、ドローンの必要性が増し、操縦士が増えるにつれて、公的資格も検討されていくことでしょう。

「私に話しかけているのか?」
タクシードライバー

駅のタクシー乗り場で待機したり、利用者がいそうな通りを巡回してお客様を探します。お客様を乗せたら目的地を聞き、そこまで乗せていきます。道を間違えないよう、ルート確認をしておくことも大切です。遠回りしてしまうと、その分を余計に支払わせることになり、悪質だと判断された場合はクレームを受けてしまうでしょう。タクシー運転手のメリットは自分のために時間を使えるところです。お客様を乗せていない時間は自分のために使えます。資格勉強をしている人もいるようです。デメリットは、拘束時間が長いことです。平均では、1日約20時間乗車しているともいわれています。

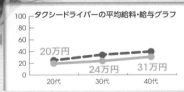

タクシードライバーの平均給料・給与

25万円

初任給:20万円／生涯賃金:1億7200万円

タクシードライバーの生涯賃金は、新卒が終身雇用で65歳まで雇用されたと想定して、22歳から65歳までの43年間と平均給料・ボーナスを掛け合わせた数字となっております。

タクシードライバーの平均給料・給与グラフ

	20代	30代	40代
(実線)	20万円	24万円	31万円

※給料の算出には求人や口コミ、厚生労働省の労働白書を参考にしております

タクシードライバー

運転接客系ジョブの一つ。スキル「裏道」を発動させると、お客様を目的地まで最短時間で運び届けられる。特殊技「秘密の店」を使うと地元の人しか知らない美味しいお店へ案内することもできるという。

タクシー運転手には「普通自動車第二種免許」が必要です。この免許を取るには年齢21歳以上で、普通自動車第一種免許を取得し、運転経験が通年3年以上経過している必要があります。そのため、高校卒業後、すぐにタクシー運転手にはなれません。資格があれば、就職活動ができます。タクシー会社の求人は、自治体の求人案内所やインターネットの求人サイトなどに多く掲載されています。もちろん、タクシー会社のホームページを探すのもよいでしょう。求人数は多いです。

「音速を超えて切符とおつりをお渡しするぜ」

高速道路料金所スタッフ

全国の主要高速道路の料金所に勤務しているスタッフです。仮眠5時間、休憩4時間程度で、日夜勤16時間ほどが平均的勤務時間です。65歳を定年としているところが多く、50代の再雇用先として活用されているそうです。年次有給休暇、健康促進休暇、健康診断、年末年始勤務手当、慶弔金制度など、福利厚生は全国で統一されています。勤務時間が長い割に、労働自体は深夜枠などは特に緩く、睡眠時間が不規則になること以外は、かなり楽な職業ともいわれています。スタッフは正式に高速道路会社の制服を支給され勤務するので、アルバイトではなく契約社員で時給制という雇用形態が多いです。

高速道路料金所スタッフの平均給料・給与

23.6万円

初任給：19万円〜／生涯賃金：1億6236万円

高速道路料金所スタッフの生涯賃金は、新卒が終身雇用で65歳まで雇用されたと想定して、22歳から65歳までの43年間と平均給料・ボーナスを掛け合わせた数字となっております。

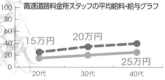

高速道路料金所スタッフの平均給料・給与グラフ

15万円　20万円　25万円

20代　　30代　　40代

※地域により差があります　※給料の算出には求人や口コミ、厚生労働省の労働白書を参考にしております

高速道路料金所スタッフ

「近距離スピード型ジョブ。料金の受け渡しの速さと正確さ丁寧さで、高速道路の快適さが決まる。最近はETCにより自動化されている。

高速道路料金所スタッフになるには、全国のハローワークや主要高速道路会社の採用募集ページなどで求人を探すとよいでしょう。年齢は40代以上、50代前後がもっとも多い職業です。賞与支給の実績がある会社が多く、一部はマイカー通勤が可能となっています。契約社員は6か月契約で、正社員採用も一応可能性があります。給与は時給制、月給制の2パターンがあります。入社したら座学研修、現地実務研修制度なども行われ、社会保険も完備されているので、契約社員でも比較的安定した仕事であるといえるでしょう。

「正確に効率よくが俺のモットー。どんな部品も見逃さない！」

自動車組立工

自動車組立工の仕事はラインで流れて来る自動車の部品や、材料を組み合わせて自動車を完成させることです。車のエンジンやトランスミッション、車軸などの部品ユニットの組み付けを行い、最後に車体やフレームなどを組み立てて、出荷します。体力は必要ですが、近年では自動車組立の多くの工程に、ロボットが導入されているので、昔のように立ったままで、長時間重い部品を組み立てるような仕事は少なくなっています。その代わり、精密作業を行うロボットの調整や操作などが必要になってきています。また、最終検査を行い、問題があれば調整をするのも大切な仕事です。

自動車組立工の平均給料・給与

34.8万円

初任給：18万円〜／生涯賃金：2億3942万円

自動車組立工の生涯賃金は、新卒が終身雇用で65歳まで雇用されたと想定して、22歳から65歳までの43年間と平均給料・ボーナスを掛け合わせた数字となっております。

自動車組立工の平均給料・給与グラフ

29.9万円　35.2万円　39.5万円

20代　　30代　　40代

※給料の算出には求人や口コミ、厚生労働省の労働白書を参考にしております

自動車組立工

自動車製造のフィニッシュを担当する職人系ジョブ。「正確性」「持続力」の能力に長ける。経験値を積むと、作業を管理する班長やリーダーに昇格することも。

自動車組立工になるために、特別な資格は必要ありません。高校卒業程度の学歴と一般常識があれば、誰でもできる仕事といえます。ただ、ある程度の機敏性や手先の器用さなどは求められます。また、自動車の構造や仕組みなどは、理解しているほうがよいので、技能検定制度の金属プレス加工技能士や自動車整備士などの資格取得は役に立つでしょう。地元のハローワークや、各自動車メーカーのホームページで求人を探すことができます。

「飛行機の安全を願うなら、空を見ずに私を見なさい」

ディスパッチャー

特別寄稿：新谷かおる

ディスパッチャー

フライトの安全を支える、管理系ジョブ。綿密な飛行計画を立てるスーパースキルと、あらゆる情報を収集する探知魔法で、飛行後の天候変化や機材の不具合にも迅速に対応する。

ディスパッチャーの仕事内容

航空機の運航管理を行う仕事です。行き先の空港、代替の空港、航空路の気象情報や機体の状態など、さまざまな情報をまとめて管理し、安全かつ効率的な運航ができるようにフライトプランを作成し、出発前に機長と打ち合わせを行います。また、各フライトの乗客や貨物の状況を考慮して、貨物の搭載量・搭載位置を決めるロードコントロールは、もっとも重要な仕事です。出発後に、飛行ルートの気象状況や機体の揺れの予測などの情報を、無線を通じて機内の職員に伝える仕事もあります。

ディスパッチャーになるには

ディスパッチャー（運航管理者）になるためには、運航管理者技能検定という国家資格が必要になります。しかし、この資格を取得するには、「2年以上の実務経験」が必要です。ですから、まずは航空会社に就職しなければなりません。さらに、適性を認められ「運航管理部門」に配属される必要があります。運良く配属が決まれば、運航支援者として、ディスパッチャーのサポートに回り、実務経験を2年積んだ後、試験合格を目指しましょう。試験は学科と実地に分かれており、広範囲の科目から出題されるため、難関といえます。また、航空機との交信には「航空無線通信士」の資格も必要です。

ディスパッチャーに向いている性格

航空機が空を飛ぶのは当たり前のことのようですが、その裏ではディスパッチャーの綿密なプランが安全な運行を可能にしているのです。表舞台に立つ仕事ではないため、人々に感謝されることはありませんが、空の安全を支えているという充実感はあるでしょう。その仕事の重みは、ある意味、パイロットやCA以上だともいえます。そのため、ディスパッチャーは「地上のキャプテン」「地上のパイロット」などと呼ばれることもあります。自分の仕事が、そのまま安全運行に直結するという感覚は、プレッシャーであるとともに、大きなやりがいにもなります。ディスパッチャーには、責任感が強い人が向いています。また、緻密な計画を組み立てるのが好きな人もよいでしょう。さらに注意力が要求される職業なので、観察力・洞察力に優れた人に適性があります。

ディスパッチャーの平均給料・給与

27万円

初任給：18万円〜／生涯賃金：1億7712万円

ディスパッチャーの生涯賃金は、想定雇用期間41年間と平均給料・ボーナスを掛け合わせた数字となっております。

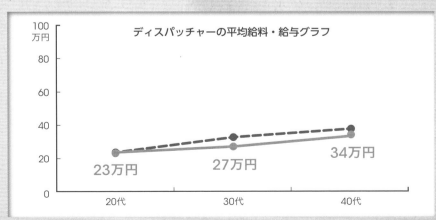

ディスパッチャーの平均給料・給与グラフ

23万円　27万円　34万円

※給料の算出には求人や口コミ、厚生労働省の労働白書を参考にしております

「海の生き物がわたしの友達」
水族館飼育員

水族館で飼育されている生物の世話をするのが水族館飼育員の仕事です。魚類のほか、イルカやクジラ、シャチ、アザラシ、ペンギンなど、水生生物の飼育・展示を中心に行っています。担当する生物の餌やり（給餌）や体調の管理、水槽の掃除のほか、展示物を作成したり、必要な備品を手作りしたり、来館者の案内、ショーの訓練などを行うこともあります。特に給餌はとても重要な仕事の一つで、餌をあげながら生き物を近くで観察し、体調の変化に気を配ったりコミュニケーションをとったりします。詳細な観察や飼育記録をつけていく中で、まれに生物学に関する画期的な発見をすることも。

水族館飼育員の平均給料・給与

20万円

初任給：14万円／生涯賃金：1億3760万円

水族館飼育員の生涯賃金は、新卒が終身雇用で65歳まで雇用されたと想定して、22歳から65歳までの43年間と平均給料・ボーナスを掛け合わせた数字となっております。

水族館飼育員の平均給料・給与グラフ

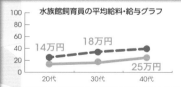

14万円　18万円
25万円

100
80
60
40
20
0
20代　30代　40代

※給料の算出には求人や口コミ、厚生労働省の労働白書を参考にしております

水族館飼育員

海の生き物たちと心を通わす特殊ジョブ。水族館の中では彼らに逆ってはいけない。サメやシャチの餌にされたくないのなら。

必須の国家資格などはありませんが求人の数が少なく、未経験でスキルのない人間はまず採用されません。現在水族館で働いているのは、大学や専門学校で海洋や水棲動物について学んだ人、獣医師免許を持っている人などがほとんどです。よってそういったカリキュラムを学べる大学・専門学校に進学するのが水族館飼育員になるもっとも確実な方法といえます。水族館には民間と公営の2種類があります。前者は採用試験だけで済みますが、後者は地方公務員試験の合格が必要となります。

獣医師

犬や猫などのペットから、牛・豚・鶏などの家畜、象やライオン、サル、鳥など動物園で飼育されている動物、イルカやアザラシ、魚など水族館にいる生き物まであらゆる動物の診療を行います。「動物のお医者さん」として動物が健康でいられるようにケアする仕事というイメージが強いですが、それだけでなく、畜産農家への衛生管理指導、伝染病の予防、食肉など食品の衛生管理・検査、医薬品の研究・開発なども獣医師の重要な仕事です。動物だけでなく、人の健康・命を守る役割も担っています。

獣医師の就職先

獣医師になるには、獣医師国家試験に合格しなければなりません。獣医師国家試験を受験するためには、6年制の獣医系の大学に進学することが必須です。獣医師の就職先としてイメージが強いのが犬や猫を対象とする動物病院ですが、そのほかにも就職先は多様です。水族館や動物園、公営競馬などで働く獣医師もいるほか、検疫所や動物検疫所で伝染病などの流出・流入を防ぐ役目を担う厚生労働省や農林水産省所属の国家公務員、自治体の家畜保健衛生所、食肉衛生検査所、動物愛護センターなどで働く地方公務員、研究施設の研究員として働くケースもあります。就職先によっては、検査業務がメインで診察や治療は行わないことも多いです。

獣医師のズバリ！　将来性は？

ペットの飼育頭数はピークを迎え、今後は減少傾向にあると考えられているものの、獣医師不足に悩む動物病院も多く、ニーズは多いといえます。近年は動物病院のバリエーションも増えています。例えば、ハリネズミなどペットとしては珍しい動物の診療ができる病院、夜間に対応する救急病院など、患者のニーズに合わせて病院の種類も多様化し、働き方の選択肢も増えるでしょう。また、近年はペットを家族同然に大切に扱う飼い主が増えており、今後はいっそう、専門性の高い治療が求められるでしょう。

獣医師の平均給料・給与

46万円

初任給：24万円〜／生涯賃金：2億9440万円

獣医師の生涯賃金は、終身雇用で65歳まで雇用されたと想定して、25歳から65歳までの40年間と平均給料・ボーナスを掛け合わせた数字となっております。

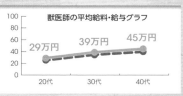

獣医師の平均給料・給与グラフ

	20代	30代	40代
	29万円	39万円	45万円

※給料の算出には求人や口コミ、厚生労働省の労働白書を参考にしております

第8章　その他の職業

「愛情を注げば注ぐほど動物は進化する」

酪農家

酪農家

テイマー系ジョブの一つ。雌牛専用職業。牛さんと心を通わせるため、頭に「ウシノクラウン」を装備している。スキル「搾乳」で牛さんからおいしい牛乳を搾り取る。

酪農家の仕事内容

酪農家の仕事内容は、簡単にいえば家畜を育てて生乳や乳製品を生産することです。育てられる家畜は地域や働いている牧場などによって違います。牛舎の掃除、牛の健康管理、えさやりなどの作業を毎日行います。乳搾りは、搾乳機を使って、朝晩2回行います。また、最近では牧場や酪農家の仕事場が観光にも用いられるようになってきました。そのため、観光施設化しているところだと、酪農家が牛の乳搾り体験の企画・実施など、その観光プログラムのお手伝いをすることがあります。

酪農家になるには？

酪農家になるには、学歴も資格も特に必要ありません。学歴は必要ないのですが、農業大学や畜産学部、農業高校などで酪農を勉強した人が多いというのが現状です。まったく勉強していない、勉強したという証明がない場合だと酪農家になるのは少し難しいかもしれません。酪農について専門的に学べる大学というのは北海道に多いです。酪農大学は、酪農学、畜産学、農学、農業経済学など多岐にわたるコースがあり、酪農について総合的に勉強できる場所です。また、農業大学ではなくても高校に似たような学部や学科がある場合、そちらを出ておくのもよさそうです。

酪農家ってお休みはあるの？

酪農家には基本的に休みはありません……といいたいところですが、休みはあります。週に1日など、サラリーマンに比べると少ない場合がほとんどですが、ないということはありません。ほとんどの酪農家が従業員を雇っています。従業員として働く場合でも、オーナーとして開業する場合でも、1週間に1日は休むものです。人間と同じで牛も生き物。毎日の世話が必要ですが、人間もまた生き物です。働き続けることなどできません。交代で休みを取るため、土日のいずれかに休みが取れるとは限らないのが辛いところではあるでしょう。また、冬には暇になることも多いらしく、最低限の世話さえ終われば業務終了ということもあります。観光地化しているところになると、そうはいきません。たいていは過酷な環境です。

酪農家の平均給料・給与

25万円

初任給：10万円〜／生涯賃金：1億2900万円

酪農家の生涯賃金は、65歳まで雇用されたと想定して、22歳から65歳までの43年間と平均給料を掛け合わせた数字となっております。

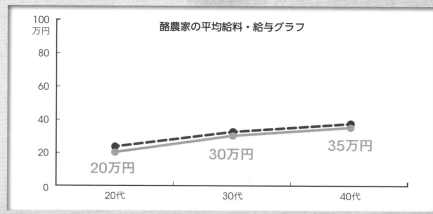

酪農家の平均給料・給与グラフ

20万円　30万円　35万円

※給料の算出には求人や口コミ、厚生労働省の労働白書を参考にしております

「日本が誇る豚肉は、三元豚・平牧金華豚・白金豚・寿豚・高座豚である」

養豚家

地方の農家や、専門の敷地を所有し、食用の豚を飼育。約2年かけて4〜6回子豚を産ませ、6か月経過後の食用豚を出荷する畜産農家が養豚家です。近年、後継者不足で飼育頭数も減少傾向にあります。その一方で豚肉の需要は拡大しており、そのギャップを輸入肉が埋めているのが現状です。鹿児島県や静岡県など、温暖な気候の地方に、養豚場作業員の募集があります。養豚場は都心部から離れた郊外にあることが多く、現地に住居を構える必要があります。社会保険や昇給・賞与が設定されているところもあり、最近は20代で養豚家を目指す人も増えつつあります。

養豚家の平均給料・給与

70万円

初任給：35万円〜／生涯賃金：3億6120万円

養豚家の生涯賃金は、65歳まで雇用されたと想定して、22歳から65歳までの43年間と平均給料を掛け合わせた数字となっております。

養豚家の平均給料・給与グラフ

	20代	30代	40代
	40万円	80万円	110万円

※給料の算出には求人や口コミ、厚生労働省の労働白書を参考にしております

養豚家

「豚使い」。おもに食用豚を育てるジョブ。上級職になると「スモークマスター」と呼ばれ、ベーコンを作ることが可能になる。スキル「サクラの木チップとイベリコ」は最高峰のスモーク技。

養豚家は高収入が見込めますが、その分独立しようとすればかなりの初期投資が必要です。主豚舎と呼ばれる母豚を住まわせる施設や分娩用の施設、離乳に関する施設などの建築で、数千万円以上は必要です。さらに飼育や肥育に年間数千万円と、初期投資額は1億円近くになります。そのほかに、口蹄疫のリスクに備える経費や、土地代、施設の管理費や光熱費などのランニングコストも膨大な額になります。まずは最初の資金をどうやって作るかが最大の壁となるでしょう。

「エビス様は漁業神。ポセイドンは航海神として崇められている」

マグロ漁師

マグロ漁師の仕事は、マグロ漁船に乗ってマグロを捕まえることです。マグロ漁の多くは遠洋漁業となり、マグロ漁船で世界中の海を旅します。1年以上の漁となることもあります。一般的な遠洋マグロ漁船の乗組員は、漁労長（船頭）を筆頭に、甲板員、通信員、機関員など総勢20～25人ほど。最近では外国人船員も増えています。綱引きで獲る延縄漁と、釣り竿で1匹ずつ釣る一本釣り漁が有名です。延縄漁では、縄を海に投げ入れる作業と回収作業を1日に15時間以上行うため、かなりの重労働。体をとことん酷使し、人生を海にささげる覚悟が必要な職業です。

マグロ漁師の平均給料・給与

43万円

初任給：30万円～／生涯賃金：2億2188万円

マグロ漁師の生涯賃金は、22歳から65歳までの43年間雇われたと想定して、それと平均給料を掛け合わせた数字となっております。

マグロ漁師の平均給料・給与グラフ

※給料の算出には求人や口コミ、厚生労働省の労働白書を参考にしております

マグロ漁師

マグロハンター。スキル「一本釣り」で、巨大なマグロを釣る。ブルーオーシャン大間に生息するマグロには数千万円の値がつくことも。一攫千金ジョブの一つともいわれている。

マグロ漁師は過酷ですが、学歴や資格はとくに必要なく、"大金を稼げる"肉体労働として有名です。海にいる間は、漁の本番でない間も船員としての仕事がずっと続く、長時間労働なので、健康的で力仕事のできる人材が求められています。求人は、全国漁業就業者確保育成センターが主催している就業支援フェアに参加し、探す方法があります。また、インターネットにはマグロ漁師の求人だけを集めたサイトというものがあります。マグロ漁業者協会のサイトで、信頼できる情報が得られます。

第8章　その他の職業

マタギ

「ジビエで一番美味なのは鹿肉である」

古くから受け継がれている方法で狩猟を行う人のことをマタギ（猟師）と呼びます。個人で行う人もいますが、一般的に集団で狩猟を行うそうです。ちなみにマタギと呼ばれるのはおもに東北地方に住む猟師をいい、特に秋田などの村が有名です。独特の宗教観やルールなどがあり、現在のハンターとは異なる存在だといっていいでしょう。使用する武器は時代とともに変わり、現在のマタギは高性能ライフルを用いて狩猟を行っています。昔は、熊の皮は7万円以上、胆になると金と同じくらいの価格で取引されたそうですが、現在は値がつかないそうです。そのため給与は予測で算出しています。

マタギの平均給料・給与

10万円

初任給：5万円〜／生涯賃金：5160万円

マタギの生涯賃金は、22歳から65歳までの43年間活動したと想定して、それと平均給料を掛け合わせた数字となっております。

マタギの平均給料・給与グラフ

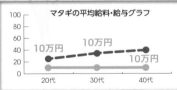

10万円　10万円　10万円

20代　30代　40代

※給料の算出には求人や口コミ、厚生労働省の労働白書を参考にしております

マタギ

害獣駆除専用ジョブ。その中でも熊など大型獣に特化したクラスが「マタギ」と呼ばれる。仕事内容にかなり不明な点も多い。

猟師は、銃砲所持許可証と狩猟免許の資格を取得する必要がありますが、それはマタギも一緒です。資格取得後に猟友会に入ると猟師にはなれます。しかし、マタギになりたいとなると話は別です。マタギになるには、ベテランのマタギに弟子入りしないといけません。狩猟期間が規制によって短いことや、覚えることがたくさんあるなどの理由から、事実上職業とするのは難しいという噂もあります。

「造化の三神を結びしモノ。それこそがおむすびである！」

コメ農家

コメの栽培、販売を行う仕事です。機械化に加えて、農薬や化学肥料が普及し、ほかの作物と比べて労働時間も短くなりました。その一方で1年に1回しか収穫ができないなど、天候を含めた自然条件の影響が大きく、また、資材に経費がかさむため、専業農家は少なくなっています。近年はコメの流通も変化しており、米穀店以外にスーパーやコンビニ、そして、農家と消費者組合などが直接契約を結んで販売する産直販売が増加しています。インターネットで宣伝して消費者に販売するビジネススタイルも増えてきました。消費者のニーズに応えたコメ作りと販売を行うコメ農家も出てきています。

コメ農家の平均給料・給与

41万円

初任給：12万円／生涯賃金：2億8208万円

コメ農家の生涯賃金は、想定雇用期間43年間と平均給料を掛け合わせた数字となっております。

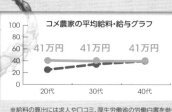

コメ農家の平均給料・給与グラフ

	41万円	41万円	41万円
20代	30代	40代	

※給料の算出には求人や口コミ、厚生労働省の労働白書を参考にしております

コメ農家

農業の神である瓊々杵尊の末裔であり、回復系アイテム「お米」を精製するジョブ。お米は、神聖な食物「五穀」の一つとされ、古事記ではお米以外にも、粟、小豆、麦、大豆が存在する。

コメ農家の求人募集は、大規模農場を中心に、インターネットで見つけられます。将来的に独立して就農する気でしたら、就農フェアで自治体や農業生産法人の担当者に相談をするか、「全国新規就農相談センター」のサイトなどを見るのがよいでしょう。未経験者がコメ農家になるには、農地の取得や農機の購入、稲作の技術の習得などさまざまなハードルがあります。まずはアルバイトから始めて地域での人脈作りから始めるのもよいかもしれません。

「生きていく上でウデ 1 本と 1 つの桶があればほかに何もいらない」

海女

海女

別名「素潜りマスター」。スキル「独特の呼吸法」を若いうちに習得し、海中で獲物を狩る。マスタークラスは海中で2分以上活動可能。

アワビ、伊勢海老、ウニ、サザエ、ナマコ、ワカメ、天草などを素潜りで取る職業です。業態としては個人営業の漁業で、漁業権が必要です。素潜り 10 年目くらいから、一人前といわれますが、近年は専用スーツがあり、ある程度の経験を積めば漁ができます。ただし、20 代から水圧と低水温に慣れる必要はあります。また、一般的に"ふくよか"な女性のほうが、水温に耐えられるそうです。ベテランになると、冬場に 1 時間強は漁に出ます。漁以外に観光振興目的の海女も多くいます。

平均給料・給与
10万円
初任給：1万円
生涯賃金：5160万円

海女の生涯賃金は、想定活動期間43年間と平均給料を掛け合わせた数字となっております。

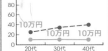

平均給料・給与グラフ

10万円　10万円　10万円

20代　30代　40代

※給料の算出は求人や口コミ、厚生労働省の労働白書を参考にしております。

「蜂とともに旅立ち、『秘蜜』の執着地を探そう」

養蜂家

養蜂家

ミツバチを育て、ハチミツ・ローヤルゼリーなどの回復・補助系アイテムを精製するジョブ。スキルは「移動養蜂」「定置養蜂」。

蜂を育てて蜂蜜を採るのが仕事です。春はもっとも蜂が増えるため、養蜂の最盛期となります。秋に再び蜂の数が増えて、第 2 シーズン到来となります。冬には寒さが厳しいと死ぬミツバチもいますが、死に絶えるわけではないので年間を通して仕事はあります。増えた蜂や、採った蜂蜜を売って収益を出します。最近では蜂蜜の加工まで自分で行う養蜂家は少なくなっていますが、自分で加工したほうが高く売れます。養蜂園に就職するか、養蜂家に弟子入りして養蜂家となります。

平均給料・給与
13万円
初任給：8万円〜
生涯賃金：6708万円

生涯賃金は、想定雇用期間43年間と平均給料を掛け合わせた数字となっております。

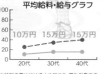

平均給料・給与グラフ

10万円　15万円　15万円

20代　30代　40代

※給料の算出は求人や口コミ、厚生労働省の労働白書を参考にしております

「鳶の子を鷹にする努力こそ親の使命である」

鷹匠

鷹匠

スカイビーストテイマー。「フクロウ」「タカ」「ワシ」「ハヤブサ」などを相棒とし、害獣駆除などを行う。

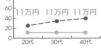鷹匠とは、鷹を飼いならして鳥や小動物の捕獲や害獣駆除をしている人のことを指します。古くからある職業ですが、現代では収入という観点から見れば、職業として成り立つものではありません。鷹匠に資格はありませんし、狩猟免許とはまた別物です。鷹匠にはそれぞれ流派というものがあります。鷹匠になるには、自分で鷹を購入して、流派が開いている研究会に参加し、入門します。実技などによる検定試験に合格すると、その流派が運営する民間資格を得て、鷹匠になります。

平均給料・給与	平均給料・給与グラフ
11万円 初任給：7万円〜 生涯賃金：8052万円 生涯賃金は、平均寿命の83歳まで目営業をしたとして、22歳から83歳までの61年間と平均給料を掛け合わせた数字となっております。	11万円　11万円　11万円 20代　30代　40代 ※給料の算出には求人や口コミ、厚生労働省の労働白書を参考にしております

「愛情を注ぎ、苦労をいとわぬ者が、真の獣使いとなる」

動物園飼育員

動物園飼育員

別名「ビーストマスター」。育成したビーストを召喚し見る者に驚きと癒やしを与える。ビーストを自在に操るためには知識と経験が必要。

公営・民営の動物園において、動物を飼育・管理するのが動物飼育員です。えさやりや獣舎の掃除をするのも日々の重要な仕事ですが、動物を観察・研究し、その動物を繁殖させて種の保存に努めることも業務に含まれます。動物の世話は1日も欠かせないので、休園日もシフト勤務で、早朝や深夜の勤務となる場合も。特に資格は必要ありませんが、展示動物に関する十分な知識が求められるため、畜産や動物に関わる学校や学科を出ていると採用の際有利になるようです。

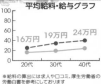

平均給料・給与	平均給料・給与グラフ
19.6万円 初任給：16万円 生涯賃金：1億3484万円 生涯賃金は、想定雇用期間43年間と平均給料・ボーナスを掛け合わせた数字となっております。	16万円　19万円　24万円 20代　30代　40代 ※給料の算出には求人や口コミ、厚生労働省の労働白書を参考にしております

第8章　その他の職業

「あなたの特別で大切な家族を、全力で助けます」

動物看護師

特別寄稿：Olivier Vatine

動物看護師

傷ついた動物たちを癒やす、獣属性のヒーラー。獣医師との連係プレーで、消えかかった動物の命の火を灯すことも。動物の健康状態や気持ちを読み取る能力に長けている。

動物看護師の仕事内容

獣医師による診察や治療を補助することが大きな役割となります。獣医師の指示を受けて診察時に動物を押さえていたり、器具の準備・片付けをしたり、検査や調剤をしたり、診療がスムーズに進むように考えて的確にサポートすることが求められます。加えて、飼い主から怪我や病気の原因をヒアリングして獣医師に報告するほか、飼い主へ治療内容を伝えるなど、獣医師と飼い主との橋わたしとなる役割もあります。診療行為は行えませんが、飼い主に健康維持や栄養面でのアドバイスを行うこともあります。

動物看護師になるには

動物看護師になるために必要となる資格はなく、動物病院などの「動物看護師」の求人募集に応募し、採用されれば働くことができます。中には、動物医療の知識のない未経験でもOKというケースもありますが、「認定動物看護師」の資格を持っていたり、動物看護学に関する学校を卒業していたりすると優遇されるケースが多くあります。獣医師の診療をサポートするにあたり高い専門性が必要となるため、この仕事に就きたいのであれば、動物看護学に関連する学校へ進学して動物看護師統一認定機構が主催する試験に合格し、「認定動物看護師」の資格を取得することがおすすめです。

動物看護師のズバリ！　将来性は？

ペットブームにより増えた飼育頭数は今後減少傾向になるといわれていますが、「ペットは家族の一員」という考え方が一般的になるなど、私たちの生活と動物の関わりは深まっており、人々の動物への関心も高まっています。そうした中で、動物医療も日々進化しており、いっそう高い専門性が求められるようになっています。また、ペットの高齢化も進み、定期健康診断やダイエット指導、リハビリなどニーズが多様化し、動物病院の役割は広がってきています。こうした状況を踏まえて、動物の診療が唯一認められている獣医師のパートナーという重要な役割として、動物看護師を公的資格にする動きも出ており、社会的な地位向上に向けた声が高まっています。動物看護師一人ひとりが獣医師に引けを取らない知識と技術を持ち、誇りを持って働き続けることで、専門職として力を発揮できる環境につながっていくでしょう。

動物看護師の平均給料・給与

19.3万円

初任給：14万円／生涯賃金：1億3278万円

動物看護師の生涯賃金は、想定雇用期間43年間と平均給料・ボーナスを掛け合わせた数字となっております。

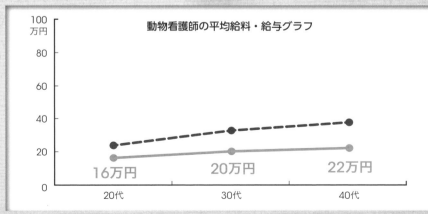

動物看護師の平均給料・給与グラフ

16万円　20万円　22万円

20代　30代　40代

※給料の算出には求人や口コミ、厚生労働省の労働白書を参考にしております

「自分に欠点があるように、ペットにも欠点がある」
トリマー

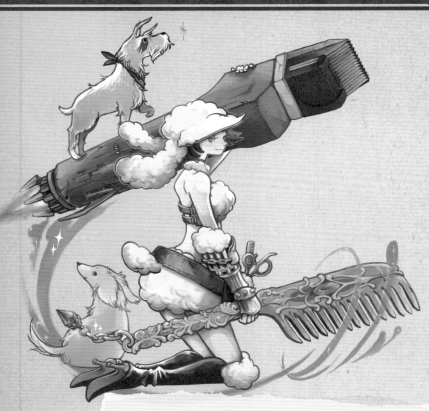

トリマー

ペットの毛を整える刈り込み系ジョブ。スキル「トリミング」は、ペットの能力を＋補正し、飼い主の力を引き出す「神獣」にする。

トリマーの仕事内容

トリマーは犬や猫などのペットの毛や皮膚、爪の手入れをするペット専門の美容師です。動物病院、ペットショップなどで働きます。自分のペット（犬の場合がほとんど）をかわいく、きれいにしたいという飼い主の希望をかなえるのが仕事です。飼い主の要望通りに犬の体毛を整えたり、自分のセンスでカットして仕上げたりします。ペットの美容を担う仕事とともに大切なのが、健康チェック。体に直接触れる過程で、歯や耳などを確認して、病気の前兆などを見逃さないことも、トリマーの大きな役割です。

トリマーの学校の選び方

トリマーになるには、特別の資格などは必要ありません。とはいえ、現在働いているほとんどのトリマーが、トリマー養成のスクールや専門学校で学んだ人が多いようです。学校によりカリキュラムは異なりますが、犬学、動物美学、飼養管理学、ハンドリング理論、グルーミング理論などの学科や実習、しつけや訓練の実習などで広範囲に犬についての知識と実技を学びます。通学せずに学ぶ方法としては、通信講座があります。テキストやDVDを中心に学びます。コース内容によって変わりますが、原則的な学習期間は半年から1年に設定されている講座が多いようです。

トリマーのズバリ！　将来性は？

トリマーは将来的にも、現在とほぼ変わらず安定した働き先があると考えられています。それに伴い、一定の技術を持ったトリマーの間で、仕事の奪い合いが起きる可能性があります。グルーミングなどには一応の定価がありますが、水準を下回る料金で仕事を得ようとするトリマーも出てきます。このような価格競争に巻き込まれないためには、シャンプー、カットなどの技術のムラをなくし、高い技術を保つことが必要です。技術を一歩一歩高め、お客様の信頼を得ていく努力が、将来、トリマーとして仕事を続けていくことにつながります。また、人間同様、ペットの世界でも高齢化が進んでいます。今後は高齢ペットの介護施設にも、トリマーの働き先は広がりそうです。

トリマーの平均給料・給与

18万円

初任給：15万円〜／生涯賃金：1億2384万円

トリマーの生涯賃金は、想定雇用期間43年間と平均給料・ボーナスを掛け合わせた数字となっております。

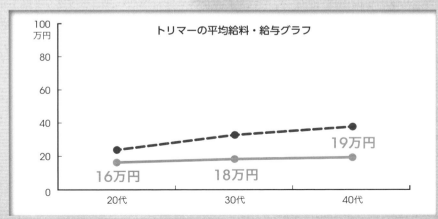

トリマーの平均給料・給与グラフ

16万円　18万円　19万円

※給料の算出には求人や口コミ、厚生労働省の労働白書を参考にしております。

「馬と犬は人の最高の相棒である」
競馬調教師

競馬調教師は、厩舎と呼ばれる施設・組織を管理運営し、競走馬のトレーニングメニューを計画、そして走りや障害物を飛び越える技術を馬に教え込むのが仕事です。調教や飼育管理のほかに、厩務員、騎手、助手の仕事も行います。また、馬主と相談して出走計画を考えたり、レースで勝つためにはどうするかという戦略や騎乗法を、実際に馬に騎乗する騎手と一緒に考えたりもします。牧場や競り市などに出かけて、次代を担う優秀な馬を見つけるのも競馬調教師の仕事です。競走馬に関する仕事を幅広く手がけることになり、まさに馬のプロフェッショナルといえる職業です。

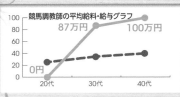

競馬調教師の平均給料・給与

100万円

初任給：87万円〜／生涯賃金：4億8000万円

競馬調教師の生涯賃金は、30歳から70歳までの40年間活動したと想定して、それと平均給料を掛け合わせた数字となっております。

競馬調教師の平均給料・給与グラフ

	20代	30代	40代
100	0円	87万円	100万円

※20代はほぼいません　※給料の算出には求人や口コミ、厚生労働省の労働白書を参考にしております

競馬調教師
馬を司るテイマー系ジョブ。フギンとムニンを刻んだ鞭により、知恵と記憶を植えつけられた愛馬は「競走馬」へと変貌する。畜産学部や馬術部の出身者が多い。

競馬調教師になるには、調教師免許が必要です。中央競馬（JRA）と地方競馬（NAR）があり、それぞれが主催する調教師試験に合格すれば取得できます。しかし、調教師と呼べるのは、厩舎を管理運営できるようになってから、つまり開業してからです。開業には馬房と呼ばれる飼育施設が必要ですが、馬房は主催者（JRAやNAR）から貸与されたものしか使用できず、開業はかなり大変です。厩舎の従業員として働き、経験を積みつつ人脈を作り、徐々にステップアップするのがセオリーです。

潜水士

「作業クリアするまで潜っております」

潜水用具を着用して、海や川などの水中で作業をするのが潜水士です。水中で行う作業はさまざまで、魚介類をとる漁業、何らかの構造物を造る建築業、船舶の修理作業、顧客にダイビングを教える娯楽サービス業などがあります。国家資格の潜水士の免許のほかに、行う作業によってさらに別の資格や免許が必要になることがあり、就職先には、潜水企業やダイビングショップ、海上保安庁などがあるようです。どの作業も水中で行うため、常に危険がつきまといます。潜る技術やその他の技術も大切ですが、何より水中で何が起きてもパニックにならずに対応できる冷静さが必要とされます。

潜水士の平均給料・給与

30万円

初任給：18万円〜／生涯賃金：2億0640万円

潜水士の生涯賃金は、22歳から65歳までの43年間雇われたと想定して、それと平均給料・ボーナスを掛け合わせた数字となっております。

潜水士の平均給料・給与グラフ

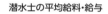

	20代	30代	40代
	25万円	30万円	35万円

※職種によって差があります　※給料の算出には求人や口コミ、厚生労働省の労働白書を参考にしております

潜水士

水遁「潜水」を駆使し水中作業を行う忍者。属性は「水」。上級クラスになると国家機関へ所属し「国家公安忍者」として活躍する。海上保安庁に所属した水忍は「特別警備隊」と呼ばれる。

海上自衛隊や海上保安庁の潜水士は国家公務員なので、年齢や階級に応じて公務員としての給料が規定されていて、そこに手当が加算されます。海上保安庁の場合は、公務員の中でも保安職に分類されるので、事務職よりも給料は高くなるようです。年収は400万〜600万円の人が多いようですね。潜水士というリスクに給料が見合っているか否かは意見が分かれるところですが、どちらも福利厚生は充実しており、安定した生活は望めそうです。

「1 万年以上続いている人類の最高のパートナー、それが犬だ」

ドッグトレーナー

ドッグトレーナー

テイマー系ジョブの一つ「犬使い」。愛を叩き込むスキル「マンツーマン」でマナーを教える。ワンちゃんとの絆作りが得意。絆のできたワンちゃんは神犬として可愛がられ、癒やし効果を発揮する。

ドッグトレーナーの仕事内容

飼い主からの依頼を受けて、家庭用のペットをしつけるのがおもな仕事です。無駄吠えや噛み付きなど、さまざまな問題行動を直し、人と犬が心地よく暮らしていけるようにサポートします。犬は種類によって性格が異なるほか、一頭一頭の個性も違います。犬の身体の造りや生態、行動学などあらゆる専門知識を活かして、それぞれの犬に合った方法を模索しながらしつけを行っていきます。また、飼い主にもしつけを上手に行う方法を教えたり、犬との関係性をよくするためのアドバイスを行ったりします。

ドッグトレーナーになるには

ドッグトレーナーになるために必須の資格はありませんが、民間の資格が多く存在しています。まったくの未経験からアルバイトで経験を積むことも可能ですが、犬の知識やトレーニングスキルがないと仕事にならないため、まずは大学や専門学校、通信講座などで知識やスキルを身につけ、民間の資格を取得する人が多いようです。資格によっては、より実践に近い講義を行うものや通信講座のみのものもあり、形式もさまざまなのでプログラムや方針をしっかり調べましょう。

ドッグトレーナーのズバリ！　将来性は？

現状、正社員としてドッグトレーナーが活躍できる場は少ないようですが、アルバイトやパートなどさまざまな雇用形態があります。例えば結婚後もパートとして働きたい人、大学で学びながら並行してトレーナー経験を積みたい人など、自分の生活スタイルに合わせて働くことができます。ペット関係の企業などで働きながら実績を積んだ後、独立して自分でサロン経営をしたり、フリーランスになったりする人もいます。ただ、飼い主が大切な愛犬を安心して預けられるほどの知識やスキルがなければ、誰からも依頼されませんし、トレーニング成果も出ません。犬に関する知識やトレーニング技術をしっかりと身につけておくことが、今後も求められるでしょう。また、最近は高齢者や病気の患者などに精神的安定や癒やしをもたらすことを目的とした「ドッグセラピー」をはじめ、ペット可の宿泊施設や犬に関するイベントなど、犬と人がともに過ごす環境が増えているので、ドッグトレーナーの「犬を扱う能力」を求められる場はたくさんあるでしょう。

ドッグトレーナーの平均給料・給与

21.8万円

初任給：15万円～／生涯賃金：1億4998万円

ドッグトレーナーの生涯賃金は、22歳から65歳までの43年間雇われたと想定して、それと平均給料・ボーナスを掛け合わせた数字となっております。

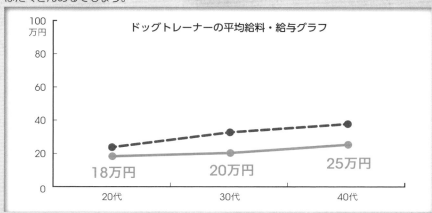

ドッグトレーナーの平均給料・給与グラフ

18万円　20万円　25万円

※給料の算出には求人や口コミ、厚生労働省の労働白書を参考にしております

第8章　その他の職業

「1万冊読んだ私でも人生を変えることはできませんでした」
図書館司書

図書館司書
別名「本を統べる者」。図書館にある本を管理したり、本の貸し借りに関する受付業務を行う。探している本を一発で探し当てるトレジャースキル「検索システム」を使いこなす。

図書館司書の仕事内容

図書館にはさまざまな種類がありますが、「本の整理」「本の選定・収集」「利用者の質問や要望への対応」の3つは、いずれの図書館においても共通する業務。さらに各図書館の特色によって、司書が担う役割には少しずつ違いがあります。例えば、公共図書館の場合は子どもを対象にした読み聞かせ会や、地域住民に向けたイベントの企画・運営など。また、学校図書館であれば、図書館の利用方法を説明するオリエンテーションの実施、図書委員会の運営、調べもの学習の補助などの業務が発生します。

図書館司書に必要な試験と資格は

ほぼ必須といってもいいのが「司書」の国家資格、学校で司書教諭として働く場合に必須となるのが「司書教諭」の免許です。また、資格・免許取得後には、図書館ごとに定められた採用試験を突破しなくてはなりません。公共図書館に正規職員として勤務する場合は、「地方公務員試験」（司書の専門職もしくは一般行政職）を受験、公立の小学校・中学校・高校で司書教諭として働きたい場合は、「教育職員採用試験」を受験します。司書の採用は不定期に若干名もしくは欠員が出たら補充するという形が多いため、求人情報をこまめにチェックしましょう。

図書館司書のズバリ！　将来性は？

「子どもの読書離れや図書館業務のコンピューター化が進んで活躍の場が減っているのでは？」と将来に不安を抱く人もいるかもしれません。しかしながら、文部科学省の平成30年度社会教育調査によると、「図書館の数」「司書の人数」「児童1人あたりの貸出冊数」はいずれも増加しているというデータが出ているなど、図書館や司書に対する世の中のニーズが低くなっているわけでは決してありません。また、雇用形態だけを見れば正規職員より非正規職員の割合が増えてはいるものの、司書という専門職へのニーズは一定数あり、それは今後も大きくは変わらないといってもいいでしょう。とはいえ、正規職員と非正規職員における給与や待遇の壁はやはり厚いため、安定した生活を望むのであれば、こまめに情報収集を行い、試験対策などの準備を早くから行う必要があるといえます。

図書館司書の平均給料・給与

22万円

初任給：15万円〜　／　生涯賃金：1億5136万円

図書館司書の生涯賃金は、新卒が終身雇用で65歳まで雇用されたと想定して、22歳から65歳までの43年間と平均給料・ボーナスを掛け合わせた数字となっております。

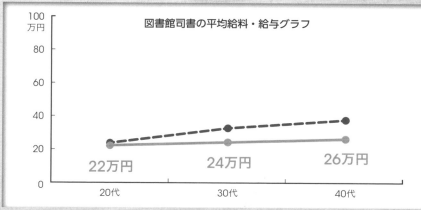

図書館司書の平均給料・給与グラフ

100万円 / 80 / 60 / 40 / 20 / 0

22万円　24万円　26万円

20代　30代　40代

※時給制や契約社員も多いです　※給料の算出には求人や口コミ、厚生労働省の労働白書を参考にしております

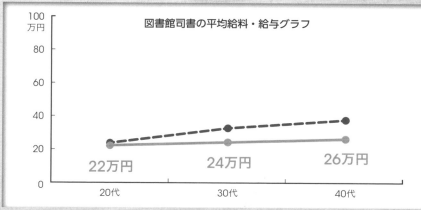

「失敗の責任は社長に。成功の功績は社員に」

秘書

秘書

庶務管理を得意とする経営者の「補佐」。スキル「スケジュール管理」は一分一秒たりともズレを許さない徹底管理技。「潜在的小悪魔力」を持つ秘書もごくまれにおり、絶大なる権力を持つことも……。

秘書の仕事内容

電話応対、来客対応、文書作成、スケジュール管理など、上司の仕事に関する日常的に発生する庶務事項全般をすべて担当します。訪問先に手みやげを持参する際、その時の目的にもっともふさわしい品物を選択するなどの、業務をこなす技術だけではない、細やかな心配りも大切になります。秘書の仕事はかつては上司からいわれたことを処理することがおもな業務でしたが、そこから進歩して、上司と同じ目線で仕事にあたるビジネスパートナーとしての役割が、今後は求められるようになっていきそうです。

秘書になるには

秘書として働く場合に取得しなければならない資格はありません。原則としては、最終学歴の出身学部や学科も問われず、幅広い方面から目指せる仕事です。ただし、民間資格がいくつかあります。公益財団法人実務技能検定協会が実施する秘書技能検定は、もっとも多くの秘書希望者が取得を目指すものです。秘書としての知識やスキルを身につけていることを証明するものなので、より上位の級を取得しておくと、採用面接などの際にアピールポイントになります。秘書の働く場所は一般企業、病院や法律事務所などです。一般企業では社長や重役など経営陣のサポートをします。病院では院長、法律事務所では事務所トップに付いて、業務のサポートをします。どの職場でも上司が本業に専念できるようにサポートするのが仕事です。一般企業では分野を限定せずに幅広い業務をこなし、病院や法律事務所ではその分野のスペシャリストとしての働きが求められる傾向にあります。

秘書のズバリ！ 将来性は？

あらゆる企業や団体の活動、事業運営には、秘書は必要です。企業や団体のトップたちが本業に専念できるようにサポートする秘書の仕事も、なくなることはないでしょう。

仕事内容では、上司に言われたことをこなすだけではなく、上司と同じ目線で働くことが求められるようになっていくものと考えられています。経営陣のパートナーとして欠かせない存在となれば、秘書の重要性は、将来的には今以上に高くなっていくと予想されます。

秘書の平均給料・給与

26万円

初任給：18万円〜／生涯賃金：1億7888万円

秘書の生涯賃金は、新卒が終身雇用で65歳まで雇用されたと想定して、22歳から65歳までの43年間と平均給料・ボーナスを掛け合わせた数字となっております。

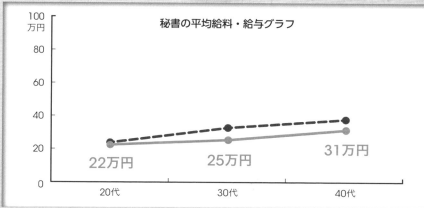

秘書の平均給料・給与グラフ

22万円　　25万円　　31万円

（100万円／80／60／40／20／0）

20代　　30代　　40代

※給料の算出には求人や口コミ、厚生労働省の労働白書を参考にしております

「あずき色・萌葱色・紅藤色を英語で表現することはできません」
日本語教師

日本語教師
日本語を教える文化系ジョブ。別名「YAMATO伝承者」。外国人に日本語を教えるため、「英語」は必須スキル。語感の鋭さ・人柄・文化への精通など広く深い教養が必要である。

日本語教師の仕事内容

日本語教師は、日本語を教える教員です。「国語」の先生ではなく、日本語を母語としない外国人に対して、日本語や日本の歴史、文化、一般教養や現代社会に関する知識を伝え、時には進学や生活などのサポートをします。国内の日本語学校で学ぶ外国人だけでなく、海外で日本語を学ぶ外国人も多いため、国を問わず活躍できる仕事です。日本語は外国人にとって難しいといわれます。外国人が理解しづらいポイントをつかみ、わかりやすく指導するためには、専門的な知識と技術が必要となってきます。

日本語教師になるには

日本語教師として働くために、必須となる資格はありません。しかし、教えるためには専門知識が必要です。日本語教師のもっともメジャーな就職先である民間の日本語学校では、「大学において日本語教育の専攻・副専攻課程を修了していること」、「日本語教育能力検定試験に合格していること」、「日本語教師養成講座にて420時間の履修をしていること」のいずれかをクリアしていることを採用条件にしていることが一般的です。また、小学校・中学校・高校・大学などの教育機関では、教員免許や修士や博士の学位、日本語教師としての実績が求められることが多いようです。海外で働く場合にはその国のビザが必要になります。ビザは国によって取得できる条件が異なりますので、事前にきちんと調べておきましょう。

日本語教師のズバリ！ 将来性は？

日本語教師は、世界の政治や経済情勢の影響を受けやすい職種です。世界的に見れば、現在、日本語の需要はそう多くないかもしれませんが、国内の企業では活躍する外国人の姿が以前に比べて目立ちます。また、アニメや漫画、音楽、ファッションといったサブカルチャー、世界遺産登録などの影響も相まって、日本に関心のある外国人は増加していると考えられます。そのため、趣味や進学、仕事など日本語を学ぶ目的も多様化しています。今後は、進学、ビジネスなど得意な専門分野を持っていると強みになると考えられます。また、オンラインレッスンも人気があり、活躍する場は増えています。

日本語教師の平均給料・給与

28万円

初任給：18万円～ ／ 生涯賃金：1億9264万円

日本語教師の生涯賃金は、新卒が終身雇用で65歳まで雇用されたと想定して、22歳から65歳までの43年間と平均給料・ボーナスを掛け合わせた数字となっております。

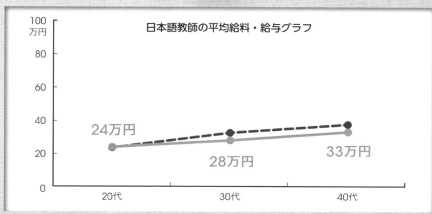

日本語教師の平均給料・給与グラフ

24万円　28万円　33万円

※給料の算出には求人や口コミ、厚生労働省の労働白書を参考にしております

「一文字一文字を大切にし、時には破壊をするお仕事です」
コピーライター

コピーライター

知見・経験をもとに言葉をつなぎ、幾万通りの状況や心情を表現する言霊使い。常に自分自身にも問いかけ続けるジョブ。呪符に込められた短いセンテンスは世の中を動かすこともある。

コピーライターの仕事内容

広告に使用されるコピー（文章）の考案＝"コピーライティング"を通して、広告主（クライアント）のメッセージを代弁するのがコピーライターの仕事。その最終目的は、商品を買ってもらいたい、サービスを利用してもらいたい、企業のイメージを高めたい、新しい概念を社会に広めたいなどの「広告主の課題を解決すること」です。クライアントは、新商品を発売するメーカー、新サービスを発表する企業、新しい制度を国民に周知したい政府、自身の県の魅力をアピールしたい地方自治体などさまざまです。

コピーライターになるには

多くのコピーライター志望者は、広告会社などのコピーライター職に応募し採用されることで、コピーライターとしての仕事を手に入れています。募集数が多いのは大手の広告会社や制作会社になりますが、その場合の多くは、総合職として入社後、適性試験をパスしなければコピーライター職に就くことはできません。適性試験ではコピーを書く力だけでなく、広告コンセプトから考えられるような発想力や独創性、論理的思考力を問われることが多いようです。

コピーライターのズバリ！　将来性は？

社会の変化、生活者を取り巻く情報の変化とともに、コピーライターに求められる役割は大きく変わり始めています。特に、インターネットやスマートフォンが一般社会に浸透したことによる影響は、広告業界にとって非常に大きなものとなっています。これまで情報とは、お金を払って買うものでした。新聞や雑誌など、紙メディアがそれにあたります。しかし最近では、SNSやブログ、インターネットニュースなどから無料で情報を得ることがあたり前になりました。さらに誰でも情報を発信できる時代になっていることから、世の中には膨大な情報が溢れ、生活者にとって目にする情報一つひとつの価値が下がっているのも事実です。そのため、よほどのインパクトがない限り広告も簡単にスルーされてしまう、そんな現象が起きています。このような背景から、コピーライターをはじめ広告クリエイティブの仕事は、非常に難易度が上がっているといわれています。

コピーライターの平均給料・給与

23.4万円

初任給：10万円〜／生涯賃金：1億6099万円

コピーライターの生涯賃金は、22歳から65歳までの43年間雇われたと想定して、それと平均給料・ボーナスを掛け合わせた数字となっております。

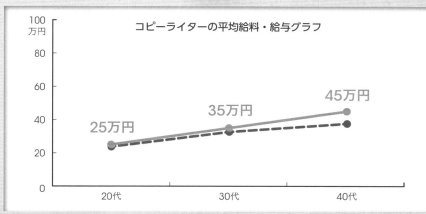

コピーライターの平均給料・給与グラフ

25万円　35万円　45万円

※給料の算出には求人や口コミ、厚生労働省の労働白書を参考にしております

ライター

「最初に結論を持ってこい！」

ライター
長い言霊を使う「言霊陰陽師」。WEBライターとしてデジタル分野で活躍することも増えている。上級職になると編集なども手掛ける。

ライターの仕事内容

出版社や新聞社の編集者、企業の広報・宣伝マーケティング担当者といったクライアント（依頼者）から要望を受けて原稿を執筆し、指定された期日までに納品するのがライターのおもな仕事です。内容は、依頼者が指定することがほとんどですが、全体の構成や具体的に何の情報を入れるのかをライター自身が考える場合もあります。お店の取材や、人物インタビューをすることもあれば、資料やWEBから情報を集めることもあるなど、執筆に取りかかるまでのフローは案件ごとにさまざまです。

ライターの活躍できる場所は？

ライターになるために必要な資格や免許はありません。ライターが働いている職場は、編集プロダクションや制作会社などが代表的です。出版社では自社でライターを抱えていることが少ないため、出版社の編集者が本や雑誌の制作を委託している外部の編集プロダクションや制作会社にライティングも依頼することがその理由です。そのほか、出版社・編集プロダクション・制作会社で編集者やライターとしての経験を積んだ後に独立し、フリーランスのライターとして活躍する人もいます。

ライターのズバリ！　将来性は？

インターネットの普及により、ライターの仕事内容や働き方も変化しています。まず挙げられるのが、WEBのニュースサイトや情報サイト、メールマガジンなどの原稿ライティングに特化した「WEBライター」が急増していること。その理由としては、WEB媒体のニーズが高まっている点と、ライターとしてデビューする際のハードルが低いという点の2つがあります。紙からWEBへ情報の重心がシフトし、SNSやブログを通して"自分の文章を世の中に発表すること"があたり前になった現在では、「誰でも気軽に始めやすい」「副業としても取り入れやすい」といったライターのイメージが浸透し始めています。しかし、ライターには「正確な情報をわかりやすく読者に届ける」という使命があります。責任感と誇りと技術を持って仕事に取り組む人でなければ、ライターの仕事を長く続けることは難しいでしょう。

ライターの平均給料・給与

21.6万円

初任給：1万円〜／生涯賃金：9846万円

ライターの生涯賃金は、22歳から60歳までの38年間活動したと想定して、それと平均給料を掛け合わせた数字となっております。

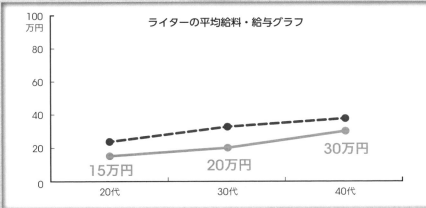

ライターの平均給料・給与グラフ

15万円　20万円　30万円

※給料の算出には求人や口コミ、厚生労働省の労働白書を参考にしております

「貨幣というのは信頼ではなく信用です」

銀行員

銀行員
金融仲介・信用創造・決済を駆使し、お金にまつわる仕事を行う。エンジンオイルである「お金」を回し、業界全体を円滑に動かしていく。

銀行員の仕事内容

銀行の三大業務といわれているのが預金・融資・為替業務です。預金業務は文字どおり顧客のお金を預かる仕事です。融資業務は資金を必要としている企業（または個人）に利息をつけてお金を貸し付ける仕事で、融資担当者がその業務を行います。為替業務は振込、手形の発行などをすることです。そのほか、金融商品の販売、国債や社債、債券や株式などの運用業務、ローンや財産運用の相談、貸金庫の管理、手形の引き受け、企業買収のアドバイスなど、お金に関わるさまざまな仕事があります。

社会科学系学部出身が多い

銀行員になる一般的なコースは、大学・短大を卒業し新卒で入行試験に合格することですが、一般職や事務員の採用などでは、専門学校卒や高卒でのエントリーも可能です。採用試験を受けるにあたり、必須な資格や検定などはありません。銀行員の採用試験を突破するには、金融、経済、財務、税務、不動産などの知識が必要とされるため、経済学部や商学部、経営学部、法学部の出身者の採用が多い傾向にあります。

銀行員のズバリ！　将来性は？

かつては「護送船団方式」といわれ、行政により守られてきた銀行業界は大きな変革期を迎えています。一人ひとりがスマートフォンを持ち歩くのがあたり前になってきた今、顧客が支店に来店することを前提にしたビジネスモデルは立ちいかなくなっています。また、少子高齢化によって働く人が少なくなることは明らかなので、従業員が手で作業をしていて非効率であった業務を、FinTech（Finance+Technologyの造語。金融サービスとITを組み合わせて革新的な金融サービスを生み出すことを目指す動き・技術のこと）の活用やデジタル化によって効率的なものにしたり、国内でのビジネスだけでなく、海外への進出などを行ったりしています。また、FinTechを活用して革新的な

金融サービスを提供しようとするベンチャー企業も登場し、そのベンチャー企業が活躍できるように規制が緩和されようとしています。そういう意味で、銀行も激しい「競争の時代」に突入したといわれています。銀行員といえば「高収入で安定した職業」という従来のイメージは、変わらざるを得ない状況です。

銀行員の平均給料・給与

42万円

初任給：20万円／生涯賃金：2億8896万円

銀行員の生涯賃金は、想定雇用期間43年間と平均給料・ボーナスを掛け合わせた数字となっております。

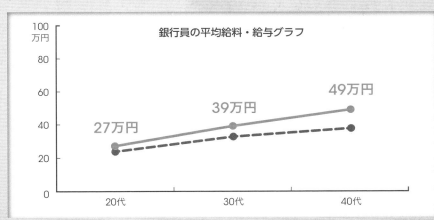

銀行員の平均給料・給与グラフ

- 20代　27万円
- 30代　39万円
- 40代　49万円

※給料の算出には上場企業のIR情報を参考にしております

「私たちは共通の言葉を手に入れました。さあバベルを建てましょう」

通訳

異なる言語を話す人たちの間で、言葉のやりとりをサポートする仕事です。商談や学術会議、政府間の交渉、来日したミュージシャンらの通訳といった華やかな現場から、犯罪に関与した外国人の聴取や裁判、医療現場での外国人患者のサポートなどまでさまざまな場所で必要とされます。英会話がこなせるだけでなく、各々の現場に応じた専門的な内容を理解し、訳すスキルが必要となります。通訳には、スピーカーの発言を聞くと同時に訳し話していく「同時通訳」、発言者と通訳者が交互に話す「逐次通訳」、放送などを見ながら原稿を作り、訳を声でかぶせる「時差通訳」などがあります。

通訳の平均給料・給与

50万円

初任給：3万円～／生涯賃金：3億4400万円

通訳の生涯賃金は、新卒が終身雇用で65歳まで雇用されたと想定して、22歳から65歳までの43年間と平均給料・ボーナスを掛け合わせた数字となっております。

通訳の平均給料・給与グラフ

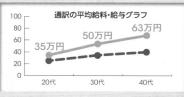

35万円　50万円　63万円

20代　30代　40代

※給料の算出には求人や口コミ、厚生労働省の労働白書を参考にしております

通訳

さまざまな言語のスペシャリスト。神の意思によって引き裂かれた言葉を統一するジョブ。通訳により、世界の言語が一つになったとき、バベルの塔が再び建てられることになるだろう。

通訳になるには外国語を話せる必要があります。独学や留学、英会話スクールに通うなどして語学力を身につけます。外国語を話せるようになったなら、通訳スキルを学びましょう。大学によっては通訳コースが設置されています。また、通訳者養成スクールに通い、通訳の基礎から逐次通訳、同時通訳と段階を追って習得してもよいでしょう。スキルを身につけたら、通訳エージェント（通訳会社）などに登録し、仕事を請けます。

「威厳と伝統と誇りであなたの思い出を洗います」

クリーニング師

クリーニング工場、個人経営のクリーニング店に勤務する、染み抜き、衣類の洗濯を専門とする職業です。各都道府県の認可が必要で、試験に合格し、事業所には最低一人のクリーニング師が従事していなければなりません。中卒以上の学歴で、各都道府県が実施する、クリーニング師の試験に合格する必要があります。衛生法規、公衆衛生、洗濯物の基礎知識などの学科試験、白ワイシャツのアイロン仕上げ、繊維の識別、シミの識別の実技試験があります。試験合格後は、1年間業務に従事する中で、その期間に研修を受けねばなりません。

クリーニング師の平均給料・給与

22万円

初任給：16万円／生涯賃金：1億5136万円

クリーニング師の生涯賃金は、新卒が終身雇用で65歳まで雇用されたと想定して、22歳から65歳までの43年間と平均給料・ボーナスを掛け合わせた数字となっております。

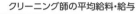

クリーニング師の平均給料・給与グラフ

17万円　　23万円　　29万円

| | 20代 | 30代 | 40代 |

※場所や条件によって差があります　※給料の算出には求人や口コミ、厚生労働省の労働白書を参考にしております

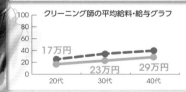

クリーニング師

別名「アイロンテイマー」。両手にはめたアツアツの鉄のアイロンを駆使し、ワイシャツのシワを伸ばす。シワの一つも許さないビシッとしたシャツ作りのマスター。

繁忙期と、閑散期で月収が異なり、経費も含めた事業収入は、チェーン店やフランチャイズで、1店舗あたり、繁忙期で50万〜70万円ほど、個人経営では15万〜20万円ほどです。閑散期は、夏場と早春の1〜2月で、チェーン店などは20万円前後、個人経営は多くて5万円前後ほどです。新社会人などの増える4〜5月がもっとも忙しく、年間売上の大半を、ここで稼いでいるといっても過言ではありません。

「自分で自分を、励ましてあげなさい」
僧侶

僧侶
仏教の戒律を守る神聖職。サラリーマンからクラスチェンジするもの
もいるようだ。

僧侶の仕事内容

故人が安らかに成仏できるよう、葬儀や法要などでお経を読むことが僧侶の大切な仕事
の一つです。また、遺族の心に寄り添って慰めたり、悩みを抱える人の相談に乗って解
決に導いたりすることも役割といえます。寺院の管理や維持も重要な仕事です。墓地を
所有している場合は、墓地の管理も行います。近年では、仏教を後世に伝えるため、集
会やイベントなどを通じて仏の教えを人々に伝えることにも注力しています。本尊にお
経を上げたり、境内の清掃をしたりすることも修行の一つであり大切な日課です。

僧侶になるには

宗派によって僧侶になる過程は少しずつ異なりますが、宗派の教えや仏教の歴史など、僧侶に必要な深い知識を身につけるため、仏教系の大学に進学してから宗派に入門する人が多いようです。また、多くの宗派では、修行なしに僧侶になることはできません。修行は数年間を要し、想像以上に厳しいといえます。残念ながら、その厳しさから僧侶になることをあきらめる人もいます。なるための過程や修行の内容などは宗派によってさまざまなので、自分が入門したい宗派の情報をしっかりと集め、強い意志や覚悟を持って臨むことが必要です。

僧侶のズバリ！　将来性は？

昔は、寺院や僧侶が人々の生活の身近にあり、心の拠りどころにもなっていましたが、現代では仏教への信仰心が薄れ、地域の人々との関係性も薄れていく傾向にあります。それに伴い、葬儀や墓地にお金をかけない傾向も高まってきています。日本は生活の中に仏教が根付いているとはいえ、そうした流れに危機感を持つ僧侶も多くいます。僧侶にとっては現状に合わせた変化が求められる時代といえるでしょう。最近では、仏教がもっと人々の身近な存在になるよう、さまざまな取り組みを行っている僧侶が増えています。座禅会や写経会、地域の人が訪れるお祭りや規模の大きいフェスティバルなど、人々が気軽に足を運びやすく、楽しみながら仏教に触れることができるイベントが多く開催されています。また、SNSやメディアなどを使って、悩み相談を受けたり、僧侶としての活動や仏教の魅力を発信したりする人もいます。

僧侶の平均給料・給与

21万円

初任給：15万円／生涯賃金：1億4448万円

僧侶の生涯賃金は、65歳まで活動したと想定して、22歳から65歳までの43年間と平均給料・ボーナスを掛け合わせた数字となっております。

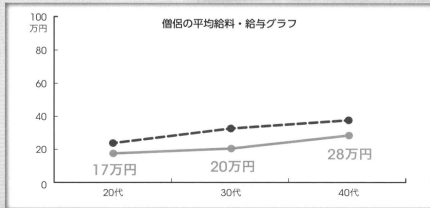

僧侶の平均給料・給与グラフ

17万円　20万円　28万円

※お布施分は除きます　※給料の算出には求人や口コミ、厚生労働省の労働白書を参考にしております

「どんな現場でも元通りにしてみせるわ」
特殊清掃員

住人が孤独死を迎えた自宅などの掃除や、消毒を行う清掃業者です。公共の事業者ではなく、民間の産業廃棄物処理業と、消毒の薬剤取り扱いなどを行う専門業者の副業としてよく知られています。賃貸物件では、原状回復が目的であり、遺体処理や現場検証などが完了した、物件のオーナーが依頼することが多いです。特殊清掃は、比較的アルバイトでも時給は高いのが特徴ですが、地域差が激しく、依頼のない地域では、ひと月数件しかないこともザラにあります。そのため特殊清掃専門の事業者はほぼありません。労働自体は、悪臭を我慢すればそれほど重労働でもなく、数時間で終了します。

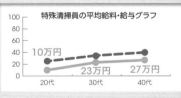

特殊清掃員の平均給料・給与

20万円

初任給：7〜15万円／生涯賃金：1億3760万円

特殊清掃員の生涯賃金は、新卒が終身雇用で65歳まで雇用されたと想定して、22歳から65歳までの43年間と平均給料・ボーナスを掛け合わせた数字となっております。

特殊清掃員の平均給料・給与グラフ

10万円
23万円　27万円
20代　30代　40代

※給料の算出には求人や口コミ、厚生労働省の労働白書を参考にしております

特殊清掃員

タフな精神を持った人だけに務まる専用ジョブ。別名「便利屋」。防護服に身を包み、消毒銃を自在に操る。

特殊清掃員としての資格は必要ありませんが、後片付けで残された不要なゴミなどは、個人宅の場合は、一般廃棄物処理業の認可、アパートなどの遺品やゴミの処理は産業廃棄物処理業の認可がそれぞれ必要になります。これらは、事業会社が取得する許認可ですので、個人では必要ありません。事業者によっては、衛生管理者の国家資格を取得している場合もあります。ゴミの搬送や処理は、専門の許可を得た事業者以外はできません。

「翻訳の究極の目的は、バベルの塔を完成させることです」

翻訳コーディネーター

翻訳コーディネーター

翻訳者とクライアントをつなぐ架け橋ジョブ。スキル「英会話」が必須。上級職「通訳」になるための登竜門ともいわれる。

翻訳コーディネーターの仕事は、翻訳ができるまでの一連の仕事、流れをコーディネートすることです。おもに翻訳会社に所属して、翻訳者と依頼者との間の橋渡しをします。仕事はクライアントとの打ち合わせから始まります。どういった目的で、どういった媒体で翻訳された文章が使われるのか、誰を対象とした文章なのかを細かくヒアリングして、クライアントのニーズを把握し、協議を重ねて提案をします。そこで決定したことを翻訳者に伝えて、翻訳してもらいます。

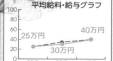

平均給料・給与

33万円

初任給：18万円〜
生涯賃金：2億2740万円

生涯賃金は、想定雇用期間43年間と平均給料・ボーナスを掛け合わせた数字となっております。

平均給料・給与グラフ

25万円　　　40万円
30万円

20代　30代　40代

※給料の算出には求人や口コミ、厚生労働省の労働白書を参考にしております

「香りの力は無限大。免疫力も恋愛力も上がります」

アロマセラピスト

アロマセラピスト

現代のウィッチ。薬草や果物から「油」を抽出し、香水などの「状態回復アイテム」を精製する。魔女の作りしアイテムは、人の心を癒やす。

オイルの芳香成分が持っている薬理作用を使って、心の病気などの治療をする、芳香療法であるアロマセラピーを行う専門家です。アロマセラピーの施術を行い、精神的ダメージや身体的疲労を抱えた人を癒やし、リフレッシュさせるのが仕事です。資格は必須ではありませんが、能力の証明や信頼を得るために、アロマセラピストの各種検定を取得する必要はあります。心理学や解剖生理学の知識があると有利でしょう。アロマサロンやアロマ講師として活躍できます。

平均給料・給与

23万円

初任給：12万円〜
生涯賃金：1億5824万円

生涯賃金は、想定雇用期間43年間と平均給料・ボーナスを掛け合わせた数字となっております。

平均給料・給与グラフ

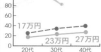

17万円

23万円　27万円

20代　30代　40代

※給料の算出には求人や口コミ、厚生労働省の労働白書を参考にしております

「いい話がある……と言われた時の緊迫感がわかるかね？」
デイトレーダー

デイトレーダー

1日に何度も投機を行うジョブ。巨額の利益にも、多額の負債にも動じない精神力を持つ。別名「天国と地獄の狭間にいる男」。

デイトレーダーは、おもに短期間で取引を完結させ、1日に何度も取引を行う個人投資家です。デイトレーダーが対象とする取引は、株式・債券取引をはじめ、外国為替取引（FX）、商品先物取引、株価指数先物取引など、さまざまです。特に値動きが激しい銘柄を扱い、細かい利益を多数繰り返したり、値動きの波にうまく乗って稼ぐのが目的となります。1秒でも目を離すと買い時、売り時を逃す可能性があるため、市場が開いている間はモニターに張り付きます。収入は不安定です。

平均給料・給与

88万円

初任給：ー
生涯賃金：**4億5408万円**

生涯賃金は、22歳から65歳までの43年間活動したと想定したもので、それと平均給料を掛け合わせた数字となっております。

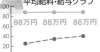

平均給料・給与グラフ

88万円　88万円　88万円

20代　30代　40代

※給料の算出には求人や口コミ、厚生労働省の労働白書を参考にしております

「此処から先へは私を倒さねば進めません」
受付職

受付職

門番系ジョブ。組織全体を熟知しており迅速な対応が可能。スキル「ファーストインプレッション」は企業の第一印象をよくする接客技。

企業の受付で来客対応や案内を行い、担当者へ連絡をしたり、代表電話の取り次ぎを行ったりするのが仕事です。会社によってはロビーでのお茶出しなどの接客対応や、会議室の管理、送迎車の手配などを行うこともあります。アポなしの訪問者や、担当部署がわからない顧客に該当部署を取り次ぐ対応などをしなければならないため、自社の業務内容や部署もきちんと把握しておかなければなりません。清潔感のある外見と、正しい言葉遣いや気配りが求められます。

平均給料・給与

22万円

初任給：**16万円〜**
生涯賃金：**1億5136万円**

生涯賃金は、想定雇用期間43年間と平均給料・ボーナスを掛け合わせた数字となっております。

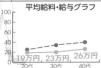

平均給料・給与グラフ

19万円　23万円　26万円

20代　30代　40代

※給料の算出には求人や口コミ、厚生労働省の労働白書を参考にしております

「社員は会社次第。フリーランスは自分次第」

フリーランス

フリーランス

いろいろな職をへて、自由を勝ち取った傭兵系ジョブ。「ノマド」や「在宅ワーク」などのスキルを覚える。仕事は完全に自己責任。

フリーランスと一口でいっても、さまざまな職種があります。例えば、語学力を活かした翻訳者や通訳、最近では IT 関連の WEB プログラマーや WEB ライターなどもフリーランスとして活躍しています。カメラマンやデザイナー、イラストレーターなどクリエイティブな仕事もフリーランスが多いです。副業の制限がないため、複数の仕事をフリーランスとしてやっている人もいます。納期管理やスケジュール調整などの力が必要になります。最大のデメリットは収入が安定しないことです。

平均給料・給与

25万円

初任給：10万円〜
生涯賃金：2億4400万円

生涯賃金は、平均寿命の83歳まで自営業をしたとして、22歳から83歳までの61年間と平均給料を掛け合わせた数字となっております。

平均給料・給与グラフ

	20代	30代	40代
	25万円	25万円	25万円

※給料の算出は求人や口コミ、厚生労働省の労働白書を参考にしております

「大海原へ船を出せ。世界はこの手の中に」

貿易事務

貿易事務

貿易関連の事務に優れた特殊ジョブ。通関書類作成など特殊文書を担当。「世界」を相手にするため、「英文作成」スキルは必須。

貿易事務は商社や輸出入事業者、海運系企業などで、おもに輸出手続きに必要な書類の作成、データ入力作業、スケジュールの調整や打ち合わせ、ファイリングと管理などの事務作業を行います。そのほか、倉庫手配や船積みの手配、代金回収や税金納付などの作業にも関わります。海外企業とのスムーズな取引を行うため、専門知識を持った貿易事務の存在は欠かせません。語学力のほか、パソコンを使って作業をすることも多いため、デジタル関連のスキルも必要です。

平均給料・給与

26万円

初任給：18万円
生涯賃金：1億7888万円

生涯賃金は、想定雇用期間43年間と平均給料・ボーナスを掛け合わせた数字となっております。

平均給料・給与グラフ

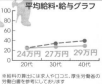

	20代	30代	40代
	24万円	27万円	29万円

※給料の算出は求人や口コミ、厚生労働省の労働白書を参考にしております

第8章 その他の職業

「結婚とは、苦しみは半分に喜びは倍になるものです」

ウェディングプランナー

ウェディングプランナー
「婚姻の儀」や「蜜月旅」のプランを作るジョブ。膨大な結婚式のバリエーション知識を持つ。必須スキルは「ホスピタリティー」。

ウェディングプランナーの仕事内容

「新規接客業務」「打ち合わせ業務」「当日の運営業務」の3つが、ウェディングプランナーの主業務です。会場に勤務の場合、広告やブライダルフェアなどを通じて自社の会場魅力を伝え、カップルに選んでもらうところから仕事は始まります。打ち合わせは、およそ結婚式の4か月前から。何度も打ち合わせを行い、結婚式の詳細を詰めていきます。そして結婚式当日。手配しているすべてのものが届いているか確認し、会場全体に気を配り、シェフや披露宴会場でのサービススタッフなど各スタッフを動かしていきます。

ウェディングプランナーになるには

必要となる資格や学歴は特にありません。しかし、ウェディングプランナーを目指す人が増えている昨今は、就職も狭き門となっています。大学や専門学校、スクールでブライダルの専門知識を勉強してきている人のほうが、就職に有利に働くこともあります。また、ブライダル関係団体による民間資格を取得しておくと、実際の仕事でも活かすことができるでしょう。

ウェディングプランナーの活躍場所は？

人々の価値観が多様化するにつれ、ウェディングプランナーが必要とされるフィールドは専門式場やホテルだけでなく、以前にも増して広がりを見せています。ブライダルプロデュース会社で、結婚式の場所もデザインもコンテンツもすべてゼロから作ることもできます。また、日本のみならず海外で働く、経験を積んだ後、フリーになるという選択肢もあります。

ウェディングプランナーのズバリ！ 将来性は？

「少子晩婚化が進んでいるので、ウェディングプランナーのニーズは減っていくのでは？」と思われがちですが、現実は逆で、結婚式の多様化によりウェディングプランナーのニーズは年々高まっています。結婚式の個性化が進めば進むほど、ウェディングプランナーの必要性は高まっていくのです。

ウェディングプランナーの平均給料・給与

25万円

初任給：20万円〜／生涯賃金：1億7200万円

ウェディングプランナーの生涯賃金は、想定雇用期間43年間と平均給料・ボーナスを掛け合わせた数字となっております。

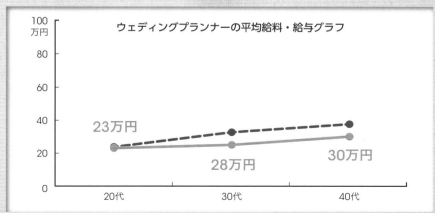

ウェディングプランナーの平均給料・給与グラフ

23万円
28万円
30万円

100万円 / 80 / 60 / 40 / 20 / 0
20代 / 30代 / 40代

※給料の算出には求人や口コミ、厚生労働省の労働白書を参考にしております

「笑顔でいるなら食事の仕方に定義はありません」

テーブルコーディネーター

テーブルコーディネーター

食卓から食事メニューまでを一つの物語として紡ぐ架け橋。スキル「おもてなしの心」は、飾りだけでなく、心を込めた裏側までも演出する。

テーブルコーディネーターとは、テーブル全体の雰囲気を演出する仕事です。料理を盛り付ける食器やテーブルクロス、ランチョンマット、キャンドル、お花といった装飾物など、食卓を取り囲む空間全体をレイアウトします。自分のセンスが大きく仕事に左右する一方で、さまざまな観点から物事を見て判断する人に向いています。食空間コーディネーター資格試験を受けて資格を取得し、フリーランスで活動するか、教室やスクールを開くという人が多く、子育て中でも自宅で教室を開くこともできます。

平均給料・給与
22万円
初任給：15万円〜
生涯賃金：1億5136万円

生涯賃金は、想定雇用期間43年間と平均給料・ボーナスを掛け合わせた数字となっております。

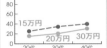

平均給料・給与グラフ

15万円　20万円　30万円
20代　30代　40代

※給料の算出は求人や口コミ、厚生労働省の労働白書を参考にしています

「テクノロジーが無臭にする浄化槽を生んだ」

浄化槽清掃員

浄化槽清掃員

インフラ支援系ジョブ。汚水処理のスペシャリスト。熟練になるとスキル「糖尿病患者嗅ぎ分け」を習得することができる。

浄化槽清掃員は、浄化槽の洗浄や保守点検を行うのが仕事です。浄化槽とは、下水道が整備されていない地域において、住宅の敷地内に設けられている汚水処理施設です。専業で行う清掃業務の場合と、産業廃棄物処理業と兼業の2つのケースがあります。ハローワークで求人を見つけることができます。資格として、浄化槽管理士、普通免許の取得を義務付けているところもあります。バキュームカーは消臭機能がついており、車内はほとんど臭いません。肉体労働が多い仕事です。

平均給料・給与
27.6万円
初任給：16万円
生涯賃金：1億8988万円

生涯賃金は、想定雇用期間43年間と平均給料・ボーナスを掛け合わせた数字となっております。

平均給料・給与グラフ

16万円　27万円　40万円
20代　30代　40代

※地域により差があります

「お前、人間だよな?」
南極観測隊員

南極観測隊員

氷に覆われし大陸「南極」に召喚された調査隊。「夏隊」と「冬隊」があり、冬隊は対極地スキル「越冬」を使いこなす。

南極観測隊員の仕事内容は、南極大陸の天文・気象・地質・生物学の観測です。夏隊が約30名、冬隊が約30名の約60名で構成されています。海上自衛隊の砕氷艦(南極観測船)に搭乗して昭和基地へ向かい、暮らし、同じ艦で帰還します。南極地域観測は国際協力のもとに日本が実施する事業であり、1957(昭和32)年の昭和基地建設から継続的に実施されています。国立極地研究所などの政府機関の研究員や職員が中心ですが、大学院生や民間企業から出向で参加する者もいます。

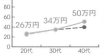

平均給料・給与

36万円

初任給:22万円〜
生涯賃金:576万円

生涯賃金は、一度の南極派遣期間約1年4か月に、平均給料を掛け合わせた数字となっております。

平均給料・給与グラフ

26万円 34万円 50万円

※給料の算出は求人や口コミ、厚生労働省の労働白書を参考にしております

「王手をかける。それは戦いと同時に、学び合いでもある」
プロ棋士

プロ棋士

軍略遊戯「将棋」での対局を行うジョブ。丘からすべてを見通す軍師の姿になぞらえて「盤上の策謀家」と呼ばれる。

プロ棋士は日本将棋連盟に所属し、順位戦で対局を行い、名人を目指します。リーグ戦のほかにも各タイトル戦やトーナメント戦で対局を行い、対局料や賞金がおもな収入になります。毎日対局があるわけではなく、年間で多くても70局程度です。対局のない日は将棋の研究をしたり、アマチュア向けの将棋イベントで指導対局などを行って収入を得ています。ランキング上位10名の平均年収は3000万円を超えますが、一般的な棋士の平均年収は600万円前後といわれます。

平均給料・給与

50万円

初任給:30万円〜
生涯賃金:3億円

生涯賃金は、20歳から70歳までの50年間活動したと想定して、それと平均給料を掛け合わせた数字となっております。

平均給料・給与グラフ

50万円 50万円 50万円

※給料の算出は求人や口コミ、厚生労働省の労働白書を参考にしております

第8章 その他の職業

「凶を引くというのは、不幸をその瞬間に体験すること。だからそれ以降あなたは幸せになれますよ」

巫女

特別寄稿：ミユキルリア

巫女

神に仕えし未婚の女性が就くことができるジョブ。アメノウズメの末裔。神スキルを駆使して神職の補助や、神事で舞を踊る。

巫女は神社でのお札の販売から作成、祈願の準備、境内や社務所の清掃などを行う仕事です。また、参拝者などに神社の説明をすることもあるので、神社や仏閣についての深い知識が必要となります。また、巫女の中には神職の資格を持っている人もいますが、基本的には資格は必要なく、女性であれば誰でもなれる職業です。年末年始などの繁忙期にはアルバイトとして採用している神社も多数存在します。結婚や出産などで引退してからは事務作業にあたるか、神楽の指導にあたる場合もあります。

平均給料・給与

22万円

初任給：12万円
生涯賃金：2640万円

生涯賃金は、巫女として働くことが多い20歳から30歳までを想定雇用期間とし、10年間と平均給料を掛け合わせた数字となっております。

平均給料・給与グラフ

	20代	30代	40代
	16万円	20万円	27万円

※給料の算出には求人や口コミ、厚生労働省の労働白書を参考にしております。

「占いは、旅の目的を思い出すためのきっかけにすぎない」

占い師

占い師

古今東西の占い術を使って未来を予測し、悩める人々に道を示すスピリチュアルなジョブ。名声が高まれば「予言者」と呼ばれることも。

特別寄稿：ふーみ

タロットカード、手相、水晶、人相学、易学などを利用し、未来予測を有料で行うのが占い師の仕事です。人相学では人付き合いや結婚運、異性運、水晶では将来の運命、手相では直近に身に起こる出来事などを予測します。街頭や店舗ではなく電話で対応する占い師もいます。月収で１００万円近く稼ぎ、個人事業主として働く占い師もいれば、副業で占う人もいます。若い人向けの比較的経験が浅い占い師の場合は、単価が低い傾向があります。女性の活躍が目立つ職業です。

平均給料・給与

10

初任給：4万〜5万円
生涯賃金：5160万円

生涯賃金は、想定雇用期間43年間と平均給料を掛け合わせた数字となっております。

平均給料・給与グラフ

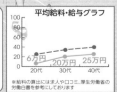

	20代	30代	40代
	6万円	20万円	25万円

※給料の算出には求人や口コミ、厚生労働省の労働白書を参考にしております

「お眠りなさい。人生をポジティブにするために」
快眠セラピスト

特別寄稿：字消

快眠セラピスト

眠れず迷える者たちを、心地良い眠りに誘うヒーラー。快眠のために、枕やアロマなどのアイテム、食事や呼吸法などのアドバイスを施す。

快眠セラピストは、健康や美容に重大な影響を与える「睡眠」という行為を追究する仕事です。睡眠障がいで悩んでいる人や、睡眠不足で健康問題を抱えている人などに対してカウンセリングを行い、相談者の眠りがどのようなものか、睡眠に何が影響を与えているかなど原因を突き止めて最適な睡眠方法を模索します。快眠セラピストになるために必須の資格はありませんが、認定資格の「美快眠セラピスト資格」や「睡眠改善インストラクター」「睡眠改善指導者資格」などがあります。

平均給料・給与

20万円

初任給：15万円〜
生涯賃金：1億3760万円

生涯賃金は、想定雇用期間43年間と平均給料・ボーナスを掛け合わせた数字となっております。

平均給料・給与グラフ

	20代	30代	40代
	18万円	22万円	25万円

※給料の算出は求人や口コミ、厚生労働省の労働白書を参考にしております

「知識と感動に出会える場所を、プロデュースします」
学芸員

学芸員

専門分野のアイテムを収集保存して研究し、展示するジョブ。地味な業務も多いが、専門分野に強い情熱を持っている人には人気が高い。

美術館や天文台、科学館などの博物館に勤務し、資料を集めて保存し、調査研究を行います。また、展示内容やイベントを企画したりする業務にもあたります。ほかにも、館内の顧客対応や案内、解説文の作成、学校や、公民館への出張など、業務の幅が広く、最近では動植物園や水族館など、活躍の場も多くなっています。博物館、美術館でも、国立、市立と財団運営のものに分かれます。一般的に国営であれば、給与は安定し、比較的定年まで収入は高いところが多いようです。

特別寄稿：けーしん

平均給料・給与

19.9万円

初任給：12万円
生涯賃金：1億3691円

生涯賃金は、想定雇用期間43年間と平均給料・ボーナスを掛け合わせた数字となっております。

平均給料・給与グラフ

	20代	30代	40代
	17万円	19.9万円	24.9万円

※給料の算出には求人や口コミ、厚生労働省の労働白書を参考にしております

第8章 その他の職業

イベントプランナー

イベントプランナーの役割は、新製品発表会や展示会、店舗のオープニングレセプション、音楽イベント、ファッションイベント、スポーツイベント、観光地のPRイベント、オリンピックや万博、国際会議など、さまざまなジャンルのイベントを企画することです。企画したイベントを実行に移すためには、主催者となるクライアントに"実行するに値する、魅力あるイベント"だと認めてもらわなくてはなりません。クリエイティブ力のほか、提案力・プレゼンテーション力・コミュニケーション力が重要になる仕事です。

イベントプランナーになるには

イベントプランナーは、特別な資格・免許が必要になる職種ではありません。多くのイベントプランナーは、イベント・プロモーション部門のある会社やイベント企画・制作会社に所属して働いていますので、それらの会社の採用試験を受けて入社することが一番の近道といえます。

イベントプランナーのズバリ！　将来性は？

イベント・プロモーション業界において、キーワードになっているのが"インタラクティブ"という言葉です。インタラクティブには、"対話""双方向"などの意味があり、インタラクティブ広告とは、CMを流す・ポスターを掲示するといった一方向的（受動的）な広告手法から、見た人がその広告の中に入り込めるような仕掛けを作る双方向的な手法に舵を切ることで、生活者の興味・関心を惹き付け「思わず、人にシェアしたくなる」＝「口コミの見える化」という広告効果を狙うものです。特にPRイベントにおいて狙いたい結果そのものであり、話題性の高いイベントを作り出す上で外せない要素となっています。そんなインタラクティブな仕掛けを考えることこそ、今後いっそうイベントプランナーに求められていく力だといえます。

イベントプランナーの平均給料・給与

26.6万円

初任給：19万円／生涯賃金：1億8300万円

イベントプランナーの生涯賃金は、想定雇用期間43年間と平均給料・ボーナスを掛け合わせた数字となっております

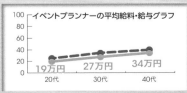

イベントプランナーの平均給料・給与グラフ

	20代	30代	40代
	19万円	27万円	34万円

※給料の算出には求人や口コミ、厚生労働省の労働白書を参考にしております

インテリアデザイナー

安全で快適な住空間を設計するのがインテリアデザイナーです。内装や家具などのデザインをするだけではなく、空間すべてに及び、建物や部屋の空間についてもプロデュースします。商業的なオフィスや店舗、ホテルやレストランのほか、個人の住宅、保育園や学校なども対象となります。要望に沿って空間をデザインするので、建築に関する専門的な知識も必要で、建築士として仕事をする人もいるようです。勤務先もデザイン事務所や設計事務所、ハウスメーカーなどと多岐にわたります。

インテリアデザイナーになるには

インテリアデザイナーになるためには、大学・短大・専門学校の建築系、インテリアデザイン系の学科・コースで体系的な知識と専門的な技術を身につけるのが王道のステップです。仕事をするのに資格は必須ではありませんが、学ぶ過程で建築士、インテリアコーディネーター、インテリアプランナーなどの関連資格を取得する人も少なくありません。知識の幅が広がるのでもちろんプラスになります。学校を卒業後は、就職先で経験を積みながら一人前のインテリアデザイナーを目指していきます。

インテリアデザイナーのズバリ！　将来性は？

インテリアデザイナーの仕事は建築業界の中でも注目度が高いようです。最近、都会の中古のマンションを購入して内装をすべてリニューアルする人が増えています。新築物件に比べて築年数の古いマンションは比較的安く購入できるため、立地のよさを条件に既存の物件を購入した人が間取りや内装を個人の好みに合わせた仕様でフルリノベーションするのです。そこで活躍するのがインテリアデザイナー。中には抽象的なリクエストをしてくるクライアントもいるので、その要望をどう汲み取って具体的なデザインに落とし込み、設計・施工していくのかが腕の見せ所です。クライアントのイメージ通りにでき上がり、満足してもらえたとしたら、評価はさらに高まるでしょう。

インテリアデザイナーの平均給料・給与

31 万円

初任給：13万円〜／生涯賃金：2億1328万円

インテリアデザイナーの生涯賃金は、想定雇用期間43年間と平均給料・ボーナスを掛け合わせた数字となっております。

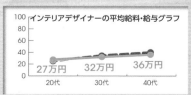

インテリアデザイナーの平均給料・給与グラフ

	20代	30代	40代
	27万円	32万円	36万円

※給料の算出には求人や口コミ、厚生労働省の労働白書を参考にしております

管理栄養士

管理栄養士は、病院や保健所、学校の給食施設、介護施設でエネルギー量や栄養素を計算して献立を作ったり、調理する仕事のほかに、アスリートの栄養管理や美容施設や病院での食事に関する相談、地域の子どもや保護者への食育のためのセミナー開催や食物アレルギーの相談、食品会社や研究機関で食品開発に携わるなど、さまざまな業務があり、所属先によって異なります。共通しているのは、正しい栄養の知識や食の大切さを多くの人に伝えていくことです。

管理栄養士になるには

まず、栄養士の資格を取得して、その後に管理栄養士の国家試験を受験する必要があります。管理栄養士の免許を取得するには、国が指定した管理栄養士養成施設、または栄養士養成施設で学び卒業することが前提条件です。4年制の大学や専門学校の管理栄養士養成課程に進むか、または、栄養士養成施設（大学・短期大学・専門学校など）を卒業後に実務経験を経て管理栄養士の受験資格を得る方法があります。管理栄養士国家試験は年に1回、毎年2月下旬〜3月上旬頃に実施されます。

管理栄養士のズバリ！　将来性は？

管理栄養士は、人の健康作りに欠かせない食にまつわる専門職です。高齢化社会が進行していく中で、管理栄養士の重要性も高まり、また、スポーツや美容分野でも食の専門的な知識が求められていることから、公認スポーツ栄養士、食育アドバイザー、フードコーディネーターなどの資格を合わせて持つことで活躍の場はさらに広がるでしょう。さらに、フリーランスの管理栄養士として、雑誌やテレビ、海外、プロのアスリートのアドバイザーなどで活躍する人も増えています。一方で管理栄養士の資格を持つ人が増加していくことも考えられ、人気のある公務員や食品会社などは狭き門となっていくでしょう。

管理栄養士の平均給料・給与

30.6万円

初任給：16万円〜／生涯賃金：2億1053万円

管理栄養士の生涯賃金は、想定雇用期間43年間と平均給料・ボーナスを掛け合わせた数字となっております。

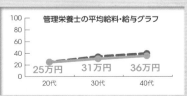

管理栄養士の平均給料・給与グラフ

	20代	30代	40代
	25万円	31万円	36万円

※給料の算出には求人や口コミ、厚生労働省の労働白書を参考にしております

空港業務スタッフ（グランドスタッフ）

空港カウンターでの乗客サービスが空港業務スタッフ（グランドスタッフ）のおもな仕事です。旅客案内や誘導・整理など飛行機に乗るまでと、到着後はロビーに送り出すまでの業務を行います。搭乗手続きや手荷物の受付、パスポート・ビザの確認、言葉に困っている人の案内役を務めるなど仕事内容は幅広いです。空港は24時間オープンの場合もあり、そうでなくても早朝から夜間までオープンしていることが多いので、勤務は時間帯で分けたシフト制が一般的です。

空港業務スタッフ（グランドスタッフ）のズバリ！　将来性は？

LCC（格安航空会社）の参入などもあって、今、航空業界は会社同士の競争が激しくなっています。運賃をできるだけ安く抑えるために、経営のコストダウンにも取り組んでおり、グランドスタッフにかかる人件費を抑えるための機械化も進められています。そのため、今後採用数が飛躍的に増えるといった見通しは立てにくい職種ではありますが、さまざまな人たちが利用する空港のカウンターサービスには〝人〟が必要です。ニーズがなくなるとは考えにくいです。

空港業務スタッフ（グランドスタッフ）になるには

空港や航空会社などに就職することになるので、出身学科などが厳密に問われることは少ない職種です。ただし、専門学校のエアライン科などで、接客サービスやグランドスタッフの実務について一通り学んでおけば、評価の対象になるので有利になるでしょう。また、学校が業界に対して持っているパイプが就職に活かせる場合も多いです。専門学校を選ぶ際は、現場での実習や語学指導の充実度、就職サポートなどがチェックポイントになります。また、この職種に限らず、英語を活かせる仕事を目指しているなら、大学・短大・専門学校の外国語学科や国際系の学科が候補です。留学制度など、実戦的な語学力が磨ける環境があるかどうかを調べておきましょう。

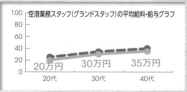

空港業務スタッフ（グランドスタッフ）の平均給料・給与

26万円

初任給：17万円／生涯賃金：1億7888万円

空港業務スタッフ（グランドスタッフ）の生涯賃金は、想定雇用期間43年間と平均給料・ボーナスを掛け合わせた数字となっております

空港業務スタッフ（グランドスタッフ）の平均給料・給与グラフ

20代	30代	40代
20万円	30万円	35万円

※給料給与統計の算出は口コミと厚生労働省の労働白書を参考にしております

第8章　その他の職業

航海士

大型船舶の運航には、操船、航海計器（GPS、速度計など航海に用いる計器）の整備や甲板（船のデッキ）全体の統括などを担う航海士の存在が欠かせません。航海士には上から順に船長、一等航海士、二等航海士、三等航海士に分かれており、それぞれ仕事内容が異なります。小型の内航船（国内の港の間だけを航海する船）では、少ない人数の航海士が業務をまとめて行っています。求められるのは、安全に目的港まで航海すること。そのためにすべき仕事は数多く、それぞれの航海士が分担して行っています。

航海士になるには

航海士になるには、国家資格である海技士資格の取得が必要です。海技士試験には複数の区分がありますが、その中の「航海」という区分での受験になります。海技士（航海）の資格は、船の大きさや航行する区域により1級から6級まであり、受験に際しては一定の乗船経験が求められます。船舶職員を養成する専門の大学、商船高等専門学校、海上技術学校などの教育機関で学ぶのが、航海士になるための一般的な方法です。一方で、一般の4年制大学の卒業生を、航海士に自社養成する海運会社もあります。航海士の働く場所には、客船・貨物船・タンカー・フェリーなどを運航する民間の海運会社や、国家公務員として働く海上保安庁などがあります。

航海士のズバリ！　将来性は？

国土交通省のデータによれば、日本の船員数は、昭和49年（1974年）をピークに激減。今は低いレベルで横ばいとなっており、航海士も同様です。しかし、島国である日本にとって船は重要な存在で、運航に欠かせない航海士の需要は今後も変わることはない可能性が高いです。ほかの職業に比べて高い給与水準や充実した年金制度などもあり、収入面でも安定しています。

航海士の平均給料・給与

58万円

初任給：30万円／生涯賃金：3億9904万円

航海士の生涯賃金は、想定雇用期間43年間と平均給料・ボーナスを掛け合わせた数字となっております。

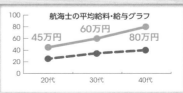

航海士の平均給料・給与グラフ

45万円　60万円　80万円

20代　30代　40代

※業務内容により差があります

航空整備士

航空整備士は、飛行機やヘリコプターの安全運航を支える整備・点検・修理のスペシャリストです。航空整備士の仕事は、空港に到着した航空機を出発までに点検・整備する「ライン整備」、機体を格納庫に収容して定期点検・整備をする「ドック整備」、機体からエンジンや電装品を取り外して工場などで整備を行う「ショップ整備」に大別されます。これらの業務を行うためには、航空機の大きさや機種、整備内容ごとに分かれた国家資格の取得が必要です。

航空整備士のズバリ！　将来性は？

将来的には、航空機を利用して旅する人は、アジア太平洋地域を中心にまだまだ増えると予測されています。それに伴い、航空整備士も世界で必要とされていくでしょう。航空整備士の仕事は頻繁にアップデートされる技術や整備手順を理解しなければならず、いわば勉強の連続です。しかも技術マニュアルの大半は英語で書かれているので、語学力の向上など整備以外の分野にもたゆまぬ向上心が求められます。

航空整備士になるには

運行の安全を確保するため、航空機の整備をする人には、機種・型式や業務範囲に応じた航空整備士国家資格の取得が義務付けられています。受験するには、整備経験が必要なため大学の工学系学部や専門学校などを卒業後、航空会社や整備会社に就職して経験を積み、取得を目指すのが一般的です。このほかに、「国土交通大臣指定航空従事者養成施設」となっている航空専門学校で学んで、在学中に小型機の整備などができる資格取得を目指す方法もあります。また一部の学校では、修了すると資格取得に必要な整備経歴の一部が付与されるコースもあります。就職先は、航空会社の整備部門や大手航空会社系列の整備会社、官公庁、航空部品メーカーなど多岐にわたります。

航空整備士の平均給料・給与

35万円

初任給：18万円／生涯賃金：2億4080万円

航空整備士の生涯賃金は、想定雇用期間43年間と平均給料・ボーナスを掛け合わせた数字となっております。

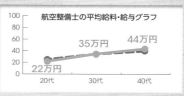

航空整備士の平均給料・給与グラフ

22万円（20代）／35万円（30代）／44万円（40代）

※給料の算出には求人や口コミ、厚生労働省の労働白書を参考にしております

自動車整備士

乗用車やバス、トラックなどさまざまな車を点検・整備・修理するのが自動車整備士の仕事です。具体的には、新車・中古車納入時や車検など定期点検時に行う点検・整備をはじめ、故障車や事故車を含む車の故障個所の修理、チューンナップなど法定内での改造をおもな業務とします。より専門的には、カーレースのメカニック業務や新車開発などにも携わるといいます。自動車整備には、大きく分けて「点検整備」、「緊急整備」、「分解整備」の3つがあるといわれています。

自動車整備士のズバリ！ 将来性は？

日本の車社会は成熟期とはいえ、国内の自動車保有台数は若干の増加傾向にあるといえます。ただ、最近は「若者の自動車離れ」が目立っていることも確かで、今後、少子化で人口も減っていくことに比例して、将来的には自動車の保有台数が減ることも予想されています。一方では、電気自動車やハイブリッドカーをはじめ技術の進化がめざましく、コンピューター関連など最新技術を身につけた自動車整備士へのニーズは高くなっています。現在は、自動車整備士の人材不足が取りざたされ、総合的に考えれば、技術力の高い自動車整備士は仕事に困ることはないといえます。

自動車整備士になるには

自動車整備士になるには、国家資格取得が必須となります。学ぶ期間は、学校・学科によって2〜4年と幅があり、2年制の短大・専門学校であれば、卒業時に二級自動車整備士の受験資格が得られます。4年制の専門学校や大学には一級の受験資格が得られるところもあります。いずれの場合も、自動車の構造や整備技術について基礎から学び、卒業後にディーラー（販売店）や整備工場などに就職します。なお、就職の際には資格は必須ではなく、実務経験を重ねた後に自動車整備士の資格を取得することもできます。おもな就職先は、自動車ディーラーや自動車整備工場、カーショップなどです。

自動車整備士の平均給料・給与

29万円

初任給：15万〜18万円／生涯賃金：1億9952万円

自動車整備士の生涯賃金は、想定雇用期間43年間と平均給料・ボーナスを掛け合わせた数字となっております。

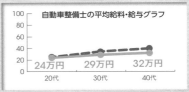

自動車整備士の平均給料・給与グラフ

	20代	30代	40代
	24万円	29万円	32万円

※給料の算出には求人や口コミ、厚生労働省の労働白書を参考にしております

家具職人

家具職人の仕事は、家具デザイナーや家具職人自らが描いた図面に基づいて家具を製作することです。家具の種類には和家具と洋家具があり、使用する道具や機械、材料、さらに作業工程などにも多少の違いがあるので、一人前の職人になるためには、これらに精通する必要があります。家具職人の腕の見せどころは、顧客のオーダーに応じてオリジナルの家具を製作する時です。熟練の職人の中には、設計図の確認から材料の選定、加工、組み立て、塗装までの一連の作業を一人で行う人もいます。

家具職人になるには

家具職人になるには学歴も資格も関係なく、未経験者を受け入れる家具メーカーもあります。しかし近年は未経験者を育成する時間的な余裕がなくなってきた現状もあり、木材加工の知識や技術を学んだ人を採用したい旨を応募要件に掲げる会社が増えています。家具に関連する知識や技術を学べるのは、大学や短大のプロダクト（製品）デザイン系学科・コースなどです。実践力を積み重ねる体系的なカリキュラムが用意されているので、家具職人になるために必要な知識や技能を段階的に高められます。美術・芸術・建築系の専門学校には、家具職人を養成する学科やコースが設けられていることもあります。

家具職人のズバリ！　将来性は？

現在の家具市場は、低価格の使いやすい家具と、品質にこだわった高級家具に二分されています。高級家具の分野では、熟練の技を持つ家具職人のニーズが高く、独創性と技術力を活かした製品が数多く発表されています。この分野で頭角を現す一つの方法は、デザイン力を向上させることです。伝統工芸やインテリアの専門学校では、実技だけではなくデザインやマーケティングなどについても学ぶことができます。独創性、技術力、デザイン力を兼ね備えた家具職人が、新たな市場を開拓する担い手となるでしょう。

家具職人の平均給料・給与

25万円

初任給：18万円〜／生涯賃金：1億7200万円

家具職人の生涯賃金は、想定雇用期間43年間と平均給料・ボーナスを掛け合わせた数字となっております。

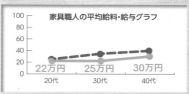

家具職人の平均給料・給与グラフ

	20代	30代	40代
	22万円	25万円	30万円

※給料の算出には求人や口コミ、厚生労働省の労働白書を参考にしております

第8章　その他の職業

運転代行

運転代行は、おもに飲酒した客からの依頼で、乗務員2名が随伴車で客のもとに向かい、客は自分の車に乗車し、乗務員（二種免許保持者）が運転をします。客を随伴車に乗せることは白タク行為となるため禁止されています。客を送り届けた後、随伴車で営業所に戻ります。

運転代行の
平均給料・給与グラフ

※給料の算出には求人や口コミ、厚生労働省の労働白書を参考にしております

平均給料・給与

19万円

初任給：13万円〜／生涯賃金：2億4286万円

生涯賃金は、想定雇用期間43年間と平均給料・ボーナスを掛け合わせた数字となっております。

料金は初乗り平均1500円前後で、歩合制を採用している会社では売上の30〜40％ほどが給料としてもらえるようです。勤務時間は夜8時〜朝5時ごろまでが一般的です。

NPO職員

団体の構成員に対して利益供与の分配を目的としない、社会貢献活動が主体の団体です。人件費を除いて、すべての収益や寄付は、社会貢献活動のための活動資金に充当されます。特定の障がい者支援や動物愛護などの団体など、非常に多岐にわたる活動を行っています。

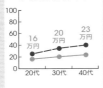

NPO職員の
平均給料・給与グラフ

※勤務先により差があります

平均給料・給与

20.5万円

初任給：15万円〜18万円／生涯賃金：1億4104万円

生涯賃金は、想定雇用期間43年間と平均給料・ボーナスを掛け合わせた数字となっております。

手取りは12万〜18万円です。団体が活動の範囲で利益を得ても、基本的に活動資金となるため、税金は優遇、給与の支払いはそれに関係して総じて低水準が特徴です。

害虫駆除

顧客の依頼によってシロアリやゴキブリ、毛虫やハチなど、害虫の発生源を特定し駆除するのが仕事です。害虫の種類や特性に合わせて、殺虫剤や毒物、粘着シートなどを使って駆除します。害虫に関する知識のほか、扱う薬品についての知識や経験も必要となります。

害虫駆除の
平均給料・給与グラフ

※給料の算出には求人や口コミ、厚生労働省の労働白書を参考にしております

平均給料・給与

23万円

初任給：16万円／生涯賃金：1億5824万円

生涯賃金は、想定雇用期間43年間と平均給料・ボーナスを掛け合わせた数字となっております。

害虫駆除の専門会社に勤めるのが一般的ですが、独立開業も可能です。個人で開業する場合、毒物劇物取扱責任者の資格を取得し、建築物ねずみ昆虫等防除業の登録が必要です。

回路設計士

回路設計士の仕事は、パソコン、家電製品、自動車に携帯電話など、あらゆる機械を動かすための回路を設計することです。製品の仕様書をもとに部品を組み合わせて回路を作り、複雑な情報処理ができるようにします。アナログ集積回路と、デジタル集積回路の2種類があります。

回路設計士の
平均給料・給与グラフ

※給料の算出には求人や口コミ、厚生労働省の労働白書を参考にしております

平均給料・給与

33万円

初任給：18万円〜／生涯賃金：2億2740万円

生涯賃金は、想定雇用期間43年間と平均給料・ボーナスを掛け合わせた数字となっております。

電子機器の会社や、回路設計関連の下請け会社、アウトソーシング企業などで求人があります。アナログ回路設計よりも、デジタル回路設計のほうが仕事は多いです。

鍵師

鍵師は、鍵の交換や作製、開錠をするのが仕事です。家や車の鍵の紛失、金庫やスーツケースの暗証番号の失念など依頼理由はさまざまで、鍵師は特殊な工具や技術を使って開錠し、トラブルを解決します。最近では防犯、特にピッキング対策の施工依頼が増えているそうです。

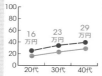

鍵師の
平均給料・給与グラフ

16万円（20代）　23万円（30代）　29万円（40代）

※給料の算出には求人や口コミ、厚生労働省の労働白書を参考にしております

平均給料・給与
22万円
初任給：16万円／生涯賃金：1億5136万円

生涯賃金は、想定雇用期間43年間と平均給料・ボーナスを掛け合わせた数字となっております。

専門店に勤務した後、経験を積んで独立開業も可能です。日本鍵師協会が実施している「鍵師技能検定」試験に合格すると、「鍵師」や「錠前師」と公式に名乗ることができます。

カツオ漁船漁師

太平洋の漁場において船でカツオの群れを追い、一本釣りや巻き網漁でカツオを獲るのが仕事です。近海漁業では一本釣りが主流で、遠洋漁業では巻き網漁が行われています。どちらも年間合計10か月間は船に乗ります。一本釣りのカツオは身に傷が少ないため、価格が高いです。

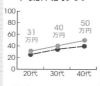

カツオ漁船漁師の
平均給料・給与グラフ

31万円（20代）　40万円（30代）　50万円（40代）

※給料の算出には求人や口コミ、厚生労働省の労働白書を参考にしております

平均給料・給与
40万円
初任給：20万円／生涯賃金：2億0640万円

生涯賃金は、想定雇用期間43年間と平均給料・ボーナスを掛け合わせた数字となっております。

漁獲量や所属している水産会社によって給料は異なりますが、中卒や高卒であっても年収500万～800万円はもらえるそうです。中には年収1500万円の人もいます。

革職人

動物の皮革をハンドバッグや靴、ベルトなどの商品に加工するのが、革職人の仕事です。さまざまな動物の皮革の特徴を活かしながら加工するため、知識と技術が必要となります。革加工を学べる学校もありますが、職人がいる店舗や工場に就職してノウハウを学ぶのが一般的です。

革職人の
平均給料・給与グラフ

15万円（20代）　21万円（30代）　26万円（40代）

※給料の算出には求人や口コミ、厚生労働省の労働白書を参考にしております

平均給料・給与
21万円
初任給：15万円／生涯賃金：1億4448万円

生涯賃金は、想定雇用期間43年間と平均給料・ボーナスを掛け合わせた数字となっております。

革製品メーカーなどで働く方法もありますが、個人で工房を開いている革職人もいます。製品をデザインし、用途に合わせた革を選定し、染色、加工、縫製までを行います。

神主

神主の仕事は、掃除、参拝者への対応や祈禱、修繕などです。また、祭祀をすることも神主の仕事です。祭祀の前には肉を断ち、身を清めます。雇われ神主の場合は神主にも労働基準法が適用されますが、実家が神社であるという場合は、自営業の役員といった形になるのだそうです。

神主の
平均給料・給与グラフ

18万円（20代）　25万円（30代）　28万円（40代）

※給料の算出には求人や口コミ、厚生労働省の労働白書を参考にしております

平均給料・給与
23.6万円
初任給：13万円／生涯賃金：1億2177万円

生涯賃金は、想定雇用期間43年間と平均給料・ボーナスを掛け合わせた数字となっております。

神主になるには、神社本庁が発給している資格が必要です。神職取得課程がある大学で資格を取得するのが一般的ですが、世襲や神社のコネがない限り就職は難しいです。

機械組立工

大小さまざまな機械を組み立てるのが仕事です。船舶や自動車、飛行機などの輸送機械、建設機械、農業機械、旋盤やフライス盤といった工作機械など、多くの機械があります。男性は大型の重量部品の組み立てに、女性は精密機械など小型機械の組み立てに従事することが多いです。

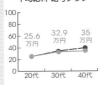

機械組立工の
平均給料・給与グラフ

25.6万円　32.9万円　35万円

※給料の算出には求人や口コミ、厚生労働省の労働白書を参考にしております

平均給料・給与
31.7万円

初任給：18万円／生涯賃金：2億1810万円

生涯賃金は、想定雇用期間43年間と平均給料・ボーナスを掛け合わせた数字となっております。

期間限定のアルバイトや契約社員の求人も多く、ハローワークで仕事を探すこともできます。高年収を得るためには正社員での就職を目指しましょう。海外にも仕事はあります。

木こり

木こりとは、一般的には各都道府県にある森林組合に所属する林務作業員のことを指します。チェーンソーを使って木を伐採し、工場まで運ぶのがおもな仕事です。作業は危険を伴うため、雨の日は休みになります。人手不足なので健康でやる気があれば採用される可能性が高いです。

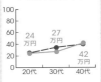

木こりの
平均給料・給与グラフ

24万円　27万円　42万円

※給料の算出には求人や口コミ、厚生労働省の労働白書を参考にしております

平均給料・給与
31万円

初任給：18万円／生涯賃金：2億1328万円

生涯賃金は、想定雇用期間43年間と平均給料・ボーナスを掛け合わせた数字となっております。

天候に影響を受けやすい職業のため、収入は安定していません。しかし、独立して自分で伐採した原木を窯で炭焼きにし、高収入を得ている木こりも存在しているようです。

国境なき医師団スタッフ

戦争や自然災害、貧困などさまざまな理由で、満足な医療を受けられずにいる人たちを助けるのが国境なき医師団の仕事です。活動地域の大半は発展途上国で、アフリカやアジア、南米で活動することが多いです。コミュニケーション能力や語学力は必須です。

国境なき医師団スタッフの
平均給料・給与グラフ

17.2万円　17.2万円　17.2万円

※給料の算出には求人や口コミ、厚生労働省の労働白書を参考にしております

平均給料・給与
17.2万円

初任給：17.2万円／生涯賃金：8875万円

生涯賃金は、想定活動期間43年間と平均給料を掛け合わせた数字となっております。

国境なき医師団スタッフの給料は参加期間によって異なります。初めて参加する場合、職種にかかわらず、毎月17万1505円が日本の銀行口座に振り込まれます。

JICA職員

JICA（ジャイカ）とは独立行政法人国際協力機構のことです。外務省管轄の独立行政法人で、政府主導の開発援助（ODA）の実施機関です。直接的な資金援助ではなく、開発援助計画の策定、現地ボランティアの人材の選定や確保など、開発途上国と先進国の架け橋となっています。

JICA職員の
平均給料・給与グラフ

24万円　34万円　44万円

※給料の算出には求人や口コミ、厚生労働省の労働白書を参考にしております

平均給料・給与
34万円

初任給：19.2万円／生涯賃金：2億3392万円

生涯賃金は、想定雇用期間43年間と平均給料・ボーナスを掛け合わせた数字となっております。

平均的に、約40万円前後が常勤職員の手取り額です。在外職員では、60万〜90万円くらいの手取り額があります。2〜4年のローテーションで異動があります。

シューフィッター

足と靴に関する深い知識を持ち、お客様の足のサイズを正しく計測し、その足の状態に最適な靴を選ぶのがシューフィッターの仕事です。靴のサイズや形状、デザインなどの選び方だけでなく、歩き方についてもアドバイスをし、より安定するようにインソールなどで調整をします。

シューフィッターの
平均給料・給与グラフ

20代 20万円／30代 25万円／40代 30万円

※給料の算出には求人や口コミ、厚生労働省の労働白書を参考にしております

平均給料・給与

30万円

初任給：17万円／生涯賃金：2億640万円

生涯賃金は、想定雇用期間43年間と平均給料・ボーナスを掛け合わせた数字となっております。

百貨店の靴売り場や街の靴屋、アパレルメーカー、靴の製造メーカーなどに勤務しています。靴を取り扱う販売員の平均年収は350万～400万円くらいだといわれています。

樹木医

樹木医とは、樹木の診断及び治療を行い、落枝や倒木を防いで樹木を保護し、樹木に関する知識の普及・指導を行う専門家です。治療対象となる気は天然記念物級の巨木から、道路脇の街路樹までさまざまです。樹木医の知識を活かし、公園緑地の計画や設計に携わることもあります。

樹木医の
平均給料・給与グラフ

20代 22万円／30代 32万円／40代 40万円

※給料の算出には求人や口コミ、厚生労働省の労働白書を参考にしております

平均給料・給与

31万円

初任給：20万円／生涯賃金：2億1328万円

生涯賃金は、想定雇用期間43年間と平均給料・ボーナスを掛け合わせた数字となっております。

樹木医は民間資格で、業務経験7年以上という受験要件があります。多くの樹木医が造園関係の職種や樹木・植物に関する研究職、コンサルタント業務などに携わっています。

商工会議所職員

商工会議所の仕事には、小規模事業者に対しての経営支援とその補助、商工会運営全般に関する業務などがあります。また、小規模事業者の経理や税務支援、個人事業主への経営アドバイスや、地域事業主を対象としたイベントなどの企画も担当しています。

商工会議所職員の
平均給料・給与グラフ

20代 19万円／30代 24万円／40代 28万円

※給料の算出には求人や口コミ、厚生労働省の労働白書を参考にしております

平均給料・給与

24.6万円

初任給：16万円～／生涯賃金：1億6924万円

生涯賃金は、想定雇用期間43年間と平均給料・ボーナスを掛け合わせた数字となっております。

商工会議所の職員になるのに、特別な資格が必要ということはありません。地域ごとに試験を受けることによって職員になれます。各地域の商工会議所によって給料が変わります。

新幹線運転士

新幹線を運転し、安全に正確に乗客を送り届けるのが仕事です。新幹線は自動運転ではなく、マニュアル運転です。加速から減速、停止位置の調整まで基本的にはすべて手動で行うため、緻密さが求められます。夜間のシフト勤務や泊まり勤務もあるため、体力も必要となります。

新幹線運転士の
平均給料・給与グラフ

20代 32万円／30代 46万円／40代 50万円

※給料の算出には求人や口コミ、厚生労働省の労働白書を参考にしております

平均給料・給与

42万円

初任給：32万円／生涯賃金：2億8896万円

生涯賃金は、想定雇用期間43年間と平均給料・ボーナスを掛け合わせた数字となっております。

JR各社に入社後、駅員、車掌、在来線運転士をへて、適性検査を受け新幹線運転士になるのが一般的な流れです。年収は約700万円で、在来線の運転士よりもやや高いです。

新聞配達員

朝刊と夕刊、朝夕、休日など細かく配達時間が異なる勤務形態もあれば、1日単位での契約もある、新聞販売店で勤務する新聞専門の配達業務です。日本独自のシステムで、新聞社とは直接関係はなく、独立起業した個人経営の販売店に勤務することになります。

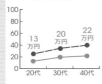

新聞配達員の
平均給料・給与グラフ

13万円　20万円　22万円

※就業場所により差があります

平均給料・給与

17万円

初任給：12万円／生涯賃金：1億1696万円

生涯賃金は、想定雇用期間43年間と平均給料・ボーナスを掛け合わせた数字となっております。

配達地域によっては、新聞1部に関して計算し、配達部数による歩合制の地域もあります。一般的に、朝夕配達兼業が給与が高く、次いで朝刊、夕刊の順になります。

青年海外協力隊員

青年海外協力隊は原則2年間現地の人たちと生活を共にしながら、開発途上国の国づくりをサポートするのが仕事です。100種類以上の仕事があります。開発途上国とは先進国に比べて経済発展が遅れているような国のことをいい、70か国ほど候補があります。

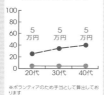

青年海外協力隊員の
平均給料・給与グラフ

5万円　5万円　5万円

※ボランティアのため手当として算出しております

平均給料・給与

5万円

初任給：2万円／生涯賃金：1140万円

生涯賃金は、想定雇用期間43年間と平均給料・ボーナスを掛け合わせた数字となっております。

青年海外協力隊は仕事ではなく、ボランティアになるため給料がなく、手当や生活費としてお金が支給されます。金額は派遣先や訓練期間・派遣期間によって異なります。

旋盤工

旋盤工の仕事内容は勤務先の金型メーカーや部品メーカーで、旋盤と呼ばれる特殊な機械を使って素材の金属に穴を開けたり、素材の金属の内側や外側を削って加工することです。素材の金属の加工方式によって使用する旋盤が異なり、また旋盤の制御方式もいろいろあります。

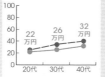

旋盤工の
平均給料・給与グラフ

22万円　26万円　32万円

※給料の算出には求人や口コミ、厚生労働省の労働白書を参考にしております

平均給料・給与

29.9万円

初任給：18万円〜／生涯賃金：2億0571万円

生涯賃金は、想定雇用期間43年間と平均給料・ボーナスを掛け合わせた数字となっております。

NC旋盤やNCフライス盤の場合は機械が自動的に加工するので、旋盤工はプログラムの作成と工程のチェックを行います。ハローワークなどで求人を見つけることができます。

葬儀屋

昔ながらの葬儀屋の場合、棺の手配、通夜、お坊さんの手配と、葬儀から納骨までを一社の社員数人で行っていました。現在は、大手セレモニーホールを中心に、葬祭スタッフ、葬祭ディレクター、生花スタッフなど仕事が細分化されているケースが多いです。

葬儀屋の
平均給料・給与グラフ

28万円　35万円　40万円

※地域により差があります

平均給料・給与

35万円

初任給：25万円／生涯賃金：2億4080万円

生涯賃金は、想定雇用期間43年間と平均給料・ボーナスを掛け合わせた数字となっております。

基本的に24時間無休が原則の斎場や葬儀所ですが、シフト制で8時間労働や所定内残業程度の就業状況のようです。アルバイトの時給は800〜1200円くらいです。

探偵

聞き込み調査や、尾行調査、行方不明調査などを請け負い、成功報酬、あるいは経費をプラスした費用で生計を立てる職業です。総じて20代の人材より、40代後半～50代の男性、女性では30代後半～40代後半が中心の職業です。

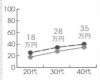

探偵の
平均給料・給与グラフ

18万円 / 28万円 / 35万円

※給料の算出には求人や口コミ、厚生労働省の労働白書を参考にしております

平均給料・給与

26.6万円

初任給：18万円／生涯賃金：1億8300万円

生涯賃金は、想定雇用期間43年間と平均給料・ボーナスを掛け合わせた数字となっております。

もっとも多い依頼は浮気調査に該当する、素行調査です。年間1000件以上の依頼を受けている探偵社もあります。素行調査1回の依頼は25万円ほどが相場となっています。

添乗員

海外旅行のパックツアーなどに同行し、旅行計画に合わせた交通機関の調整や、施設への対応など、旅行者の安全管理かつ、観光の手助けをする専門職業です。現在は、正社員としての採用は少なく、契約社員、及び派遣社員の雇用が多くなってきています。

添乗員の
平均給料・給与グラフ

19万円 / 26万円 / 29万円

※給料の算出には求人や口コミ、厚生労働省の労働白書を参考にしております

平均給料・給与

27万円

初任給：16万円／生涯賃金：1億8576万円

生涯賃金は、想定雇用期間43年間と平均給料・ボーナスを掛け合わせた数字となっております。

海外添乗員は、添乗員派遣会社からの派遣社員が最近では多く、給料は最低1日8000～9000円、最高でも1万7000円前後が多いです。

時計職人

時計の修理・修復や補修、部品の交換、メンテナンスなどを行うのが仕事です。中には時計を一からデザインして組み立てる職人もいますが、時計職人のほとんどは修理を専門としています。必須資格はありませんが、「時計修理技能士」の国家資格があると能力の証明になります。

時計職人の
平均給料・給与グラフ

25万円 / 30万円 / 38万円

※給料の算出には求人や口コミ、厚生労働省の労働白書を参考にしております

平均給料・給与

31万円

初任給：18万円／生涯賃金：2億1328万円

生涯賃金は、想定雇用期間43年間と平均給料・ボーナスを掛け合わせた数字となっております。

国際機関に認められた天才的な腕を持つフリーの職人は「独立時計師」と呼ばれ、国内に数名しかいません。時計の本場スイスには、年収1億円を稼ぐ時計職人もいます。

納棺師

納棺師の仕事内容は葬儀社からの依頼によって行います。病院や自宅で亡くなった人が火葬されるまでの管理全般をするのが納棺師の仕事です。着替えをさせたり、化粧をして顔色を整えたり、亡くなった人の顔の産毛を剃ったりするのも仕事です。

納棺師の
平均給料・給与グラフ

18万円 / 25万円 / 28万円

※地域により差があります

平均給料・給与

25万円

初任給：15万円／生涯賃金：1億7200万円

生涯賃金は、想定雇用期間43年間と平均給料・ボーナスを掛け合わせた数字となっております。

映画『おくりびと』で有名になった納棺師ですが、実はほかの職業よりも平均年収が低いことがわかっています。しかし絶対になくならない職業でもあります。

半導体エンジニア

半導体エンジニアの仕事は、半導体集積回路を設計することです。多くの電化製品が小型化・高性能化に成功しているのは、チップやLSI（集積回路）に半導体が組み込まれているからです。この半導体を用いて、電子回路が効率よく基板の中に収まるように設計するのが仕事です。

半導体エンジニアの
平均給料・給与グラフ

28万円　33万円　38万円

20代　30代　40代

※給料の算出には求人や口コミ、厚生労働省の労働白書を参考にしております

平均給料・給与

33万円

初任給：23万円〜／生涯賃金：2億2704万円

生涯賃金は、想定雇用期間43年間と平均給料・ボーナスを掛け合わせた数字となっております。

「システム設計」や「ロジック設計」「回路設計」「レイアウト設計」など、さまざまな半導体設計の仕事があります。最近では外注が基本のため、独立起業している人も多くいます。

プラントハンター

プラントハンターは、食料、香料、繊維などに使われるような有用植物や観葉植物など「めずらしい植物」を求めて世界中を探検・冒険するのが仕事です。世界中を飛びまわり、植物を探し、採集する夢のある職業ですが、過酷で命がけの仕事でもあります。

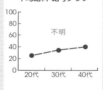

プラントハンターの
平均給料・給与グラフ

不明

20代　30代　40代

※情報が少なく平均給料は不明です

平均給料・給与

不明

初任給：不明／生涯賃金：不明

生涯賃金は、情報が少ないため不明です。

植物の採取だけで生計を立てているわけではなく、ハントした植物の輸出入や、その知識と技術をもとに、世界中の企業や貴族からの依頼に応え、空間や庭造りなどで収入を得ています。

プロモデラー

プロモデラーとは、プラモデルの製作を仕事としている人のことです。顧客のリクエストに応じて既存プラモデルを精巧に組み立てる製作代行をしたり、メーカーからの依頼でサンプルや原型製作を請け負ったり、模型趣味雑誌に「作例」と呼ばれる記事を執筆したりします。

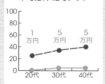

プロモデラーの
平均給料・給与グラフ

1万円　5万円　5万円

20代　30代　40代

※給料の算出には求人や口コミ、厚生労働省の労働白書を参考にしております

平均給料・給与

4万円

初任給：1万円〜／生涯賃金：2160万円

生涯賃金は、20歳から65歳まで活動したと想定して、45年間と平均給料を掛け合わせた数字となっております。

製作代行の場合、技術や製作内容によって金額は異なりますが、1万〜10万円が相場です。オークションサイトにプラモデルの完成品を出品したことから、本業になった例もあります。

ボイラー技士

商業ビルや病院、学校、工場内にあるボイラーの操作や点検、管理、調整、検査などを行うのが仕事です。ボイラーの操作や点検は国家資格であるボイラー技士が行わなくてはならないため、ボイラーを設置しているビルや工場で需要があります。特級、1級、2級の免許があります。

ボイラー技士の
平均給料・給与グラフ

22.8万円　25.7万円　32.1万円

20代　30代　40代

※給料の算出には求人や口コミ、厚生労働省の労働白書を参考にしております

平均給料・給与

27.8万円

初任給：17万円／生涯賃金：1億9126万円

生涯賃金は、想定雇用期間43年間と平均給料・ボーナスを掛け合わせた数字となっております。

ボイラー以外の熱源も普及していますが、依然としてボイラーを使用している設備も多く、求人はあります。より上の免許を取ることで、資格手当がアップすることがあります。

牧師

おもに、聖書について勉強をし、聖書に基づいた教えを広めるのが、主たる仕事（布教）ということになります。ほとんどが目立った布教活動もなく、また「お布施」のような募金活動もありません。生活のために、アルバイトやほかの仕事を持っている牧師も存在します。

牧師の
平均給料・給与グラフ

18万円　22万円　29万円

平均給料・給与

22万円

初任給：0〜12万円／生涯賃金：1億1352万円

生涯賃金は、想定活動期間43年間と平均給料・ボーナスを掛け合わせた数字となっております。

税金を支払った後は18万円前後の手取りとなります。教会の運営は教団が援助しているので問題ないですが、生活自体はかなり困窮している例が、よくあるそうです。

水先人

水先人（水先案内人）は船長のアドバイザーとして船舶に乗船し、船舶の操縦を指揮して船や港の安全を守る国家資格です。海はどこでも自由に航行できるわけではなく、航路が定められています。水域によってルールも異なるため、ルールを熟知した水先人の案内が必要となります。

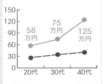

水先人の
平均給料・給与グラフ

58万円　75万円　125万円

平均給料・給与

86万円

初任給：50万円／生涯賃金：5億9168万円

生涯賃金は、想定雇用期間43年間と平均給料・ボーナスを掛け合わせた数字となっております。

水先人は個人事業主で、業務量が収入に直結します。東京湾では船舶が多いため、免許3級で800万円、2級で1000万円、1級で2000万円の収入と予想されます。

無線通信士

警察庁や気象庁などの官公庁、民間の無線メーカーや船舶関係の企業などで仕事を行います。就職先にある無線局で、実際に無線を操作して通信を行ったり、電話の通信操作や電波の送受信、場合によっては暗号を送ったり受け取って解析したりするのが仕事内容です。

無線通信士の
平均給料・給与グラフ

30万円　40万円　45万円

※企業により差があります

平均給料・給与

37万円

初任給：18万円〜／生涯賃金：2億5456万円

生涯賃金は、想定雇用期間43年間と平均給料・ボーナスを掛け合わせた数字となっております。

就職先にはラジオ局や警察、電気系の会社・通信会社が多いです。総合無線通信士という資格を持っていれば、どんな企業でも無線に関する仕事をすることができます。

予備校講師

本来は、大学受験に備えるための受験予備校が多かったのですが、現状は中高一貫校などへの編入対策なども多くなっています。おもに難関校受験対策で、学校での学力よりも過去問題や傾向など、受験メインの試験対策が主体のカリキュラムが多いです。

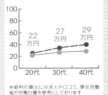

予備校講師の
平均給料・給与グラフ

22万円　27万円　29万円

※給料の算出には求人や口コミ、厚生労働省の労働白書を参考にしております

平均給料・給与

27万円

初任給：18万円／生涯賃金：1億3932万円

生涯賃金は、想定雇用期間43年間と平均給料・ボーナスを掛け合わせた数字となっております。

予備校講師は、教科専任が基本ですが、アルバイトとなると、ほかの予備校講師をやりつつ塾講師もやるような複数掛け持ちをする人もいるようです。

Index

Index

特別寄稿作家

(50音順 / 敬称略)

Olivier Vatine	新谷かおる
麻宮騎亜	月山可也
東毅	土居孝幸
綾峰欄人	西位輝実
あんど慶周	萩谷薫
いがらしゆみこ	萩原一至
石島志朗	ふーみ
イトウケイイチロウ	藤ちょこ
江川達也	藤真拓哉
えびはら武司	藤原カムイ
遠藤海成	ベレン・オルテガ
岡野剛	真島ヒロ
小川悦司	美樹本晴彦
開田裕治	皆川亮二
金井たつお	ミユキルリア
けーしん	むらいっち
小梅けいと	もっつん＊
佐伯かよの	本宮ひろ志
咲良ゆき	山地ひでのり
字消	ルノー・ルメール
蛍尤	

●イラスト

akaya	桜犬
amatoubun	たかしふみ
bono	焚きぎ
blueno	たけみや
kurenai odeko	とーえ。
Maeka	沼黒
mami	藤 元太郎
mori	武楽 清
MK²U	べにはあ
RO-Mai	モ太朗
Takebon	望帆みゆ
Youki	ヤツカ
アオキユフコ	冬桜*うさぎ
天野かすた	ゆりりえんす
ありすん	ヨンビン
伊禮ゆきとし	れゐな
色合 mdd	
宇田川みぅ	
卯月	
内海痣	
大滝ノスケ	
おかあ	
かんようこ	
キスガエ	
木下聡志	
ぐびすけ	

●装丁	小口翔平＋奈良岡菜摘（tobufune）
●本文デザイン	池上幸一
● DTP	山本秀一＋山本深雪（G-clef）　タトラエディット
●イラスト協力	サーチフィールド　サイドランチ　サクシード
●編集協力	エンファクトリー　ミューズ・コミュニティー
●編集	九内俊彦　荻田美加

給料BANK（きゅうりょうばんく）

2014年6月にオープンした情報ポータルサイト。さまざまな職業の給料や仕事内容、就労方法など、職業にまつわる情報をRPG風イラストとともに紹介している。
https://kyuryobank.com
「JobTribes」
https://jobtribes.playmining.com

スタディサプリ進路（すたでぃさぷりしんろ）

リクルートが運営する進学情報サイト。1970年に『リクルート進学ブック』を創刊して以降、媒体をネットやアプリへと広げながら、半世紀もの長きにわたって情報を発信し、高校生の進路選択をサポートしてきた。
https://shingakunet.com

将来が見えてくる！日本の給料&職業図鑑 Special

2021年 5月22日　第1刷発行
2022年 8月22日　第5刷発行

著　者　　給料BANK×スタディサプリ進路

発行人　　蓮見清一

発行所　　株式会社宝島社
　　　　　〒102-8388
　　　　　東京都千代田区一番町25番地
　　　　　電話（営業）03-3234-4621
　　　　　　　（編集）03-3239-0926
　　　　　https://tkj.jp

印刷・製本　図書印刷株式会社